按国家新规定应修改的辅导教材内容说明

2020年版全国出版专业技术人员职业资格考试辅导教材出版以来，国家对一些有关出版的法律法规作了修改和调整，还颁布了一些新的规章。我们对按照国家新规定应该修改的辅导教材内容作了认真梳理，将修改要点以简表形式予以列示。

“页码”栏标明需修改内容所在页面；同一页面有数处修改的，页码不重复标出。

“行数”栏标明修改内容所在行；行数的计算均自上而下，不包括书眉；中间所夹标题，按标题自身行数计算。

“原文”栏列出辅导教材原文，其中标有下划线的文字和标点符号是需要修改的部分。

“修改后文”栏列出经过修改的内容，可直接替换原文中的内容，其中标有下划线的文字和标点符号是经过修改的部分。若原文应全部删除，则在本栏相应位置以方括号加“删除”字样表示。为方便考生识读、掌握修改要点，在“原文”栏需要修改的部分和“修改后文”栏经过修改的部

分下方，一般以词组、短语和语段为单元划线标注，不限于实际改动的文字和标点符号。

《出版专业基础·初级》

页码	行数	原文	修改后文
73	8～9	受聘担任出版专业初级、中级和高级技术职务的人员，都必须具备相应级别的出版专业职业资格。	2021年1月28日，人力资源社会保障部和国家新闻出版署联合印发《关于深化出版专业技术人员职称制度改革的指导意见》，明确出版专业技术人员职称的名称分别为助理编辑、编辑、副编审、编审。原技术设计员、助理技术编辑、三级校对、二级校对对应助理编辑，原技术编辑、一级校对对应编辑。受聘担任出版专业初级、中级和高级技术职务的人员，都必须具备相应级别的出版专业职业资格。

续表

页码	行数	原文	修改后文
85	9 ~ 12	凡取得初级资格者，可以根据《出版专业人员职务试行条例》有关规定，受聘担任助理编辑（助理技术编辑或二级校对）职务。	凡取得初级资格者，可以根据国家有关规定，受聘担任助理编辑职务。
	13 ~ 16	凡取得中级资格的专业技术人员，可以根据《出版专业人员职务试行条例》有关规定，受聘担任编辑（技术编辑或一级校对）职务。	凡取得中级资格的专业技术人员，可以根据国家有关规定，受聘担任编辑职务。
	19 ~ 21	凡根据《出版专业人员职务试行条例》有关规定，被评聘担任编审、副编审或技术副编审、高级校对）职务的人员，视为取得出版专业高级职业资格。	凡根据国家有关规定，被评聘担任编审、副编审职务的人员，视为取得出版专业高级职业资格。
101	6	经过两次修改	经过三次修改

续表

页码	行数	原文	修改后文
	12	自 2010 年 4 月 1 日起施行。	自 2010 年 4 月 1 日 起施 行。2020 年 11 月 11 日，第十三届全国人民代表大会常务委员会第二十三次会议通过《关于修改〈中华人民共和国著作权法〉的决定》，并规定修改后的《著作权法》自 2021 年 6 月 1 日起施行
103	2 ~ 5	著作权法中所说的“作品”，是指文学、艺术和科学领域内具有独创性的并能以某种有形形式复制的智力成果。作者和其他依法对作品享有著作权的公民、法人或者其他组织都可成为著作权人。	著作权法中所说的“作品”，是指文学、艺术和科学领域内具有独创性的并能以一定形式表现的智力成果。作者和其他依法对作品享有著作权的公民、法人或者非法人组织都可成为著作权人。
105	3	6. 电影作品和以类似摄制电影的方法创作的作品	6. 视听作品
	4 ~ 6	这是指摄制在一定介质上，由一系列有伴音或者	这类作品由有声或无声的连续影像组成，是需要凭

续表

页码	行数	原文	修改后文
		无伴音的画面组成，并且借助适当装置放映或者以其他方式传播的作品。在国内实践中，这类作品通常可简称为电影类作品。	借装置或者某种媒介传播的独创性智力成果。
	15	9. 法律、行政法规规定的其他作品	9. 符合作品特征的其他智力成果
	17	需由法律或行政法规另行规定	需看其是否符合作品特征
106	5	2. 时事新闻	2. 单纯事实消息
107	8 ~ 10	《著作权法》第十一条规定“著作权属于作者”，所以作者既享有人身权，也享有财产权。	《著作权法》第十一条第一款规定：“著作权属于作者，本法另有规定的除外。”
	15 ~ 16	我国《著作权法》在语言表述上没有采用“自然人”一词，而是采用“公民”一词。	[删除]

续表

页码	行数	原文	修改后文
108	4	另一类是其他组织，	另一类是非法人组织，
	9 ~ 11	《著作权法》第十一条规定："由法人或者其他组织主持，代表法人或者其他组织意志创作，并由法人或者其他组织承担责任的作品，法人或者其他组织视为作者。"	《著作权法》第十一条规定："由法人或者非法人组织主持，代表法人或者非法人组织意志创作，并由法人或者非法人组织承担责任的作品，法人或者非法人组织视为作者。"
	17 ~ 18	《著作权法》第十一条第四款规定："如无相反证明，在作品上署名的公民、法人或者其他组织为作者。"	《著作权法》第十二条规定："在作品上署名的自然人、法人或者非法人组织为作者，且该作品上存在相应权利，但有相反证明的除外。"
112	24 ~ 25	复制权是指以印刷、复印、拓印、录音、录像、翻录、翻拍等方式将作品制作一份或者多份的权利。	复制权是指以印刷、复印、拓印、录音、录像、翻录、翻拍、数字化等方式将作品制作一份或者多份的权利。

续表

页码	行数	原文	修改后文
113	16 ~ 18	信息网络传播权是指通过有线或无线的信息传播网络实施“向公众提供作品，使公众可以在其个人选定的时间和地点获得作品”的权利。	信息网络传播权是指“以有线或者无线方式向公众提供，使公众可以在其选定的时间和地点获得作品的权利”。
116	2 ~ 5	法人或者其他组织以及摄影作品、电影作品和以类似摄制电影的方法创作的作品，其发表权和财产权都适用这种保护期。	法人或非法人组织的作品、著作权（署名权除外）由法人或者非法人组织享有的职务作品，其发表权的保护期为50年，截止于作品创作完成后第50年的12月31日；其财产权的保护期为50年，截止于作品首次发表后第50年的12月31日，但作品自创作完成后50年内未发表的，不再给予保护。 视听作品，其发表权的保护期为50年，截止于作品创作完成后第50年的

续表

页码	行数	原文	修改后文
			12月31日；其财产权的保护期为50年，截止于作品首次发表后第50年的12月31日，但作品自创作完成后50年内未发表的，不再给予保护。
118	1	第三十条规定	第三十二条规定
	15	《著作权法》第二十四条	《著作权法》第二十六条
127	11 ~ 13	但应指明作者姓名、作品名称，并且不得侵犯著作权人依法享有的其他权利。	但应指明作者姓名或者名称、作品名称，并且不得影响该作品的正常使用，也不得不合理地损害著作权人的合法权益。
	17	《著作权法》第二十二条规定了12种合理使用的范围	《著作权法》第二十四条规定了合理使用的范围
128	2 ~ 3	（2）为学校课堂教学或者科学研究而翻译或者少量复制已发表作品	（2）为学校课堂教学或者科学研究而翻译、改编、汇编、播放或者少量复制已发表作品

续表

页码	行数	原文	修改后文
	16	翻译已有作品，	翻译、改编、汇编、播放已有作品，
	26	为报道时事新闻	为报道新闻
129	2 ~ 3	时事新闻报道是人们了解国内、国际大事的重要途径。因此，为了报道时事新闻，	新闻报道是人们了解国内、国际大事的重要途径。因此，为了报道新闻，
	7	报道时事新闻	报道新闻
	17	如果时事性文章的作者	如果时事性文章的著作权人
130	4	作者姓名、作品名称	作者姓名或者名称、作品名称
	11	实施九年制义务教育	实施义务教育
	16 ~ 17	美术作品、摄影作品	美术作品、摄影作品、图形作品
131	4	九年制义务教育教科书	义务教育教科书

续表

页码	行数	原文	修改后文
	10 ~ 11	第四，如果作品的著作权人事先声明不许使用，就不能使用。	[删除]
	25 ~ 下页 4	（3）广播电台、电视台播放已经出版的录音制品这条规定只涉及录音制品所载作品的著作权人，因为作品的广播权仅为该作品的著作权人享有。表演者和录音制作者不享有广播权，广播电台和电视台就不必向其付酬。 如果当事人对于这类播放行为事先另有约定，则按当事人的合同约定处理。	（3）广播电台、电视台播放已经发表的作品 广播电台、电视台播放他人已发表的作品，可以不经著作权人许可，但应当按照规定支付报酬。
133	3 ~ 4	按照《著作权法》第四十七条、第四十八条的规定，	按照《著作权法》第五十二条、第五十三条的规定，
135	1	著作权管理部门	著作权主管部门
	3 ~ 6	著作权管理部门依据《著	著作权主管部门依法可实

续表

页码	行数	原文	修改后文
		作权法》《著作权行政处罚实施办法》等可实施的行政处罚包括：责令停止侵权行为，罚款，没收违法所得，没收、销毁侵权制品，没收主要用于制作侵权复制品的材料、工具、设备等。	施的行政处罚包括：责令停止侵权行为，予以警告，没收违法所得，没收、无害化销毁处理侵权复制品以及主要用于制作侵权复制品的材料、工具、设备等。
	7 ~ 14	对侵权人的罚款，根据《中华人民共和国著作权法实施条例》《计算机软件保护条例》《信息网络传播权保护条例》等的规定，通常是非法经营额5万元以上的，可处侵权人非法经营额1倍以上5倍以下的罚款；没有非法经营额或非法经营额在5万元以下的，根据情节轻重，可以处25万元以下的罚款。行政处罚由地方	对侵权人的罚款，根据相关法律法规，通常是违法经营额5万元以上的，可处侵权人违法经营额1倍以上5倍以下的罚款；没有违法经营额、违法经营额难以计算或者不足5万元的，根据情节轻重，可以并处25万元以下的罚款。行政处罚由地方著作权主管部门负责实施。对在全国有重大影响的侵权行为进行行政处罚，则由

续表

页码	行数	原文	修改后文
		版权局负责实施。对在全国有重大影响的侵权行为进行行政处罚，则由国家版权局负责实施。	国家著作权主管部门负责实施。

图书在版编目（CIP）数据

出版专业基础：初级：2020年版 / 国家新闻出版署出版专业资格考试办公室编. —武汉：崇文书局；北京：中国书籍出版社，2020. 7（2025.2重印）
全国出版专业技术人员职业资格考试辅导教材
ISBN 978-7-5403-6036-8

I. ①出…　II. ①国…　III. ①出版工作—资格考试—自学参考资料　IV. ①G23

中国版本图书馆 CIP 数据核字(2020)第121398号

CHŪBǍN ZHUĀNYÈ JĪCHǓ CHŪJÍ

出版专业基础·初级

（2020 年版）

国家新闻出版署出版专业资格考试办公室　编

特约编审　邹华清　乔　永
责任编辑　刘　丹
封面设计　杨　艳　李杨桦

崇文书局
中国书籍出版社　出版
崇文书局发行
（武汉市雄楚大街268号　邮政编码 430070）
武汉中科兴业印务有限公司印刷
ISBN 978-7-5403-6036-8

2020年7月第1版　　开本 880×1230　1/32
2025年2月武汉第7次印刷　　印张 17
字数 400 000

定价：55.00 元

全国出版专业技术人员职业资格考试辅导教材

出版专业基础

国家新闻出版署出版专业资格考试办公室 编

初级

U0818070

2020年版

長江出版傳媒 | 崇文書局 中国书籍出版社 China Book Press

按国家新规定应修改的辅导教材内容说明

2020 年版
全国出版专业技术人员职业资格考试
辅导教材审定委员会

2020年版
全国出版专业技术人员职业资格考试
辅导教材编辑委员会

2020年版
全国出版专业技术人员职业资格考试辅导教材
编写与修订工作人员

（以姓氏笔画为序）

马　迁	王　平	王　珺	王　静	王为衡
王卉莲	王晓光	王德胜	文　娟	方　卿
石　雄	代晓明	白立华	包卫国	冯玉明
吕海春	朱　宇	乔　永	刘　颖	刘　睿
刘锦宏	闫　翔	汤吟菲	许　炜	严　立
李　弘	李文娟	李文毅	杨　钢	杨　颖
杨全美	杨伯勋	邱　恋	邹　卫	邹华清
沈元勤	张　峻	张志强	张晓东	张增顺
陆嘉琦	范　源	欧　剑	周蔚华	郑立新
屈明颖	赵　冰	胡　涛	段艳文	敖　然
夏剑钦	徐丽芳	徐嘉营	郭　绪	郭康松
黄先蓉	龚　莉	蒋建民	傅祚华	靳　琼
隋淑光	路育松	缪宏才	潘正安	潘振平
魏　蕊	魏玉山			

全国出版专业技术人员职业资格考试辅导教材
各版次编写与修订工作人员

（以姓氏笔画为序）

万　智	马宪平	王　岳	王　炬	王　强
王　勤	王有朋	王华良	王晓光	方　卿
方　鹏	邓普君	叶　路	田胜立	田海明
代晓明	乐嘉民	包卫国	吕海春	朱明钰
乔　永	任　彦	任余白	刘　杲	刘　睿
刘成芳	刘光裕	刘奇惕	刘拥军	刘国辉
刘琳琳	刘晶晶	刘锦宏	齐相潼	许　洁
许乃青	阮光页	孙　洁	孙文科	孙宏达
苏　磊	李　弘	李　岩	李　斐	李文娟
李伟国	李红强	李钊平	李国章	李衍华
李桂生	杨　颖	杨　薇	杨伯勋	肖东发
吴永贵	吴忠华	吴培华	吴智仁	何承伟
邹华清	汪家明	沈兆荣	沈原一	宋　存
宋　岚	张　立	张　峻	张　儒	张友彬
张志云	张国强	张建浩	张洪波	张增顺
陆福庆	陆嘉琦	陈　昕	陈　楠	陈　鑫
陈少华	陈达凯	陈纪宁	陈丽菲	陈鸣华
陈奎宁	陈瑞藻	范　源	林久贵	郁椿德
欧　剑	欧阳仲华	罗维扬	金文男	金仲萍

周　皓　周　霞　周长岭　周亚萍　周建平
周春健　郑立新　郝明鉴　胡大卫　柳　燕
洪　嫚　洪祖年　贺　强　贺剑锋　敖　然
聂震宁　桂晓风　夏一鸣　夏丽英　夏剑钦
徐令德　徐庆凯　徐志伟　徐丽芳　高　昂
高　思　郭　强　郭康松　唐克敏　涂新林
谈　维　陶雪华　黄　娇　黄先蓉　黄如花
黄钧浩　盛新华　巢　峰　彭卫国　韩永梅
傅祚华　雷群明　鄢德平　虞信棠　路育松
阙道隆　蔡鸿程　熊国祯　潘正安　潘振平
潘瑛矗　魏玉山　魏昌富

修订再版前言

建立出版专业技术人员职业资格制度，对出版专业技术人员实行资格考试，是加强出版行业人才队伍建设和深化人事制度改革的重要举措，也是坚持正确出版导向、不断提高舆论引导水平、促进出版业健康繁荣发展的重要保障。出版专业资格考试自2002年正式实施，迄今已成功举办了18年，对出版行业选拔、培养、评价人才起到了基础性作用，成为全面提升出版人才队伍素质能力的重要途径。

出版专业资格考试辅导教材及学习用书，是参加出版专业资格考试的考生重要的备考指导用书，同时也可以作为出版从业人员在职学习、高校有关专业教学和科研人员学术研究的参考用书。这套教材于2002年首次出版，共4本，分别是《出版专业基础知识·初级》《出版专业理论和实务·初级》《出版专业基础知识·中级》和《出版专业理论和实务·中级》。根据考试工作需要，遵循教材建设规律，分别在2003年、2004年、2007年、2011年、2015年对这4本教材进行了五次修订，书名也从2007年版开始更改为《出版专业基础·初级》《出版专业实务·初级》《出版专业基础·中级》和《出版专业实务·中级》。鉴于融合出版时代对出版从业人员素质能力的新要求，2015年版辅导教材中增加了《数字出版基础》一书，供初级、中级共同使用。

此次修订，是出版专业资格考试辅导教材的第六次修订。修订工作深入贯彻落实党的十九大和十九届二中、三中、四中全会精神，以习近平新时代中国特色社会主义思想为指导，坚持稳中求进、与时代同步的原则，力求既保持教材主体的基本稳定，又及时传达党和国家对出版工作的新定位、新要求，及时吸纳出版实践的新经验、新成果，及时反映出版行业改革发展的新变化、新趋势。整个修订过程注重实践性、理论性和学术性的有机统一，严谨细致，精益求精。修订内容经全国出版专业技术人员职业资格考试辅导教材审定委员会审定。

出版专业资格考试辅导教材的编写和修订，既是出版行业的一项重要工作，也是思想文化教育领域的一项基础性工作，长期以来，得到了出版界、教育界和文化界的高度关注和热情帮助。参加本套辅导教材编写和历次修订工作的，主要是我国出版界和高等学校长期从事编辑出版实际工作、理论研究和专业教育方面的专家，也有部分其他相关专业的专家。对2020年版辅导教材的修订工作，中央宣传部相关局室、中国新闻出版研究院、中国出版集团公司、时代出版传媒股份有限公司、上海世纪出版集团、长江出版传媒股份有限公司、中国工信出版传媒集团、人民出版社、人民教育出版社、高等教育出版社、化学工业出版社、中国书籍出版社、上海出版印刷高等专科学校、武汉大学、南京大学、湖北大学、中国编辑学会、全国科学技术名词审定委员会、中国历史文化研究院等单位给予了大力支持；参与此次修订的专家学者，秉持强烈的政治责任意识，发扬奉献精神和工匠精神，投入了大量心血和精力。在本次教材修订期间，新冠肺炎疫情暴发，各位专家在严格疫情防控的同时坚持工作，积极应对，克服了很多困难，付出了艰辛努力，切实保证了工作进度和质量。在此向有关单位和个人表示衷心的感谢！

社会在发展，技术在进步，出版工作实践也在不断深化，出版理论尚处于变化和建构过程之中，所以出版专业资格考试辅导教材的修改和完善没有止境。2020年版辅导教材仍难免会存在缺点和不足，我们欢迎广大读者和有关专家一如既往，继续提出宝贵意见和建议，以便今后更好地加以修订，使教材不断改进、完善。

国家新闻出版署

出版专业资格考试办公室

2020年6月

2011年版

序

出版工作是一项综合性的工作，承载着引导社会、教育人民、推动发展的重要职责，对于人才有着更高的要求。近期，新闻出版总署发布了《新闻出版业“十二五”时期发展规划》，人才规划作为子规划之一同时予以发布，充分说明新闻出版总署党组对于新闻出版人才工作的高度重视。

北宋胡瑗曾言，“致天下之治者在人才”。我历来强调人才对于新闻出版工作的重要作用，除在工作中关心、支持行业人才工作外，还直接参与到行业人才的培养工作中；同时，也深感人才难得，人才发展的体制机制尚需进一步理顺。面对世界范围内出版产业调整发展的新态势，面对西方发达国家对战略性新业态的高度重视和在出版高端领域展开的激烈人才竞争，如何进一步推动人才发展体制机制创新，统筹推进新闻出版人才队伍建设，全面提升行业素质，是摆在我们面前一项重大而紧迫的任务。

实施出版专业职业资格考试是出版人才发展体制机制改革创新的重要举措。加强和改进考试工作，对于出版人才队伍建设具有重要的作用。考试工作要及时反映出版业改革发展的新进展、新成果，这要求阶段性对考试辅导教材进行修订。日前，全国出版专业职业资格考试办公室完成了对2007年版考试辅导教材的修订工作，我高兴地看到4册修订稿在保持教材稳定性的基础上，做了大量修订，突出地反映了出版业改革发展对于人才的新要求，并在理论上有新突破。欣然为之序。

一

国家建立出版专业技术人员职业资格制度，对出版专业技术人员实行资格考试，是加强出版行业人才队伍建设和深化人事制度改革的重要举措。2001年8月，人事部和新闻出版总署印发《出版专业技术人员职业资格考试暂行规定》和《出版专业技术人员职业资格考试实施办法》，迈出了出版专业技术人员管理制度改革的关键一步。2002年6月，新闻出版总署印发《出版专业技术人员职业资格管理暂行规定》，推动全国出版专业技术人员参加职业资格考试，明确出版专业技术人员必须具有国家统一认证的职业资格证书，要求出版单位强化从业资格管理，实现了出版专业技术人员管理方式的重大变革。2011年3月，国务院颁布修订后的《出版管理条例》，对出版专业职业资格制度作出了明确规定。

出版专业职业资格考试于2002年9月首次举行，至今已经10年了。10年来，出版专业职业资格考试工作取得了优异的成绩，为出版行业人才队伍建设作出了突出贡献。

第一，出版专业职业资格考试为出版行业提供了科学、公正、客观的人才评价和选拔机制。出版专业实行职业资格考试制度后，不再进行该专业相应级别专业技术职务任职资格的评审工作。10年来，出版专业职业资格考试已经成为出版行业每年一度的重要的人才选拔与人才评价活动。参加考试获得从业资格已经成为出版单位用人和岗位聘用的门槛和基本标准，考试工作成为行业选拔、任用人才的重要杠杆。

第二，出版专业技术人员的整体素质得到显著提高。2002年至今，全国有10万余人参加考试，3.7万余名出版专业技术人员通过考试取得出版专业初级或中级职业资格。出版专业技术人员通过参加考试，比较系统地强化了从事出版工作所必须具备的思想政治素质和职业操守，比较系统地掌握了从事出版工作的知识和技能。出版专业职业资格考试已经成为出版行业规模最大、内容最丰富、考核最严格的综合性职业活动，有效地提高了出版行业人才队伍的素质和能力。

第三，出版专业职业资格考试，为推动出版人才流动和出版单位人事制度改革，为出版专业技术人员职业资格登记和责任编辑注册工作的开展，推动出版专业职业资格制度的全面实施，创造了坚实的基础条件。2008年2月，新闻出版总署印发《出版专业技术人员职业资格管理规定》，在出版专业职业资格考试的基础上，开展了出版专业技术人员职业资格登记和责任编辑注册工作，标志着出版专业职业资格管理工作走上了新的阶段。

第四，出版专业职业资格考试有力地促进了出版学科建设。自2001年开始，从每一版考试大纲及辅导教材的编写、修订、出版，到每一年的考试命题、组卷、审卷、阅卷等，每一项工作，每一个环节，都凝集着丰富的学科内涵，成为出版行业中学科领域涵盖广，制度化、规范化开展的学科建设活动。

第五，就考试工作本身而言，10年来，出版专业职业资格考试工作取得了圆满成功，不仅得到了出版行业的认可，也得到了人力资源和社会保障部的充分肯定，成为全国职业资格考试的标杆，为出版业赢得了荣誉。

出版专业职业资格考试工作所取得的成绩，离不开有关部委特别是人力资源和社会保障部的大力支持和有力指导，离不开出版行业内外领导、专家和同志们的关心和支持，离不开各级新闻出版行政主管部门和出版单位对于出版专业职业资格制度建设的重视和有力实施，离不开出版专业技术人员的积极参与和勤奋努力。在此，我代表新闻出版总署向所有关心、支持、参与和推动出版专业职业资格考试工作的单位和个人表示衷心的感谢。

二

高质量的教材是做好考试工作的前提条件。出版专业职业资格考试能够连续9年无差错，成为全国职业资格考试的标杆，其重要原因之一就是有一套高质量的辅导教材，并遵循行业发展进程和教材建设规律，不断进行修订、升华。

出版专业职业资格考试辅导教材包括《出版专业基础》（分初级本和中级本）、《出版专业实务》（分初级本和中级本）。此外还有初级和中级合用的学习用书《有关出版的法律法规选编》。这套辅导教材，系统梳理了出版学科已有成果，并给予其科学发展，已经成为出版专业职业资格考试的必备学习教材和行业从业人员在职学习、有关人员开展学术研究、高等院校编辑出版专业教学的不可或缺的参考资料。

自2007年版教材出版以来，国家经济、文化和社会发展取得重大成就，中国特色社会主义建设实践不断创新，理论内涵不断丰富。新闻出版业作为我国文化建设的排头兵，改革发展取得重大成就，在中国特色社会主义四位一体总体布局中的地位不断提升，初步探索出一条中国特色新闻出版业科学发展之路，我国正在由新闻出版大国向新闻出版强国迈进。出版专业职业资格考试要反映国家和新闻出版业改革发展的新进展，反映出版学科理论建设的新成果。为此，全国出版专业职业资格考试办公室组织修订了全国出版专业职业资格考试的《考试大纲》。根据新的《考试大纲》，全国出版专业职业资格考试办公室组织全国各地出版界的有关专家及相关学科的专家，对2007年版辅导教材进行了修订。修订后的辅导教材仍为4册，即《出版专业基础·初级》《出版专业基础·中级》《出版专业实务·初级》和《出版专业实务·中级》。本次教材修订突出做了以下几个方面的工作。

第一，体现中国特色社会主义建设实践的新成就，体现中国特色社会主义理论发展的新成果，体现党和国家关于文化建设的新精神，体现党和国家对于新闻出版工作的新要求。主要根据党和国家有关文件，对教材中有关内容作了修改。

第二，体现出版行业的新发展。主要根据出版体制改革取得突破性进展的新情况，出版业新媒体、新业态快速发展，出版新技术不断创新和“走出去”力度不断加大的新形势，增加了关于出版业改革成果、数字出版、我国港澳台出版业概况、世界发达国家出版业概况、国际出版合作等内容。

第三，体现出版理论研究的新成果。随着出版实践的快速发展，新概念、新范畴的不断涌现，政策、管理、技术和标准等方面新举措的不断推出，更新着人们对于传统出版概念和范畴的认识，或者赋予传统概念和范畴新的内涵。本次修订吸纳了一些比较成熟的新概念、新提法，对于一些传统概念和范畴给予了更加科学的界定。

第四，更加贴近出版工作实际。主要是根据出版专业技术人员工作实际情况，对有关内容进行了增删。如在《出版专业基础·初级》教材中，增加了有关我国社会主义出版业的形成和发展过程及出版历史知识的内容；在《出版专业实务·初级》教材中，增加了有关非印刷型出版物编辑业务，有关期刊的审稿和编辑加工整理及图书再版基本常识等内容。在《出版专业基础·中级》教材中，增加了关于出版社的发行管理的内容。在《出版专业实务·中级》教材中增加了有关采用版税方式付酬时测算图书定价的方式，有关校对的量化管理和社外校对管理，有关数字印刷的特点和种类等内容。对一些与出版专业技术人员日常工作关系不大的内容，如关于印刷机械种类及其工作原理、关于各种录音和录像器材的特点、关于出版社经营管理中的决策步骤等，则做了大量精简甚或删除。

第五，进一步区分同一科目（“出版专业基础”或“出版专业实务”）的不同级别之间、同一级别不同科目之间的层次和结构。根据出版工作实践对初级、中级专业技术人员的不同要求，对两个级别教材中的知识模块进行了调整，除了极少量的共性知识内容外，其他知识模块都基本上不再重复，并在中级教材设置了对初级教材的参见指引。就同一级别而言，进一步区分了“应知”和“应会”，基本做到了两个科目之间内容不重复，提高了互补性。

这次修订，在保持考试辅导教材已有成果的基础上，又有了新的突破。这是出版专业职业资格考试工作和出版专业学科建设的又一个新成果。希望这一版教材能够为广大出版专业技术人员和相关人员掌握出版专业知识和技能、开展学术研究和教学，提供更加有益的帮助。

出版工作的政治性、科学性、专业性和实践性都很强，涉及多个学科和知识领域。因此，辅导教材的编写、修订，是一项综合性的、系统化的工作，要组织多个领域的专家参与，要经过多个层次和环节的流程，加之出版实践不断发展，出版学科建设尚不成熟，辅导教材的编写、修订工作更是头绪繁多。这方面工作之繁重，可想而知。

本次教材修订，于2009年年底启动，到2011年4月审定。先后完成了编写修订大纲，编写初稿，对书稿进行初审、复审和终审等工作。在一年多的时间内，专家们为教材的修订投入了大量的精力，付出了艰辛的劳动。有时候，专家们集中审改书稿的时间长达一个多月；一天中连续伏案审改书稿的时间经常超过12个小时。在此，我代表新闻出版总署对专家们表示由衷的慰问。

三

静坐案前，眼前的修订稿散发着淡淡的墨香。伴随着书稿那一页页纸张被轻轻地翻过去，令人思绪悠悠地忆起往昔岁月。回溯出版专业职业资格考试辅导教材编写、修订工作的轨迹，分明能看到长长的、一串串闪亮的足印。需特别指出的是，从2001年出版专业职业资格考试工作启动以来，以刘杲、桂晓风等同志为代表，形成了一支高素质的教材工作专家队伍。这支高素质的专家队伍知识丰富，作风严谨，认真负责，甘于奉献，是出版专业职业资格考试辅导教材编写、修订工作得以成功的根本保证。大到教材结构、篇章的确定，小到每一个字、词的敲定，都凝结着专家们的智慧和汗水。专家们在编写、审定出版专业职业资格考试辅导教材时，一丝不苟，严谨细致，字斟句酌，精益求精，倾注了大量心血，作出了突出贡献。在他们的言传身教下，教材建设工作带出了一支高素质的队伍，形成了高度负责的工作作风、严谨求真的科学态度、精益求精的专业追求、呕心沥血的职业品德和不计名利的奉献精神。这些精神风范，是在今后的教材建设工作中应该始终保持和发扬的优良传统和作风。

今年是国家“十二五”规划开局之年，国家“十二五”规划对文化建设提出了新的更高的要求，明确提出推动文化产业成为国民经济支柱性产业。《新闻出版业“十二五”时期发展规划》明确了新闻出版业改革发展的新目标新任务，确定了新闻出版业“十二五”时期发展的主题主线，凸显了党和国家对新闻出版业地位、作用的新要求，反映了人民群众对新闻出版业的新期待。新闻出版业必须以改革为动力，以发展为目标，以创新为重点，深刻理解科学发展这一主题，认真把握转变发展方式这一主线，抓住机遇，用好机遇，攻坚克难，实现又好又快发展。

人才资源是新闻出版业第一资源，是新闻出版业的核心竞争力。为完成“十二五”规划的目标，出版行业人才队伍的素质和能力都要有一个新的提高。出版专业职业资格考试工作肩负着重要而艰巨的历史责任，要戒骄戒躁，在已有的基础上开创新局面、实现新突破、争取新成绩，为新闻出版业科学发展作出新的更大的贡献。

柳斌杰

2011年5月19日

2007 年版

前言

全国出版专业职业资格考试辅导教材和学习用书初版于 2002 年，2003 年出版第二版，2004 年出版第三版。关于编写、出版这套辅导教材和学习用书的背景、组织情况、指导思想，以及编写、修订、审定和出版的经过，刘杲同志已经在“2004 年版前言”中作了说明。有关叙述十分完整、清晰、精练，准确地归纳和记载了从 2001 年到 2004 年三年多艰辛而卓有成效的工作。所以，这次 2007 年版出版，仍收入刘杲同志的这篇前言，以反映历史的全貌，供读者了解和参考。

需要对前三版的编写出版工作加以补充说明的是：从 2001 年 8 月人事部和新闻出版总署部署在全国实行统一的出版专业技术人员职业资格考试制度，到 2002 年第一版辅导教材的编写和出版，时间特别紧迫。出版专业技术人员职业资格考试（简称“出版专业职业资格考试”）在当时是一项全新的工作，而出版工作又是一项综合性工作，政治性、科学性、专业性和实践性都很强，其工作对象涵盖了人类的整个知识体系，涉及的知识和能力的范围非常宽。在不到一年的时间中，要完成辅导教材从构建体系、确定体例到撰写、统稿、审定再到出版、发行的全过程，其难度可想而知。以后 2003 年和 2004 年两次修订，情况也是这样。因此，参加编写、修订、审定的专家和承担出版任务的三家出版单位，承受了特别大的压力。参加编写、审定的专家，大多在本单位出版或教学工作中身负重任，部分老专家虽已不再担任领导职务，学术研究、审读、辅导青年同志的任务也很繁重。我当时正在新闻出版总署机关负责有关工作，亲眼目睹了在刘杲同志主持下专家们为编写、审定辅导教材书稿“呕心沥血，夜以继日”（“2004年版前言”中语）工作的感人情景，亲身感受到上海、湖北两地新闻出版局和专家们所在单位对全行业人才培养工作的支持，受教育良深。这套辅导教材中，多处强调了出版工作的整体性，而这套辅导教材本身，正是整个出版行业协作的产物。有关单位和专家在这项工作中表现出来的全局观念、质量意识、科学精神和严谨作风，值得认真总结，在同类工作中加以坚持和发扬。

全国出版专业初级和中级职业资格的考试已经连续进行了五年。全国出版专业职业资格考试辅导教材也在广大考生的使用和考试中经受了检验。各方面对它们的总体反映是好的，认为基本上能适应实行出版专业职业资格考试制度的需要。高等学校编辑、出版等相关专业的师生也对它们表示欢迎。此外，行业内外还有不少同志，把这套书作为了解出版专业知识乃至语法、修辞、逻辑、信息检索、著作权等方面知识的常备参考书，他们的总体评价也是积极的。

2004年版辅导教材使用的三年中，国家形势和出版工作的理论与实践都有重要的新发展。为此，全国出版专业职业资格考试办公室修订了《全国出版专业职业资格考试考试大纲》（以下简称《考试大纲》）。根据新的《考试大纲》，全国出版专业职业资格考试办公室和中国编辑学会共同组织全国各地出版界专家对2004年版辅导教材再次进行了修订。修订后的辅导教材仍分初级和中级两个级别，仍为四册，书名则分别改为《出版专业基础·初级》《出版专业实务·初级》和《出版专业基础·中级》《出版专业实务·中级》。其中，《出版专业基础》初级本和中级本讲述出版的基础理论知识和从事出版工作所必备的相关学科的基础知识，主要体现从事出版工作的“应知”要求，对应《考试大纲》的“出版专业基础知识”科目；《出版专业实务》初级本和中级本讲述有关理论在实际工作中的应用，强调规范性的操作，主要体现从事出版工作的“应会”要求，对应《考试大纲》的“出版专业理论与实务”科目。

由于2007年版《考试大纲》对初级、中级两个级别的考试要求作了调整，扩大了两者的区分度（对初级技术人员的考试要求，着重于“入门”；对中级技术人员的要求，以已经具备初级职业资格条件为前提，是在初级基础上的进一步延伸、综合和提高，以能够独立从事关键性的岗位工作、能够独立承担责任编辑或责任校对、责任技术编辑的工作职责为标准），2007年版辅导教材在2004年版的基础上作了较大修订，在调整总体框架结构的同时，还采用初级与中级“互分有无”“互分详略”和“少量重复”的方式对知识模块作了增删调整，以进一步体现两个级别之间的程度差异。

至于改正差错、更新材料，则是修订工作的题中应有之义。2004年版教材中尚未发现重大错失，但是存在一些讲述不到位或与出版工作实践稍有出入的情况，这次修订时都尽量予以完善。更新材料的范围较大一些，主要是反映国家的新规定、出版业发展的新情况及其对专业技术人员的新要求，而初级教材还着重增加讲述出版专业基本知识的内容。

初级和中级合用的学习用书《有关出版的法律法规选编》这次也出了新版，根据国家对有关法规的调整情况对收录的文件作了少量增删。

2007年版全国出版专业职业资格考试辅导教材和学习用书已经由新闻出版总署全国出版专业职业资格考试辅导教材审定委员会审定。

本版辅导教材和学习用书出版的时候，出版专业职业资格考试工作正面临着新的形势，有若干值得重视的新情况。

一是出版工作的重要性进一步凸显。这是因为，以“十一五”规划的顺利开局为标志，我们伟大的祖国已经站在新的历史起点上，新的国际国内形势把社会主义先进文化的建设推到了全局性、战略性的地位。从国内看，正在全面建设小康社会，加快构建社会主义和谐社会，人民群众精神文化生活需求大幅度上升，经济的发展、社会的稳定更多地依靠文化，必须创造民族文化的新辉煌；从国际看，文化力在综合国力竞争中的分量越来越重，文化安全日益成为国家安全的重要因素，必须大幅度增强我国文化的国际竞争力。两方面的要求结合起来，就是要在中华民族伟大复兴的进程中，实现中华文化的伟大复兴。在这种背景下，出版工作作为记载、传播、积累和交流文化成果的重要手段，面临着前所未有的发展机遇，也面临着前所未有的重任。

二是确保和提高出版物质量的问题引起出版界乃至全社会的进一步重视。越来越多的出版单位和出版工作者认识到，由于出版物的作用对象是人的精神世界，而且这种作用具有程度深、时间长和范围宽的特点，出版物的质量具有比物质产品的质量更加重要的意义，所以，确保和提高质量是出版工作永恒的主题。不管是新技术革命还是文化体制改革、出版单位转制，都没有也不可能改变这一主题。由于出版物的质量主要在编辑环节决定，必须从编辑工作入手，采取切实措施，包括严格执行编辑规范，坚决扭转当前一部分出版物中出现的品位低下、差错充斥、语言失范、逻辑混乱等质量下滑的现象，把优质产品奉献给人民。

三是对提高出版专业技术人员特别是编辑人员的素质进一步形成共识。出版物的质量，归根到底是由出版工作者的素质决定的。而编辑人员作为出版物内容的策划者、选择者、加工者和推荐者，是出版物质量的主要把关人，对民族文化的发展、民族精神的培育、国民素质的提高、国家软实力的提升有着重要影响。因此，在为实现中华文化伟大复兴而奋斗的进程中，一定要更加重视出版队伍的建设，大力提高出版工作者的思想道德素质和科学文化素质，尤其要抓好编辑人才的培养。为此，要加快出版行业干部人事制度改革的步伐，抓紧建立科学的编辑出版人才的评价机制和使用机制。毫无疑问，全面推行出版专业职业资格制度，加快职业资格制度建设，坚持和改进职业资格考试，在政府宏观指导下，开展以岗位要求为基础、社会化的出版专业技术人才评价工作，是其中一项重要而紧迫的工作。

我们正是怀着这样的认识，组织和开展了这次修订工作。我们衷心地希望专家们的努力能够转化为提高辅导教材和学习用书质量的实际成果。我们更由衷地祝愿，所有有志于在新世纪新阶段从事出版工作的青年朋友，能够更加强烈而深刻地意识到出版职业的崇高和对工作人员素质的要求，全面地、出色地掌握从事这项工作所必需的知识和技能，为发展祖国的文化力建功立业，并在这一过程中成长成为更高层次的人才。

桂晓风

2007年5月

2004年版

前言

为了科学、客观、公正地评价和选拔出版专业技术人才，以加强出版专业技术队伍的建设，人事部和新闻出版总署决定，实行全国统一的出版专业技术人员职业资格考试制度。2001年8月，人事部和新闻出版总署下发了《出版专业技术人员职业资格考试暂行规定》和《出版专业技术人员职业资格考试实施办法》。

根据人事部和新闻出版总署的规定，在图书、期刊、音像、电子出版物等出版单位中从事编辑、出版、校对等专业技术工作的人员，都应参加出版专业技术人员职业资格（以下简称“出版专业职业资格”）考试。实行全国统一的出版专业职业资格考试制度，由国家统一组织、统一时间、统一大纲、统一试题、统一标准、统一证书。出版专业职业资格分为：初级资格、中级资格和高级资格。目前只进行初级资格和中级资格的考试。取得初级资格的，可以按照有关规定，聘任助理编辑（助理技术编辑或二级校对）职务。取得中级资格的，可以按照有关规定，聘任编辑（技术编辑或一级校对）职务。出版专业初级资格和中级资格考试，均设“出版专业基础知识”和“出版专业理论与实务”两个科目。出版专业实行职业资格考试制度后，不再进行该专业相应级别专业技术职务任职资格的评审工作。

出版专业职业资格考试辅导教材和学习用书，包括《出版专业基础知识》（分初级本和中级本）、《出版专业理论与实务》（分初级本和中级本）和《有关出版的法律法规选编》（初级和中级合用，试题不同）。这些辅导教材的第一版为2002年版。第二版为2003年版，其中，《出版专业基础知识》（初级本和中级本）为重新编写，《出版专业理论与实务》（初级本和中级本）和《有关出版的法律法规选编》均为2002年版的修订。现在的第三版即2004年版，均为2003年版的修订。这次修订，框架没有大的变动，着重在质量的进一步提高。主要包括：调整个别段落，统一全书主要的出版专业名词解释，纠正已经发现的知识性差错和其他差错，增收了若干新的法规，引用文件采用最新版本，更新重要的资料，等等。

全国出版专业职业资格考试的工作在新闻出版总署的直接领导下进行。总署成立了由副署长桂晓风担任主任的全国出版专业职业资格考试辅导教材审定委员会。总署委托上海市新闻出版局、湖北省新闻出版局和中国编辑学会承担具体工作。上海市新闻出版局和湖北省新闻出版局各自依托上海市编辑学会和湖北省编辑学会，分别成立了辅导教材编审委员会。我们非常感谢上海市新闻出版局和湖北省新闻出版局，在人力和财力上对这项重要工作的大力支持。

连续三年参加辅导教材的编写、修订和审定的，有长期从事编辑、出版、校对的实际工作和理论研究的专家，有在高等学校编辑出版学专业从事教学与科研工作的专家，也有在国家出版行政管理部门和出版单位长期从事管理工作的专家。编写、修订和审定工作，依据人事部和新闻出版总署批准的《全国出版专业职业资格考试考试大纲》以及有关规定进行。每年编写、修订和审定的任务都很繁重，时间因受限制而非常紧迫。因此，参加这项工作的专家们，每年都要付出大量的辛勤劳动，呕心沥血，夜以继日。对他们为发展出版事业作出的重要奉献，我们表示由衷的感谢。

现在辅导教材2004年版已经送到读者手上。应当肯定这套辅导教材的实用价值。它将为参加出版专业职业资格考试的考生提供帮助。同时，对于广大的在编辑出版岗位上的工作人员，编辑出版部门的管理人员，编辑出版学专业的学生、教学和科研人员，以及其他与出版专业有关或者愿意了解出版专业的人员，都会有用。

按照专业考试辅导教材编写和使用的经验，一般说来，三年之后编写工作告一段落。我们这套辅导教材的编写也已三年了，应当告一段落。今后，除个别更改之外，第三版即2004年版将继续使用几年。尽管我们做了很大的努力，毕竟经验有限，加以每年时间仓促，目前这套辅导教材难免还有不足之处。编写工作虽然告一段落，考试工作还要长期进行。因此，仍然欢迎读者提出批评，以便我们继续努力改进。

刘杲

2004年5月

目　录

第一章

出版、出版物与出版工作

重点提示：出版的概念及其构成要素，出版活动的条件和过程。出版物的概念和属性，出版物的种类，出版物标志。我国出版工作的指导思想、方针原则和主要任务。出版工作者的文化追求与职业道德建设。编辑工作在出版工作中的地位，编辑过程，编辑人员的基本素质，编辑与作者、读者的关系。

第一节　出版概述

出版是人类文明发展到一定阶段的产物，既是人类文明发展的重要成果，又是促进人类文明发展的有力工具，对人类文明的发展有着极为重要的作用。

一、出版的概念及其构成要素

所谓出版，是指有组织地编辑、复制作品并向公众发行的活动。构成出版活动的三个基本要素是编辑、复制和发行。

（一）编辑

编辑是指策划、组织、审读、选择和加工作品的活动。它是出版物复制和发行的前提。出版物的编辑是一种专业性很强的工作，由此派生出了“编辑”一词的其他一些用法，如指称从事编辑活动的职业、岗位、人员，以及这类人员的中级专业技术职务。

编辑是对作者创作的作品进行选择、优化。接受原始信息，将其归纳成知识，形成编辑加工对象的作品，这主要由作者完成，如作家的写作、画家的绘图、音乐家的谱曲等。作品的形成过程属于作者创作过程，不属于出版活动，而是出版活动的前提。

编辑是对作品进行选择、优化的过程。这种选择、优化是按照社会和消费者的需要进行的。编辑工作的目的就是通过对所选作品的精神文化内容进行加工、整理和完善，形成适合社会和消费者需要的出版物。

（二）复制

复制是指以各种方式根据作品内容制成一份或多份与其内容信息相同的复本的工作。出版物生产中最常用的复制方式有印刷、光盘压制、集成电路卡制作、计算机下载与分发等。在商品经济中，作品复制的过程也是出版物的商品生产过程。

出版活动中的作品复制，无论采用何种方式进行，都是为了使已经编辑加工好的作品形成若干复本，并具有能供消费者使用的某种物质载体形式。只有经过复制，作品中所含有的精神文化内容才能向消费者广泛传播。

（三）发行

发行是指出版单位通过分销等渠道将出版物传送给消费者的活动。通过各种方式将出版物向公众广泛发行传播，是出版活动的内在动机与目的。从西方语言中“出版”这一词语的演变来看，法语中的 publier 和英语中的 publish 均源自拉丁语 publicare，而拉丁语 publicare 的本义即是“公之于众”。所以，西方国家给“出版”所下的定义中，都有“公之于众”或类似的含义，而将出版物公之于众的基本方式就是发行。

二、开展出版活动的条件

开展出版活动必须具备四个基本条件。

（一）精神文化资源

这里所说的精神文化资源，指作者创作的作品。出版活动要以“作品”作为选择加工的对象，离开了“作品”这一精神文化资源，编辑的开发工作就成了“无米之炊”。所以，精神文化资源是开展出版活动的前提，成为其首要的、也是最基本的条件。为了使出版活动能够顺利进行，出版专业技术人员既要善于利用已有“作品”，又要积极推动精神文化资源的发展，促进新的“作品”大量出现。

（二）人力资源和物质资源

出版物生产包括两个阶段：一是精神产品生产阶段，二是物质产品生产阶段。在精神产品生产阶段，必须由合格的出版专业技术人员对“作品”进行编辑加工整理和表现形式设计。

无论是数字出版还是传统出版，在物质产品生产阶段，都必须有供复制产品用的机器设备、能源等物质资源，而传统出版还需要厂房、原材料等。此外，还要有足够数量的人力资源，如技术设计人员、生产工人、管理人员等，而出版专业技术人员在这个阶段也负有监督物质产品生产质量的重任。

一定的人力资源和物质资源条件，是开展出版活动的重要条件。离开这些条件，出版活动将无法开展。

（三）流通传播资源

将出版物从出版单位转移到消费者手中的过程，要通过一系列复杂的流通组织工作来实现，需要具备许多资源，如信息、网点、机构、渠道、人员、设备等。若这些资源有缺漏，就会使出版物流通过程受阻。一旦流通过程受阻，也就意味着生产出来的产品滞销积压。卖不出去的产品，除了没有社会效益外，投入的资金也不能收回。因此，出版活动必须具有组织出版物广泛发行的流通传播资源，有了这个条件，出版物才能够顺利流通和传播，出版活动的整体运行才能实现良性循环。

（四）市场资源

出版物的市场资源是指出版物要通过流通进入消费领域，

形成出版物市场。出版物作为一种精神产品，是为了满足人们对精神生活的需要，出版物的消费需求是出版生产发展的动力。出版物的生产、交换、流通和消费形成了出版市场，同时，出版物的消费需求也将出版生产与整个社会联系在一起，使出版工作者的劳动与其他社会成员的劳动进行交换成为可能，出版生产的产品进入消费领域，实现其出版价值。可以说，由出版物的生产、交换、流通和消费而形成的出版物市场，既是出版工作者劳动价值实现的场所，又是促进出版生产持续发展的重要推动力。所以，由一定规模的出版物消费需求构成的出版物市场资源，是开展出版活动的重要条件。

三、出版的一般过程

出版活动的一般过程由精神产品生产、物质产品生产和产品流通这三个基本阶段组成，与构成出版活动的三个基本要素相对应。

（一）精神产品生产阶段

精神产品生产阶段，主要是编辑工作阶段。编辑人员依照一定的原则策划选题、组织作者创作作品，然后再审读、加工作品，最终形成符合复制和广泛传播要求的定稿。在出版过程中，编辑工作是中心环节。无论采用何种载体材料、表现为何种物质形态的出版物，只有经过编辑审读加工过程，才能具有适宜广泛传播的精神文化内涵。

在出版物复制之前，精神产品生产的具体内容包括以下各项。

第一，信息采集。这是编辑人员对社会上各种信息的收集、处理。

第二，选题策划。这是编辑人员依据一定的方针和主客观条件，开发出版资源、设计选题的创造性活动。

第三，组稿。这是发现、选择、组织作者完成作品创作的活动。

第四，审稿。这是对稿件进行审读、评价，决定取舍，并对需要修改的稿件提出修改要求或建议的活动。

第五，编辑加工整理。这是对已决定采用的稿件作修改润饰和规范化处理的活动。

第六，整体设计。这是对出版物载体的艺术性、工艺性设计。

第七，审定发稿。这是将编辑加工整理好的稿件经审定后发往相关职能部门安排制作和复制。

（二）物质产品生产阶段

这个阶段是将精神产品生产阶段形成的精神文化内容加工制作成能够广为发行的物质产品，其中包括制作样本和批量生产复本两个基本环节。但在数字出版中，批量生产复本的过程与出版物的发行过程交融在一起，不再作为独立的环节出现。

就传统出版而言，图书、报纸、期刊、音像制品和电子出版物的生产因载体材料与生产方式的不同，其物质产品生产阶段的具体操作也各不相同，但一般都包括这样几个步骤。

第一，按设计要求将原稿制作成正确无误的“母版”样本，如校样、样带、样盘等。出版专业技术人员要对制作出来的校样（或样带、样盘）进行校对，以发现与订正原稿上可能遗留的或者样本制作过程中产生的差错。

第二，制作可以照样复制的正式“母版”（如印版、母带、母盘等）并进行技术处理，形成可以直接用于批量复制出版物的工作“母版”。

第三，进行批量复制，形成一定数量的具有相同内容和形式的出版物半成品。

第四，将处于分散状态的出版物半成品匹配组合并包装，使之成为最终产品。

就数字出版而言，前两个步骤基本相同，但是后面的步骤有所不同。工作“母版”形成后，不需要先成批复制一定数量的出版物，而是把工作“母版”上传到发行服务器就开始向公众发行，并在发行的过程中即时复制出版物提供给消费者。此外，由于出版物的最终物质载体是消费者自备的终端设备（如个人计算机、平板计算机、手机、移动阅读器等），而出版物的传输一般借助社会公共信息网络（有线网或无线网），也就没有产品匹配组合和包装这个步骤。

（三）产品流通阶段

在市场经济条件下，出版物产品的流通也是商品流通，即出版单位通过商品交换将出版物传送给消费者。因此，产品流通阶段也就是出版物发行阶段。

出版物发行一般由信息流、商流、物流和资金流这四个环节构成。

信息流体现为信息流通，即出版物买卖双方通过各种信息传播渠道进行充分的信息沟通。

商流体现为出版物商品交易，即出版物买卖双方达成商品交易并进行出版物商品的价值转移。

物流体现为出版物从供应地到接受地的转移，即按照出版物商品交易的方向，通过一定的方式组织运送或者上传、下载相应的出版物。

资金流体现为货款结算，即由于出版物商品所有权的转移而发生的款项收付工作。

需要说明的是，出版物的流通一般包括两个基本环节，其一是由出版单位向中间销售商（如新华书店、邮政局等）的流通，其二是由中间销售商向终端消费者的流通。只有完成了第二个环节的流通，出版物才完成了由产品向商品的转化，出版物的价值才能真正得到实现。

第二节　出　版　物

一、出版物的概念和属性

出版活动的成果是出版物。出版活动就是通过出版物来对社会起相应作用的。

（一）出版物的概念

出版物就是已出版的作品。作品只有在出版之后，才能成为出版物。由于计算机技术的运用越来越普遍，人们可以很方便地借助计算机把自己或别人的精神文化成果整理出来，并予以复制，但这样的作品未经过出版过程，不属于出版活动的成果，因而不是出版物。

（二）出版物的属性

出版物是精神生产活动的成果，承载着一定的精神文化内容，具有精神产品的属性；同时它们又是物质生产活动的成果，有一定的物质载体形式，具有物质产品的属性。这种既是精神产品又是物质产品的两重性，是出版物特有的属性。而在出版物的两种属性中，精神产品属性是其本质属性。

1. 出版物的精神产品属性

出版物的内容由经过选择、优化加工、提炼的知识与信息构成，是作者和编辑人员的精神劳动成果。出版物直接影响的领域，不是人们的物质生活领域，而是精神领域。人们需要出版物，主要是需要出版物中蕴含的精神文化内容，以此来满足自己精神上的需要。出版物对社会物质生活的影响，也主要是通过影响人们的思想观念、道德情操与提高人们的科学技术文化水平来间接地实现。众多的传世名著，无一不是以其精湛的内容而受到广大消费者的青睐。正是从这种意义上讲，出版物的精神产品属性是首要的。

2. 出版物的物质产品属性

出版物要有一定的物质载体，物质载体的形成过程属于出版物的物质生产过程。出版物在生产过程中，需要投入必要的人力、物力和财力资源，这些与其他物质产品的生产过程基本一样。因而，出版物具有物质产品属性。

在市场经济条件下，出版物又是一种商品。它凝结的劳动具有一定价值，而这种价值只有在出版物进入市场并销售出去之后，才能得到实现。因而，出版物的物质产品属性又表现为商品属性。

3. 出版物是精神产品内核与物质产品形态的统一

出版物的精神产品属性与物质产品属性是相互依存的统一关系。正是这两者的统一，才使出版物成为出版活动的产品。没有精神文化内容的物质材料，如空白的纸张、光盘、集成电路卡，只是一般的物质产品，不是出版物；同样，不具有出版物产品形态的精神文化内容，如书稿、画稿、原创曲谱、录音录像脚本等，甚至经过编辑加工之后，也还不是出版物。出版物是精神产品内核和物质产品形态的统一，出版物的精神产品属性与物质产品属性相互依存、不可或缺。

在出版物的两种属性中，精神产品属性是其本质属性。出版物的使用价值，主要是由出版物的精神文化内容决定的。

二、出版物的种类

国务院颁布的《出版管理条例》将出版物分为报纸、期刊、图书、音像制品、电子出版物等五大类。其中，报纸、期刊和图书通常是以纸张为载体、以印刷方式复制后发行的，所以往往又把它们合称为“纸介质出版物”“纸质出版物”或“印刷型出版物”，以区别于只用磁、光、电介质作为信息记录载体的音像制品、电子出版物。而那些通过有线或无线的信息网络出版的出版物，通常被称为“网络出版物”，它包括互联网出版物和手机出版物。这些出版物在内容特点、表现形式、结构成分等诸多方面，既与图书、报纸、期刊、音像制品、电子出版物具有某些相同属性，自身特点又比较鲜明。

上述各类出版物并不是同时产生的，而是在不同的历史条件下先后出现的。最早出现的出版物是图书，在图书之后出现的是报纸、期刊，随着科学技术的发展，后来又出现了音像制品、电子出版物及网络出版物。

各类出版物在载体、内容、表现形式、生产方式等方面，各具自己的特点。

（一）图书

图书是主要以纸介质为载体并以印刷方式复制的、可以重印的非连续出版物。图书绝大部分是装订成册的书籍，也有散装的图片、册页。

图书也可从各种角度再作多种划分。譬如，按功能分，有专著、论文集、教科书、工具书、资料书等；按学科知识内容分，有政治读物、经济读物、文学读物、艺术读物、科技读物等。还可从读者对象、装帧形式等其他各种角度进行分类，而其中每一大类下又可以细分出许多小类。

图书不同于报纸和期刊的主要特点，在出版方式上是“非连续出版”，即不能以一个只用序号相区别的固定名称一种接一种地连续出版下去，并且篇幅和出版周期都有较大的伸缩性；在内容上是讲究系统性和稳定性，即一般要按照一定的主题和结构组成一个独立的整体，且有较长的时间效用，可以重印或再版。图书既可只由单独的一篇作品组成，也可由同一作者的多篇作品组成，还可由多位作者的许多作品汇聚而成，而报纸和期刊都是由多位作者的不同作品组成。

（二）报纸

报纸是有固定名称、用期或年月日顺序编号，大多以印刷方式复制的纸质散页连续出版物。它以刊载新闻和时事评论为主，同时也传播知识，刊登资讯，为人们的娱乐和生活提供服务。

报纸的种类可从各种角度作多种划分。譬如，按与政党、政府或其他社会团体的关系，可分为机关报（如《人民日报》是中共中央的机关报）与非机关报；按内容范围，可分为综合类、政法类、经济类、金融类、文化类、文学艺术类、科学技术类、体育类、卫生保健类、影视类、读书类、生活类、时尚类等；按出版周期，可分为日报和每周一期、每周两期、每周三期、每旬一期的非日报等，而日报还可分为晨报、午报、晚报等；按主要读者的分布地域，可分为全国性报纸和地方性报纸，如《人民日报》《光明日报》《经济日报》等是全国性的，而《北京日报》《长江日报》《羊城晚报》等则是地方性的。

报纸不同于图书的主要特点，在出版方式上是“连续出版”，即以一定的出版周期用一个稳定的名称一期接一期地出版，期与期之间仅以序号（或再加上出版时间）相区别；在内容上特别注重时效性，一般不会再版或修订等，且均由多位作者的不同作品汇编而成。

（三）期刊

期刊也称“杂志”，是指有固定名称，用卷、期或年月顺序编号，通常以纸介质为载体并以印刷方式复制，装订成册的连续出版物。联合国教科文组织 1964 年给期刊下的定义是：“凡是同一标题连续不断（无限期）定期或不定期出版，每年至少出一期（次）以上，每期均有期次编号或注明日期的称为期刊。”

期刊也可从各种角度作多种划分。譬如，按内容范围，可分为时事政治类、社会科学类、自然科学类、工程技术类、文学艺术类、教学辅导类、综合文化生活类、科学普及类、情报检索类等；按出版周期，可分为周刊、旬刊、半月刊、月刊、双月刊、季刊、半年刊、年刊等；按读者对象的年龄层次，可分为老年刊、青年刊、少年刊、儿童刊等。

期刊与报纸都是连续出版物，所以它们有很多可与图书相区别的共同特点，如：有一个稳定的名称，连续出版并有表示可无限期持续出版的序号，均由多位作者的作品汇编而成，一般不会再版或修订等。当然，期刊与报纸也有区别。它们的外在区别，主要在于期刊装订成册，有封面，开本一般较报纸小，出版周期通常比报纸长等；它们的内在区别，主要在于期刊的时效性比报纸弱，稳定性和系统性比报纸强。

期刊单独与图书相比，还有这样一些特点：正文一般分设各种栏目；全刊篇幅在一定时间（至少一年）内相对固定，不能忽多忽少；一般不设扉页，版本记录列载于底封或目次页。

（四）音像制品

音像制品是以磁、光、电介质为载体，用数字或模拟信号，将图、文、声、像记录下来经编辑加工后，通过视听设备播放使用的出版物。

音像制品一般分为录音制品和录像制品两大类。录音制品用于记录声音，具有再现音乐作品、语言等功能；按载体和信息记录方式的不同，可分为录音带、唱片（现在已经基本上不再生产）、激光唱盘等。录像制品用于记录动作、画面、表情和场景等，具有类似或再现电影、电视剧（片）的功能；按载体和信息记录方式的不同，可分为录像带和激光视盘等。

音像制品与报纸、期刊和图书等出版物的区别，主要在于：表达内容的手段不同，大量运用声音、图像、活动影像等媒体形式；物质载体不同；复制方式不同；使用时需要一定的播放设备；形态和结构部件不同。

（五）电子出版物

电子出版物是以数字代码方式，将有知识性、思想性内容的信息编辑加工后，存储在固定物理形态的磁、光、电等介质上，通过电子阅读、显示、播放设备读取使用的大众传播媒体。

电子出版物也可从各种角度作多种划分。如按载体的不同，可分为磁盘类、光盘类、集成电路卡类；按对使用者操作的反应情况不同，可分为单向类和交互类等；按所包含的信息表现形式的不同，可分为文字类、图片类、声音类、图像类、图文类、动画类、图文声像并茂的多媒体类等；按基本用途的不同，可分为计算机软件类、信息检索类、阅读类、素材类、教育类、游戏类等；按所含的传播媒体特征的不同，可分为电子图书类、电子游戏类、电子期刊类、电子报纸类等，其中前两者称为“非连续型电子出版物”，后两者称“连续型电子出版物”。各个大类下往往又都包括若干小类。

电子出版物具有许多与音像制品类似的特点，因此音像制品有别于图书、报纸、期刊的特点，同样也见于电子出版物。电子出版物有别于音像制品的地方，主要是记录信息全部采用数字代码方式和载有的信息内容不同。在物质载体形式、复制方式和使用时需要的技术设备方面，则与音像制品互有交叉、异同并存。

（六）网络出版物

随着数字出版技术的快速发展，国家鼓励图书、音像、电子、报纸、期刊出版单位从事网络出版服务，加快与新媒体的融合发展。2016 年 2 月国家新闻出版广电总局、中华人民共和国工业和信息化部颁布的《网络出版服务管理规定》明确指出，网络出版服务是指“通过信息网络向公众提供网络出版物”。

当前，网络出版物的范围主要包括：文学、艺术、科学等领域内具有知识性、思想性的文字、图片、地图、游戏、动漫、音视频读物等原创数字化作品；与已出版的图书、报纸、期刊、音像制品、电子出版物等内容相一致的数字化作品；将上述作品通过选择、编排、汇集等方式形成的网络文献数据库等数字化作品；国家出版主管部门认定的其他类型的数字化作品。

三、出版物标志

中国标准书号、中国标准连续出版物号都是中国出版物的标志，用于表明其“身份”。出版单位按照国家有关规定将之载于相应的出版物上，既是为了表示出版物的合法性，也是为了保证出版活动的有序开展。

中国标准书号、中国标准连续出版物号分别适用于不同种类的出版物，相应的也有不同的形式和编码体系。

（一）中国标准书号

中国标准书号是主要用于图书、音像制品、非连续型电子出版物的标准化识别代码。2002 年国家质量监督检验检疫总局颁布修订后的国家标准《中国标准书号》（GB/T 5795—2002），规定采用国际标准书号（International Standard Book Numbering—ISBN）作为中国标准书号。2006 年 10 月，根据国际标准化组织（ISO）对国际标准书号的修订（位数从 10 位改成 13 位），国家质量监督检验检疫总局和中国国家标准化管理委员会颁布了再次修订后的国家标准《中国标准书号》（GB/T 5795—2006），规定从 2007 年 1 月 1 日起，中国标准书号的编号位数也从 10 位改成 13 位。

中国标准书号由不同长度的 5 段共 13 位阿拉伯数字组成，段之间以短线隔开，前面冠以 ISBN 作为标志符，如“ISBN 978-7-5064-2595-7”。各段数字分别表示 EAN. UCC 前缀、组区号、出版者号、出版序号和校验码。

EAN. UCC 前缀由 3 位数字组成，是国际物品编码协会分配的产品识别编码，由国际 ISBN 中心向国际 EAN 组织申请获得。中国的 EAN. UCC 前缀为 978 和 979，目前使用 978，何时使用 979 由国际 ISBN 中心决定。

组区号由国际 ISBN 中心分配，中国的组区号为 7。

出版者号由中国 ISBN 中心分配，分别由 2～7 位数字组成。非连续型电子出版物使用专用的中国标准书号，其中的出版者号均为 6 位数。

出版序号由出版者按出版物的出版次序管理和编制，分别由 1～6 位数字组成，具体位数取决于出版者号的位数，即出版者号和出版序号连在一起须共为 8 位数字。

校验码用以检查中国标准书号编号的正确性，仅 1 位数字，采用模数 10 的加权算法对前 12 位数字计算后得出。

（二）中国标准连续出版物号

根据国家标准《中国标准连续出版物号第 2 部分：ISSN》（GB/T 9999. 2—2018）规定，中国标准连续出版物号是在中华人民共和国境内分配的与国际标准连续出版物号（ISSN）的编码结构一致的连续出版物的标识符。适用于传统的期刊、报纸、年度出版物等连续出版物，也适用于更广义的连续性资源。

中国标准连续出版物号由前缀“ISSN”和 8 位数字组成，可以简称“ISSN”。前缀与 8 位数字之间有半个汉字宽的间空。8 位数字分为 2 段，每段 4 位数字，中间用短线隔开；其中前 7 位为单纯的数字序号，不反映连续出版物的语种、国别或出版者，最后 1 位为计算机校验码。国际标准连续出版物号的格式如下：

ISSN ××××-××××

（三）国内统一连续出版物号

国家标准《中国标准连续出版物号第1部分：CN》规定，国内统一连续出版物号是国家出版主管部门分配给在中华人民共和国境内出版的连续出版物的唯一代码。国内统一连续出版物号由前缀标识“CN”、主体代码和附加码三部分组成，可以简称“CN号”。主体代码由6位数字组成，包括2位地区代码和4位地区序号，与前面的前缀以半个汉字宽的间空隔开，与后面的分类号以斜线“/”隔开，如CN 11-3209/G3。6位数字分为2段，中间用短线隔开。前段2位数字为地区号，依据国家标准《中华人民共和国行政区划代码》（GB/T 2260—1999）中的数字码前2位给出；后段4位数字为地区连续出版物的序号。期刊可用的地区连续出版物序号为1000～5999；连续型电子出版物使用专用的中国标准连续出版物号，其地区连续出版物序号为9000～9999。

分类号按中国图书馆分类法的基本大类给出，一般用1个字母表示；但工业技术类和文化教育类按二级类目给出，故用2个字母或者1个字母加1个数字表示。

第三节　我国出版工作的指导思想、方针原则和主要任务

我国出版业是社会主义出版业，正确的指导思想对做好出版工作是非常重要的，这就要求每一个从业人员把握正确的指导思想，认真贯彻党和国家有关出版工作的各种方针原则，从而以正确的出版理念切实承担起出版业的主要任务。

一、我国出版工作的指导思想

我国出版工作的指导思想是：以马克思列宁主义、毛泽东思想、邓小平理论、“三个代表”重要思想、科学发展观、习近平新时代中国特色社会主义思想为指导，紧紧围绕统筹推进“五位一体”总体布局和协调推进“四个全面”战略布局，坚持中国特色社会主义文化发展道路，坚持为人民服务、为社会主义服务，坚持百花齐放、百家争鸣，坚持创造性转化、创新性发展，坚持以多出优秀作品为中心环节，加强内容建设，深化改革创新，完善出版管理，推动出版业持续繁荣健康发展，加快出版强国建设步伐，更好承担“举旗帜、聚民心、育新人、兴文化、展形象”的使命任务。

坚持正确的指导思想，对我国出版工作具有决定性的意义。我国出版工作作为党与人民的喉舌和党的重要意识形态阵

地，关系到为中国特色社会主义伟大事业提供思想保证、精神动力和智力支持，关系到国家安全、政治稳定、民族团结和社会安定，关系到人的全面发展，尤其会影响人们的政治立场、理想信仰、价值取向和道德观念。因此，我国出版工作必须深入贯彻习近平新时代中国特色社会主义思想，坚持社会主义先进文化前进方向，传播和积累一切有益于提高民族素质、推动经济发展和促进社会进步的思想道德、科学技术和文化知识，弘扬社会主义核心价值观和中华民族优秀文化，以满足人民群众日益增长的美好精神文化需要为出发点和落脚点，以改革创新为动力，为提高全民族文明素质，增强国家文化软实力，建设社会主义文化强国作出积极贡献。

二、我国出版工作的方针原则

为了取得良好的社会效益，实现社会效益与经济效益相统一，出版工作应该坚持贯彻、执行一些基本的方针原则。

（一）坚持正确政治方向

出版工作是党的宣传思想文化工作的重要组成部分，是促进文化繁荣兴盛、建设社会主义文化强国的重要力量，是意识形态工作的重要阵地。出版工作，本质上是政治工作，坚持正确的政治方向，是出版工作的根本要求。要牢固树立政治意识、大局意识、核心意识、看齐意识，坚定中国特色社会主义道路自信、理论自信、制度自信、文化自信，坚决维护习近平总书记党中央的核心、全党的核心地位，坚决维护党中央权威和集中统一领导，不断巩固马克思主义在意识形态领域的指导地位，巩固全党全国人民团结奋斗的共同思想基础。

坚持正确政治方向，就要坚定共产主义理想、信念，坚定社会主义先进文化前进方向，大力弘扬社会主义核心价值观，热情歌颂中国特色社会主义建设取得的伟大成就，大力唱响共产党好、社会主义好、改革开放好、伟大祖国好、各族人民好的时代最强音，鼓舞和激励全党全国人民为实现中华民族伟大复兴的中国梦而不懈努力。

（二）坚持以人民为中心

我国宪法规定："国家发展为人民服务、为社会主义服务的文学艺术事业、新闻广播电视事业、出版发行事业、图书馆博物馆文化馆和其他文化事业，开展群众性的文化活动。"国务院颁布的《出版管理条例》规定，"出版活动必须坚持为人民服务、为社会主义服务的方向"。出版工作坚持"为人民服务、为社会主义服务"，实质上就是在出版工作中坚持中国共产党人的初心和使命，就是坚持以人民为中心的创作生产导向。党的十八大报告指出："让人民享有健康丰富的精神文化生活，是全面建成小康社会的重要内容。要坚持以人民为中心的创作导向，提高文化产品质量，为人民提供更好更多精神食粮。"党的十九大报告强调"满足人民过上美好生活的新期待，必须提供丰富的精神食粮"。

出版工作要紧跟时代发展，顺应人民群众对精神文化生活的新期待，把服务群众和教育引导群众结合起来，把满足需求同提高素养结合起来，增强出版物的吸引力感染力影响力，努力为人民群众提供更加丰富、更加优质的出版产品和服务，保障和实现人民群众的基本文化权利，使广大人民群众共享文化发展的成果。

（三）坚持把社会效益放在首位

国务院颁布的《出版管理条例》第四条规定："从事出版活动，应当将社会效益放在首位，实现社会效益与经济效益相结合。"这是我国出版工作必须认真贯彻的重要原则，也表述为"把社会效益放在首位，社会效益和经济效益相统一"。

出版活动中的社会效益是指有益于社会主义物质文明和精神文明建设的出版效果，经济效益是指通过出版经营获得的经济收益。出版工作必须正确处理两个效益的关系，始终坚持把社会效益放在首位。要坚持以社会主义核心价值观为引领，牢记化人育人的出版使命，注重出版的社会效果，自觉讲品位、讲格调、讲责任，抵制低俗、庸俗、媚俗，弘扬主旋律，传播正能量。杜绝精神毒品和文化垃圾，绝不允许以牺牲社会效益为代价片面追求一时的经济效益。

出版物有其特殊性，它对人们的思想道德素质、科学文化素质和身心健康素质具有广泛而深远的影响，其社会价值主要表现在社会效益上。2014 年 10 月，习近平总书记在全国文艺工作座谈会上指出，一部好的作品，应该是把社会效益放在首位，同时也应该是社会效益和经济效益相统一的作品。文艺不能当市场的奴隶，不能沾满铜臭气。优秀的文艺作品，最好是既能在思想上、艺术上取得成功，又能在市场上受到欢迎。2019 年 8 月，习近平总书记在甘肃读者出版集团有限公司考察调研时提出："为人民提供更多优秀精神文化产品，善莫大焉。要牢牢把握正确导向，在坚守主业基础上推动多元化经营，努力实现社会效益和经济效益双丰收。"进一步要求出版工作在坚持社会效益第一的前提下，努力实现社会效益与经济效益相统一。

（四）坚持质量第一

1983年，《中共中央、国务院关于加强出版工作的决定》指出："出版部门要坚持质量第一，尽最大努力，把最好的精神文化食粮供给人民。各类图书都要力求做到选题对路，内容充实，都要力求有尽可能高的思想性、科学性或艺术性，反对粗制滥造。"1997年6月，新闻出版署颁布《图书质量保障体系》，强调"坚持精神文明重在建设，繁荣出版重在质量的思想，把能否提高图书质量当作衡量出版工作是否健康发展、检验出版改革成功与否的重要标志"。2004年12月，新闻出版总署颁布《图书质量管理规定》，强调要"实现图书出版从扩大规模数量为主向提高质量效益为主的转变，提高图书出版整体水平"。2019年6月印发的《中国共产党宣传工作条例》明确要求，出版工作应当坚持正确的出版导向，坚持内容质量第一，促进出版业健康繁荣发展。

坚持质量第一，这是由我国出版工作的社会主义性质决定的，是由为人民服务、为社会主义服务的方向决定的，也是我国出版工作将社会效益放在首位、实现社会效益与经济效益相统一的必然要求。只有高质量的出版物，才能既获得良好的社会效益，又获得良好的经济效益。所以必须树立精品意识，提高原创能力，在内容、编校、设计、印制等各个环节全面提升质量，着力打造思想精深、艺术精湛、制作精良相统一的精品力作，推动出版业加快向高质量高水平发展阶段迈进。

（五）坚持改革创新

党的十九大报告明确指出："创新是引领发展的第一动力。"随着社会经济的发展和科学技术的进步，我国出版业不断面临新的机遇和挑战，唯有坚持走改革创新之路，才能把握机遇，挺立潮头，永葆强劲发展趋势。

新形势下，我国出版工作必须认真总结实践经验，深化改革，开拓创新，努力认识和把握出版工作规律。要突出问题导向，不断创新内容载体、方法手段、业态形式、体制机制，大力推动产业结构调整和升级，加快从主要依赖传统纸介质出版物向多种介质形态出版物共存、融合发展的现代出版业转变，从主要依赖区域性市场向综合开拓国内、国际市场转变，确保出版业始终与时代同向同步、焕发新的生机活力。要加强与国外出版界的交流与合作，加快推进中国出版“走出去”，进一步增强中国出版的国际竞争力，提升中国文化在世界上的影响力。

（六）坚持党管出版

2018 年 8 月 21 日，习近平总书记在全国宣传思想工作会议上强调，要“加强党对宣传思想工作的全面领导，旗帜鲜明地坚持党管宣传、党管意识形态”。出版工作是党的宣传思想文化工作的重要组成部分，具有鲜明的意识形态属性。做好出版工作，必须坚持和加强党对出版工作的全面领导，不断完善党领导出版工作的体制机制，严格落实意识形态工作责任制，严格落实主管主办制度和属地管理责任，确保党对出版工作的领导权落到实处，使党的路线、方针、政策贯穿出版工作全过程。

坚持党管出版的原则，需要体制机制的有力保证。2018 年 3 月，为加强党对出版活动的管理，发展和繁荣中国特色社会主义出版事业，国家层面的新闻出版管理职责划入中央宣传部，相应地，地方各级政府的新闻出版管理职责划入各级党委宣传部门。同时，各出版单位也在不断完善管理制度，夯实导向把关的主体责任。这些措施的实行和完善，使党对出版工作的领导权、管理权和话语权得到进一步落实，出版物的正确政治方向和出版导向得到充分保障。

三、我国出版工作的主要任务

党的宣传工作的根本任务，是高举中国特色社会主义伟大旗帜，巩固马克思主义在意识形态领域的指导地位，巩固全党全国人民团结奋斗的共同思想基础，建设具有强大凝聚力和引领力的社会主义意识形态，建设具有强大生命力和创造力的社会主义精神文明，建设具有强大感召力和影响力的中华文化软实力。作为党的宣传思想文化工作的重要组成部分，作为促进文化繁荣兴盛、建设社会主义文化强国的重要力量，出版工作必须围绕宣传工作的根本任务，承担以下主要任务。

（一）广泛深入传播党的理论创新成果

推动习近平新时代中国特色社会主义思想深入人心，是出版工作的首要政治任务。出版工作要广泛深入传播党的理论创新成果。要认真做好文献精编、权威读本、理论专著、通俗读物等多层次、高质量作品的出版，增强针对性、扩大覆盖面，增进广大干部群众的政治认同、思想认同、情感认同，发挥出版在理论研究和宣传中系统深入的优势，推进马克思主义中国化、时代化、大众化成果的出版。要进一步加强优秀通俗理论读物的出版和推介工作，加强重点理论读物等的民族语言版和民汉双语版出版，让党的创新理论成果广为传播、深入人心。

（二）培育和弘扬社会主义核心价值观

社会主义核心价值体系是社会主义意识形态的本质体现，

培育和弘扬社会主义核心价值观，倡导富强、民主、文明、和谐，倡导自由、平等、公正、法治，倡导爱国、敬业、诚信、友善，增强社会主义意识形态的吸引力和凝聚力，是出版工作神圣的政治职责。党的十八大报告指出："社会主义核心价值体系是兴国之魂，决定着中国特色社会主义发展方向。要深入开展社会主义核心价值体系学习教育，用社会主义核心价值体系引领社会思潮、凝聚社会共识。"党的十九大报告进一步明确："社会主义核心价值观是当代中国精神的集中体现，凝聚着全体人民共同的价值追求，要以培养担当民族复兴大任的时代新人为着眼点，强化教育引导、实践养成、制度保障，发挥社会主义核心价值观对国民教育、精神文明创建、精神文化产品创作生产传播的引领作用，把社会主义核心价值观融入社会发展各方面，转化为人们的情感认同和行为习惯。"要传承弘扬革命文化，讲好当代中国故事，充分展示我国改革开放和社会主义现代化建设取得的伟大成就，充分阐释成就背后的宝贵经验、根本原因、制度优势，充分展现中国人民具有的伟大创造精神、伟大奋斗精神、伟大团结精神、伟大梦想精神。

（三）传播和积累科学文化知识

出版工作要努力传播和积累科学文化知识，不断提高国家文化软实力。在科学文化知识的传播上，出版工作承担着艰巨的任务；在科学文化知识的积累上，出版物，尤其是图书，起着特别重要的作用。以辞书为例，中华人民共和国成立后新编或重编的《新华字典》《现代汉语词典》《汉语大字典》《汉语大词典》《中国大百科全书》《辞海》《辞源》等辞书，对传播和积累科学文化知识都做出了难以估量的贡献。

这里所说的科学文化知识，包括哲学社会科学知识、自然科学知识、技术科学知识和其他文化知识，范围极其广泛。出版工作既要致力于向广大人民群众普及这些知识，也要致力于学术、科研成果的创造和开拓。这将有利于科学文化的创新，促进先进生产力的发展，提高全民族的思想道德和科学文化素质，推动我国的经济建设、政治建设、文化建设、社会建设和生态文明建设的全面进步。

（四）弘扬中华优秀传统文化

党的十八大报告指出："文化实力和竞争力是国家富强、民族振兴的重要标志。要建设优秀传统文化传承体系，弘扬中华优秀传统文化。"党的十九大报告进一步强调，要"推动中华优秀传统文化创造性转化、创新性发展"。

我国是历史悠久的文明古国，具有光辉灿烂的中华文化，这是中华民族生生不息、团结奋进的不竭动力。继承传统文化中的精华，使之与当代社会相适应，与现代文明相协调，是建设中国特色社会主义文化的重要条件。通过出版物弘扬中华优秀传统文化，是出版工作义不容辞的历史责任。

在五千多年的发展中，中华民族形成了以爱国主义为核心的团结统一、爱好和平、勤劳勇敢、自强不息的伟大民族精神。要结合时代和社会发展的要求，弘扬和培育这种精神文化，出版工作的参与必不可少。

（五）丰富和提高人民的精神生活

党的十九大报告指出："中国特色社会主义进入新时代，我国社会主要矛盾已经转化为人民日益增长的美好生活需要和不平衡不充分的发展之间的矛盾。"随着我国社会经济、政治、科技、文化的不断发展，人民群众的物质生活需要在逐步提高，对精神生活的需求也在不断增长，所以党的十九大报告明确要求：“满足人民过上美好生活的新期待，必须提供丰富的精神食粮。”从总体上看，人民群众的文化需求可以分为基本文化需求和多样化、多层次、多方面文化需求两部分。就出版工作而言，人民群众的基本文化需求，表现为需要出版物帮助他们增长知识，树立正确的世界观、人生观和价值观。这是社会主义制度下人民群众必须得到保障的基本文化权益。人民群众多样化、多层次、多方面的文化需求，表现为需要从出版物中获得消遣性的愉悦，达到抒发感情、陶冶情操的目的。出版业必须适应和满足这些需求，多为人民提供健康有益、形式多样、足以丰富和提高精神生活的优秀出版物。

（六）促进国际文化交流

随着世界多极化、经济全球化的加快发展和我国对外开放的不断扩大，中外思想文化的交流更加频繁。这为我们学习借鉴世界有益文化、推动中华文化“走出去”、提高中华文化在国际上的影响力和竞争力提供了极好机遇。党的十八届三中全会明确要求：“扩大对外文化交流，加强国际传播能力和对外话语体系建设，推动中华文化走向世界。”党的十九大进一步强调：“加强中外人文交流，以我为主，兼收并蓄。推进国际传播能力建设，讲好中国故事，展现真实、立体、全面的中国，提高国家文化软实力。”出版工作在促进中外文化交流方面肩负着重大责任。我们既要在交流中积极吸收先进、科学、有益的东西，坚决抵制落后、愚昧、有害的东西，更要努力展示和弘扬我国文化建设的成就，不断提高中华文化的国际影响力和竞争力。

第四节　出版工作者的文化追求与职业道德建设

出版工作是整个社会文化建设工作的一部分，出版物是具有精神文化内容的精神产品，在传播、积累文化成果方面有着巨大的作用。这一行业的特点，要求出版从业人员具有文化追求。同时，任何社会行业的从业人员都应该具备与本行业工作特点相适应的职业道德，出版业自然不能例外，出版工作者应该在职业活动中遵循一定的行为准则和规范。

一、出版工作者的文化追求

文化追求是出版工作者的职业追求和价值取向，这是由出版工作的文化性所决定的。

（一）出版工作的文化性

出版工作的文化性在出版物的生产、流通和消费三个过程中都有体现。

1. 出版物生产过程的文化性

出版物的生产过程是一个文化选择与文化整理的过程，也是一个文化产品形成的过程。编辑在策划选题、组织和加工整理稿件时，都要按照社会和消费者的文化需求来进行工作，其文化选择与文化整理的意义非常突出。产品复制过程，使编辑加工好的稿件具有产品形态并批量复制，为精神文化内容的广泛传播创造条件，所以，出版物的生产过程也具有一定的文化意义。

2. 出版物流通过程的文化性

出版物的流通过程是一个文化传播过程。出版物流通的文化传播意义主要表现在两个方面：一是通过商品交换使出版物广泛发行，同时使出版物蕴含的精神文化内容随之得以广泛传播。如科普读物的发行能向读者普及科技知识，法律读本的发行能向读者传播法律知识等。二是通过出版物流通中开展的各项宣传活动，如出版单位、发行单位经常开展的发订单、写书评、办宣传橱窗、组织读书报告会、张贴新书预告等宣传活动，在传递出版物商品信息的同时，也对出版物的精神文化内容进行重点揭示，由此使广大消费者受到精神文化的熏陶。

3. 出版物消费过程的文化性

完整的出版物消费过程，由取得出版物与使用出版物两个环节构成。取得出版物的过程，是一个文化选择的过程。消费者总是选择那些符合自己的精神文化需要，与自己的阅读、理解能力和欣赏趣味相适应的出版物。使用出版物的过程，是消费者对出版物内容进行认识、领悟、吸收、评判和赏析的过程。这是一个满足精神文化需要的过程，是一种精神文化享受，与物质产品的消费过程不同。

总之，无论是出版物的生产过程，还是流通过程、消费过程，出版工作都与文化有着千丝万缕的联系，都是文化工作的重要组成部分。作为从事这种文化工作的出版工作者，应该加强自身的文化修养，有崇高的、自觉的文化追求，这样才能为消费者提供具有高尚文化品位的出版物。

（二）出版工作者文化追求的体现

出版工作者的文化追求主要体现在四个方面。

1. 认真做好文化选择

在出版工作实践中，出版工作者要力争使自己经手制作的每一种出版物都成为人类优秀文化宝库的一部分。无论是选题的确定、稿件的取舍，还是编辑加工整理时对作品的修改，都要以正确的思想为指导，认真组织出版代表先进文化前进方向的文化作品和继承优秀传统文化的作品，弘扬主旋律，提倡多样化，积极扶持创新作品的出版，繁荣出版物市场。同时要坚决抵制腐朽、落后的文化作品。

2. 大力推进文化创造

出版工作者在生产文化产品的过程中，要努力为文化创造推波助澜。这具体表现在三个方面。

第一，按照社会文化生产的总体要求，通过选题策划和稿件组织等活动，对众多分散进行的社会文化创作活动进行规划、组织与协调，为社会主义文化建设奉献自己的一份力量。

第二，要努力在作者创作的基础上进行文化再创造，不但使作品的内容和形式都能达到出版的要求，而且要通过各种创新性努力使出版物具有尽可能多的文化含量。

第三，通过策划选题和组织作者创作，引导社会文化创作活动的发展。对优秀的文化成果，要以人们喜闻乐见的形式精益求精地进行设计和制作，使消费者在接受教育熏陶的同时，还能够得到美的享受。

3. 积极开展文化传播

出版工作能使精神文化成果转化成适宜于传播的出版物产品，并能通过商业运作使出版物产品在社会上流通，在流通过程中使出版物蕴含的精神文化内容得以传播。

目前，我国社会的文化发展水平从总体上看还不够高。出版工作者要破除只顾在“象牙塔”内孤芳自赏的不良心态，积极开展文化的传播、普及活动，要让最广大的人民群众共享文化发展的成果。

4. 充分重视文化积累

出版物能将各类文化成果记录、储存起来，使这些文化成果一代代流传下去。悠久的中华文化主要是通过书籍来传承的。出版工作者要着眼于长远，努力规划出版能够长期流传的文化精品。要努力为我国的历史文化宝库添砖加瓦，为社会的文化发展做出贡献。

二、出版工作者的职业道德建设

职业道德是社会道德的重要组成部分。出版工作者的职业道德，就是出版工作者在职业活动中所应遵循的行为准则和规范。它既是对社会承担的道德责任和义务，又是普遍的社会道德规范与出版业职业特征的结合。

出版业要实现健康、有序发展，必须充分重视出版工作者的职业道德建设。

（一）出版工作者职业道德规范的内容

出版业的职业道德规范具有比较明显的行业特色。中国出版工作者协会于 1995 年公布《中国出版工作者职业道德准则》，1997 年作了修订，2004 年 2 月再次修订，并将随着社会的发展而不断完善。其目的是为了进一步加强出版业的职业道德建设，引导广大出版工作者在遵守公民基本道德规范的基础上，追求更高的思想道德目标，从而推动出版业的繁荣进步和健康发展。

《中国出版工作者职业道德准则》是我国出版工作者都应该遵守的行业职业道德规范，其主要内容是：

第一，为人民服务，为社会主义服务。以促进先进生产力和先进文化的发展为己任，坚持正确的政治方向，坚持以人为本，为人民服务、为社会主义服务、为全党全国工作大局服务。解放思想、实事求是、与时俱进、开拓创新，为培育有理想、有道德、有文化、有纪律的社会主义新人做出贡献。

第二，增强使命感和责任感，始终把社会效益放在首位，实现社会效益和经济效益相结合。大力弘扬中华民族优秀传统文化，自觉维护民族团结，牢固树立为中华民族伟大复兴奋斗的历史使命感和社会责任感。反对唯利是图、见利忘义。

第三，树立精品意识，提高出版质量。唱响主旋律、提倡多样化，贴近实际、贴近生活、贴近群众。多出精品力作、传世佳作，少出平庸作品，杜绝坏作品。认真把好出版物的质量关，提高内容、编校、设计和印制质量。

第四，遵纪守法，廉洁自律。遵守党的宣传纪律和国家的法律法规，遵守出版管理的各项规章制度。自觉抵制和纠正行业不正之风，不买卖书号、刊号。不利用工作之便谋取个人名利。不参与非法出版、印刷、发行或其他违法经营活动。

第五，爱岗敬业，忠于职守。热爱本职工作，甘于岗位奉献。重视学习，善于学习，终身学习。努力掌握新知识、新技术和新技能。反对粗制滥造、玩忽职守的行为。

第六，团结协作，诚实守信。发扬集体主义精神，尊重人，理解人，关心人，互相帮助，互相爱护。讲信用，重信誉，平等竞争，用诚实劳动获得合法利益。尊重作者，保护著作权人的合法权益。

第七，艰苦奋斗，勤俭创业。谦虚谨慎，不骄不躁，密切联系群众。勤俭节约，讲求实效，反对形式主义和铺张浪费。

第八，遵守外事纪律，维护国家利益。发扬爱国主义精神，在对外交往中维护国家尊严和中国出版工作者的良好形象。

（二）出版工作者职业道德建设的意义

加强出版工作者的职业道德建设具有重要的意义。这主要体现在四个方面。

1. 促进社会公德和精神文明建设

职业道德与社会公德是密不可分的。出版工作者的职业道德是社会公德在出版行业的具体化，而出版业是社会主义精神文明建设的重要窗口之一，对精神文明建设有着特殊的影响力。出版工作者加强职业道德建设，提升职业道德水平，具有高度的精神文明，不仅有利于出版业自身的发展，而且关系到整个社会道德水平的提高，影响到整个社会的精神文明。

2. 有利于建设高素质的出版队伍

职业道德建设对出版工作者的职业行为提出了规范要求。认真贯彻、执行这些规范要求，出版工作者就能够以字斟句酌、精益求精的作风处理好每一份稿件，以善解人意、精心周到的态度妥善处理与作者、消费者的相互关系，提高产品质量和服务质量。如果出版业从业者的职业道德水平不高，就很难生产出优秀的出版物和提供优质的服务。因此，职业道德建设是建设高素质出版队伍的重要内容。

3. 维护和提高出版业的社会声誉

出版业的职业道德状况是出版业发展的重要“软环境”，

直接影响着出版业的社会声誉、社会效益和经济效益，关系到出版业的兴衰。出版业和出版机构的职业道德水平，是通过每个出版工作者的职业道德状况表现出来的。从这种意义上讲，每个出版工作者都是本行业的代表。同时，忠于职守、勤奋敬业等优良职业道德，是促进出版业发展的内在动力和主要因素之一。出版工作者的职业道德建设，是维护和提高出版业的社会声誉、促进出版业兴旺发达必不可少的前提条件。

4. 保障出版物市场健康发展

在市场经济条件下，具有良好职业道德的出版工作者，按职业道德规范要求参与出版物市场活动，能防范和减少不规范行为对市场环境、市场主体、市场运行机制等的干扰和破坏。因此，加强出版工作者的职业道德建设，是出版物市场健康有序地运行和发展的重要保障。

（三）出版工作者职业道德建设的措施和方法

加强出版工作者的职业道德建设，可以从以下几个方面进行。

1. 加强自我修养

良好职业道德的养成需要出版工作者长期自觉努力，加强自我修养，在道德行为上自重、自省、自警、自励，以自我反省、自我评价、自我检点来净化人格心灵，培养良好的职业道德品质。

2. 加强教育

出版工作者职业道德建设还需要依靠教育手段。要通过形式多样、持之以恒的职业道德教育，使出版工作者受到职业道德规范的启发、感化，从而提高职业道德修养。

进行职业道德教育的过程，是出版工作者道德品格形成和升华的过程，也是提升和增强出版工作者的职业道德认识、职业道德情感、职业道德意志和职业道德信念的过程。出版工作者职业道德教育的最终目的，在于使出版工作者对职业道德准则形成明确、具体、深刻的认识，养成良好的职业道德行为习惯，自觉地规范自己的职业行为。

3. 加强舆论引导和监督

出版业要形成良好的职业道德风气，必须建立有效的职业道德舆论调控机制，即充分发挥传播媒介和公众舆论的引导和监督作用，使道德评价成为扬善抑恶的重要手段，为出版业的发展创造良好的道德氛围和人文环境。

4. 加强制度化、法规化建设

出版工作者职业道德建设，不仅要依靠个人自我修养、教育、舆论调控，还要依靠法律、政策和规章制度支持。要加强出版业的规章制度建设，健全职业道德的预警机制。

建设道德情操高尚、业务素质优良、行业作风正派的出版队伍，需要进一步加强出版业人事录用、培训、考核、晋升、奖惩等方面的规章制度建设。将职业道德列为岗位考评的内容之一，能够督促出版工作者检查和规范自己的行为，自觉地养成良好的职业道德。

第五节　编辑与编辑工作

作为出版工作重要组成部分之一的编辑工作，是指以生产出版物的精神文化内容为目的，策划、组织、审读、选择和加工作品的一种专业性的精神生产活动，它是出版物复制和发行的前提。

一、编辑工作在出版工作中的地位

编辑工作在整个出版工作中居于中心环节的地位，这具体体现在四个方面。

（一）贯彻出版方针原则的关键

对出版工作方针原则的贯彻执行，主要体现于出版物的内容，而出版物内容质量的好坏，关键在编辑工作。编辑人员只有在编辑工作的各个环节严格把好出版物的内容质量关，才能防止那些偏离出版方针原则的作品流入社会。

（二）制订和实现出版计划的核心

出版计划是落实出版方针原则的具体体现。制订出版计划的核心依据是选题计划，出版计划中的其他内容，都是根据选题计划作出安排的，都要围绕选题计划的落实来组织实施，而策划选题是编辑工作的重要内容。编辑人员要广泛深入地了解和掌握社会需求、消费者心理、学术动向、创作力量、出版条件和出版物市场状况等，妥善处理好社会效益与经济效益、宏观与微观、主观与客观、重点与一般、普及与提高、数量与质量等各种复杂的矛盾关系，并在此基础上策划出代表先进文化发展方向、切实适合社会和消费者需求的出版物。出版单位有了数量充分、结构合理的优秀选题资源，才能形成良好的选题计划，并进而科学地制订、及时地调整出版计划。

在出版计划的具体实施过程中，编辑工作也处于核心地位。作品只有经过编辑工作各环节的处理之后才能成为可据以制作出版物的原稿，进入出版物的物质产品生产阶段。编辑人员能否按计划及时、规范地发稿，所发原稿的“齐、清、定”状况和对出版物整体设计方案的拟定，以至对校样、样带、样盘等制作样本的修订等，都直接影响和制约着物质形态出版物生产的劳动效率、生产成本和产品质量。

（三）提高出版物质量的主要保证

出版物质量是出版业的生命线。衡量一个出版单位的成绩与价值，主要看其出版了多少真正经得起实践检验和时间考验，能够传之久远、影响深广的出版物。每种出版物的主题取向、学术水准和思想水平，以至语言文字质量，除受作者原始创作水平的制约外，主要取决于编辑工作的质量。正是从这种意义上讲，编辑工作是出版物质量的主要保证。

（四）提高出版效益的基础

出版效益包括社会效益和经济效益，是出版业赖以生存和发展的根本条件，它的好坏主要取决于编辑工作质量的高低。

社会效益主要取决于出版物的内容质量，而出版物的内容质量如何，在很大程度上是由编辑工作决定的。编辑工作中的各个环节，包括选题策划、组稿、审稿、编辑加工整理等，都对出版物质量的提升起着重要作用。出版物质量高，就能推动社会的进步与发展，整个出版活动就能取得良好的社会效益。

经济效益取决于很多因素，其中一个十分重要的因素是出版物的发行量。发行量能否提高，固然与发行工作直接相关，但从根本上说，出版物的内容切合消费者的需求是提高发行量的基础。所以，出版物发行量的大小和经济效益的高低，也主要取决于编辑工作的质量。

可见，无论是从社会效益层面还是从经济效益层面考察，编辑工作在提高出版效益中的重要地位都是显而易见的。

二、编辑过程

编辑过程是由编辑人员进行信息采集、选题策划、组稿、审稿、编辑加工整理等编辑活动的过程。由出版单位主动组织稿件生产出版物的一般编辑过程，是出版工作实践中最为常见、也最为完整的编辑过程。按时间顺序的前后和工作内容的着重点，编辑过程可分成若干个相互联系、相互制约的基本环节。

（一）编辑过程的基本环节

这里介绍的主要是图书和期刊的一般编辑过程各个环节。其他种类出版物（如音像制品、电子出版物）的编辑过程也基本具有这些环节，但某些环节或先后顺序可能有所不同，或与其他环节交织在一起。

1. 信息采集

这是编辑过程的起点，也是整个编辑过程顺利进行的前提。编辑要采集的信息是多方面的，其中与自己所编辑的出版物相关的信息尤为重要，应该予以长时期的、连续的关注，其他重要的政治、经济、文化信息也要给予必要的关心。这是因为，有些看似与当前出版工作无关的信息，很可能孕育着重要选题。信息与社会文化背景的联系越广泛、越深刻，它的价值就越大，编辑就越需要关注、收集和利用。

2. 选题策划

这个环节是编辑工作从酝酿到正式启动的标志，也是编辑过程中发挥编辑创造性，保证出版物的社会效益与经济效益的重要环节。编辑将信息采集阶段获得的信息，经过筛选、加工后，按照社会和读者的需求，结合本单位的出版专业方向，提出具体的选题设想，再从社会效益和经济效益两个方面进行集体论证，决定是否列入选题计划。

选题策划是一项复杂的工作，涉及的内容很多，从确定出版物的名称到选择作者，从出版物的内容定位、形式设计到市场营销建议，从成本预测到时间安排，都要有比较周到的考虑。可以说，一份选题策划报告便是一种出版物投入生产前的蓝图。因此，编辑一定要认真而慎重地对待。

3. 组稿

这个环节主要是为已经确定的选题落实作者。对作者的选择是决定选题能否成功的关键。通过一定的方式物色合适的作者，并向其约稿，是出版单位最通常的做法。如果现有作者队伍中没有合适的对象，就要用各种方法去寻找和发现新的作者。确定作者后，编辑要与之进行充分的交流，争取使稿件能够达到或超过策划选题时所设想的水平。有些带有某种纪念性的选题或围绕某一主题设计的选题，也可以用公开征稿的形式进行组稿。

4. 审稿

这个环节主要是对稿件进行评价并作出选择。通过审读，编辑要对稿件的内容价值和表现形式等按照出版物的质量标准作出整体性的基本评价，并在此基础上作出选择：确有出版价值并且基本达到出版标准的稿件，可接受出版；没有出版价值或不适合由本单位出版的稿件，就不予接受出版；有出版价值但尚未达到出版标准的稿件，则在基本肯定的基础上，提出意见或建议退请作者修改、补充。

审稿是保证精神文化产品质量、满足社会文化需求的重要环节，也是进行稿件编辑加工整理的前提条件。我国目前实行的是三级审稿制度。一般情况下，担任初审的责任编辑是审稿的主要责任人，对稿件必须作出基本判断，责任重大。

5. 签订出版合同

这个环节主要是依据法律规定，与作者协商后以书面文件形式确认出版单位与作者的合作条件，以共同维护双方的合法权益。出版合同一般应在稿件经审读决定接受出版后，由责任编辑或策划编辑代表出版单位与作者协商后草拟，经出版单位法定代表人审核后正式签署。特别要注意出版合同中对著作权、肖像权、稿件质量、交稿时间、稿酬标准和支付方式等内容的约定，表述要准确明晰，以免执行过程中发生纠纷。

期刊的编辑过程中一般没有“签订出版合同”这个环节。期刊出版单位一般以“致作者”“征稿启事”“稿约”“本刊声明”等形式与作者公开约定合作条件，而作者只要同意将自己的作品交给期刊出版单位使用，就视为其已接受出版单位的事先约定，双方合同关系即成立。

6. 编辑加工整理

这个环节又称“加工整理”或“编辑加工”，主要是编辑对经过审稿认为基本达到出版标准而决定采用的稿件，进行精雕细琢，力求进一步提高稿件的质量，有时还要自己动手撰写各种辅文。如果说，审稿的着眼点在于认识和评价稿件，以决定稿件取舍或提出修改意见，加工整理则着重于完善稿件，提高质量。加工整理是编辑人员发挥创造性和主动性，进行智力投入的重要编辑工作环节，也是最能体现其编辑基本功的环节。

7. 整体设计

这个环节主要是根据已经定稿的稿件特点，从工艺、技术和艺术等方面对未来出版物的物质形态进行整体规划，并制订实施方案。它是出版物物质生产的依据，目的是使出版物成为集使用价值和审美价值于一体、内容与形式和谐统一的精良产品。

8. 审定发稿

这个环节主要是将编辑加工整理完毕的稿件经审定后发往有关部门安排复制。编辑必须先将加工完毕的稿件进行整理，达到“齐、清、定”的要求。然后，随附各种必备的文件送交具备复审、终审资格的人员审定，并根据复审、终审人员的意见对稿件再进行处理，以保证其质量。经过终审审定并签发的稿件，才能发到总编室或出版部等部门，由技术编辑人员作必要的技术加工、处理后，再发往物质生产单位。

9. 校样处理

这个环节是在开始批量复制之前，对即将生产的出版物的制作加工质量进行审核。稿件经排版后打印出的样张，称为校样，除供专业人员校对之外，还至少有一次校样供编辑、作者通读。编辑通读校样，要检查和解决原稿排版后出现的新问题，弥补编辑加工整理或审定发稿时的疏漏，还要处理作者的改动和校对人员提出的疑问。

10. 样品检查

这个环节是对出版物试产品进行质量检查。这是出版单位对其出版物的最后一次质量把关。书刊印刷厂在完成复制以后，先装订若干本供出版单位检查的书（刊），称为“样书（样刊）”。责任编辑和主管领导检查样书（样刊）后，若认为合格，就可通知工厂开始成批装订；若发现问题，须请工厂暂缓装订并进行必要的处理（如换页或全部重印等）。

11. 出版物宣传

这个环节是在出版物进入流通领域的前后进行各种宣传，以扩大其影响和发行量。就图书而言，宣传形式主要有召开新书发布会、通过新闻媒体介绍新书、印发宣传品、举办书评活动、召开读者座谈会、举行专题报告会或相关讲座并组织作者现场签售、设计和发布图书广告、编印各类图书目录等。近年来，随着网络技术的迅猛发展，利用新媒体平台和工具（如微博、微信公众号、抖音等）进行出版物宣传成为趋势。这些出版物宣传活动，有的主要由编辑实施，有的由编辑配合宣传、发行、营销部门进行。期刊的宣传与图书的宣传大致类似，但因为期刊是连续出版的，在具体做法上有一些自己的特点。

12. 反馈信息收集

这个环节是在出版物发行以后广泛收集市场和消费者、作者等各方面的反馈意见。反馈信息对改进今后的编辑工作和开发新的出版物品种具有重要参考价值。收集反馈信息的方式有口头调查、问卷调查、摘录消费者来信或出版物评论等。

上述编辑过程的各个环节及其前后顺序，如图 1-1 所示。

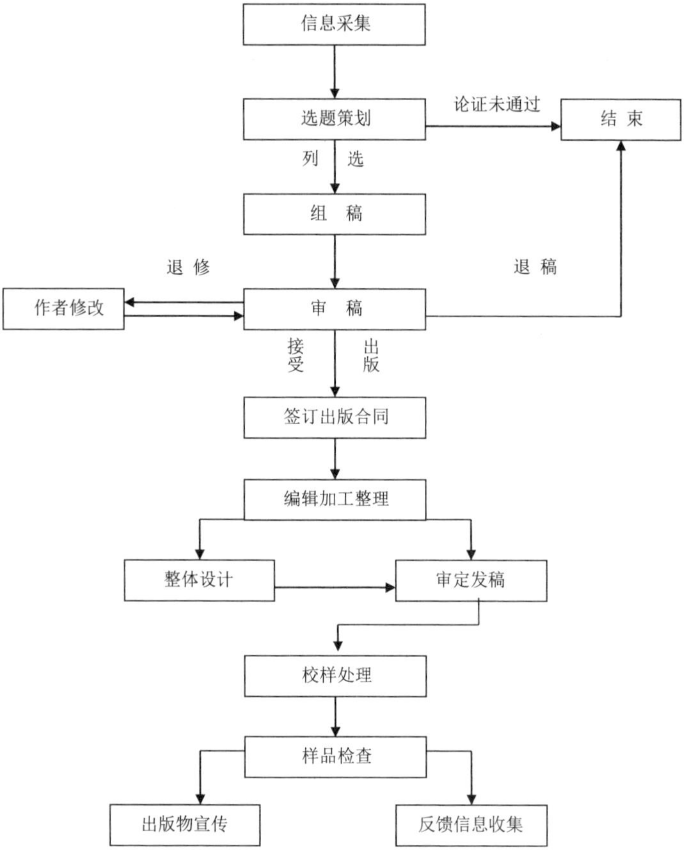

图 1–1　编辑过程的基本环节示意图

（二）编辑过程的一些特殊情况

上面讲的是一般编辑过程。除此之外，在编辑工作实践中还存在着一些比较特殊的情况，它们会对编辑过程中的选题策划、组稿和审稿环节产生一定影响。

如果选题是由作者建议的，那么，组稿环节中的“选择作者”实际上在选题策划的同时就完成了。编辑要对作者提出的选题设计方案根据已经把握的信息进行审阅和综合论证，甚至还需要对其提出许多修改意见，以使之能够优化，然后再提交出版单位进行选题集体论证。这个过程实际上已经包含着审稿的部分工作内容。作者提出的选题经过出版单位集体论证通过后，虽然不必再选择作者进行组稿，但是编辑仍然需要与已经确定的作者联系、沟通，根据集体论证的意见努力使选题的设计能够进一步完善，并落实到具体稿件的创作中，也就是说，组稿环节中一切旨在提高稿件质量的工作，仍然需要编辑去实施，从而努力使稿件有所优化。在作者交稿后，从审稿环节起的其他环节则与一般编辑过程相同。

对于不是由出版单位主动组织的稿件（如自投稿、推荐稿、引进稿等），审稿环节的部分工作需要提前到选题策划环节同时进行，即编辑应该先对稿件进行初步审阅，在把握其总体概貌的基础上判断选题价值并考虑是否可以再作优化。当选题经过集体论证获得通过并列入选题计划后，不会再有组稿环节，而是直接进入审稿环节，即编辑必须按照审稿的具体要求再对稿件进行全面审读、详细比较和分析，从而判断其是否确实可以接受出版或者需要作者再进行修改。

（三）编辑过程各环节的相互关系

编辑过程的各个环节，既相互联系，又互相制约。一般来说，前一环节是后一环节的基础和前提，并且对之后的各个环节产生重要的影响；后一环节又对前一环节提出了一定的要求，同时检验前一环节以及之前所有环节的效果。

1. 信息采集与选题策划的关系

信息采集环节的重要内容是采集与出版工作有关的各类信息，为策划选题打下良好的基础。选题的针对性、准确性，在很大程度上是由信息采集的质量决定的。因此，信息采集要以选题策划为中心，而选题策划则要以信息采集为基础。

2. 选题策划与组稿的关系

选题是组稿的依据，组稿是选题的落实、完善和具体化。在组稿之前，选题只是编辑人员的构想，需要经过组稿，通过与作者的交流、讨论，对选题构想进行修改或补充之后，才可以具体实施。

3. 组稿与审稿的关系

组稿工作直接影响审稿工作。认真做好组稿工作，不仅可以保证有充足的稿源，还可以提高审稿效率。如果作者人选不当，稿件问题很多，就会加重审稿负担，甚至被迫退稿或撤销选题。审稿是对前一段工作效果的检验，可以发现组稿环节甚至选题策划环节存在的问题，如选题方向的偏差、稿件在观点与内容上的缺陷等。

审稿可以判断稿件质量的高下，所以它又是决定后续环节能否继续进行下去的关键。如果经过审稿，认为稿件没有出版价值而做退稿处理，该次编辑过程便到此终止。

4. 审稿与编辑加工整理的关系

审稿和加工整理的关系十分密切。审稿是加工整理的前提。只有经过审稿后决定采用的稿件才可以进行加工整理。加工整理则是审稿的继续，不仅能订正审稿时发现的差错，还能发现、解决审稿时遗留的问题。凡属内容、结构方面的问题，均应在审稿时及时发现，并在退修时提请作者解决。如果审稿不认真，遗留问题很多，则会加重加工整理的任务。

5. 选题策划、审稿与审定发稿及其后各环节的关系

审定发稿及其后续环节，如校样处理、样品检查、出版物宣传、反馈信息收集等，也是编辑过程不可或缺的环节。它们与编辑过程的其他环节，尤其是选题策划和审稿，有着非常密切的关系。选题策划与审稿的最终目的，是向广大消费者提供质量优秀的出版物，以满足广大消费者的精神文化需求，而审定发稿、校样处理、样品检查等环节，是这一目的得以实现的必要保障。出版物宣传是传播出版信息、激发消费者购买欲望，促进出版物广泛流通的工作。出版物的广泛流通又能实现出版物所含有的精神文化内容的广泛传播，这与选题策划和审稿的根本目的是一致的。收集反馈信息既能对选题策划与审稿环节的工作质量进行检验，又能为下一轮出版物选题的运作提供参考依据，因此对选题策划和审稿有着重要的影响。

三、编辑人员的基本素质

编辑工作的好坏与编辑人员素质的高低密切相关。要充分发挥编辑工作的社会功能，编辑人员必须具备并不断提高以下各项基本素质。

（一）政治素质

这是由社会主义出版工作的性质所决定的。不论是图书编辑还是期刊编辑，是文科编辑还是理工科编辑，是纸介质出版的编辑还是数字出版的编辑，首先都要懂政治、讲政治。要自觉坚持和运用马克思主义的立场、观点和方法分析问题，树立崇高的政治责任感和文化使命感，严格遵守政治纪律和出版工作的各项政策规定。要不断增强政治敏锐性和政治鉴别力，

具备与职责使命相匹配的政治素养，能明辨政治是非，能分清什么是科学、什么是迷信，能区分美与丑、积极健康与消极庸俗，对每一种出版物都能从全局高度把好关，把好度。对涉及政治原则的问题，一定要保持高度警觉，善于发现出版物稿件中的导向性、倾向性问题，及时消除、纠正政治错误，杜绝导致出版物产生不良政治影响的任何失误。

（二）思想素质

社会主义出版工作应该代表先进文化的前进方向。编辑和教师一样，都是人类灵魂的工程师，应该具有文化的追求、科学的信仰、高尚的道德和美好的情操。出版物的思想品位往往与编辑人员的思想素质有关。某些内容荒诞、趣味低俗的稿件，为什么有些编辑嗤之以鼻，而有些编辑却趋之若鹜？同样是改拟书名、编写内容提要，为什么有些编辑追求的是准确、得体和艺术性，有些编辑却把书名拟得暧昧、香艳，把内容提要写得充满挑逗意味？这里显然是思想素质在起作用。大量实践证明，要提高出版物的思想品位，必须首先提高编辑人员的思想境界。

在我国现当代出版史上，曾出现过像鲁迅那样为年轻作者呕心沥血的编辑家，像邹韬奋那样全心全意为大众、发愤提高出版物质量的编辑家，像叶圣陶那样一心耕耘、“俯仰两无愧”的编辑家……他们都在编辑工作中表现出了自己的高风亮节。今天的编辑应该以这些前辈为楷模，继承他们的优良传统，不断提高自己的思想素质。

（三）文化素质

这是编辑人员从事本职工作的专业基础。编辑工作是文化工作，编辑劳动是精神劳动，不具备一定的文化素质是不可能胜任的。

编辑人员的文化素质，具有两个特点。

1. 知识广博

除了基本的理论修养、扎实的专业基础、开阔的知识视野、深厚的语言文字功底外，编辑人员的文化素质还应包括科学的思维方式、广泛的阅读兴趣和先进的学习方法。不具备这些素质，编辑的文化素质就会因为知识的老化、思想的封闭而逐渐下降，知识范围就会从“博”变“窄”。

开明书店的傅彬然曾把编辑比喻为“跑龙套”的，今天围绕着这位主角转，明天围绕着那位主角转，指的就是编辑应该具有很强的文化适应性。《汉语大词典》主编罗竹风称编辑是“杂家”，因为出版社不可能有像高等院校那样的专业分工，编辑要面对各种各样的稿件，不“杂”是不行的。据统计，《鲁迅全集》中引证过的中外古今的图书有五百多种，涉及的人物有一千多个。不说整个中国文学，也不说现代文学史，单是一个鲁迅，就对编辑的知识结构提出了多么高的要求。

作为以推进并服务于现代化为天职的现代编辑，其文化素质中还应包括及时跟踪了解快速发展的现代科学知识、一定的现代技术操作能力和外语能力。

2. 博中求专

编辑在具备广博知识的基础上，还要博中求专，以专促博，做到既博又专。编辑应是“外行中的内行，内行中的外行”。因为是“内行”，编辑与作者才能进行深度对话，才有沟通的基础；因为是“外行”，编辑才不至于有门户之见，从而对稿件可以作出比较客观的判断。要做到这一点，编辑就必须在业务上有自己的主攻方向，并在某一学科领域作比较系统的研究，不仅掌握该学科的基本知识，还要了解该学科的发展趋势，努力成为该学科的行家里手。

（四）职业素质

不同的职业有不同的特点，对从业人员有不同的要求。所谓职业素质，是指在职业实践中逐渐形成的一种专业素养。编辑的职业素质包括出版理论修养和编辑实务经验，分别表现为职业追求、职业敏感和职业作风。

1. 职业追求

编辑的职业追求是一种文化追求。编辑策划选题与组稿时，要了解消费者的文化需求，从文化选择的角度组织作品，而一旦获得有价值的组稿线索，可以“三顾茅庐”，甚至“程门立雪”，即使吃闭门羹仍不言退。在审稿和加工整理时，要按照社会对精神产品价值取向的根本要求，对作者创作的作品进行鉴别评价，筛选优化。为了使自己编发的稿件具有文化传播价值和文化积累价值，要不惜在稿件中倾注大量的心血，甘做无名英雄。为了提高文化产品的传播效果，编辑更要充满创新欲望，从内容到形式敢于大胆变革，使出版工作出现不断创新的面貌。

2. 职业敏感

编辑的职业敏感既是一种创造性敏感，也是一种市场性敏感。有了这种敏感，编辑在工作中就会处于主动地位，诸如对选题新生长点的捕捉、稿件质量的判断、营销方式的选取等，都会得心应手。敏感来自有准备的头脑。编辑具有的职业敏感，是对文化发展和市场变化进行认真调查和积极思考的结果。

3. 职业作风

编辑的职业作风是一种一丝不苟的求是作风。编辑工作是一项严肃、严谨、严格的工作。凡是从事编辑工作的人员，都应该弘扬工匠精神，以打造出版精品为己任，以出版精品立身立业，拒绝想当然，拒绝侥幸和浮躁，拒绝粗枝大叶。面对稿件，编辑要像战士进入阵地一样全神贯注。编辑要学会独立思考，养成勤查工具书的习惯，无论是审稿、加工整理还是处理校样（或样带、样盘等），都不能放过任何一个疑点。编辑工作的每一个环节，都要一丝不苟、字斟句酌、精益求精。

四、编辑与作者、读者的关系

由于图书、报刊等出版物历史久远，在长期的出版实践中，形成了一些特有的概念，“读者”就是其中之一。为了表述上的方便和对历史的尊重，在这里，我们仍使用“读者”一词，但其含义泛指各类出版物的消费者（或“受众”）。

编辑与作者、读者围绕出版物的生产、流通和消费，构成一种相互影响、相互制约、相互促进的关系。正确认识和处理好三者之间的关系，是做好编辑工作、提高出版物质量的关键之一。

（一）编辑与作者的关系

《中共中央、国务院关于加强出版工作的决定》指出：“社会主义的出版工作，是出版工作者和著译者共同的工作，他们之间的关系是同志式的互助合作关系。”编辑与作者的关系正是这种同志式的互助合作关系的最好体现。编辑和作者具有共同的奋斗目标，即为读者提供质量优秀的出版物；其劳动具有共同的特征，即创造性地生产精神文化产品。因此，能够在情感上互相信任，在人格上互相尊重，在智力上互相弥补，在工作上互相合作。

1. 编辑离不开作者

作者一般包括著作者、编纂者、选编者、译者、注释者、校订者等。

作者是作品的创作者，是精神生产的主体，是精神生产第一线上的劳动者。作者和作者提供的作品，是编辑工作的基础和前提。无论是编辑被动地选择作者的作品，还是根据出版的方针、宗旨和编辑构思，主动地策划选题，制订选题规划，有计划、有目的地开展编辑活动，不通过作者都是无法获得结果的。没有合适的作者，任何美好的出版计划都会落空。可以说，一个出版单位能够提供多少出版物，这些出版物的质量如何，在很大程度上取决于作者。

因此，作者劳动是编辑劳动的前提。编辑必须认真依靠作者，与作者建立良好的合作关系，下功夫研究作者心理，特别是作者的创作动机与投稿心理，鼓励和激发作者正确、合理的创作动机，注意防止不良创作动机给出版业带来负面影响。

2. 作者离不开编辑

作者个人劳动的结果只有经过编辑的劳动，才能变成社会产品；没有编辑劳动的投入，作者的劳动结果只能是个人的精神成果，无法通过社会传播实现其社会价值。

作者的创作活动，有些要按照编辑制订的选题设计来进行；即使是作者自由自主创作的作品，也只有符合出版单位的选题开发要求，才有公开出版和传播的机会。这实际上就是编辑通过选题的规划与设计，对作者的创作方向给予引导。

作者在创作过程中，需要根据编辑提供的读者信息，市场需求信息，社会政治、经济、文化发展的动态信息等，调整自己的创作内容，修改自己的创作计划；编辑也要以客观的眼光，对作者因主观上的局限性而产生的内容缺点提出修正建议，对不完善之处作出弥补。这实际上是编辑通过各类信息的收集与提供，对作者的创作内容给予引导。

此外，编辑还能从多方面为作者的创作提供帮助。譬如，从读者的角度、出版的角度、社会舆论和法律的角度，对作品作出科学、客观的评价，为作者按照出版要求修改好作品提供重要的价值判断方面的帮助，协助作者解决创作中遇到的困难和问题。编辑在具体的编辑活动实践中，要积极主动地关心、支持作者的创作，努力为作者服务。我国许多老一辈的编辑家在这方面为我们做出了光辉的榜样。

3. 共同目标是为读者服务

编辑与作者之间的同志式的互助合作关系，是在“为读者服务”这个共同目标下自然形成、维持和发展的。

作者创作稿件，是为了读者的需要；编辑向作者组织稿件并把稿件制作成出版物传播，也是为了读者的需要。双方完全可以而且应该为了这个共同目标而互助合作。编辑与作者在合作过程中常常会有不同的看法和相异的主张，产生某些分歧或矛盾，如对作品的看法或评价不同，相互的工作风格、交际方式不相适应，等等。如果双方都能从“为读者服务”这个共同目标出发，同志式互助合作关系就有坚实的基础，就容易找到共同语言，互助合作也容易通过相互沟通、相互理解而获得双方满意的结果。

4. 编辑和作者要互相尊重

为了维护编辑与作者之间的同志式的互助合作关系，编辑要牢固树立作者观念，充分尊重作者的人格、学术观点和创作风格，在“为读者服务”的共同目标下，既充分尊重作者的劳动，维护作者的合法权益，又严格按照质量标准取舍稿件，对各种作者一视同仁；既注意向作者学习，热情为作者服务，又敢于和善于向作者表达读者的意见和自己的看法。当与作者产生分歧时，既要坚持原则，又要注意方法，与作者及时交换意见，通过平等友好的协商讨论，使问题得到妥善解决。同样，作者也要充分尊重编辑，虚心听取编辑的意见和建议；如有不同的看法，要通过平等友好的协商来解决。

（二）编辑与读者的关系

编辑与读者之间的关系也是相互影响、相互合作、相互促进的关系。读者是精神文化产品的消费者，编辑是精神文化产品的生产者，相互之间以精神文化产品为纽带，形成了密切的联系。

1. 读者是编辑的服务对象

读者是精神文化产品的消费者，是作者、编辑劳动价值的实现者。没有读者的需要和接受，作者与编辑的劳动就没有服务的目标和创新的动力，不可能发挥自己的社会作用，也无法体现价值。所以，以往一直有“读者是出版社的衣食父母”的说法。巴金也说过：“我是靠读者养活的。”

编辑为读者服务，实际上就是以人为本，就是为人民服务。读者的需求是出版物生产的前提，也是编辑工作的前提。有了读者的需求，才会有作者的创作活动和编辑的编辑活动。读者对文化创造与传播的积极参与，是促进编辑工作不断发展的动力。读者是出版物所蕴含精神文化内容的接受者。读者根据自己的工作、学习需要和审美能力，选购蕴含着某些特定精神文化内容的出版物，才使该出版物的编辑工作具有现实意义。读者不购买出版物，出版物的价值和使用价值就不能实现，编辑工作也就失去了动力。

2. 编辑要真诚地为读者服务

编辑为读者服务要强调“真诚”，这就意味着要坚持在任何情况下都不损害读者的利益。譬如，读者总是希望能用比较低廉的价格买到比较优秀的出版物，编辑就应该千方百计地为读者提供质优价廉的产品。如果编辑为了追求利润而不顾及读者的购买能力，对出版物过度包装，甚至把劣质品和含有精神毒素的出版物提供给读者，那就不仅损害了读者的利益，而且违反了为读者服务的宗旨。所以，编辑必须正确处理与读者的关系，一定要树立正确的指导思想，摆正社会效益与经济效益的位置。

3. 读者是编辑工作的检验者和促进者

编辑工作的最终成果是出版物。对出版物的内在质量和价值，只有根据读者购买、使用后产生的实际效果，才能作出客观的评判，而出版物的内在质量，又主要是由编辑工作质量所决定的。正是从这种意义上讲，读者对出版物的取舍和评判，就是对编辑工作的一种检验。读者的反映不仅能检验出版物质量的高下，而且能有效地促进编辑不断提高工作质量。所以，邹韬奋曾经把来自读者的意见称为“维生素”。

4. 编辑负有引导读者的责任

“为读者服务”并不意味着编辑应该消极地迎合读者。编辑为读者服务，是以满足读者的正当需求为基础的。因而，编辑在处理与读者的关系时，一方面要了解读者、适应读者，热忱为读者服务；另一方面又要引导读者、提高读者阅读与欣赏水平，做读者的良师益友。

一部作品能否为读者接受，既取决于作品的性质和水平，也取决于读者的实际需求和审美能力。读者往往根据个人的文化素养、生活经历、价值观念等来理解和接受作品，不同读者对同一部作品可能会有不同的理解和感悟。正确地引导读者的消费需求，既是编辑的重要职能，又是编辑的一种社会责任。对于读者的不同需求，编辑应该本着对读者负责、对社会负责的精神，进行具体分析。对读者正当的、合理的、健康的需求，要尽可能给以充分满足；对其中少数人的不正当、不合理、不健康的需求，则要自觉加以抵制，哪怕会一时引起他们的不满也决不动摇。

（三）编辑是沟通作者与读者关系的桥梁

出版物的两端，一端是作者，另一端是读者。他们之间虽然不乏个别的联系，但是总体来说是缺乏沟通和联系的。在这种情况下，编辑正好成了沟通两者之间关系的桥梁与纽带。

1. 编辑向作者及时传达读者的需求信息

编辑和作者共同为读者服务，但是作者与读者之间往往存在一定的距离。这是因为：作者多是分散的个体，他们进行创作常常从一己之愿出发，有时未必切合读者的需求；读者是一个复杂的群体，既有不同的知识水平和文化层次，又有不同的兴趣和爱好，更不可能统一地向作者提出自己需要什么样的精神文化产品。

因此，需要编辑向作者较全面地介绍读者的意见、要求和建议，以帮助作者创作出读者喜闻乐见的好作品。

2. 编辑向读者及时发布作者的创作信息

作者的创作情况，一般读者常常也是不了解的。编辑可以通过自己掌握的信息，采取各种有效的形式，如发布新书预告、作者访问记等，将作者的创作情况及时报告给读者。对于已出版作品的作者，本着知人论世的精神，编辑也有向读者介绍他们的专业擅长、创作特色、创作过程等情况的义务。随着新作品的出版，常常会有读者以各种方式（如发电子邮件、网上留言、发微信、打电话甚至登门拜访等）与编辑联系，希望从编辑这里了解有关作者的一些情况。对此，编辑应该在既热情接待、又不侵犯作者隐私权的前提下，给读者作出一些解释、回答，或者负责向作者转达。

编辑离不开作者和读者，又有与他们不同的视角，从而形成了比作者更了解读者需求、比读者更熟悉作者特点的职业优势。编辑在充当沟通作者与读者联系的桥梁和中介的同时，也不断地从他们身上汲取营养，充实和提高自己，从而使三者关系不断实现良性循环。

为了充分地发挥桥梁、中介作用，编辑要不断了解和研究读者需求，并据此策划优秀的选题；同时也要不断向作者介绍读者的需求，向作者组织读者迫切需要的作品，并为作者出谋划策，协助作者创作出既能满足读者需求，又能引导读者、提高读者阅读与欣赏水平的作品。

思考与练习

1. 什么是出版？出版的构成要素是什么？开展出版活动的条件有哪些？出版活动的一般过程由哪些基本阶段组成？
2. 什么是出版物？出版物有哪些属性？这些属性有什么

样的相互关系？

3. 出版物有哪些种类？它们各具有什么总体特征？
4. 出版物标志主要有哪几种？它们各自的代码由哪些部分组成？
5. 我国出版工作的指导思想是什么？从事出版工作应贯彻哪些方针原则？
6. 我国出版工作的主要任务有哪些？
7. 出版工作者的文化追求是由什么决定的？文化追求体现在哪些方面？
8. 出版工作者的职业道德包括哪些方面的内容？加强职业道德建设具有哪些重要意义？应该如何建设？
9. 什么是编辑工作？
10. 为什么说编辑工作是整个出版工作的中心环节？其重要地位体现在哪些方面？
11. 一般编辑过程由哪些基本环节组成？其相互关系如何？
12. 编辑人员的基本素质包括哪些内容？
13. 编辑人员与作者、读者各是什么样的关系？具体体现在哪些方面？
14. 编辑人员如何当好沟通作者与读者关系的桥梁？

第二章

出版业及出版管理

重点提示：我国社会主义出版业的形成和发展，我国出版业的构成；出版专业技术人员的类别、技术职务级别及其主要职责。出版管理的概念，我国出版管理体系，我国出版管理的主要法律依据、准入制度；我国对设立出版物生产经营单位的管理；国家对出版从业人员的管理；国家对出版活动管理的几项主要内容；国家对出版物内容管理和图书质量管理的规定。

第一节　出版业和出版专业技术人员

在我国，出版业是从事出版活动的社会行业，是促进文化繁荣兴盛、建设社会主义文化强国的重要力量，在巩固壮大主流思想舆论、增强文化自信、满足人民精神文化需求、提升国家文化软实力等方面担负着重要职责。出版业是以人为本的社会行业，人才是出版业第一资源，出版业的成败得失，在很大程度上取决于出版人才素质的高低。出版专业技术人员是出版人才队伍的中坚和骨干，对于出版业的发展具有举足轻重的作用。

一、出版业

我国出版业是社会主义文化事业和文化产业的重要组成部分，是中国特色社会主义经济建设、政治建设、文化建设、社会建设、生态文明建设“五位一体”总体布局的重要内容和舆论阵地。我国出版业的繁荣发展，对于正确引导社会舆论，提高全民思想道德水平和科学文化素质，增强国家软实力和民族凝聚力，具有重要作用。

（一）我国社会主义出版业的形成和发展

新中国成立后，建立了社会主义出版业。“文革”期间，我国出版业遭受了严重冲击。改革开放以来，我国出版业快速发展，已成为世界出版大国，正在向世界出版强国迈进。

1. 社会主义出版业的形成

我国社会主义出版业主要是通过统一全国新华书店，实行出版、印刷、发行分工体制，建立和壮大国营出版单位、对私营出版业进行社会主义改造而形成的。

（1）统一全国新华书店

1949 年 10 月 3 日，全国新华书店出版工作会议开幕，通过了关于统一全国新华书店的各项决议。1950 年 3 月 25 日，《关于统一全国新华书店的决定》公布，明确了“全国新华书店必须迅速走向统一、集中，加强专业化、企业化，以担任国家的出版任务，发展人民的出版事业”的方针。决定在北京建立新华书店总管理处，隶属于出版总署，全国各地新华书店的业务均归新华书店总管理处领导；全国新华书店首先根据集中领导、分散经营的原则进行工作，逐步走向统一经营。在全国各大行政区（华北、华东、东北、西北、中南、西南）设新华书店总分店，直接受新华书店总管理处领导；在新华书店总分店下设分店，原则上设于省会或交通方便的大城市。分店以下设支店，设于省属市、县或重要集镇。新华书店总管理处设出版、厂务、发行三个部门，为三个专业化单元。各总分店亦分别设立这三个专业部门，分支店一般只从事发行业务。1951 年底，全国新华书店的统一工作基本完成。

（2）实行出版、印刷、发行专业分工

实行出版、印刷、发行专业分工，是新中国成立后对出版业进行的一项重大改革。1950 年 10 月，出版总署公布了《关于国营书刊出版印刷发行企业分工专业化与调整公私关系的决定》，将新华书店总管理处于 1950 年底一分为三：原新华书店总管理处的出版部与出版总署编审局的部分业务机构组成

“人民出版社”，为国家的政治书籍出版社；原新华书店总管理处的厂务部改组为“新华印刷厂总管理处”，管理北京和天津两地的印刷厂、行；原新华书店总管理处的发行部及其他部门改组为“新华书店总店”，统一管理全国新华书店，专营书刊发行工作。各级新华书店也按照新华书店总管理处的模式进行了相应的分拆。分拆后专营发行的各级新华书店，统一由新华书店总店分级管理，同时接受当地党委宣传部和出版行政主管部门的领导。

从 1953 年 1 月开始，报纸、期刊与图书发行也实行了专业分工，连续出版物（报纸、期刊）由邮电局负责总发行，非连续出版物（包括课本、一般图书和图片）由各书店（包括国营书店、公私合营书店、私营书店）发行。

（3）建立国营出版单位

新中国成立前后，为壮大国营出版社的力量，陆续建立了工人出版社、人民出版社、人民教育出版社、人民文学出版社、人民美术出版社、中国青年出版社、机械工业出版社、民族出版社、外文出版社等。在第一个五年计划期间（1953—1957），为了适应国家经济建设对科学技术图书的迫切需要，组建了一批专业出版社和综合出版社；在新疆、内蒙古、延边等少数民族地区建立了少数民族文字出版社。到 1965 年底，全国共有出版社 87 家，其中，中央一级出版社 38 家，地方出版社 49 家。

（4）对私营出版业进行社会主义改造

对资本主义性质的私营出版业（包括出版、印刷、发行业）进行社会主义改造，是新中国成立初期出版业中的一件大事。改造分两个阶段。

第一阶段（1950—1953）采取的主要措施是：召开有私营出版业代表参加的全国出版会议和组织参观等活动；有重点地扶助私营出版企业克服困难，维持生产；推动分散的中、小私营出版企业在自愿原则下联营；对具备公私合营条件的正当私营出版企业进行公私合营；加强对私营出版企业的管理；坚决地、分别地、有步骤地整顿私营投机出版企业。

第二阶段（1954—1956）采取的主要措施是：对一部分基础较好的私营出版社，主要采取由国家投入部分资金、派入干部加强领导、促进联合经营等不同方式，将它们改造为公私合营出版社，如商务印书馆、中华书局；对不采取公私合营办法的私营出版社，分别采取机构裁并、人员安置的办法，把其兼营的印刷、发行业务部分，并入国营或公私合营的印刷、发行企业，部分出版业务熟练的人员，转入国营出版机构工作。

1954 年开始对私营图书发行企业进行改造，采取的步骤是：进一步掌握私营出版社的出版物；逐步改造私营图书批发商；积极地领导、利用和改造私营图书零售商，使他们围绕国营书店经营代销业务，逐步成为国家图书发行网的一部分。1956 年初，全国私营图书发行企业实行了全行业公私合营，许多城市组建了公私合营书店总店。

对私营印刷企业的社会主义改造工作，由地方工业行政部门具体负责，在各地党政领导机关统一规划下进行。从 1954 年开始，组织有条件承印书刊的印刷厂进行联营或合并，接受国家出版社的委托加工；对于历史较久、规模较大、技术设备较好的书刊印刷厂，则在印刷厂申请后，批准为公私合营企业；对不具备承印书刊条件的小厂，则由地方工业部门根据社会需要，组织转业或承印包装装潢印刷品以及资料、票证、名片等社会零散印刷品。

到 1956 年 6 月，对私营出版企业、私营图书发行企业、私营印刷企业的社会主义改造工作基本完成。

2. 出版业的改革和发展

“文革”开始后，出版业受到严重冲击，国家及许多省、市、自治区的出版部门处于混乱的状态中。中央、国务院各部委和各省、自治区、直辖市的出版社，有的被合并或撤销，有的出版业务完全停顿。

中共十一届三中全会以来，出版工作紧紧围绕改革与发展这个主题，不断探索出版改革的途径，不断加大改革的力度，有力地促进了出版事业的繁荣和发展。1983 年 6 月，中共中央颁布了《关于加强出版工作的决定》，在决定精神鼓舞下，一大批地方专业出版社应运而生。1984 年 6 月，在哈尔滨召开的全国地方出版工作会议提出改进国家对出版社的管理，适当扩大出版社的自主权，要使出版社由单纯的生产型逐步转变为生产经营型，建立以提高图书质量为中心的各种责任制，建立精品生产的激励机制，促进多出好书。出版社的改革在全国展开。

1988 年 5 月 6 日，中共中央宣传部与新闻出版署在关于出版社改革的文件中提出，出版社由生产型向生产经营型转变，必须做到既是图书的出版者又是图书的经营者，在内部应积极推行多种形式的责任制，采取协作出版、自费出版、对外合作出版等多种渠道，扩大出版能力。出版社逐步完善了社长负责制，试行了多种形式的责任制和合作方式。从 20 世纪 90 年代初期开始，在出版单位逐渐推广劳动、人事、分配三项制度改革，搞活内部分配制度，调动职工的积极性。

我国的图书发行体制改革起步较早。1980 年 12 月，国家出版局发出《建议有计划有步骤地发展集体所有制和个体所有制的书店、书亭、书摊和书贩》的文件，提出允许集体和个体办书店。从 1982 年 7 月文化部发出《关于图书发行体制改革工作的通知》开始，大体上分为三个阶段：第一阶段实行“一主三多一少”，即以国营新华书店为主体，多种经济成分、多条流通渠道、多种购销形式，少流转环节。第二阶段从 1988 年 5 月开始，实行“三放一联”，即放权承包，搞活国营书店；放开批发渠道，搞活图书市场；放开购销形式和发行折扣，搞活购销机制；发展横向联合，在店与店、社与店之间开展联合经营活动。第三阶段从 90 年代中期开始，实行“三建一转一加强”，即建立新型购销关系，建立完善市场规则，建立出版社自办发行机构，加快转换国有书店的经营机制，加强农村发行、繁荣农村图书市场。

中共十六大以后，出版体制改革在关键环节取得了突破性进展。2003 年 6 月，中央召开全国文化体制改革试点工作会议，文化体制改革试点工作启动。2005 年 12 月，中共中央、国务院颁布了《关于深化文化体制改革的若干意见》，改革扩大试点，逐步推开。2008 年 10 月，国务院办公厅发出《关于印发文化体制改革中经营性文化事业单位转制为企业和支持文化企业发展两个规定的通知》（国办发［2008］114 号）。2009 年 3 月，新闻出版总署发布《关于进一步推进新闻出版体制改革的指导意见》，把改革从面上推开，并在关键环节和重点领域取得重大突破。中共十七大特别是 2011 年 10 月十七届六中全会作出《关于深化文化体制改革、推动社会主义文化大发展大繁荣若干重大问题的决定》，进一步对深化文化体制改革、推动社会主义文化大繁荣作出战略部署。根据这些文件要求，出版单位分为公益性出版事业单位和经营性出版企业单位两大类。对少数承担政治性、公益性出版任务的出版单位，继续实行事业体制，由国家重点扶持；其他出版单位逐步转为企业体制。除保留人民出版社、民族出版社、中国盲文出版社、中国藏学出版社等少数公益性出版事业单位外，经营性新闻出版单位由事业单位转为企业单位，并按照现代企业制度的要求，初步建立了法人治理结构，成为新闻出版领域战略投资者和出版市场的主导力量。截至2012年9月，580家出版社、3000家新华书店、38家党报党刊发行单位、3041种非时政类报刊完成转企。

中共十八大以来，出版体制改革继续深入推进。2017年中央文化体制改革和发展工作领导小组印发《关于加快推进国有文化企业公司制股份制改革有关工作的通知》，提出在国有企业改革大框架下，充分体现“文化例外”要求，积极推动国有文化企业公司制股份制改革。2018年2月，财政部和中央宣传部联合印发《中央文化企业公司制改制工作实施方案》。许多已转企的出版社、非时政类报刊出版单位进行了国有独资或国有文化企业控股下国有多元的探索与实践。一些出版物印刷发行企业尝试引入其他领域国有资本或非公有资本，开展了混合所有制改革。

针对一些国有企业改革不到位，片面追求经济效益、忽视社会效益的情况，中共中央办公厅、国务院办公厅2015年9月印发《关于推动国有文化企业把社会效益放在首位、实现社会效益和经济效益相统一的指导意见》。随后，中央宣传部印发《图书出版单位社会效益考核评价试行办法》，自2019年1月

1日起施行，明确了社会效益考核评价可量化的标准，包括出版质量、文化和社会影响、产品结构和专业特色、内部制度和队伍建设等指标。特别明确出版单位社会效益考核指标权重占综合性考核的50%以上，社会效益考核与领导班子薪酬挂钩。2019年3月，中共中央发布《关于加强和改进出版工作的意见》，对新时代繁荣中国特色社会主义出版事业提出了新要求、新任务。许多出版发行企业按照中央文件精神，积极探索党委领导与法人治理结构相结合的管理模式，实行企业党委成员以双向进入、交叉任职的方式进入董事会、监事会和经营管理层，党委书记兼任董事长，将党建工作要求写入公司章程，严格落实意识形态工作责任制，保证了党委对出版导向、重要人事和资产配置的决策权，也保证了董事会把党委的决定贯彻到企业的运营和管理之中。同时，还在出版集团和上市公司设立总编辑岗位和工作机构，统筹重大选题策划，组织重点产品生产，履行内容把关终审职责。

（二）我国出版业的构成

我国出版业主要由出版单位、制作单位、印刷复制单位、发行单位、出版专业教育单位和科研单位等构成。

1. 出版单位

出版单位是从事出版活动的机构，包括报社、期刊社、图书出版社、音像出版社、电子出版物出版社，以及新兴的网络出版服务单位等。法人出版报纸、期刊但不设立报社、期刊社的，其设立的报纸编辑部、期刊编辑部视为出版单位。各种出版单位的设立，都要经过审批。出版单位要在其所出版的出版物上标明自己的名称，以表明出版单位享有合法的出版权，并对该出版物承担相应的责任。

上述各种出版单位中，报社和非独立的报纸编辑部通常归属新闻业。这里主要介绍作为出版业构成部分的出版社、期刊社、网络出版服务单位等机构。

（1）出版社

出版社名称各异，并且具体的出版业务活动也各具特点，但它们都是生产出版物的单位，具有出版活动共性。

各类出版社大体上都按照出版物生产的特点，设立与出版物的精神生产过程、物质生产过程和产品流通过程相关的编辑部门、校对部门、出版部门、发行部门等业务部门。编辑部门内又往往按专业分工设立各种编辑室（部、科），其中包括承担出版物外部装帧或包装设计的美术编辑室（部、科）。

编辑部门的主要工作是保证出版物精神文化内容的质量，所以编辑工作是出版工作的中心环节。校对部门的工作是编辑工作的延续和补充，对于保证出版物文字、格式的正确性和内容质量有重要作用。制作部门根据各种出版物的生产特点，对精神生产成果作一定的技术处理，使之具备可以转入物质生产过程的条件，并联系、委托、监督物质生产单位按规定的技术要求进行物质生产。发行部门作为出版物进入商品流通过程的起始端口，负责促进出版物在市场上顺利流通并实现价值。

（2）期刊社

期刊社是以出版期刊为主要任务的出版单位。期刊社具有独立的法人资格，独立经营，单独核算，以其全部法人财产独立承担民事责任。

期刊社的内部机构设置，按期刊的性质、类型、规模不同而有所不同。一般必须有专门的机构或者人员负责编辑、校对和整体设计工作，并有专业人员从事委托印制、监督印制质量和发行等方面的工作。有些期刊社还有专门负责采访工作的采编机构或人员。除此之外，由于广告经营对期刊发展具有特别重要的意义，期刊社一般都有这方面的专门机构或人员，也可以委托其他单位办理期刊广告经营业务。但是，被委托单位不得从事期刊采编业务。

（3）非独立的期刊编辑部

非独立的期刊编辑部是从属于法人的出版单位。常有一些法人单位（包括出版社）出版期刊而不设立期刊社，只是设立期刊编辑部作为其从属部门。这类期刊编辑部虽不是独立实体，但根据《出版管理条例》的规定，也被视为出版单位。

这类出版单位虽然在内部机构设置方面与期刊社基本相似（但一般规模较小，且工作人员常同时承担几种职责），但不具有法人资格，其民事责任由主办单位承担，因而与作为独立法人的期刊社有所区别。如某出版社为出版期刊而设立了期刊编辑部，该编辑部虽然被视为出版单位，但其财产属于出版社所有，有关的财务活动、人事安排等也都要由出版社决定，编辑部不能单独以自己的名义从事除期刊出版之外的经营活动。如果发生各种民事纠纷，须由出版社作为当事人出面解决，编辑部无权自行解决。

（4）网络出版服务单位

网络出版服务单位是指通过信息网络向公众提供网络出版物的机构。这类出版单位需经出版主管部门和电信主管部门审批，符合国家规定的相应条件。国家鼓励图书、音像、电子、报纸、期刊出版单位从事网络出版服务，加快与新媒体的融合发展。网络出版服务单位实行编辑责任制度，保障网络出版物内容合法；实行出版物内容审核责任制度、责任编辑制度、责任校对制度等管理制度，保障网络出版物的出版质量。

2. 制作单位

制作单位是对精神生产内容进行技术加工处理，制成能够据以批量复制出版物的“母版”的专门单位。根据国家规定，设立制作单位必须经过审批。

图书、期刊等纸介质出版物的制作单位，根据出版单位提出的技术要求按照原稿进行排版、改样，最终输出可供晒制印版的排版胶片（或计算机排版文件）。在纸介质出版物的生产过程中，制作工作可以委托印刷厂完成，也可以委托一些不承担印刷业务的专职排版公司完成。

音像制品的制作单位，根据音像制品总体设计的要求，使用相应的设备将音频、视频信号节目录制下来，再通过剪辑、合成等手段制成原版带或原版盘，供复制工厂据以翻制工作母带、工作母盘。

电子出版物的制作单位，根据电子出版物总体设计的要求，主要使用计算机和相应的软件对文字、图片、音频、视频、动画等做必要的处理后，集成为原版盘，供复制工厂据以翻制成翻录母盘和压模盘。

电子出版物、音像制品的制作单位都可以将自行制作的作品交由相应出版单位审定出版，也可以接受出版单位的委托制作相应的出版物原版带、原版盘。

3. 印刷复制单位

印刷复制单位是从事出版物物质生产的部门，包括印刷厂和音像制品、电子出版物的复制工厂等。根据国家规定，设立印刷复制单位必须经过审批。

印刷复制单位接受出版单位的委托，根据出版单位提供的原稿（原版盘、原版带等），利用一定的物质材料和生产工具，通过物化劳动批量生产出可以大量发行的出版物。

印刷厂的主要经营业务，是完成图书和期刊的排版、印刷、装订等工作。如果稿件的录入、排版工作已经由出版单位或者专门的制作单位完成，则印刷厂只需完成印刷与装订业务。

音像制品和电子出版物复制工厂的主要经营业务，是翻录制作磁带的工作母带、光盘的翻录母盘和压模盘，并批量复制磁带、光盘等。

4. 发行单位

发行单位是通过商品交换将出版物传送给消费者的经营单位，主要包括批发单位和零售单位。批发单位有时也可兼营零售业务，而零售单位一般只能经营零售业务。国家规定，发行单位的设立必须经过审批。

发行单位由于所从事的发行环节不同、规模差异较大，机构设置也不尽相同。就批发单位而言，一般设有采购、物流、销售等业务部门。就零售单位而言，一般设有进货、仓储、销售等业务部门。

5. 出版专业教育单位

出版专业教育单位是为出版业培养人才的机构。它们除了向出版、制作、复制、发行单位提供受过系统专业教育的后备人才之外，还要担负对这些单位的在职人员进行继续教育的任务。

出版专业教育单位包括专门的编辑、印刷、发行学校和普通高校设置的相关专业，以及出版行业与大型企业为培养出版业从业人员而设置的职工学校和培训机构等。

按办学层次分，出版专业教育单位有四大类：一是出版专业中等职业学校；二是出版专业高等院校（含专科类职业院校）；三是设有出版专业的综合性普通高等院校；四是主要进行在职人员业务培训和继续教育的各种出版教育培训机构。

6. 出版专业科研单位

出版专业科研单位是专门从事出版科学研究工作的单位，主要以其研究成果服务于出版主管部门决策、出版实践发展和技术进步、出版专业教育的发展等。此类单位包括对编辑、印刷复制和发行等方面的理论与实践进行科学研究的各种研究机构。

7. 出版社会组织

出版社会组织一般又称出版社会团体，是指由公民或单位自愿参加，为实现出版业或某个重要业务领域的共同意愿，按照其章程开展活动的非营利法人。出版社会组织的主要任务是为行业会员提供相应服务、维护行业合法权益、进行行业自律管理、受政府委托参与制定行业标准和行业发展规划、协助政府部门进行职业道德教育以及相关业务培训等，一些出版学术性社会组织还在出版学、编辑学等学科建设、学术交流中发挥重要作用。

二、出版专业技术人员

出版专业技术人员分为三类：一是编辑类，二是技术编辑类，三是校对类。每一类又有更细的分工。

（一）出版专业技术人员的技术职务级别

三类出版专业技术人员都有技术职务级别的划分。这是对出版专业技术人员水平的一种认定。

编辑类的专业技术职务级别分初级、中级、高级三种。其中，助理编辑为初级，编辑为中级，副编审和编审为高级。

技术编辑类的专业技术职务级别分初级、中级、高级三种。其中，技术设计员和助理技术编辑为初级，技术编辑为中级，技术副编审为高级。

校对类的专业技术职务级别分初级、中级、高级三种。其中，三级校对和二级校对为初级，一级校对为中级，高级校对为高级。

受聘担任出版专业初级、中级和高级技术职务的人员，都必须具备相应级别的出版专业职业资格。

（二）出版专业技术人员的主要职责

出版专业技术人员直接承担着出版单位的主要生产任务。为了保证这些任务的完成，保证出版物的质量，各级专业技术人员必须熟知并切实履行自己的工作职责。

需要说明的是，下文对出版专业技术人员职责的介绍，只以图书出版社为例，但其中的基本原则和基本要求同样适用于其他各种出版单位的出版专业技术人员。

1. 初级技术职务人员的主要职责

三个类别的初级技术职务人员，因工作岗位的不同而应该承担不同的工作职责。

（1）编辑类

助理编辑的主要职责是：

①协助编辑进行工作。

②在编辑指导下，搜集整理有关学科的情报、信息，练习组稿。

③在编辑指导下，初审和加工稿件，协助发稿。

④检查样书，练习撰写书讯、书评。

⑤分担编辑室内其他工作。

（2）技术编辑类

技术设计员和助理技术编辑的职责分别为：

①技术设计员的主要职责：在技术编辑指导下，承担一般书稿的技术设计、印制设计，或插图、制图等工作。

②助理技术编辑的主要职责：在技术编辑指导下，承担一般或复杂书稿的技术设计、印制设计，或插图、制图工作。

（3）校对类

三级校对和二级校对的职责分别为：

①三级校对的主要职责：在一级校对的指导下，承担一般书稿的初校、二校工作。

②二级校对的主要职责：在一级校对的指导下，承担一般或复杂书稿的校对工作。

2. 中级技术职务人员的主要职责

三个类别的中级技术职务人员，也因工作岗位的不同而应该承担不同的工作职责。

（1）编辑类

编辑的主要职责是：

①搜集研究本学科的学术动态和编辑出版信息，提出选题设想，进行组稿。

②独立审读、加工整理稿件，检查图书成品。

③做好图书宣传工作，撰写书讯、书评。

④总结编辑工作经验，指导、培养助理编辑。

（2）技术编辑类

技术编辑的主要职责是：

①承担书稿，尤其是重要或复杂书稿的技术设计工作。

②研究选择特殊书稿的设计方案。

③解决有关疑难问题，指导助理技术编辑、技术设计员进行工作。

（3）校对类

一级校对的主要职责是：

①承担各种书稿的校对工作。

②承担各种书稿校样的文字技术整理和付印样通读工作。

③检查各校次的校对质量，解决校样中的疑难问题。

④指导二级校对、三级校对进行工作。

3. 高级技术职务人员的主要职责

出版专业的高级技术职务主要设在编辑类。其中对副编审的职责要求，原则上也适用于从事技术编辑工作或校对工作的高级技术职务人员，仅具体内容稍有区别。

（1）副编审

副编审的主要职责是：

①搜集研究有关学科的学术动态和编辑出版信息，提出改进编辑工作的建议或方案。

②制订选题规划，指导有关编辑人员组织实施。

③担任重要书稿的责任编辑。

④复审或终审稿件，解决审稿中的疑难问题。

⑤对有关图书进行评论。

⑥总结编辑工作经验，撰写编辑学（或技术编辑学、校对学）方面的论著或教材，指导和培养专业人才。

（2）编审

编审的主要职责是：

①搜集和研究有关学科的学术动态和编辑出版信息，提出

改进编辑出版工作的建议或方案。

②制订选题计划和组稿计划，组织社会力量或有关编辑人员实施。

③复审或终审稿件，解决审稿中的疑难问题。

④必要时对重点书稿进行审查、加工。

⑤总结编辑工作经验，撰写编辑学方面的论著或教材，指导和培养专业人才。

应该说明的是，副编审、编审履行复审或终审职责还须具有相应的行政职务，否则只能提出审稿意见，不能签发稿件。

第二节　党和国家对出版的管理

一、出版管理概述

（一）出版管理的概念

我国出版管理是指党和政府有关部门依法依规对出版活动进行管理的行为。

我国现行的出版管理的主要工作是：贯彻落实党的宣传工作方针，拟定出版业的管理政策并督促落实；依法管理出版行政事务，统筹规划和指导协调出版事业、产业发展；监督管理出版物内容和质量，监督管理印刷业，管理著作权，管理出版物进口，保障和规范合法的出版活动，培育和规范出版物市场，惩处违法出版行为，促进中国特色社会主义出版业的健康发展和繁荣。具体包括对出版物内容导向的管理、对出版准入退出的管理、出版物制作环节管理、行业发展规划和产业布局、对网络出版内容和活动的监管、版权执法等。

（二）我国出版管理体系

2018 年以前，我国出版管理实行党的领导与政府出版行政主管部门分设的体制。中央通过中央宣传部对出版工作进行领导。国务院出版行政主管部门多次变更，1949 年至 1954 年是出版总署，此后是文化部出版事业管理局。“文革”期间出版管理机构又几次变化，直到 1973 年成立国家出版事业管理局。1982年并入文化部，1986年又恢复独立建制；1987年至2001年为新闻出版署，2001年至2013年3月为新闻出版总署，2013年3月国务院机构调整时，与国家广播电影电视总局的职责整合，组建国家新闻出版广电总局。

2018年2月，党的十九届三中全会审议通过了《中共中央关于深化党和国家机构改革的决定》和《深化党和国家机构改革方案》，其中规定“将国家新闻出版广电总局的新闻出版管理职责划入中央宣传部”，“由中央宣传部统一管理新闻出版工作，对外加挂国家新闻出版署（国家版权局）牌子”。各地机构改革中，各省、自治区、直辖市也相应将出版管理职能划入党委宣传部，并加挂了省新闻出版局（版权局）牌子。党委宣传部门直接管理出版工作，充分体现了党对出版工作的全面领导，有利于出版管理部门旗帜鲜明地讲政治、把方向、管导向，统筹出版领域导向管理、行业监管、产业发展。

主管主办和属地管理制度是出版管理的基本制度。出版单位在设立时，必须有确定的主办单位和主管单位。主办单位是出版单位的直接上级管理单位，应由具有法人资格的单位担任。主管单位是主办单位的上级管理单位。出版单位与主管单位是隶属关系。主管主办制度坚持“谁主管、谁负责”“谁主办、谁负责”原则，主管主办单位对所属出版单位负有领导和管理责任，担负着管导向、管干部、管大事、管资产的职责。各地出版管理部门负有对本行政区域内出版工作进行指导、协调和监管的职责，要坚持依法依规严格管理，统筹做好事前事中事后监管，不断优化出版业发展环境。

（三）依法依规实施出版管理

出版管理部门应当依据法律规范和党内法规开展工作，不断提高出版管理的科学化、法制化、规范化水平。出版工作者也要学习、掌握法律法规，这不仅是依法进行出版活动的必要保证，也是维护自身合法权益的必备条件。

出版管理所依据的法律规范，包括宪法、法律、法规、规章及其他规范性文件。宪法是国家的根本法，具有最高的法律效力，是出版管理首要的法律依据。其他的法律如《中华人民共和国民法典》《中华人民共和国著作权法》《中华人民共和国保守国家秘密法》《中华人民共和国广告法》等，出版人和出版行业应当严格遵守。我国刑法对与出版有关的各种刑事犯罪及处罚也有具体规定，对涉嫌违法犯罪者，出版管理部门发现后应依法移送司法部门追究其责任。目前，出版领域主要有《出版管理条例》《音像制品管理条例》《印刷业管理条例》《计算机软件保护条例》《著作权法实施条例》《著作权集体管理条例》《信息网络传播权保护条例》7部行政法规，28件部门规章，以及近300件规范性文件，内容涵盖了出版、印刷复制、市场监管和行政执法等方面。其中，《出版管理条例》是有关出版工作最基本、最重要的行政法规，是我国出版活动和出版管理的制度基础。另外，我国参加的涉及出版活动的国际条约也是出版管理的依据，如《伯尔尼保护文学和艺术作品公约》（简称《伯尔尼公约》）、《世界版权公约》等。特别是中国加入世界贸易组织后，世界贸易组织的有关规则及中国加入世界贸易组织的承诺对出版管理也产生了越来越大的影响。

具体到各出版种类，图书、报纸、期刊方面的部门规章主要有《图书出版管理规定》《图书质量管理规定》《报纸出版管理规定》《期刊出版管理规定》《报纸期刊质量管理规定》

等。同时，就书号管理、内容管理、重大选题等方面也制定了一系列规范性文件，如《图书、期刊、音像制品、电子出版物重大选题备案办法》等；音像电子出版物方面，主要有《音像制品出版管理规定》《电子出版物出版管理规定》《音像制品制作管理规定》等；对网络领域的出版管理，主要有《信息网络服务管理规定》《网络出版服务管理规定》等，后者明确了网络出版管理职责和要求、网络出版服务准入条件等，还有《关于移动游戏出版服务管理的通知》《关于保护未成年人身心健康　实施网络游戏防沉迷系统的通知》等；对内部资料出版有《内部资料性出版物管理办法》。此外，印刷发行、“扫黄打非”、出版物进出口等方面，都有一系列法律法规。

出版领域相关党内法规主要有《中国共产党宣传工作条例》《中国共产党纪律处分条例》《中国共产党问责条例》《党委（党组）意识形态工作责任制实施办法》等。

需要说明的是，随着形势的发展，为适应出版业改革开放和发展的需要，出版管理的相关法律法规会出现新增、废止或修订，出版管理应该以颁布的最新版本的法律法规为准。

我国的出版管理制度围绕“法人准入、职业准入、岗位准入、产品准入”这四大准入制度体系而构建。法人准入是对各类出版物生产经营单位的资质准入制度；职业准入是对从业人员从事出版职业的准入制度；岗位准入是对从事出版工作特定岗位（如责任编辑）的准入制度；产品准入是对出版物标准、出版物质量的管理制度。

二、对设立出版物生产经营单位的管理

我国对出版单位、制作单位、印刷复制单位和发行单位等

出版物生产经营单位的设立实行许可制度，未经出版主管部门审批、取得相关许可证，不得从事出版物出版、制作、印刷复制、发行业务。这就是我国出版管理中“法人准入”制度的基本要求。

（一）设立出版单位的审批

国家规定，任何出版物都必须由依法设立的出版单位出版，而设立出版单位必须具备一定的条件并办理一定的手续。

无论是设立出版社，还是设立期刊社或非独立的期刊编辑部，都应该具备下列条件：

第一，有出版单位的名称、章程。

第二，有符合国家出版主管部门认定的主办单位及其主管机关。主办单位是指出版单位的上级领导部门，主管机关是指主办单位的上级主管部门。

第三，有确定的业务范围。该业务范围应与主办单位的业务范围相一致。出版单位坚持在一定的业务范围内从事出版活动，不仅是遵守法规的表现，也有利于形成自己的出版特色。

第四，有符合国家规定的一定数额的注册资本和符合国家规定条件的固定工作场所。

第五，有适应业务范围需要的组织机构和符合国家规定的职业资格条件的编辑出版专业人员；法定代表人或主要负责人具备国家规定的相应条件。

第六，法律法规规定的其他条件。

除上述条件外，审批设立出版单位，还应当符合国家关于出版单位总量、结构、布局的规划。《出版管理条例》第十条规定：“国务院出版行政主管部门制定全国出版单位总量、结构、布局的规划，指导、协调出版产业和出版事业发展。”这是加强管理、优化结构、提高质量的必要措施。

设立出版单位必须按照法定程序办理审批手续。获得国家出版主管部门批准后，才可向所在地的省级出版主管部门登记并领取出版许可证，再持出版许可证按照《出版管理条例》规定或向事业单位登记管理机关登记并依法领取事业单位法人证书，或向当地工商行政管理部门登记并依法领取营业执照。经批准设立的互联网出版机构，还应持出版许可证到省级电信管理机构办理互联网接入服务等相关手续。

图书出版社、音像出版社、电子出版物出版社和互联网出版单位自登记之日起满 180 日未从事出版活动的，报社、期刊社自登记之日起满 90 日未出版报纸、期刊的，由原登记的省级出版主管部门注销登记（注销互联网出版单位登记的还要向省级电信管理机构通报），并报国家出版主管部门备案。因不可抗力或者其他正当理由发生上述情况的，出版单位可以向原登记的省级出版主管部门申请延期。

出版单位因实际情况有变化而确需变更某些事项或者因故注销，也须按照《出版管理条例》的有关规定，办理相应手续。

（二）设立制作单位的审批

国家实行音像制品、电子出版物制作业务经营许可制度。未依照国家规定申请获得音像制品或电子出版物制作许可证，不得从事相应的制作业务。

设立音像制品、电子出版物制作单位，需向所在地工商行政管理部门登记注册，依法领取营业执照后，再向所在地省级出版主管部门提出申请，经审批获得许可证后，才可开展制作业务。

从事纸介质出版物制作业务的排版单位，在出版管理中将之列入印刷单位范围。因此，对这些制作单位的设立，适用关于印刷单位审批的规定。

（三）设立印刷单位的审批

国家实行印刷经营许可制度。未依照国家规定取得印刷经营许可证，任何单位和个人不得从事印刷经营活动。

根据《印刷业管理条例》的规定，我国将印刷企业按照印刷业务范围分为出版物印刷企业、包装装潢印刷企业和其他印刷品印刷企业，设置不同的审批条件，实行分类管理。其中，出版物印刷企业的审批最为严格，在注册资本、印刷设备、经营场所等方面的条件均要求较高。

设立出版物印刷单位时，需首先向所在地省级出版主管部门提出申请，经批准取得印刷经营许可证后，持印刷经营许可证向公安部门申请获得特种行业许可证，再持这两种许可证向工商行政管理部门登记注册，依法领取营业执照后，才可开展出版物印刷业务。

设立包装装潢印刷企业和其他印刷品印刷企业，需先向所在地工商行政管理部门登记注册，依法领取营业执照，再向所在地设区的市级出版主管部门提出申请，经审批获得许可证后，再向公安部门申请获得特种行业许可证，才可开展印刷业务。

（四）设立复制单位的审批

国家实行复制经营许可制度。未依照国家规定取得复制经营许可证，任何单位和个人不得从事复制经营活动。

设立复制单位，需向所在地工商行政管理部门登记注册，依法领取营业执照，再向所在地省级出版主管部门提出申请，经审批取得复制经营许可证后，方可开展复制业务。

（五）设立发行单位的审批

国家对出版物的发行实行许可制度。未经许可，任何单位和个人不得从事出版物发行业务，出版单位也不得委托未取得出版物经营许可证的单位或个人发行出版物。

设立出版物发行单位需向所在地工商行政管理部门登记注册，依法领取营业执照，再向所在地出版主管部门提出申请，经审批取得出版物经营许可证后，方可开展发行业务。

设立出版物批发企业，须经省级出版主管部门审批；设立出版物零售企业，应经县级出版主管部门审批。

三、对出版从业人员的管理

国家对出版从业人员的管理主要通过出版专业技术人员职业资格制度来实施。

（一）职业准入与岗位准入

国务院颁发的《出版管理条例》第五十三条规定："国家对在出版单位从事出版专业技术工作的人员实行职业资格制度；出版专业技术人员通过国家专业技术人员资格考试取得专业技术资格。"

出版专业职业资格是国家对出版业从业人员从事出版专业技术工作所必备的素质和能力的认定。初级资格和中级资格通过全国统一举行的考试获得，高级资格的认定则逐步实行考试与评审相结合的制度。

出版专业技术人员职业资格（简称"出版专业职业资格"）考试由人力资源和社会保障部与国家新闻出版署联合组织，每年全国统一举行一次。凡在图书、非新闻性期刊、音像制品、电子出版物出版单位和网络出版服务单位内承担内容加工整理的编辑人员，从事装帧设计和版式设计等工作的专业技术人员，在各类出版单位（包括报纸和新闻性期刊出版单位）内承担校对工作的专业技术人员，都必须在到岗 2 年内取得出版专业职业资格，持有相应的《中华人民共和国出版专业技术人员职业资格证书》，并按国家新闻出版署的有关规定办理登记手续；否则，不得继续从事出版专业技术工作。这就是我国出版管理中"职业准入"制度的基本要求。

初级资格是可以从事出版专业工作的"入门"条件。凡取得初级资格者，可以根据《出版专业人员职务试行条例》有关规定，受聘担任助理编辑（助理技术编辑或二级校对）职务。

中级资格是出版专业一些重要岗位工作的必备条件。凡取得中级资格的专业技术人员，可以根据《出版专业人员职务试行条例》有关规定，受聘担任编辑（技术编辑或一级校对）职务。编辑职务的编辑人员在办理注册手续、领取责任编辑证书后，可以上岗担任出版物的责任编辑。

高级资格是从事出版专业特别重要岗位工作的必备条件。凡根据《出版专业人员职务试行条例》有关规定，被评聘担任编审、副编审（或技术副编审、高级校对）职务的人员，视为取得出版专业高级职业资格。编审、副编审职务的编辑人员在办理责任编辑注册手续后，可以担任重要出版物的责任编辑，还可承担单位领导委托的复审、终审工作。高级职业资格的出版专业技术人员，还应该进行编辑出版领域的业务研究，在指导初级、中级人员解决工作中的疑难问题的过程中培养人才。这就是我国出版管理中"岗位准入"制度的基本要求。

（二）职业资格登记

已取得出版专业技术人员职业资格证书的人员，应当在取得证书后 3 个月内由所在出版单位统一申报职业资格登记；未能及时登记的，在按规定参加继续教育的情况下，可以保留其 5 年内申请职业资格登记的资格。

职业资格首次登记，应提供出版专业职业资格证书原件、身份证复印件和职业资格登记申请表。

职业资格登记有效期 3 年，每 3 年续展登记一次；如有特殊情况，登记有效期可适当延长，但最长不超过 3 个月。逾期仍不办理续展登记手续的，原登记自动失效。续展登记时，需提供出版专业职业资格证书原件、职业资格续展登记申请表和近 3 年继续教育证明，并由申请人所在出版单位于有效期满前 30 日内申请办理手续。

职业资格登记失效后，按规定参加继续教育的，可以保留其 5 年内申请职业资格续展登记的资格。

已按规定办理责任编辑注册手续并取得责任编辑证书的人员，无需办理续展登记。

已登记的出版专业技术人员变更出版单位或取得高一级职业资格的，应在 3 个月内按职业资格首次登记手续申请变更登记。

（三）有关法律责任

无论是出版专业技术人员个人还是出版单位，如果实施了违反国家关于出版专业职业资格制度相关规定的行为，都必须接受有关主管部门的严肃处理，承担相应的法律责任。

1. 专业技术人员须承担的法律责任

专业技术人员如果在取得职业资格的过程中或进行职业

资格登记后实施了违反国家有关规定的行为，须承担被限制报考、被取消职业资格等法律责任。

（1）被限制报考

根据人力资源和社会保障部 2017 年 4 月实施的《专业技术人员资格考试违纪违规行为处理规定》，在参加职业资格考试的过程中有下列违规行为之一的人员，其当次全部科目考试成绩无效，并将其违纪违规行为记入专业技术人员资格考试诚信档案库。这些违规行为是：

①抄袭、协助他人抄袭试题答案或者与考试内容相关资料。

②互相传递试卷、答题纸、答题卡、草稿纸等。

③持伪造证件参加考试。

④本人离开考场后，在考试结束前，传播考试试题及答案。

⑤使用禁止带入考场的通信工具、规定以外的电子用品。

⑥其他应当给予当次全部科目考试成绩无效处理的严重违纪违规行为。

⑦串通作弊或者参与有组织作弊。

⑧代替他人或者让他人代替自己参加考试。

⑨其他情节特别严重、影响恶劣的违纪违规行为。

记入专业技术人员资格考试诚信档案库的期限，上述①至⑥种违规行为记录期限为五年，⑦至⑨种违规行为长期记录。

根据《出版专业技术人员职业资格管理规定》，出版专业技术人员因违反出版法规被追究刑事责任的，不得继续从事出版专业技术工作，并不得申请参加出版专业职业资格考试。

（2）被取消职业资格

根据《专业技术人员资格考试违纪违规行为处理规定》，应试人员有提供虚假证明材料或者以其他不正当手段取得相应资格证书或者成绩证明等严重违纪违规行为的，由证书签发机构宣布证书或者成绩证明无效，给予其当次全部科目考试成绩无效的处理，并将其违纪违规行为记入专业技术人员资格考试诚信档案库，记录期限为五年。

根据《出版专业技术人员职业资格管理规定》，已经进行职业资格登记的人员，如果因违反出版法规而被追究刑事责任，出版主管部门取消其出版专业职业资格，注销其出版专业职业资格登记和责任编辑注册，不得继续从事出版专业技术工作，并不得申请参加出版专业职业资格考试。

根据《图书质量管理规定》，一年内造成三种以上图书不合格的直接责任者，或者连续两年造成图书不合格的直接责任者，取消其出版专业职业资格并注销登记，且其三年之内不得从事出版编辑工作。

2. 出版单位须承担的法律责任

根据《出版专业技术人员职业资格管理规定》，出版单位如果聘用未取得责任编辑证书的人员从事责任编辑工作，或者未按国家规定履行出版专业技术人员登记手续、责任编辑注册手续，国家出版主管部门或省、自治区、直辖市出版主管部门将给予警告，同时还可处以三万元以下的罚款。

四、对出版活动的管理

合法、规范的出版活动与出版物的质量是不可分离的，前者是“因”，后者是“果”。实际上，国家对出版物的管理也可视为对出版活动管理的内容之一，只不过对出版物的管理含有较多的“事后监督”因素。为了保证我国的出版业健康、顺利地发展，国家还对出版活动进行一系列“事前监督”性质的管理。本节根据出版专业初级技术人员的工作实践需要，介绍其中主要的几项。

（一）业务范围

业务范围是指依法设立的出版单位必须按照出版主管部门在批准其设立时核准的业务范围组织出版相关的出版物。出版单位变更业务范围须报出版主管部门审批，这是国家调控出版单位结构、布局的需要。

根据《图书出版管理规定》，出版辞书、地图、中小学教材等类别的图书，实行资格准入制度。出版单位如要出版这几类图书，须经国家出版主管部门批准。这对于保证辞书、地图和中小学教材的出版质量具有重要作用。

（二）重大选题备案

重大选题是指涉及国家安全、社会稳定等方面内容的选题。《出版管理条例》规定，涉及重大选题，未在出版前报备案的出版物，不得出版。

1. 需备案的选题范围

《出版管理条例》规定，重大选题备案的具体办法由国家出版主管部门制定。国家新闻出版署于 2019 年 10 月实施的《图书、期刊、音像制品、电子出版物重大选题备案办法》，规定需报备案的选题范围是：

①有关党和国家重要文件、文献选题。

②有关现任、曾任党和国家领导人讲话、著作、文章及其工作和生活情况的选题，有关现任党和国家主要领导人重要讲

话学习读物类选题。

③涉及中国共产党历史、中华人民共和国历史上重大事件、重大决策过程、重要人物选题。

④涉及国防和军队建设及我军各个历史时期重大决策部署、重要战役战斗、重要工作、重要人物选题。

⑤集中介绍党政机构设置和领导干部情况选题。

⑥专门或集中反映、评价“文化大革命”等历史和重要事件、重要人物选题。

⑦专门反映国民党重要人物和其他上层统战对象的选题。

⑧涉及民族宗教问题选题。

⑨涉及中国国界地图选题。

⑩反映中国香港特别行政区、澳门特别行政区和台湾地区经济、政治、历史、文化、重要社会事务等选题。

⑪ 涉及苏联、东欧等社会主义时期重大事件和主要领导人选题。

⑫ 涉及外交方面重要工作选题。

需报备案的重大选题，其范围不是一成不变的，由国家出版主管部门根据情况适时予以调整并另行公布。

2. 对违规行为的处理

出版单位违反重大选题备案办法，未经备案出版涉及重大选题范围出版物的，由国家新闻出版署或省级出版管理部门责成其主管单位对出版单位的主要负责人员给予行政处分；停止出版、发行该出版物；违反《出版管理条例》和有关规定的，依照有关规定处罚。

（三）书号、刊号管理

书号、刊号都是出版物的标准化识别代码，是出版物的

“身份标志”。出版单位经国家授权将之标于相应的出版物上，既是为了表示出版物的合法性，同时也是为了保证出版生产活动有序开展。因此，加强对书号、刊号的管理是十分重要的。

国家对于书号、刊号的管理规定主要有下列几项。

1. 书号、刊号不能相互替代使用

书号、刊号各自都有一定的使用范围，必须按照国家规定用于相应种类的出版物上，不能相互混淆。所以，凡是用书号出版期刊（包括以丛书名义变相出版期刊）、用刊号出版图书、用电子出版物专用的书号（或刊号）出版纸介质图书（或期刊）等行为，都违反了国家规定，应予制止。

2. 禁止“一号多用”

所谓“一号多用”，就是书号、刊号虽然按规定用于相应的出版物，但是每个编号违反规定用于不止一个品种，给出版管理造成混乱。国家禁止“一号多用”的出版行为。

根据新闻出版署 1994 年 11 月发布的《关于禁止中国标准书号“一号多用”的通知》，每一种不同形式的图书应分别使用书号，就是说，同一种图书的不同装帧形式、同一种图书的不同版本、相同内容不同开本的图书、相同内容不同文字类别的图书，都应该单独使用书号。多卷本的丛套书的书号使用，应根据定价方式确定。凡是每分卷册分别定价、可分册销售的，每分卷册应分别使用书号，分别统计品种；凡是各分卷册不分别定价，全套书只有一个总定价，不能分开销售的，可作为一个品种使用一个书号。

根据新闻出版总署 2005 年 9 月发布的《期刊出版管理规定》，一个刊号只能对应出版一种期刊，不得用同一刊号出版不同版本的期刊；出版不同版本的期刊，须按创办新期刊办理审批手续。

根据新闻出版总署 2008 年 2 月颁布、国家新闻出版广电总局 2015 年 8 月修订的《电子出版物出版管理规定》，同一内容，不同载体形态、格式的电子出版物，应当分别使用不同的中国标准书号。

对于实施了“一号多用”行为的出版单位，按违反有关出版管理规定给予警告与罚款等处罚。

3. 严禁买卖书号、刊号

根据新闻出版署 1997 年 1 月发布的《关于严格禁止买卖书号、刊号、版号等问题的若干规定》，凡是以管理费、书号费、刊号费或者其他名义收取费用，给外单位或者个人提供书号、刊号和办理有关手续，放弃编辑、校对、印刷、复制、发行等任何一个环节的职责，使其以出版单位的名义牟利，均按买卖书号、刊号、版号查处。若出版单位向任何单位或个人出售、出租或者以其他形式转让本单位的名称或者书刊版面，也视为买卖书号、刊号。

对于实施了买卖书号、刊号行为的出版单位，由出版主管部门给予行政处罚。买卖书号、刊号情节严重触犯法律的，移交司法机关处理。

五、对出版物的管理

国家对出版物的管理是多方面的。这里根据出版专业初级技术人员的特点，主要阐述国家对出版物内容和图书质量的管理规定。这也是我国出版管理中“产品准入”制度的主要内容。

（一）对出版物内容的管理

国家对出版物内容的管理，主要体现在两个方面：一方面是支持、鼓励出版某些方面内容的出版物；另一方面是禁止出版载有某些内容的出版物。

1. 国家支持、鼓励出版的出版物

《出版管理条例》第五十五条规定，国家支持、鼓励出版下列优秀的、重点的出版物：

第一，对阐述、传播宪法确定的基本原则有重大作用的。

第二，对弘扬社会主义核心价值体系，在人民中进行爱国主义、集体主义、社会主义和民族团结教育以及弘扬社会公德、职业道德、家庭美德有重要意义的。

第三，对弘扬民族优秀文化，促进国际文化交流有重大作用的。

第四，对推进文化创新，及时反映国内外新的科学文化成果有重大贡献的。

第五，对服务农业、农村和农民，促进公共文化服务有重大作用的。

第六，其他具有重要思想价值、科学价值或者文化艺术价值的。

这些规定从内容上明确了优秀、重点出版物的范围，体现了出版管理的导向。

2. 国家禁止出版的出版物

《出版管理条例》第二十五条规定，任何出版物不得含有以下内容：

第一，反对宪法确定的基本原则的。

第二，危害国家统一、主权和领土完整的。

第三，泄露国家秘密、危害国家安全或损害国家荣誉和利益的。

第四，煽动民族仇恨、民族歧视，破坏民族团结，或者侵害民族风俗、习惯的。

第五，宣扬邪教、迷信的。

第六，扰乱社会秩序，破坏社会稳定的。

第七，宣扬淫秽、赌博、暴力或者教唆犯罪的。

第八，侮辱或者诽谤他人，侵害他人合法权益的。

第九，危害社会公德或者民族优秀文化传统的。

第十，有法律、行政法规和国家规定禁止的其他内容的。

《出版管理条例》第二十六条规定，以未成年人为对象的出版物不得含有诱发未成年人模仿违反社会公德的行为和违法犯罪的行为的内容，不得含有恐怖、残酷等妨害未成年人身心健康的内容。

违反上述规定出版载有禁止内容的出版物，实施者要承担相应的法律责任，受到行政处罚或刑事处罚。

行政处罚是由出版主管部门衡量违法行为的情节严重程度后依法实施，主要包括：责令限期停业整顿，没收出版物、违法所得，并处罚款；情节严重的，由原发证机关吊销许可证。刑事处罚是由司法部门依法实施。这主要适用于违法行为情节严重而触犯刑法者。

（二）对图书质量的管理

新闻出版总署于 2004 年 12 月颁布了修订后的《图书质量管理规定》。这个规章虽然主要针对图书出版工作，但对于其他出版物的质量管理也有指导意义。

1. 图书质量的项目及其标准

图书质量包括内容、编校、设计、印制四项，分为合格、不合格两个等级。

内容、编校、设计、印制四项均合格，成品图书的质量属合格；若四项中有一项不合格，成品图书的质量属不合格。

（1）内容质量标准

内容质量标准以上述《出版管理条例》第二十五条、二十六条的相关规定为依据。凡符合这些规定的图书，其内容质量属合格；凡不符合这些规定的图书，其内容质量属不合格。

（2）编校质量标准

图书编校质量标准以差错率为依据。图书编校差错率，是指一本图书的编校差错数占全书总字数的比率，用万分比表示。差错率不超过万分之一的图书，其编校质量属合格；差错率超过万分之一的图书，其编校质量属不合格。实际鉴定时，一般依据抽查结果对全书进行认定。如对某图书检查了十万字，结果发现两个差错，则其差错率为万分之零点二，其编校质量属合格。

图书编校质量差错的判定以国家正式颁布的法律法规、国家标准和相关行业制定的行业标准为依据。根据《图书质量管理规定》所附《图书编校质量差错率计算方法》，图书编校质量差错主要包括文字差错、标点符号和其他符号差错、格式差错三类。其中的文字差错包括：错字、别字、多字、漏字、倒字、混用简繁体字的差错；知识性、逻辑性、语法性差错；外文、少数民族文字、国际音标、汉语拼音的拼写差错；字母大小写、正斜体、黑白体误用；不同文种的字母混用，字母与其他符号混用；科技相关图书使用计量单位不符合国家标准规定的中文名称，使用科技术语不符合全国科学技术名词审定委员会公布的规范词等差错；阿拉伯数字与汉语数字使用不规范的差错。

《图书编校质量差错率计算方法》对上述三类差错的计算标准、判定差错所依据的相关国家标准和行业标准分别作了详细规定。

（3）设计质量标准

设计质量主要涉及图书的设计。凡是整体设计和封面（包括封一、封二、封三、封底、勒口、护封、封套、书脊）、扉页、插图等设计均符合国家有关技术标准和规定，其设计质量属合格；如这些方面的设计中有一项不符合国家有关技术标准和规定，其设计质量属不合格。

（4）印制质量标准

符合我国国家标准《纸质印刷产品印刷质量检验规范》（GB/T 34053.3—2017）规定的图书、期刊，其印制质量属合格；不符合该标准规定的图书、期刊，其印制质量属不合格。

2. 图书质量管理的实施

出版主管部门根据图书质量实际情况和读者的反映，每年选取部分出版社的图书进行质量抽查，并根据检查结果采取一定的奖惩措施。

（1）质量检查的范围

图书质量检查的范围是图书的正文、封面（包括封一、封二、封三、封底、勒口、护封、封套、书脊）、扉页、版权页、前言（或序）、后记（或跋）、目录、插图及其说明文字等。

检查正文时，若全部正文的字数超过十万字，必须抽查不少于十万字，并且内容（或页码）应该连续；若全部正文的字数不足十万字，必须检查全书。

（2）质量管理的分级实施

国家出版主管部门负责全国图书质量管理工作，省级出版主管部门负责本行政区域内的图书质量管理工作，依照《图书质量管理规定》实施图书质量检查，并向社会及时公布检查结果。

图书出版单位的主办单位和主管机关应当履行其主办、主管职能，尽其责任，协助出版主管部门实施图书质量管理，对不合格图书提出处理意见。

图书出版单位应当设立图书质量管理机构，制定图书质量管理制度，保证图书质量合格。

思考与练习

1. 我国社会主义出版业的形成经历了哪几个阶段？出版业改革发展的状况如何？
2. 我国出版业由哪些单位构成？
3. 出版专业技术人员的类别及其技术职务级别有哪些？
4. 出版专业初级技术职务人员的主要职责是什么？
5. 党和国家对出版进行管理的法律依据主要有哪些？
6. 我国出版管理的四大准入制度是什么？
7. 设立各类出版物生产经营单位各应办理什么手续？
8. 出版专业技术人员职业资格制度对技术人员的任职资

格有哪些要求？

9. 出版专业技术人员职业资格制度对出版专业职业资格的登记有哪些规定？

10. 违反出版专业技术人员职业资格制度的个人和单位各应承担哪些法律责任？

11. 什么是重大选题备案制度？需要备案的选题涉及哪些方面？对违规行为如何处罚？

12. 国家对书号、刊号的管理主要有哪些规定？哪些行为属于买卖书号、刊号？实施买卖书号、刊号行为者要受到哪些处罚？

13. 国家支持、鼓励出版哪些方面的出版物？禁止出版哪些方面的出版物？

14. 图书质量包括哪些项目？这些项目的质量标准有哪些？

15. 图书质量检查的范围包括哪些？如何实施？

第 三 章

著作权常识

重点提示：著作权的概念；著作权法的概念，我国著作权法的立法依据、立法原则和主要法律法规。作品和著作权人的概念，我国著作权法保护的作品种类和不适用著作权法保护的客体；作者与其他著作权人；作品著作权的归属。著作权中的人身权、财产权，著作权保护的几种期限。著作权的许可使用和许可使用合同，出版单位使用作品的付酬原则和付酬方式；合理使用、法定许可的几种情况。侵犯著作权应承担的民事责任、行政责任和刑事责任。

第一节　著作权与著作权法概述

出版活动的前提是作品。出版者生产出版物，实际上是以出版的方式使用作品。因此，出版单位及其专业技术人员经常会遇到与著作权相关的问题，并需要根据著作权法作出妥善处理。

一、著作权

著作权是著作权法赋予民事主体对作品和作品在传播中的智力成果所享有的一种民事权利，也称“版权”。从狭义上看，它是指文学、艺术和科学作品的创作者对其所创作的作品依法享有的人身权利（精神权利）和财产权利（经济权利）。从广义上看，由作品的传播者（如出版者、表演者、录音录像制品制作者、广播组织等）所享有的与著作权有关的权益（也称“邻接权”），也属于著作权范围，同样受著作权法保护。

著作权是知识产权的一种，具有无形性、专有性、时间性和地域性特征。

二、著作权法

著作权法是确定相关主体对文学、艺术和科学作品享有著作权并提供保护，调整因创作、传播、使用作品而产生的各种利益关系的法律规范总和。

我国著作权法依据《中华人民共和国宪法》立法。现行有关著作权法的主要法律和行政法规可以概括为“一法六条例”。

“一法”指《中华人民共和国著作权法》（以下简称《著作权法》）。该法律于1990年9月7日经全国人大常委会通过，并于1991年6月1日开始实施。此后，经过两次修改。2001年10月27日，全国人大常委会通过《全国人民代表大会常务委员会关于修改〈中华人民共和国著作权法〉的决定》，并规定修改后的《著作权法》自当日起施行。2010年2月26日，全国人大常委会通过《全国人民代表大会关于修改〈中华人民共和国著作权法〉的决定》，并规定修改后的《著作权法》自2010年4月1日起施行。

依据《著作权法》的相关规定，国务院先后制定了“六条例”，具体是指：

《中华人民共和国著作权法实施条例》，国务院于1991年5月24日批准，1991年6月1日实施，后于2002年8月2日修订发布，自2002年9月15日起施行，后再于2011年1月8日和2013年1月30日修改。

《计算机软件保护条例》，国务院于1991年6月4日发布，1991年10月1日施行，后于2001年12月20日修订发布，2002年1月1日起施行，后再于2011年1月8日和2013年1月30日修改。

《实施国际著作权条约的规定》，国务院于1992年9月25日发布，1992年9月30日起施行。

《著作权集体管理条例》，国务院于2004年12月28日发布，2005年3月1日起施行，后于2011年1月8日和

2013 年 12 月 7 日修改。

《信息网络传播权保护条例》，国务院于 2006 年 5 月 18 日发布，2006 年 7 月 1 日起施行，后于 2013 年 1 月 30 日修改。

《广播电台电视台播放录音制品支付报酬暂行办法》，国务院于 2009 年 11 月 10 日发布，2010 年 1 月 1 日起施行。

我国最高人民法院发布的关于审理著作权民事纠纷案件适用法律问题的一些司法解释，我国最高人民法院、最高人民检察院联合发布的关于办理侵犯知识产权刑事案件具体应用法律问题的司法解释，也是解决我国著作权民事、刑事纠纷的重要依据。此外，我国还先后加入了 7 部著作权相关的国际条约。

第二节　作品及其著作权人

著作权法中所说的“作品”，是指文学、艺术和科学领域内具有独创性的并能以某种有形形式复制的智力成果。作者和其他依法对作品享有著作权的公民、法人或者其他组织都可成为著作权人。著作权法对著作权人的保护，就体现为保护其享有的著作权不受侵犯。

一、作品

作品是著作权所指向的对象，在法学理论中称为“著作权的客体”。

著作权法保护作品，但是并非任何作品都能受到我国著作权法的保护。对于某部具体作品是否予以保护，主要考虑其是否具有独创性。对于外国人作品的保护问题，还需要根据具体情况考虑该作品的作者国籍、出版地等条件。

（一）我国著作权法给予保护的作品种类

我国著作权法采用概括与非穷尽列举相结合的方法，规定了九大类受著作权法保护的作品。

1. 文字作品

这是指小说、诗词、散文、论文等以文字形式表现的作品。除文字以外，在著作权法意义上，以数字、记号等类似文字的各种符号表现的作品，也都统称为文字作品。根据相关国际条约，计算机软件也是文字作品。

2. 口述作品

口述作品又称口头作品，是指即兴的演说、授课、法庭辩论等以口头语言形式表现的作品，其本质特征是未经过任何物质媒介的固定。预先写好而后经口头表述的作品不是口头作品。

3. 音乐、戏剧、曲艺、舞蹈、杂技艺术作品

音乐作品指歌曲、交响乐等能够演唱或者演奏的带词或者不带词的作品。

戏剧作品指话剧、歌剧、地方戏等供舞台演出的作品。戏剧作品指的是剧本，而不是一台戏的现场演出。

曲艺作品指相声、快书、大鼓、评书等以说唱为主要形式表演的作品。

舞蹈作品指通过连续的动作、姿势、表情等表现思想情感的作品。舞蹈作品是指对舞蹈的动作设计和安排，一般须以书面或其他形式固定下来。

杂技艺术作品指杂技、魔术、马戏等通过形体动作和技巧表现的作品。

4. 美术、建筑作品

美术作品指绘画、书法、雕塑等以线条、色彩或者其他方式构成的有审美意义的平面或者立体的造型艺术作品。美术作品主要包括绘画、书法与篆刻、雕塑等。

建筑作品指以建筑物或者构筑物形式表现的有审美意义的作品。它不包括建筑模型，而指建筑物或构筑物本身。

5. 摄影作品

这是指借助器械在感光材料或者其他介质上记录客观物体

形象的艺术作品。摄影作品的创作过程较多依赖被摄对象及拍摄工具。

6. 电影作品和以类似摄制电影的方法创作的作品

这是指摄制在一定介质上，由一系列有伴音或者无伴音的画面组成，并且借助适当装置放映或者以其他方式传播的作品。在国内实践中，这类作品通常可简称为电影类作品。

7. 图形作品和模型作品

图形作品指为施工、生产绘制的工程设计图、产品设计图，以及反映地理现象的地图、说明事物原理或者结构的示意图等作品。

模型作品指为展示、试验或者观测等用途，根据物体的形状和结构，按照一定比例制成的立体作品。

8. 计算机软件

这是指计算机程序及其有关文档。

9. 法律、行政法规规定的其他作品

这是一个弹性条款，指除上述作品外，对新类型作品的保护需由法律或行政法规另行规定。

（二）不适用著作权法保护的几种客体

根据《著作权法》第五条的规定，三类客体不适用著作权法保护。

1. 立法、行政、司法性质的文件

这是指法律、法规，国家机关的决议、决定、命令和其他具有立法、行政、司法性质的文件，还包括这些文件的官方正式译文。

对这些文件不适用著作权法保护，是因为需要广泛使用和传播它们，使公民都知道并遵守，从而更好地维护正常的社会秩序。

上述官方文件及其官方正式译文虽不享有著作权，但是将这些文件汇集起来的法律法规汇编却可以因为在选择、编排方式上具有独创性而享有著作权。

2．时事新闻

这是指通过报纸、期刊、广播电台、电视台等媒体报道的单纯事实消息。但是，根据时事新闻撰写的通讯、报道、综述、特写等文章，可享受著作权法保护，而如果其中的单纯事实消息是他人采编的，文章中应该说明出处。

一般来说，单纯的事实消息是对于客观事实的反映或记录，在某种意义上只具有十分有限的表达形式，属于著作权法不予保护的事实范畴。所以，对时事新闻不适用著作权法保护。

3．历法、通用数表、通用表格和公式

历法是指用年、月、日计算时间的方法。

通用数表是指具有通用性的表示数值关系的表格，如对数表、三角函数表等。

通用表格主要指其格式和项目具有通用性的表格，如一般的财务表格、课程表、时刻表等。

公式则是指用数学符号或文字表示各个数量之间关系的、具有普遍性的算式。

对这些客体不适用著作权法保护，是因为这些表达方式本身就是为了人应用以推进社会发展的，或具有唯一性，或已经进入公有领域。

二、著作权人

在民法学理论中，著作权人通常被称为“著作权的主体”。著作权人分为两大类：一类是因创作作品而直接享有作品著作权的著作权人，一类是与创作作品无关但通过其他各种途径依法享有作品著作权的著作权人。前者被称为“原始著作权主体”，后者被称为“继受著作权主体”。

（一）原始著作权主体

原始著作权主体就是作者。《著作权法》第十一条规定“著作权属于作者”，所以作者既享有人身权，也享有财产权。

作者可以分为两种。

1. 自然人作者

作品作为一种精神文化成果，是人对于某种思想观念的表述，是人的思想、情感和精神的延伸。因此，只有自然人才能够创作作品。我国《著作权法》在语言表述上没有采用“自然人”一词，而是采用“公民”一词。

任何自然人，只要创作了文学、艺术和科学作品，均可以成为作者，而无须其他前提条件。

一部作品的形成，需要人付出大量创造性智力劳动；没有智力创作活动，就不会有作品的诞生。因此，只有实际从事了创造性智力劳动并获得了成果的自然人，才能够成为作者。那些为创作作品仅仅提供或搜集资料的人，仅仅提供物质条件或做了组织工作、其他辅助工作的人，甚至是提供了某些想法和建议的人，只要没有实际参加作品的创作，都不是作者。

2. 视为作者的组织

组织可以分成两类：一类为法人，即具有民事权利能力和民事行为能力，依法独立享有民事权利和承担民事义务的组织。另一类是其他组织，即依法成立但不具备法人条件的单位。

自然人能够直接进行各种文学、艺术和科学作品的智力创造活动，组织却不能直接从事这些智力创造活动，必须由自然人来具体实施创作行为，因此，组织只能在一定前提条件下被“视为作者”。《著作权法》第十一条规定：“由法人或者其他组织主持，代表法人或者其他组织意志创作，并由法人或者其他组织承担责任的作品，法人或者其他组织视为作者。”例如，某建筑工程公司将其成功经营的经验加以总结后，安排其员工依其意志、价值取向，代表公司执笔写作作品，并由公司承担作品的责任，则该建筑工程公司便可被视为该作品的作者，享有著作权。

3. 作者身份的确定

《著作权法》第十一条第四款规定：“如无相反证明，在作品上署名的公民、法人或者其他组织为作者。”这项规定是确认作者的基本依据。其中所说的署名，指以惯常的方式署名，并被社会公众普遍认可。

推定署名者为作者，就意味着只有署名者才可以行使与该作品相关的著作权，并在必要时维护相关权利。这也是世界各国著作权法所遵循的一个原则。但是，如果有证据证明作品上的署名者仅是按法律规定或合同约定而享有署名权的，并不是实际上的著作权人，那么，与该作品相关的著作权就只能由实际上的著作权人行使。

（二）继受著作权主体

继受著作权主体是指通过继承、接受遗赠、接受转让等方式或者在法律规定的其他条件下依法取得著作权的自然人或组织。国家在某些情况下也可以成为继受著作权主体。

著作权中的人身权不由继受著作权主体享有，而由他们保护。作者生前未发表的作品，如果作者未明确表示不发表，可由继受著作权主体行使发表权。

这里介绍较常见的几种继受著作权主体。

1. 著作权继承者和受遗赠者

如果著作权属于自然人，自然人死亡后，其继承人可依继承法规定取得《著作权法》第十条第一款第（五）项至第（十七）项规定的权利（著作权中的财产权），从而在著作权保护期内成为著作权的主体。

另外，根据作者的遗嘱，不是作者法定继承人的公民也可以通过接受遗赠而成为某一部或多部作品的著作权的主体，从而享有相应的财产权。

2. 著作权转让中的受让人

在著作权贸易中，如果当事人双方签订的是著作权转让合同，则受让人也可以成为著作财产权的主体。

三、作品著作权的归属

作品著作权的归属问题，即对于某部作品的著作权依法应该由谁享有的问题。

《著作权法》第十一条第一款明确规定："著作权属于作者，本法另有规定的除外。"这个规定意味着：在一般情况下，"著作权属于作者"；但是在某些特殊情况下，应当按照具体情况的不同分别确定作品著作权的归属。

第一，就作者自行创作的一般作品而言，作品的著作权无疑应该归作者，因为作者是作品的创作者，在创作过程中付出了辛勤的创造性劳动。据此，作者个人单独创作的作品，著作权归个人所有。两个或两个以上作者合作创作的作品，著作权归合作作者共有；合作作品如果是可以分割使用的，则合作作者对各自创作的部分可以单独享有著作权并单独使用，不过单独使用时不得侵犯合作作品整体的著作权。

第二，对于创作过程中存在某些特殊情况的作品，《著作权法》另有规定。这些特殊情况，主要是指作品的创作或是基于他人已有作品，或是接受委托，或是为了完成所在单位的工作任务等情况。对于这些特殊类型作品的著作权归属问题，应该依据著作权法具体的专门规定来处理。

第三，上面所讲的某些继受著作权主体因作者死亡而获得著作权的情况，也是作品著作权归属作者之外的其他人的特殊情况。

第三节　著作权内容及其保护期

“著作权”是一种仅着眼于其整体、比较笼统的说法。它通常分成人身权和财产权两大部分，而这两大部分都包含多项具体的权利。法律对这些权利的保护时间长短，按作品性质、权利种类、著作权人属性等各有不同。

一、著作权内容

著作权内容是指著作权人享有的专有权利的总和，是著作权法中最为核心的部分，表明权利人可以控制行为的范围。

（一）人身权

著作权中的“人身权”也称“精神权利”，是指作者通过创作作品而获得的与其人身不可分割、不直接涉及财产的权利。人身权包括发表权、署名权、修改权和保护作品完整权。这里主要介绍发表权和署名权。

1. 发表权

发表权是指作者自行决定是否将作品公之于众的权利。这里说的“公之于众”，是指将作品向不特定的人公开，但不以公众知晓为构成条件。因为任何作品只要“公之于众”一次，就不可能再“秘而不宣”，所以，发表权具有“一次用尽”的特点。这与著作权的其他权利不同。

作品创作完成以后，作者有权决定该作品是否发表、什么时候发表、在何地发表、以何种形式发表等，并有权禁止他人未经许可擅自发表其作品。

作者生前未发表的作品的发表权，在作者死亡后由相应的继受著作权主体根据作者生前的意思表示来行使。

2. 署名权

署名权是指表明作者身份、在作品上署名的权利。它体现了作者同作品的必然联系。

作者有权在自己的作品上署真名，署假名（笔名），也可以不署名。对此，任何人不得强迫或干涉。

署名权还体现为作者对自己创作的作品有权禁止他人在其上署名，禁止他人故意冒用自己的姓名去发表、制作或出售假冒作品。

（二）财产权

著作权法中的“财产权”也称“经济权利”，是指可以为著作权人带来经济收益的权利。通俗地说，这是作者因授权他人使用其作品而能够获得经济报酬的权利。

除了一项比较笼统的“应当由著作权人享有的其他权利”之外，《著作权法》第十条具体列举了属于财产权的12项权利——复制权、发行权、出租权、展览权、表演权、放映权、广播权、信息网络传播权、摄制权、改编权、翻译权、汇编权。

下面介绍的是与出版活动关系相对比较紧密的几项权利。

1. 复制权

复制权是指以印刷、复印、拓印、录音、录像、翻录、翻拍等方式将作品制作一份或者多份的权利。在传统环境下，复制权是财产权中最基本、最核心的权利。

复制的方式与数量的多少并不重要，重要的是复制行为本身是否发生。如是否在有形物质载体上再现作品，是否将作品固定在有形物质载体上。复制权就是为控制复制行为而享有的权利。

2. 发行权

发行权是指以出售或者赠与方式向公众提供作品的原件或者复制件的权利。著作权法意义上的发行指“公开发行”，对象是不特定的公众。若作者将自己的作品打印几件赠送给自己的亲朋好友，则不构成发行行为。

著作权人与作品的使用者应在著作权许可使用合同中明确约定作品的发行范围。这对于出版者来说更显重要，因为发行权可按区域划分。如作者只同意把在中国大陆的发行权授予出版者，那么出版者就不能将相应的出版物向其他任何国家或地区发行。

3. 信息网络传播权

信息网络传播权是指通过有线或无线的信息传播网络实施“向公众提供作品，使公众可以在其个人选定的时间和地点获得作品”的权利。这一权利是应对网络技术交互式传播的特征而设立的。信息网络既包括互联网，也包括局域网等。

与作品的一般播放（如广播）不同，信息网络传播使得公众可以在个人选定的时间和地点获得著作权人提供的相应作品，如在互联网上阅读作品、观看影片、欣赏音乐等。这正好体现了信息网络传播的“交互性”。那些在特定的时间将事先准备好的节目通过网络提供给公众的“网播”行为，则不属于“交互式”传播，也就不属于信息网络传播权的范畴。

信息网络传播权属于著作权人。这就意味着，未经许可而将他人作品上传到网络上向公众传播，无论是否营利，都是一种擅自使用他人作品、损害著作权人合法权益的侵权行为，应受到法律的追究。

4. 改编权

改编权是指改变原作品而创作出具有独创性的新作品的权利。

改编是在原有作品的基础上，通过变换作品的类型或用途而创作出新的作品。如将小说改编成戏剧、将独奏曲改编成交响乐、将一部科学专著改编为科普作品、将一部长篇小说改编为缩写本，等等。

改编作品须经著作权人许可，以不改变原作品基本思想内容为前提。

5. 翻译权

翻译权是指把作品的表现形式从一种语言文字转换成另一种语言文字的权利。

翻译主要针对文字作品，如将中文作品译成英文，或将法文作品译成中文；也适用于口述作品和电影类作品。翻译是对已有作品的再创作，在保护翻译者利益的同时，也要保障原作者的著作权。

国际著作权贸易涉及最多的，就是翻译权的许可使用。著作权人应该在授予翻译权时明确译文的语言种类，对不同种类的语言可授予不同的翻译权。如莫言《红高粱》的原语是汉语，著作权人享有分别授予他人翻译为英语、法语、德语、日语等译语的权利。

6. 汇编权

汇编权是指将作品或者作品的片段通过选择或者编排汇集

成新作品的权利。

汇编并不改变原作品本身，只是为了一定的需要将作品汇编成集，在选择或编排上体现独创性，其所形成的作品在整体上成为新作品，但不是所汇编的作品都应是新作品。如文集，其中有的可能是未发表过的新作品，有的可能是已经发表的作品。如果出版社经许可出版过某作者的作品，今后再出版该作者作品选时，尚需重新征得该作者许可。

二、著作权保护期

著作权保护期是指其各种权利具有法律效力的法定期限，其长短因权利种类、作品性质、著作权人属性的不同而有所不同。根据我国著作权法的规定，著作权的保护期主要有三种。

（一）无限期保护

无限期保护适用于署名权、修改权和保护作品完整权。这些权利属于人身权，与特定人的身份相联系，不因人的死亡而消失，所以保护期不受限制。

同样属于人身权的发表权，因为与财产权紧密相连，所以需与财产权作同样保护。

（二）作者有生之年加死亡后 50 年

这一保护期限适用于自然人的发表权和财产权。如果是单独一个作者创作的作品，保护期截止于该作者死亡后第 50 年的 12 月 31 日；如果是合作作品，截止于最后死亡的作者死亡后第 50 年的 12 月 31 日。

（三）首次发表后 50 年

这种保护期截止于作品首次发表后第 50 年的 12 月 31

日，但作品自创作完成后50年内未发表的，不再给予保护。法人或者其他组织的作品、著作权（署名权除外）由法人或其他组织享有的职务作品，以及摄影作品、电影作品和以类似摄制电影的方法创作的作品，其发表权和财产权都适用这种保护期。

第四节　著作权的许可使用与限制

著作权的许可使用与限制，是就著作权中的财产权而言的，与人身权无关。因为人身权与人的人格、身份有关，是不能用于获取经济利益的；财产权则是可以给权利人带来经济利益的权利，而它们要真正转化成物化的财产，常常要通过许可使用的途径。

著作权人虽然享有财产权，但是在财产权的许可使用方面却要受到一定的法律限制。

一、许可使用的含义及其常见方式

著作权许可使用是指著作权人在一定期限内、一定地域内有偿（或无偿）地允许他人使用一项或多项财产权。它是权利人获取经济利益的基本形式。

被许可人以支付一定的财产（通常是货币）为代价，按照与著作权人所签订的合同约定的方式、地域范围和期限行使有关财产权（可按合同约定方式使用作品），并通过自己的生产经营来获取收益。被许可人未经著作权人许可，不能将其获得的使用权再许可第三人使用。

最为常见的著作权许可使用方式，就是著作权人允许出版单位使用其作品的复制权和发行权，把作品制作成出版物发行，而出版单位则须向著作权人支付一定的报酬。《著作权法》第三十条规定："图书出版者出版图书应当和著作权人订立出版合同，并支付报酬。"

出版单位对作品做一系列编辑、审校工作，目的是对作品内容把关和修改文字性错误、纠正错误信息，这项工作通常要通过出版合同细化，并不属于著作权许可使用的范畴。但是，对作品的修改如超出一定范围，就需要著作权人授予代行修改权的权利。

二、著作权许可使用合同

著作权许可使用合同是著作权人与出版单位就著作权中某项或多项财产权的使用而达成的协议。除了报纸、期刊出版单位使用作品不必与著作权人签订书面的许可使用合同外（著作权人实际上是通过将作品自行投给报纸、期刊编辑部的行为来表明其许可使用的意愿），各种出版社以出版方式使用作品，都必须与著作权人订立书面的许可使用合同——出版合同。

《著作权法》第二十四条对许可使用合同的主要内容作了规定。

（一）许可使用的权利种类

就某部作品来讲，著作权人可以许可他人使用的权利很多，如复制权、发行权、信息网络传播权、改编权、翻译权等。出版合同中所说的"出版权"，实际上就是复制权和发行权的结合，有时也可包括其他内容，如改编权，融媒体时代，有的出版单位可能利用该作品改编成动漫或是影视剧等。

使用人需要使用与哪部作品有关的哪些权利，著作权人愿意许可他人使用哪些权利，都由当事人协商约定。许可使用的权利种类是订立合同其他条款的前提和基础，因此，在合同中必须对此作出清楚、明白、准确无误的约定。

（二）许可使用的权利是否专有

许可使用的权利有专有使用权与非专有使用权之分。专有即独占、垄断的意思，具有排他性。授予专有使用权，意味着著作权人只允许特定的被许可人按照合同约定的时间、地域和方式使用其作品；如果合同对专有使用权的内容没有约定或者约定不明的，那么在此期限内著作权人不仅本身不能以相同方式使用而且也不得再许可任何第三方使用。如果著作权人授予的是非专有使用权，那么在合同有效期内，著作权人不但自己仍可使用，而且可以再许可任何第三方使用有关权利。

可见，区分使用权是否专有是非常重要的，影响到被许可人在市场竞争中的地位。出版者在出版合同中与著作权人约定取得的专有出版权，即为专有许可使用权。

（三）许可使用的地域范围、期间

在以出版方式使用作品的情况下，许可使用的地域范围是指出版物可以发行的地区。一般在合同中必须明确：发行的范围是全世界还是某个或几个大洲，是仅限中国大陆地区还是包括中国香港特别行政区、澳门特别行政区以及台湾地区在内的全中国范围，等等。

许可使用的期间，是指被许可人有权使用作品的时间期限。如果合同约定使用期为十年，期满后，被许可人便不能再使用该作品，否则便构成违约侵权。

（四）付酬方式、标准和办法

被许可人使用作品，一般都要向著作权人支付使用费。使用费的数量多少与支付方式，都应在合同中明确约定。例如，因出版图书而支付报酬，就应约定付酬的方式（是一次性稿酬还是基本稿酬加印数稿酬，或者是版税等）和标准（如稿酬标准为每千字多少元，或者版税率是多少）等，这是对使用费数量的约定。

关于使用费是分期支付还是一次性支付，是现金支付还是支票支付，是直接以人民币支付还是折合成外币支付等的约定，则属于对付酬办法的约定。

（五）违约责任

签订著作权许可使用合同是一种法律行为。合同一经订立，便产生法律效力，双方当事人都应严格履行。任何一方违约，都必须承担违约后果，即承担法律责任。

规定违约责任是促使双方当事人履行合同义务、使对方免受或少受损失的法律措施，也是保证合同能得到履行的主要条款。违约责任的具体内容，由当事人在合同中约定。

（六）双方认为需要约定的其他内容

这条规定是为了使合同订立得更加完善而提出来的，是为了适应各种许可使用合同的特点或需要。如双方当事人可以在合同中规定：若对合同产生争议，双方协商不成，可申请某仲裁机构仲裁。

三、出版单位使用作品的付酬

被许可人使用作品的形式有多种，向著作权人支付报酬的形式相应地也可以有多种。这里讲的主要是出版单位使用作品应如何向著作权人支付报酬的问题。

（一）付酬的原则

出版单位因使用作品而支付报酬，要体现平等、公平、等价、协商一致等原则。

1. 平等原则

对著作权权利的许可使用，是一种平等民事主体之间的法律行为，作为权利许可人的著作权人和作为被许可人的出版单位具有平等的法律地位。任何一方都不能利用自己的某项优势而损害对方的合法权益。

2. 公平原则

在确定报酬数额时，应体现公平原则，既对著作权人有利，也对出版单位有利。双方可以自行约定，也可参照国家版权局提出的有关标准协商确定。

3. 等价原则

出版单位应根据作品的质量、数量、潜在市场和作者的社会声望等因素，向著作权人支付相应的报酬。

4. 协商一致原则

出版单位应就付酬的方式、标准、办法、日期等问题，与著作权人进行充分协商。双方取得一致意见后，在书面形式的出版合同中予以明确，以利双方共同遵守。2014 年 11 月 1 日起施行的国家版权局、国家发展和改革委员会颁布的《使用文字作品支付报酬办法》，对以出版纸介质出版物的形式使用文字作品的付酬方式和标准作了规定。不过，支付报酬的具体方式和标准等，主要按照当事人双方事先在合同中的约定执行；国家规定的报酬支付方式和标准，可供当事人双方协商时参照使用。如果当事人双方因事先没有约定付酬的方式和标准而对报酬数量发生争议，且不能协商解决时，应当根据《使用文字作品支付报酬办法》中规定的版税率、基本稿酬标准的上限分别计算报酬数量，并将计算结果作比较后，按其中较高者向著作权人支付。

（二）出版图书的付酬方式

根据《使用文字作品支付报酬办法》，除著作权人与图书出版者另有约定外，出版图书的付酬方式一般可分三种。

1. 版税方式

版税是根据图书定价的一定比例乘以一定册数计算的作品使用费。以版税形式向著作权人支付作品使用费，就是付酬的版税方式。

（1）版税的计付方式

《使用文字作品支付报酬办法》中规定的版税计算方式，是“图书定价 × 实际销售数（或者印数）× 版税率”。

“图书定价”是指该书销售给读者时规定的价格，一般在图书底封和版权页上标明。“实际销售数”是指图书已经到达最终读者手中的数量，一般以出版单位已经收到书款为标志；“印数”指该书印制的数量。“版税率”是指“图书定价的比例”，一般以百分比表示。

计算版税时的图书册数，是采用“实际销售数”还是“印数”，由双方当事人约定。在出版工作实践中，大多采用“实际销售数”，较少采用“印数”，有时还可采用“发行数”（即出版单位的发货数量，不考虑其中可能发生的退货情况）。

著作权人还可与出版者在合同中约定，交付作品时或签订出版合同时或图书开始发行时出版者先按首次实际印数或者最低保底发行数向著作权人预付首次版税。作品发行后，一般是每年年终结付一次版税。双方当事人也可约定其他支付办法。

《使用文字作品支付报酬办法》中规定的版税计算方式，是依据一般情况提出的法定方式，双方当事人如果事先没有就版税计算方式作过约定，且后来又难以协商一致，可采用这种方式实际结算。如果双方当事人在合同中事先约定采用其他方式计算版税，应执行合同的约定。

支付版税时，首次发行数不足千册的，按千册支付版税，但在下次结算版税时对已经支付版税的部分不再重复支付。

（2）版税率的标准

版税率的具体数值应由当事人双方协商确定，《使用文字作品支付报酬办法》中规定的版税率标准可以作为参照。

《使用文字作品支付报酬办法》中规定的版税率标准是：

原创作品为3%～10%；

演绎作品为1%～7%。

2. 基本稿酬加印数稿酬方式

按照这种方式，出版者应根据作品的字数向作者支付一定的基本稿酬；再根据图书的印数，按基本稿酬的一定比例向著作权人支付印数稿酬；图书重印时只付印数稿酬，不再付基本稿酬。

采用此种付酬方式，著作权人可与出版者在合同中约定交付作品时预付基本稿酬的30%～50%。除非合同另有约定，作品一经出版，出版者应在6个月内付清全部稿酬。图书如果重印，应在重印后6个月内付清印数稿酬。

（1）基本稿酬的计算

基本稿酬的计算以千字为单位。先将图书中应该付酬部分的字数折合成千字数，再乘以每千字若干元的付酬标准，就可得出应该支付的基本稿酬总额。

付酬字数按图书中实有正文（作者创作的作品部分，不包括书名页文字、出版前言、目录、凡例等辅文）计算，即以排印版面上每行的字数乘以全部实有行数计算。末尾排不足一行的或占行题目，都按一行计算。

实有正文总字数中不足千字部分按千字计算。

（2）基本稿酬的标准

基本稿酬的具体数值应由当事人双方协商确定，《使用文字作品支付报酬办法》规定的基本稿酬标准可以作为参照。

《使用文字作品支付报酬办法》规定的基本稿酬标准是：

原创作品为每千字 80～300 元；演绎作品按再创作方式的不同而有所不同：改编作品为每千字 20～100 元，汇编作品为每千字 10～20 元，翻译作品为每千字 50～200 元，注释作品只对注释部分参照原创作品的标准付酬。

（3）印数稿酬的计算

印数稿酬以千册为单位，每千册按基本稿酬的一定比例计算。《使用文字作品支付报酬办法》规定的标准和计算方法是："每印一千册，按基本稿酬的 1% 支付。不足一千册的，按一千册计算。"据此，若某书的基本稿酬为 10 000 元，印数为 5 000 册，则印数稿酬为 10 000 元的 5%，即 500 元；若某书某次印刷的印数为 3 500 册，按法定比例计算，就应该按基本稿酬的 4% 支付印数稿酬。

当然，当事人双方也可自行约定印数稿酬的标准和计算方法。

3. 一次性付酬方式

按照这种方式，出版者根据作品的质量、篇幅，作者的知名度、影响力，使用的方式、范围和授权期限等因素计算出报酬，并一次性向作者付清。付酬的标准和计算方式可参照基本稿酬。

（三）报纸和期刊刊载作品的付酬方式

报纸和期刊刊载作品只适用一次性付酬方式，即按每千字若干元的标准乘以作品的字数。作品字数不足500字的按0.5千字计算，超过500字不足1 000字的按1千字计算。

报刊刊载未发表的作品，除合同另有约定外，应当自刊载后1个月内按每千字不低于100元的标准向著作权人支付报酬。

报刊依照《著作权法》的相关规定转载、摘编其他报刊已发表的作品，应当自报刊出版之日起2个月内，按每千字100元的付酬标准向著作权人支付报酬。报刊出版者未按规定向著作权人支付报酬的，应当将报酬连同邮资与转载、摘编作品的有关情况送交中国文字著作权协会代为收转。报刊出版者将相关报酬转交给中国文字著作权协会后，对著作权人不再承担支付报酬的义务。

（四）出版音像制品的付酬方式

使用他人作品出版音像制品的付酬方式和标准，由有关当事人协商后签订书面合同约定。

录音制品中涉及两个及以上作品的，先计算出所有作品的报酬总额，再根据每一作品在整个录音制品中所占的时间比例，确定其具体报酬。

使用演绎作品出版录音制品，在确定具体报酬后，可约定向演绎作品的著作权人支付70%，向原作品著作权人支付30%。如原作品已超过著作权保护期或不适用著作权法保护的，只按上述比例向该演绎作品的著作权人付酬。

（五）出版电子出版物的付酬方式

出版电子出版物往往涉及多种作品的使用，如文字作品、音乐作品、美术作品、摄影作品和计算机软件等。使用这些作品除法律另有规定者外，均应取得著作权人许可，并应分别向著作权人付酬。付酬的方式和标准，可参照有关作品的付酬标准由当事人双方协商后在书面合同中约定。

（六）网络出版的付酬方式

通过有线或无线的信息网络出版作品，可按出版物的种类参照相应实体出版物的付酬方式和标准，向著作权人支付报酬。出版者也可与著作权人另行约定付酬方式和标准。

（七）已出版作品再许可他人在境外出版的付酬方式

经著作权人授权，出版单位对其出版的作品许可他人在境外出版，除合同另有约定外，出版单位应将所得报酬扣除合理成本后的 70% 支付给著作权人。

四、著作权限制

著作权是民事权利，属于私权范畴，为平衡著作权人利益和社会公共利益，缓和权利独占与知识共享之间的矛盾，以更好地促进社会进步和文化繁荣，著作权法对著作权的行使也进行一些限制。

（一）著作权限制的概念

著作权限制又称“著作权的例外”，是指著作权法对于著作权的具体行使所作的一些限制性规定，或者说是著作权保护一般原则的法定例外。

对于著作权的行使作出一些限制，是为了平衡作品的权利人与社会公众之间的利益，即在保护著作权人利益的同时兼顾社会公众利益。也就是说，对于著作权的限制，必须以社会公众利益为基点，所以，限制的范围和方式都应当由法律予以明确规定。

世界各国无不对著作权予以一定的限制，而且比较通行的做法，都是先规定广泛的一般原则，然后对一般原则作一系列具体的限制，说明法律允许的各种例外情况。

（二）我国的著作权限制方式

著作权限制的方式有多种，这里主要讲我国对于著作权人行使财产权方面的一些限制方式。

1. 合理使用

“合理使用”是指在法律规定的情况下使用已经发表的作品，可以不经著作权人许可，也不向其支付报酬，但应指明作者姓名、作品名称，并且不得侵犯著作权人依法享有的其他权利。

需要强调的是，这种著作权限制方式仅仅适用于已经发表的作品；创作虽已完成但作者未将其发表的作品，并不适用法律关于合理使用的规定。

《著作权法》第二十二条规定了 12 种合理使用的范围和具体方式。这里介绍其中最常见的几种。

（1）为个人学习、研究或者欣赏而使用已发表作品

在日常生活中，个人使用他人已发表作品的情况极为普遍，利用作品的范围相当广泛。因此，若要求每个人每次使用他人作品时均须取得著作权人许可并支付报酬，实在是既不可能，又无必要。但是，应该强调的是，个人对他人作品的这类使用不能是营利性的，而且作品复制件的来源、复制方式和数量等应该是合法的。在网络环境下，大量使用行为对著作权人的影响还是比较大的，尤其要注意个人使用与合理使用

的关系。

（2）为学校课堂教学或者科学研究而翻译或者少量复制已发表作品

课堂教学和科学研究都离不开已有知识的积累，都要利用已有的作品，从而促进文化水平的提高和科学技术的发展。因此，我国著作权法将为学校课堂教学或者科学研究，翻译或者少量复制已经发表的作品这类使用方式列入合理使用的范围。

需要注意的是：

第一，“课堂教学”仅指教师和学生在教室、实验室等处进行的面对面的教学，不包括广播电视大学、函授大学或其他各类社会办学形式中的教学。

第二，“少量复制”是指复制数量不应超过课堂教学和科研小组人员的需要，不能用于出版发行，不能给作品的潜在市场带来不利影响。

第三，翻译已有作品，只要不将其出版发行，就没有数量限制。

（3）为介绍、评论某一作品或者说明某一问题而在作品中适当引用已发表作品

在作品中适当引用他人作品，是指将他人的作品作为自己作品的立论依据，并进一步阐明自己的观点。在引用他人作品时应注意：

第一，不得影响该作品的正常使用。

第二，引用比例应适当，即引用部分不能构成自己作品的主要部分或者实质部分。

（4）为报道时事新闻在媒体中不可避免地再现或者引用已发表

作品

时事新闻报道是人们了解国内、国际大事的重要途径。因此，为了报道时事新闻，以便广大公众迅速、全面地知晓国内外重要事件，在报纸、期刊、广播电台、电视台等媒体中不可避免地再现或者引用已经发表的作品，属于合理使用。

在使用中应注意：

第一，引用的目的仅限于报道时事新闻。

第二，再现或者引用已发表作品在客观上是不可避免的。

（5）媒体刊登或播放其他媒体已发表的关于政治、经济、宗教问题的时事性文章

这是因为时事性文章一般都具有时间性强、政策性强、目的性强等特点，需要通过各种宣传媒体广为传播，让广大社会公众知晓。因此，报纸、期刊、广播电台、电视台等媒体刊登或者播放其他报纸、期刊、广播电台、电视台等媒体已经发表的关于政治、经济、宗教问题的时事性文章，属于合理使用。

但是，如果时事性文章的作者事先已经声明不许其他媒体刊登、播放，其他媒体就不能再刊登或播放。

（6）媒体刊登或者播放在公众集会上发表的讲话

公众集会，是指为了一定需要在公共场所举行的集会。在公共集会上发表的讲话具有公开宣传的目的，要让更多的公众知晓。因此，为了扩大宣传，报纸、期刊、广播电台、电视台等媒体刊登或者播放在公众集会上的讲话，属于合理使用。

但是，如果讲话的作者事先已经声明不许刊登、播放，媒体就不能刊登或播放。

2. 法定许可

“法定许可”是指依据著作权法的规定使用已经发表的作品，可以不经著作权人许可，但应向其支付报酬，并应注明作者姓名、作品名称，且不得侵犯著作权人依法享有的其他权利。

可见，法定许可与合理使用在好几个方面都有相同的地方，而两者的主要区别，在于法定许可须付酬，合理使用不必付酬。

我国著作权法规定的法定许可方式有5种，这里介绍其中的3种。

（1）为实施九年制义务教育和国家教育规划而编写出版的教科书中汇编已发表作品

教育事业关系到国家的经济、文化和科学事业的发展，而九年制义务教育又是教育的基础，所以，为实施九年制义务教育和国家教育规划而编写出版的教科书，汇编已经发表的作品片段或者短小的文字作品、音乐作品或者单幅的美术作品、摄影作品，属于法定许可。

需要注意的是：

第一，教科书是为实施义务教育、高中阶段教育、职业教育、高等教育、民族教育、特殊教育，保证基本的教学标准，或者为达到国家对某一领域、某一方面教育教学的要求，根据国务院教育行政部门或者省级人民政府教育行政部门制定的课程方案、专业教学指导方案而编写出版的。为其他教育目的编写的教材不适用法定许可的规定。

第二，教科书是指教学所用的正式教材，不包括教学参考书和教学辅导材料。

第三，汇编使用的作品在种类和数量上要符合法律的规定，即使用的已发表作品是作品片段或者短小的文字作品、音乐作品或者单幅的美术作品、摄影作品。

文字作品若用于九年制义务教育教科书，应单篇不超过 2 000 字；若用于国家教育规划教科书，应单篇不超过 3 000 字。

教科书中使用的短小音乐作品，限于单篇不超过 5 页面或时长不超过 5 分钟的单声部音乐作品，或者乘以相应倍数的多声部音乐作品。

第四，如果作品的著作权人事先声明不许使用，就不能使用。

（2）报刊转载或作为文摘、资料刊登

作品在报刊上刊登后，其他报刊转载或者作为文摘、资料刊登，属于法定许可。

需要注意的是：

第一，相互转载、摘编只限于纸质报刊之间。报刊如要转载以图书形式出版的作品，应依法取得著作权人许可，并直接支付报酬。

第二，首次刊登作品的报纸或期刊无权禁止其他报刊转载、摘编该作品，只有著作权人才享有这项权利。

第三，进行转载或摘编的报刊，应当说明最初登载该作品的报刊名称和期号。

第四，如果作品的著作权人事先声明不许转载、摘编，其他报刊就不能转载或摘编。

（3）广播电台、电视台播放已经出版的录音制品

这条规定只涉及录音制品所载作品的著作权人，因为作品

的广播权仅为该作品的著作权人享有。表演者和录音制作者不享有广播权，广播电台和电视台就不必向其付酬。

如果当事人对于这类播放行为事先另有约定，则按当事人的合同约定处理。

第五节　侵犯著作权的法律责任

侵犯著作权的法律责任，是指行为人因实施了侵犯著作权行为而依法必须承担的法律后果。按照《著作权法》第四十七条、第四十八条的规定，侵犯著作权的行为人必须承担民事责任，而根据侵权的事实、情节、程度、后果等，侵权人有时还要承担行政责任、刑事责任。

一、民事责任

实施了任何著作权侵权行为的人，都必须承担民事责任。民事责任包括停止侵害、消除影响、赔礼道歉、赔偿损失等。

（一）停止侵害

这是指侵权人应立即停止正在进行的侵权行为，如停止出版、发行和销售侵权作品。责令侵权人承担这项责任，可以防止损害结果的发生或者扩大。

与此相关的一种情况，是权利人可以事先向人民法院申请责令停止有关行为并进行财产保全。

（二）消除影响

这是指侵权人应采取必要措施消除侵权行为所造成的社会公众对被侵权人或者其作品的不良影响，使社会对其评价恢复到受侵害前的状态。这是非财产性的责任方式，主要适用于对著作权人造成的人身权利损害。

消除影响是恢复名誉的一种形式，侵权人在多大范围内对被侵权人的名誉造成了损害，就要在多大范围内消除损害带来的影响。如甲抄袭了乙的作品，而该侵权作品是向全国发行的，那么，甲就应在一张全国性的报纸上刊登声明，使社会知道真正的作者是谁及其遭受侵权的事实真相。

（三）赔礼道歉

这是对被侵权人的一种精神抚慰方式，可以单独使用，如在诉讼中当庭向被侵权人口头致歉；也可以和消除影响合并使用，如在报纸或其他媒体上刊登公开道歉声明。

（四）赔偿损失

赔偿损失是最常见的民事责任形式，指侵权人有义务用自己的财产赔偿被侵权人所遭受的损失。如著作权人甲的某部著作由乙出版社出版后被丙盗印销售，这一行为给甲和乙都造成了一定的经济损失。为了补偿甲、乙的经济损失，丙应承担赔偿损失的责任。

至于如何赔偿，依照我国著作权法规定，侵权人应当按照权利人的实际损失给予赔偿；实际损失难以计算的，可以按照侵权人的违法所得给予赔偿。权利人的实际损失或者侵权人的违法所得不能确定的，由人民法院根据侵权行为的情节，判决给予 50 万元以下的赔偿。

在确定著作权损害赔偿额时，应该把权利人为制止侵权行为所支付的合理开支也包括在内。

二、行政责任

侵犯著作权的行为若同时又损害了公共利益，破坏了国家正常的经济秩序，那么侵权人除了要依法承担民事责任外，还应接受著作权管理部门依照法律规定实施的行政处罚，这便是其所应承担的行政责任。

著作权管理部门依据《著作权法》《著作权行政处罚实施办法》等可实施的行政处罚包括：责令停止侵权行为，罚款，没收违法所得，没收、销毁侵权制品，没收主要用于制作侵权复制品的材料、工具、设备等。

对侵权人的罚款，根据《中华人民共和国著作权法实施条例》《计算机软件保护条例》《信息网络传播权保护条例》等的规定，通常是非法经营额 5 万元以上的，可处侵权人非法经营额 1 倍以上 5 倍以下的罚款；没有非法经营额或非法经营额在 5 万元以下的，根据情节轻重，可以处 25 万元以下的罚款。

行政处罚由地方版权局负责实施。对在全国有重大影响的侵权行为进行行政处罚，则由国家版权局负责实施。

三、刑事责任

刑事责任是指行为人因实施刑事法律禁止的行为而依照刑法规定必须承担的法律后果。

须承担刑事责任的情况，由《中华人民共和国刑法》规定。适用于著作权侵权人的刑事处罚，包括有期徒刑、拘役和罚金。具体侵权人应该承担何种具体刑事责任，须由人民法院依法判决。

思考与练习

1. 什么是著作权？哪些权利属于广义的著作权权利范围？
2. 什么是著作权法？我国著作权法的立法依据和立法原则是什么？我国有关著作权的法律法规主要有哪些？
3. 我国著作权法所保护的作品包括哪些种类？哪些客体不适用著作权法保护？
4. 作者分成哪几种？作者身份如何确定？并非作者本人的著作权人有哪些？
5. 一般作品的著作权归属如何确定？
6. 发表权和署名权属于著作权中的什么权利？它们具有什么特点？具体内容是什么？
7. 著作权中的财产权是什么？其中与出版活动关系相对较紧密的是哪几种权利？
8. 著作权保护期分成哪几种？它们的适用范围各是什么？
9. 什么是著作权的许可使用？其常见的方式是什么？著作权许可使用合同应该有哪些必备内容？
10. 出版单位使用作品支付报酬应该遵循哪些原则？支付报酬的方式和标准如何确定？国家提出的方式和标准有什么作用？
11. 我国国家版权局、国家发展和改革委员会规定的使用文字作品付酬方式有哪几种？这些方式的计算办法和标准各是什么？

12. 什么是合理使用？主要包括哪些具体方式？
13. 什么是法定许可？主要包括哪些具体方式？
14. 著作权侵权人必须承担的民事责任包括哪几种？
15. 著作权侵权人可能要承担的行政责任包括哪些内容？
16. 著作权侵权人可能要承担的刑事责任包括哪些内容？

第 四 章

出版物的文字规范

重点提示： 汉字的特点，汉字的笔画、偏旁、部首和笔顺，汉字的整理和标准化，汉字使用规范。《汉语拼音方案》及汉语拼音的拼写规则，汉语语音规范。标点符号的作用和种类，标点符号使用规范。数字和计量单位使用规范。科技名词使用规范。

语言文字规范，是指语言文字应用过程中应当遵循的、根据约定俗成的原则规定的各项标准。语言文字规范的内容十分广泛，包括文字、语音、标点符号、量和单位、科技名词等多方面的规范和要求。

本章结合出版工作的实际，分别从汉字常识和汉字使用规范、汉语拼音与语音规范、标点符号使用规范、数字和计量单位使用规范、科技名词使用规范等五个方面予以说明。

第一节　汉字常识和汉字使用规范

作为一名出版工作者，在出版物中使用规范汉字是最基本的要求。为了规范使用汉字，必须熟悉和掌握汉字的一些基本常识。

一、汉字的特点

汉字是记录汉语的符号系统，是中华民族的祖先在长期劳动实践中逐渐创造出来的。汉字是世界上起源最早的文字之一。从近年考古研究的材料来看，汉字的历史可以远溯到五六千年以前。

关于汉字的构造方式，自古有“六书”的说法。所谓“六书”，是指“象形、指事、会意、形声、转注、假借”六种造字方法。前四种属于造字法，后两种属于用字法。需要指出的是，古人并不是先规定了方法然后再造字，这些造字法都是后人归纳出来用以解释汉字结构的。形声是其中最重要的造字方法，形声字在汉字中占 90% 以上，而且有逐渐增多的趋势，成为汉字发展的主流。

汉字在数千年的使用过程中，产生了多种字体，其结构与形态各不相同。字体的演变是缓慢而渐进的，不是新的字体一出现，旧的字体就废除，而是经过一段新旧并存的时期，才由新体逐渐取代旧体。旧体基本不用之后，也不是就此消灭，而是在某些场合仍被使用。这说明汉字的字体是有继承性的。历史上出现过甲骨文、金文、篆书、隶书、楷书、行书、草书七种主要字体。总体上说，汉字形体是朝着简单易写的方向发展演变的。

汉字是形、音、义的结合体，这是汉字的一个重要特点。汉字可以表示音节，字与音的关系比较复杂。一个汉字只表示语言里的一个音节的叫单音字，如“必”（bì）、“愣”（lèng）、“屈”（qū）等。一个汉字表示语言里几个不同音节的叫多音字，如“间”，既读 jiān（中间），又读 jiàn（间接）；“折”既读 zhē（折腾），又读 zhé（折磨），还读 shé（折本）。有些汉字只表示音节，没有独立的意义，如“蚂、蝴、玻、璃、葡、萄”等。汉字也可以表示语素。语素是语音与语义最小的结合体，是语言中的最小单位。通常所说的汉字表义，实质上指汉字表示什么语素。字与义之间的关系也比较复杂。一个字只表示一个语素的叫单义字，如“俚”（民间的，通俗的）、“恙”（病）。一个字表示两个或两个以上语素的叫多义字，这种情况非常普遍，如“弯”，既可以指“弯曲”（弯腰），又可以指“拉开”（弯弓）；“举”，既可以指“向上托”（高举），又可以指“发起”（举办），也可以指“提出”（举证），还可以指“推荐”（推举）。需要注意，汉字、音节和语素之间不是一种单一的关系，有时一个音节表示一个语素，写作一个汉字，如 hén（痕）、zěn（怎）。有时一个音节表示几个语素，写作一个汉字，如 duì——对（面～、～岸、校～）。有时一个音节表示多个语素，写作不同的汉字，如 wèi——卫（～生）、为（～人民服务）、未（～成年）、味（～道）、位（～置）、畏（～惧）。有时几个不同的音节表示不同的语素，却写作同一个汉字，如 chēng——称（～赞），chèn——称（～心）；mái——埋（～葬），mán——埋（～怨）。

汉字还有其他一些特点：第一，汉字是表意体系的文字，用不同笔画构成的大量表意符号来表示汉语的词或词素。汉字与汉语的语音不发生直接的联系，同样一个汉字，不同方言区的人可以有不同的读音。第二，一般说来，一个汉字代表一个音节，只有少数汉字例外，如儿化中的“儿”就不代表一个完整的音节。第三，用汉字记录汉语不必像大多数拼音文字那样实行分词连写法，词与词之间没有明显的空隙。

二、汉字的笔画、偏旁、部首和笔顺

现行汉字的构造单位有两级：一是笔画，二是偏旁。偏旁也是由笔画构成的，所以笔画是构成汉字的最小单位。

（一）笔画

笔画是构成汉字的各种点和线。从落笔到起笔所写的点或线叫一笔或一画。

汉字的基本笔画有五种，即横（一）、竖（丨）、撇（丿）、点（丶）、折（乛）。

学习和掌握汉字的笔画，对于规范使用汉字具有重要的作用。一方面，知道汉字有哪些笔画和这些笔画有什么特点，可以指导正确书写；另一方面，笔画检字法是一种基本的检索方法，正确地掌握汉字的笔画，准确地计算汉字的笔画数，可以为快捷准确地查检工具书、检索所需信息提供方便。

（二）偏旁

偏旁又叫部件，是构成汉字的预制构件。合体字是由几个偏旁组合成的，独体字则由一个偏旁充当。

偏旁由笔画构成，一个偏旁一般由两笔或更多的笔画构成，例如构成“字”的偏旁“宀”“子”，构成“材”的偏旁“木”“才”；少数偏旁由一画构成，如构成“亿”的偏旁“亻”“乙”中的“乙”。

汉字偏旁中，有些本身是一个字，叫作成字偏旁，如“岩”字中的“山”“石”，“明”字中的“日”“月”，“界”字中的“田”“介”，“柴”字中的“此”“木”等。有些不是一个字，叫作不成字偏旁，如“宣”字中的“宀”，“病”字中的“疒”等。

当字用作偏旁的时候，有些在形体上还稍有改变，如“人”变为“亻”，“手”变为“扌”，“水”变为“氵”，“刀”变为“刂”，“火”变为“灬”，“犬”变为“犭”，“示”变为“礻”，“衣”变为“衤”，“阜”变为“阝”（在左），“邑”变为“阝”（在右），等等。

汉字的数量很多，但偏旁是有限的。分析和研究汉字的偏旁，可以认识汉字在形体上的特点，对于学习和运用汉字能收到以简驭繁的效果。

（三）部首

部首是具有字形归类作用的偏旁，是字书中各部的首字。部首是可以成批构字的一部分部件。含有同一部件的字，在字集中均排列在一起，该部件作为领头单位排在开头，成为查字的依据。

采用部首给汉字归类，始于东汉许慎的《说文解字》。该书把所收的9353个篆书汉字按照字形结构分成540部，每部用一个字标目，叫作部首。例如凡是从“日”的字编为一部，以“日”为首；凡是从“木”的字编为一部，以“木”为首。这样，“日”和“木”就是两个部首。

作部首的汉字偏旁，大都具有表示义类的作用。如“山”部的“岛、岗、峦、峰、峻、峭、崇、峙”等字，字义都跟“山”有关；再如“灬”（火的变体）部的“热、烈、烹、煎、煮、焦、熟”等字，字义都跟“火”有关。

部首与偏旁的关系是：部首也是偏旁，但偏旁不一定是部首，偏旁的数目远比部首多。部首大多数代表同部的字所表示的词义类别，而偏旁除了一部分表示词义类别外，更多的是字的表音成分，如组成“江”“河”两个字的“氵”“工”“可”，都可以说是偏旁，但只有“氵”是这两个字所属的部首，“工”“可”只是表音的偏旁，不能说是部首。

（四）笔顺

书写汉字时笔画的次序和方向叫笔顺。在汉字中，笔顺包括两方面的内容：一是笔画的走向，如横是从左到右，竖是从上到下；二是笔画出现的先后次序，汉字笔顺的基本顺序是先横后竖，先撇后捺，从上到下，从左到右，先外后里，先外后里再封口，先中间后两边。

讲究笔顺，首先是为了把字写得快，写得好看。正确的笔顺可以增加运笔的连贯性，缩短上下两笔之间的过程，并使全字端庄匀称、疏密得当。其次，讲究笔顺也是出于检索的需要。笔顺是检字法中常用的一种辅助手段，随着计算机处理汉字的项目越来越多，笔顺在计算机的汉字编码中也越来越成为一个重要的信息因素。如笔画笔形法，笔画数相同的字，按起笔横（一）、竖（丨）、撇（丿）、点（丶）、折（乛）的顺序先后排列；笔画数相同，而且起笔的笔形也相同，就比较第二笔笔形，以此类推。如“武”与“林”都是八画，起笔又都是横，就比较第二笔笔形，“武”的第二笔是横，“林”的第二笔是竖，“武”排在“林”前。笔形带钩和曲折的均作“折（乛）”，包括乛、亅、乚、乙等笔。两字的同一笔都是“折”，简单“折”排在复杂“折”前，如“李”与“杨”，“李”排在“杨”之前。

三、汉字的整理和标准化

汉字的整理和标准化是规范使用汉字的一项基础性工作。

（一）汉字的整理

汉字的整理包含两方面的内容：一是简化笔画，二是精简字数。

简化汉字笔画，使汉字易写易记，这符合汉字发展的趋势，也合乎人们掌握和使用汉字的需要。汉字简化所依循的是“约定俗成，稳步前进”原则。根据这一原则，国务院于1956年公布了《汉字简化方案》，分四批推行方案中的简化字。经过几年实践，于1964年总结归纳成《简化字总表》。1986年，经国务院批准，国家语言文字工作委员会重新发表

《简化字总表》，对个别字作了调整。此后，又对汉字进行系统整理，形成《通用规范汉字表》。2013 年 6 月，经国务院同意，教育部、国家语言文字工作委员会组织制定的《通用规范汉字表》予以公布。

1. 简化笔画

简化汉字笔画主要有以下几种方法。

（1）**简化偏旁**。例如：

優—优　礎—础　補—补　貨—货　錢—钱

（2）**保留局部**。例如：

聲—声　飛—飞　號—号　開—开　滅—灭

（3）**同音代替**。例如：

齣—出　錶—表　尅—克　佈—布　後—后

（4）**草书楷化**。例如：

樂—乐　書—书　專—专　為—为　長—长

（5）**换用简单符号**。例如：

漢—汉　雞—鸡　觀—观　辦—办　區—区

（6）**另造新字或采用古体**。例如：

驚—惊　塵—尘（古体）　體—体（古体）

2. 精简字数

精简汉字字数主要是遵循从俗和从简的原则，废除一部分异体字。例如（括号内是停止使用的异体字）：

布（佈）　杰（傑）　痴（癡）　泪（淚）　查（査）

耻（恥）　篡（簒）　吊（弔）　妒（妬）

（二）汉字标准化

汉字标准化，是指对现代汉字进行全面、系统、科学的整理，确定标准。这是提高汉字规范化和现代化的重要内容。

汉字标准化，要求对汉字进行“四定”：定量、定形、定音、定序。

1. 定量

定量，就是规定现代通用汉字的规范字量。

现代通用汉字，一般是指报纸、图书、期刊上通常使用的记录现代汉语的字。据测算，现代汉语通用字的数量约在6 000～9 000字之间。《通用规范汉字表》共收汉字8 105个，分为三级：一级字表为常用字，收字3 500个，主要满足基础教育和文化普及的基本用字需要。二级字表收字3 000个，使用度仅次于一级字。一、二级字表合计6 500字，主要满足出版印刷、辞书编纂和信息处理等方面的一般用字需要。三级字表收字1 605个，是姓氏人名、地名、科学技术术语和中小学语文教材文言文用字中未进入一、二级字表的较通用的字，主要满足信息化时代与大众生活密切相关的专门领域的用字需要。

2. 定形

定形，就是规定现代汉语用字的标准字形。

汉字定形的工作包括确定规范的简化字，整理异体字，废除旧字形，更改地名生僻字，淘汰计量单位用字中的复音字和生僻字等。

3. 定音

定音，就是规定现代汉语用字的标准读音。

现代汉语用字的读音，过去有不确定的情况。如“庇”读bì，又读pì；“殊”读shū，又读chū。这给学习和使用汉字造成很大的麻烦。1985年12月，国家语言文字工作委员会、国家教育委员会和中华人民共和国广播电视部联合发布了《普通话异读词审音表》，对普通话的异读词和异读字的读音进行了审定，订立了一套规范化的标准，如“庇”只读 bì，“殊”只读 shū。

4. 定序

定序，就是规定现代汉语用字的排列顺序，规定标准的检字法。汉字定序有利于工具书的编写，档案、资料索引的编排，计算机汉字字库的编制和文献的查检等。

目前常用的汉字的排列顺序主要有四种：汉语拼音字母法、部首法、笔画笔形法和四角号码法。

四、汉字使用规范

汉字使用规范，包括字形、字音、字义三方面的规定和要求。这里主要说明汉字形体的使用规范。

正确使用汉字，包括两方面的内容：一是使用规范汉字，二是纠正错别字。

（一）使用规范汉字

1. 规范汉字

使用规范汉字，首先要明确哪些是规范汉字，哪些是不规范汉字。“规范汉字”是指经过系统整理、由国家发布、通行于中国大陆现代社会一般应用领域的标准汉字。

《通用规范汉字表》是贯彻《中华人民共和国国家通用语言文字法》，适应新形势下社会各领域汉字应用需要的重要汉字规范。自公布后，社会一般应用领域的汉字使用应以《通用规范汉字表》为准，原有相关字表停止使用。

《通用规范汉字表》在整合《第一批异体字整理表》（1955 年）、《简化字总表》（1986 年）、《现代汉语常用字表》（1988年）、《现代汉语通用字表》（1988年）的基础上制定。一、二级字表通过语料库统计和人工干预方法，主要依据字的使用度进行定量、收字和分级。三级字表主要通过向有关部门和群众征集用字等方法，收录音义俱全且有一定使用度的字。

《通用规范汉字表》对社会上出现的在《简化字总表》和《现代汉语通用字表》之外的类推简化字进行了严格甄别，仅收录了符合该表收字原则且已在社会语言生活中广泛使用的226个简化字。

《通用规范汉字表》在以往相关规范文件对异体字调整的基础上，又将《第一批异体字整理表》中“晳、喆、淼”等45个异体字调整为规范字。

出版工作者要明确这些规定，严格把关，杜绝不规范汉字在出版物中出现，并严格使用规范汉字。

2. 掌握简化字

掌握简化字，必须认真学习《通用规范汉字表》。学习《通用规范汉字表》应注意以下几点。

（1）严格类推简化

汉字简化最重要的方法就是简化偏旁。偏旁的简化是有规律的，掌握了这些规律，就可以从繁体字类推出相应的简化汉字来。比如“言”作偏旁简化为“讠”，那么以“言”作偏旁的“計、讓、識、語、詩、訴、謂”等字，就相应地简化为“计、让、识、语、诗、诉、谓”等字。《通用规范汉字表》对类推简化采取了严格掌握的原则，将类推简化的范围严格限定在字表以内。允许字表以外的字有条件使用，但不类推简化。

有些简化字不能作为简化偏旁去随意类推简化其他繁体字。如“兒”简化为“儿”，但不能把“倪、霓”简化为“仉、雿”；“幹”简化为“干”，但不能把“擀”简化为“扞”。

有些字是单独简化的，不能用作简化偏旁的简化字来类推简化。如“貝”简化为“贝”，但不能把繁体“償”简化为“偾”，“償”的规范简化字是“偿”；“盧”简化为“卢”，但不能把含有“盧”这一偏旁的繁体“蘆、廬、爐、驢”分别简化为“芦、庐、炉、驴”，它们的规范简化字分别是“芦、庐、炉、驴”。

有些字的简化偏旁也不能类推简化。如“療”简化为“疗”，但不能把“僚、潦、燎、缭”简化为“仃、汀、灯、红”；“溝”简化为“沟”，但不能把“篝、韝、遘、媾”简化为“笱、鞫、迿、姁”。

（2）分清简化字的一般用法和特殊用法

有少数简化字，一般情况下用简体，但在一定的语言环境中可能有歧义，这时仍用繁体。如“瞭”，用在“瞭解”“明瞭”中简化为“了”（liǎo）；用在“瞭望”“瞭哨”中仍写作“瞭”（liào）。“藉”，用在“藉口”“凭藉”中简化为“借”（jiè）；用在“慰藉（jiè）”“狼藉（jí）”中仍写作“藉”。

（3）分辨简化字的细微差别

有些简化字的形体十分相似，差别很小，应当注意分辨。如“庆”和“厌”，“庄”和“压”，要注意点的位置不同；“临”和“师”，“旧”和“归”，要注意竖和撇的差别。

（4）不随意生造简化字

简化是汉字发展的总体趋势，但汉字不能无限制地简化，必须有足够的区别度，笔画过于简单有时就不能起到区别汉字的作用；同时，简化汉字要符合汉字形体自身发展的规律，不能由个人随意生造。

1977 年 12 月，国家有关部门公布了《第二次汉字简化方案（草案）》，向全国征求意见。这个草案中的字就是通常所说的“二简”字。限于当时的历史条件，《第二次汉字简化方案（草案）》的产生过程十分仓促，有些急于求成，许多字简化得不合理，没有群众基础。1986 年 6 月，国务院发出通知，决定废止这一草案，同时指出：“今后，对汉字的简化应持谨慎态度，使汉字的形体在一个时期内保持稳定，以利于社会应用。”

根据这个通知，“二简”字许多是不规范汉字，是禁止使用的。然而，有些人不知道哪些是应该废止的“二简”字，还有人误将“二简”字当作规范的简化字在使用。这里举几个例子（括号内是废止的“二简”字）：

菜（芽）	停（仃）	勤（劯）
器（吅）	部（卩）	量（[illegible]）
信（伩）	街（亍）	展（𡰱）

此外，现实生活中还有不少人自造了一些所谓的“简化字”。例如：

苹果（平果）	香蕉（香交）
鸡蛋（鸡旦）	饼干（并干）

这些自造字，多是利用汉字的同音字、近音字或形似字，胡乱借用和随意生造出来的，是缺少规范意识的表现，给汉字

使用造成了一定的混乱。作为出版工作者，不但不能生造简化字，而且对这样的字要善于识别和纠正。

3. 不滥用繁体字

使用繁体字，要注意以下几点。

（1）明确繁体字使用的范围

简化字是具有法定地位的规范用字，但繁体字在一定情形下还是可以使用的。2000 年 10 月，第九届全国人民代表大会常务委员会第十八次会议通过了《中华人民共和国国家通用语言文字法》，其中第二章第十七条规定，有下列六种情形的，可以保留或使用繁体字或异体字。

（一）文物古迹；

（二）姓氏中的异体字；

（三）书法、篆刻等艺术作品；

（四）题词和招牌的手书字；

（五）出版、教学、研究中需要使用的；

（六）经国务院有关部门批准的特殊情况。

至于其他场合，就要严格使用规范的简化字，否则就是滥用繁体（或异体）字。

（2）掌握繁简字的对应关系

繁体字与简化字有不少是一对一的关系，但还有好多简化字与繁体字的对应关系比较复杂，不能简单地还原为某一个繁体字形。

有的是同一个简化字具有两个或两个以上的繁体字。这些简化字对应的繁体字，不但字形不同，而且字义有别。例如：

坛
- 壇（花～）
- 罎（～～罐罐）

脏
- 臟（心～）
- 髒（骯～）

钟
- 鐘（～錶）
- 鍾（一見～情）

发
- 發（出～）
- 髮（頭～）

在书写这样的繁体字时，应当根据字义，将简化字确切地还原为对应的繁体字，不能张冠李戴。如不能把“一见钟情”中“钟”的繁体写成“鐘”，也不能把“理发店”中“发”的繁体写成“發”。

有些现行简化字，历史上早已存在而且一直在使用，汉字简化时，由于同音而被用来取代笔画较多的字。它们之间只是语音相同，意义差别却很大。例如：

松
- 松（～樹）
- 鬆（輕～）

面
- 面（～貌）
- 麵（～粉）

干
- 干（～戈）
- 乾（～枯）

系
- 系（派～、～列）
- 係（聯～、關～）
- 繫（～馬）

有些人对繁简字的知识了解甚少，以为笔画简单的就是简化字，笔画多的就是繁体字。加上有计算机软件的支持，觉得繁简字的转化好像是一个点击就可完成的事，于是出版物中出现把“邻里”写成“邻裏”，把《水浒传》里的打虎英雄“武松”写成“武鬆”的错误。

4. 不用已淘汰的异体字

1955 年 12 月 22 日，中华人民共和国文化部和中国文字改革委员会联合发布《第一批异体字整理表》，把那些通行时间长、使用范围广和笔画少的 810 个字定为规范字，另一些不太通行、笔画也比较多的 1 055 个字作为异体字废除了，并规定从 1956 年 2 月 1 日起被淘汰的异体字在全国出版的报纸、期刊、图书中停止使用。

在具体的语言实践中，《第一批异体字整理表》经过几次调整，主要是恢复了一些在记录现代汉语时还不应淘汰的异体字，订正了原表中一些明显的差错。1956 年 3 月 23 日，主管部门发出补充通知，确认“阪”和“挫”两个字不再作为异体字被淘汰；根据 1986 年重新发表的《简化字总表》，确认《简化字总表》收入的 11 个类推简化字“䜣、谳、晔、詟、诃、䲡、䌷、刬、鲙、诓、雠”为规范汉字，不再作为淘汰的异体字；根据 1988 年 3 月 25 日国家语言文字工作委员会和中华人民共和国新闻出版署《关于发布〈现代汉语通用字表〉的联合通知》中的规定，确认原来《印刷通用汉字字形表》收入的 15 个字“翦、邱、於、澹、骼、彷、菰、溷、徼、薰、黏、桉、愣、晖、凋”为规范汉字。2013 年，《通用规范汉字表》确认 71 个异体字为规范字。新确认“乾、藉、迺、蹚、晳、瞋、噘、噁、袮、勠、麽、吒、昇、溧、犇、瞭、叚、陞、仝、堃、耑、釐、夥、剋、甦、甯、扦、龢、邨、菟、徵、氾、脩、絜、喆、衹、菉、淼、椀、谿、袷、劄、筦、澂、阪”等 45 个异体字为规范字。其中，将“晳、瞋、噘、蹚、溧、勠”调整为规范字，其他 39 个在特定用法上调整为规范字。

5. 不用已淘汰的生僻字和复音字

这里所说的生僻字，主要是指经国务院批准淘汰的一些作为地名的生僻难认的字。如黑龙江的“铁骊”改为“铁力”，新疆的“和阗”改为“和田”，江西的“雩都”改为“于都”，广西的“郁林”改为“玉林”，重庆的“酆都”改为“丰都”，贵州的“婺川”改为“务川”，陕西的“盩厔”改为“周至”，等等。

这里所说的复音字，主要是指部分计量单位名称旧译名中的特造的复音字。如英制单位“哩”“呎”“吋”等字，分别读成双音节 yīnglǐ、yīngchǐ、yīngcùn，违反了一个汉字一个音节的规律；读成单音节 lǐ、chǐ、cùn，则容易与我国市制的“里”“尺”“寸”相混。因此决定废除“哩”“呎”“吋”，分别用双音节的“英里”“英尺”“英寸”来表示。公制计量单位的旧用字，如“粴”“瓩”，也已废除，分别用“厘米”“千瓦”来表示。

6. 区别新旧字形

1965 年，国家公布《印刷通用汉字字形表》，规定了新的通用的规范印刷体字形，同时宣布废除旧字形。新旧字形之间有很大差别，区别新旧字形，对于汉字的规范使用有着重要的意义。

旧字形调整为新字形，主要通过以下几种方式。

（1）省简笔画。例如：

道—道　　卽—即　　寬—宽　　呂—吕

（2）连接笔画。例如：

草—草　　鬼—鬼　　片—片　　敢—敢

（3）延伸笔画。例如：

另—另　　角—角　　灰—灰　　黽—黾

（4）调整部位。例如：

黙—默　　鼬—鼬　　感—感　　惑—惑

（5）改变个别笔画的写法。例如：

全—全　　彔—录　　丰—丰　　吳—吴

在编辑出版工作中，要注意区别新旧字形，不让已经废除的旧字形在出版物中出现，这是出版工作者的一项重要任务。《新华字典》《现代汉语词典》等多种辞书都附有《新旧字形对照表》，表中所列例字，基本上概括了新旧字形的调整情况，写作或审稿时要注意参考。

（二）纠正错别字

错别字是错字和别字的合称。

所谓错字，是指不成字或刻错、排错的字。所谓别字，是指该用某字的地方用了另外的字。如把“欣赏”写成“欣尝”，把“拭目以待”写成“试目以待”等。因为字写“别”了，也就用错了，所以别字也是错字的一种。

1. 错别字产生的原因

产生错别字，有主观和客观两方面的原因。从主观方面说，产生错别字是因为思想上不够重视，认为写字是自己的事，跟别人关系不大，多一笔少一笔没有关系。还有就是学习不认真，懒于动手，不会写或拿不准的字不去查字典，粗枝大叶，草率从事。从客观方面说，产生错别字是因为汉字本身有些字的形体十分相似，有些字的声音相同或近似，还有的字意义近似易混，这些都不易分辨，容易出错。同拼音文字比较，汉字的出错率是比较高的。

需要指出的是，计算机的文字录入也会导致错别字产生。这是现代科技给语言文字规范工作带来的新问题，如一个生僻字，可能是原稿写错了，也可能是计算机字库里没有找到，操作人员就自行拼字，结果很可能把字拼错，如把“蚩”拼成“蚩”，把“誉”拼成“誉”等。使用计算机还可能产生别字，如用五笔字型输入法打字，可能把“感”打成“咸”，把“藏”打成“茂”；使用拼音输入法打字，则可能把“精神”打成“精深”，把“语言文字”打成“寓言蚊子”。对于这些形近致误、音同音近致误的地方，出版工作者在审稿、校对时要特别留心。

2. 常见的错别字类型

（1）常见的错字类型

一是增减笔画而错。例如：

误字：步　茂　烧　缠　矜　冢

正字：步　茂　烧　缠　矜　冢

二是错用偏旁、部件。例如：

误字：练　延　颐　券　派　慌

正字：练　延　颐　券　派　慌

三是受前后字影响而错。例如：

误字：[火旬]烂　酙酌　犹[犭象]　辉[光皇]

正字：绚烂　斟酌　犹豫　辉煌

四是改变部件的方向、位置而错。例如：

误字：虐　贰　甛　濶

正字：虐　贰　甜　阔

（2）常见的别字类型

一是形似致别。例如：

别字：颂布　鞭答　希翼　草管人命

正字：颁布　鞭笞　希冀　草菅人命

二是音同、音近致别。例如：

别字：蓝球　倾刻　粗广　悔人不倦

正字：篮球　　顷刻　　粗犷　　诲人不倦

三是音同、音近、义近致别。例如：

别字：连系　　业迹　　弱不经风

正字：联系　　业绩　　弱不禁风

3. 如何纠正错别字

（1）注意辨析字形

一要注意分辨近似的笔画。例如：

代—伐　　末—未　　炙—灸　　恕—怒　　要—要

己—已—巳　　　　戊—戌—戍—戎—戒

二要注意分辨近似的偏旁。例如：

厂（盾、质）—厂（原、厅）　冫（凉、冰）—氵（注、流）

卩（脚、却）—阝（邮、邱）　辶（远、迈）—廴（建、延）

三要善于利用偏旁表示词义类别的特点。如“火”跟“燃烧”有关，“足”跟“踩脚”有关。因此，“干燥”不能写成“干躁”，“急躁”不能写成“急燥”。“木”跟“树木”有关，“衣”跟“衣服”有关，“车”跟“车辆”有关。因此，“栽种”不能写成“裁种”，“裁剪”不能写成“栽剪”，“装载”也不能写成“装裁”。

（2）注意辨析字音

有些同声旁的形声字读音相同或相近，因此可以用声旁的读音来纠正错别字。例如用“段 duàn”作声旁的字，一般读 duàn，如“椴、锻、煅、缎、碫”等字；用“叚 jiǎ”作声旁的字，韵母中一般有 ia，如“葭 jiā、假 jiǎ、瘕 jiǎ、遐 xiá、霞 xiá、暇 xiá、瑕 xiá”等字。清楚了“段”和“叚”在字音上的这些规律，就不会把“锻炼”写成“鍜炼”，也不会把“放假”写成“放假”了。

（3）注意辨析字义、词义

有些人写错别字，是由于没有弄清字的意义。如常常有人把“作祟”写成“作祟”，把“鬼鬼祟祟”写成“鬼鬼祟祟”，这是由于没有正确理解“祟”和“崇”两个字的意义。“祟”是个会意字，古人迷信，称鬼神作怪出来害人为“作祟”；“崇”是个形声字，表示“高”。两个字意义区别很明显，如果不理解字义，就容易写错。再如“祭”字，本义是祭祀。其中的“⺼”是“肉（月）”字的变体，“ㄟ”（是“手”字小篆体的变形）。这个字表示手里拿着肉，在“示”（古文字写法像是祖先的牌位，另一种说法认为是古代陈放祭品的灵石）前祭祀。“⺼”与“夕”“ヲ”，“ㄟ”与“ㄑ”尽管形体相似，但意义相差很远，不能混用。知道了这些，就不会把“祭”写成“祭”“祭”或“祭”了。因不了解字义而容易写错、写别的字还有：

误：后选　串插　树稍　稻杆　立既

正：候选　穿插　树梢　稻秆　立即

未掌握词的原意，也容易写错别字。如常有人把“提纲”误写作“题纲”，这是因为他们不了解“提纲”这个词的原意。“纲”是提网的总绳，引申指事物最主要的部分。“提纲”的原意是指提着网的总绳子，引申指内容的要点。属于这一原因而写错别字的例子还有：

误：供献　脱化　针贬　规距　膏盲

正：贡献　蜕化　针砭　规矩　膏肓

有些成语来自古代的寓言或历史故事，不了解它们的出处，也容易把字写错。如大家熟知的“破釜沉舟”这个成语，出自《史记·项羽本纪》，讲楚霸王项羽跟秦兵打仗，过河后把锅打破，把船弄沉，表示不再回来，决一死战。后用此比喻下定决心，不顾一切干到底。其中的“釜”是指古代的一种锅，但有人不明其义，把“破釜沉舟”错写成了“破斧沉舟”。像这种情况的错别字还有：

误：搬门弄斧　滥芋充数　自相茅盾　为虎作帐

正：班门弄斧　滥竽充数　自相矛盾　为虎作伥

4. 关于异形词

讲错别字，有必要提到异形词。

所谓异形词，是指汉语书面语中音同、义同、用法相同而写法不同的词。如“按语—案语”，“笔画—笔划”，“掺假—搀假”，“搭档—搭当、搭挡”等，这些词在过去比较长的时间内一直并存并用，它们是同一个词的不同写法。

中华人民共和国教育部和国家语言文字工作委员会于2001年12月19日联合发布了《第一批异形词整理表》，作为推荐性试行规范，决定从2002年3月31日开始试行。规范根据“积极稳妥、循序渐进、区别对待、分批整理”的工作方针，选取普通话书面语中经常使用、公众取舍倾向比较明显的338组异形词（包括词和固定短语）作为第一批进行整理，给出了每组异形词的推荐使用词形。《第一批异形词整理表》未收录的异形词，可参考使用《现代汉语词典》（第7版）首选的词形。出版工作者要及时准确地了解和掌握这些信息，积极稳妥地应用到自己的工作中去。

出版工作者，特别是广大编辑校对人员，要经常注意纠正错别字。为了方便辨识，现将编校工作中常易出现的错别字列表如下（见表4-1）。

表 4-1　编校工作常见易误字举例

形近字	区别词语举例
己・已・巳	自己、己亥；已经、学不可以已；巳时、己巳。
厄・卮	厄运、险厄；漏卮（zhī）。
允・充	允许、公允；充足、充当。
户・卢	户：窗户、门户；卢：姓卢、卢布、卢比。
扑・朴	扑打、香气扑鼻；朴素、朴（pō）刀、姓朴（piáo）。
戊・戌・戍・戎	戊（wù）：戊申、戊戌变法；戌（xū）：戌时、甲戌；戍（shù）：卫戍、戍守；戎（róng）：戎马、投笔从戎。
宄・冗	奸宄，乱在内为宄；冗员、冗长、冗杂。
汩・汨	汩（gǔ）：汩汩、汩没；汨（mì）：汨罗江。
机・杌	机器、机遇；杌（wù）：杌子、杌凳。
折・拆	折断、折扣、奏折；拆（chāi）：拆除；拆（cā）烂污。
圻・坼	圻（qí）：蒲圻；坼（chè）：坼裂、天寒地坼。
场・埸	场地、广场；埸（yì）：田埸、疆埸。
灸・炙	针灸；炙手可热、脍炙人口。
防・妨	防守、防范；妨害、妨碍。
形・型	形态、形势；模型、典型。
园・圆	公园、幼儿园；圆柱、圆明园。
即・既	即将、即使、一触即发；既然、既往不咎。
析・柝	分析、剖析；柝（tuò）：击柝、柝声。
祇・祗	祇（qí）：神祇；祗（zhī）：祗请、祗候。
佳・隹	佳音、佳人；隹（zhuī）：短尾鸟。
刺・剌	刺刀、刺骨；剌（là）：乖剌。
板・版	板凳、老板；版本、版权。

奈・柰	奈何、无奈；柰子。
胀・涨	胀：膨胀、肚子发胀；涨（zhǎng）：涨价、水涨船高；涨（zhàng）：头昏脑涨、豆子泡涨了。
秆・杆	秆：烟秆、麦秆儿；杆：杆菌、枪杆、烟袋杆儿。
祆・袄	祆（xiān）：祆教（拜火教）；袄（ǎo）：棉袄、夹袄。
昂・昴	昂（áng）：昂首、昂贵；昴（mǎo）：昴星（二十八宿之一）。
眈・耽	眈：眈眈相向、虎视眈眈；耽搁。
叟・臾	叟（sǒu）：老叟、童叟无欺；臾（yú）：须臾。
盻・盼・眄	盻（xì）：瞋目盻之；盼（pàn）：盼望、盼头；眄（miàn，又 miǎn）：眄视（斜着眼看）。
荧・萤・茕	荧光、荧惑；萤火虫；茕（qióng）：茕茕孑立。
绌・拙	绌（chù）：相形见绌；拙（zhuō）：拙笨、拙见。
谗・馋	谗害、谗言；馋猫、馋涎欲滴。
胄・胃	胄（zhòu）：甲胄、贵胄；胃口、胃液。
恼・脑	恼火、苦恼；脑袋、脑力。
恰・洽	恰当、恰如其分；洽谈、融洽。
尝・赏・偿	尝试、尝味；奖赏、赏赐；偿还、偿命。
竞・竟	竞争、竞技；竟日、竟然、未竟事业。
响・晌	响亮、响遏行云；晌（shǎng）：晌午、晌觉。
茶・荼	茶叶、茶壶；荼（tú）：荼毒、如火如荼。
茸・葺	茸毛、参茸；葺（qì）：修葺、葺理。
莨・莨・稂	茛（gèn）：毛茛；莨（liáng）：薯莨；莨（làng）：莨菪；稂（láng）：不稂不莠。
挚・絷	真挚、挚爱；絷（zhí）：絷马、囚絷。

班·斑　　班辈、班机；斑白、斑鸠、斑斓。

桨·浆　　桨（jiǎng）：木桨、船桨；浆（jiāng）：豆浆、浆洗。

徒·徙　　徒手、徒弟；迁徙、徙倚。

赃·脏　　赃物、赃款；脏（zāng）：脏话、肮脏；脏（zàng）：心脏。

栽·裁　　栽培、栽跟头；剪裁、裁判。

逐·遂　　逐渐、驱逐；遂（suì）：遂心、顺遂；遂（suí）：半身不遂。

浙·淅　　浙江省；淅沥、淅淅。

峻·竣　　峻峭、险峻；告竣、竣工。

铃·钤　　铃铛，棉铃；钤（qián）：印钤、钤记。

溢·隘　　溢洪、溢美；隘（ài）：狭隘、要隘。

第·笫　　次第、门第；笫（zǐ）：床笫。

琐·锁　　琐碎、烦琐；封锁、锁骨。

庾·廋　　庾（yǔ）：仓庾，姓庾；廋（sōu）：廋伏、廋语。

晢·皙　　晢（zhé）：晢白、晢耀；皙（xī）：白皙。

菅·管　　菅（jiān）：菅茅、草菅人命；管理、管吃管住。

毫·亳　　毫发、毫厘；亳（bó）：亳州、亳社。

距·矩　　距离、相距；矩尺、规矩。

崇·祟　　崇高、崇尚；祟（suì）：鬼祟、作祟。

慨·概　　慨（kǎi）：慨叹、慷慨；概（gài）：气概、概括、概念。

博·搏　　博大、博得；搏斗、搏动、脉搏。

腊·蜡　　腊月、腊肉、姓腊；腊（xī）：干肉；蜡烛、蜡染、蜡版。

滑·猾　　滑冰、滑稽；狡猾、猾吏。

暑·署	暑假、中暑；公署、部署、署理。
骛·鹜	驰骛、好高骛远；雁鹜、趋之若鹜（鸭子）。
锭·绽	纱锭、钢锭；绽（zhàn）：破绽、皮开肉绽。
肆·肄	第肆、肆无忌惮；肄（yì）：肄业、肄习。
雎·睢	雎（jū）：雎鸠、范雎；睢（suī）：睢县、恣睢。
睛·晴	眼睛、目不转睛；晴天、晴朗。
锡·钖	锡纸、锡箔；钖（yáng）：马额上的装饰物。
滥·谰	泛滥、滥用；谰（lán）：谰言（诬赖的话）。
遣·遗	差遣、消遣；遗失、遗传。
蔼·霭	和蔼、慈蔼；烟霭、暮霭。
箪·簟	箪食壶浆；簟（diàn）：晒簟、篾簟。
瘦·瘐	瘦弱、瘦骨嶙峋；瘐（yǔ）：瘐毙、瘐死。
裸·祼·棵	裸（luǒ）：裸露、裸子植物；祼（guàn）：古代酌酒灌地的祭礼；棵（kē）：量词，多用于植物。
熙·煦	熙和、熙攘、康熙；煦（xù）：煦暖、和煦。
榷·摧	商榷、榷税；摧残、摧毁。
戮·戳	杀戮；戳穿、邮戳。
篦·蓖	篦子、篦头；蓖麻、蓖麻油。
撒·撤	撒播、撒手；撤除、撤换。
嬴·赢·羸·蠃	嬴政；赢利、输赢；羸（léi）：羸弱、羸顿；蠃（luǒ）：蜾蠃（一种寄生蜂）。
篡·纂	篡夺、篡位、篡改；纂辑、编纂。
燥·躁·噪	干燥、燥热；急躁、躁动；鼓噪、噪声。
螫·螯	螫（shì）：螫针；螯（áo）：螃蟹等节肢动物的变形的第一对脚。
瞻·赡	瞻仰、高瞻远瞩；赡养、宏赡。

籍·藉	书籍、籍贯；藉（jí）：狼藉，姓藉；藉（jiè）：慰藉、枕藉。
谶·忏	谶（chèn）：谶纬、谶语；忏（chàn）：忏悔、拜忏。

音近字	区别词语举例
辨·辩	辨别、辨认；辩论、辩解。
布·部	布衣、布告、布景；部位、部署、编辑部、一部纪录片。
磁·瓷	磁场、磁针；瓷器、瓷砖、瓷实。
代·待	代替、交代、朝代；对待、等待、待遇。
度·渡	度量衡、湿度、制度、度假；渡口、横渡、渡过难关。
烦·繁	烦闷、烦扰、烦躁；繁多、繁华、繁荣、繁衍。
奋·愤	奋起、奋发、兴奋；愤怒、愤慨、气愤。
复·覆	反复、复查、复杂；覆盖、颠覆、倾覆。
概·盖	大概、气概、梗概、概念；遮盖、锅盖、盖世。
固·故	固有、坚固、固执；事故、故事、故乡、沾亲带故、明知故犯。
捍·悍	捍卫、捍御；悍然、悍将、强悍。
迹·绩	足迹、迹象；业绩、功绩。
佳·嘉	佳节、佳丽、佳肴；嘉奖、嘉勉、嘉宾、嘉言懿行。
较·校	较量、计较；校对、校注、校场。
纠·赳	纠纷、纠葛；雄赳赳、赳赳武夫。
克·刻	克勤克俭、克敌、克期、千克；刻苦、雕刻、刻骨铭心。
兰·蓝·篮	兰花、兰若、兰花指；蓝图、蓝本、蓝领；篮球、竹篮。
练·炼	简练、精练、练习；锻炼、炼钢、炼词、炼句。
漫·慢·谩	漫步、散漫、漫无边际；快慢、傲慢、轻慢；谩骂。
密·蜜	稠密、亲密、机密、哈密瓜；蜂蜜、甜蜜、蜜腺。

摩·磨	摩擦、按摩、摩托、摩尔；琢磨、磨砺、磨穿了。
孽·蘖·糵	妖孽、造孽、孽种；蘖枝、分蘖；曲糵（酒母，制酒时的发酵物）。
陪·赔	陪伴、陪衬、陪审；赔偿、赔款、赔小心。
皮·脾	皮肤、粉皮、赖皮；脾气、脾脏、沁人心脾。
飘·漂	飘扬、飘逸；漂游、漂泊。
曲·屈	曲折、曲霉；屈服、委屈、宁死不屈。
溶·熔·融	溶解、溶化；熔化、熔炉；融洽、融化。
拴·栓	拴绑、拴结；枪栓、栓剂、栓塞。
食·蚀	食堂、食盐、月食、环食；腐蚀、蚀本、蚀刻。
玩·顽	玩火、玩笑、玩物丧志；顽皮、顽固、顽症。
宵·霄	元宵、宵禁、宵衣旰食；云霄、霄汉、霄壤之别。
象·像	形象、象形字；好像、图像、画像。
邪·斜	邪念、邪门歪道；歪斜、斜坡。
须·需	必须、须眉；需要、需求、军需。
绪·序·叙	头绪、绪论、情绪；次序、序幕、序文、序言；叙说、叙事、叙用。
畜·蓄	畜牧业、畜养；储蓄、蓄谋。
喧·暄	喧哗、喧嚣、喧宾夺主；寒暄。
叶·页·业	叶片、百叶窗、清代初叶；页码、扉页；业务、商业、事业。
应·映	答应、应用、应卯、反应；映衬、映带、放映、反映。
尤·犹	尤其、尤物；犹如、记忆犹新、犹太人。
原·缘	原始、原版、原谅、原野；缘分、缘起、缘由。
振·震	振奋、振作、振幅；地震、震惊、震古烁今。

第二节　汉语拼音与语音规范

汉语拼音是使用拉丁字母依据北京语音系统设计的，《汉语拼音方案》规定了汉语拼音的拼写规则和方法。

一、《汉语拼音方案》

《汉语拼音方案》是给汉字注音和拼写汉语的国家标准及国际标准。该方案于 1958 年 2 月 11 日由第一届全国人民代表大会第五次会议审议批准。它是在直音法、反切法和注音字母等注音方法的基础上发展起来的，是我国创制的各种注音方法的经验总结。实践证明，这套方案比过去设计的各种注音法更为完善、科学，受到广大群众的欢迎。该方案采用国际上通用的拉丁字母，既容易为广大群众掌握，又便于国际文化交流。

《汉语拼音方案》由五部分构成：字母表、声母表、韵母表、声调符号、隔音符号。

《汉语拼音方案》主要有以下用途：

第一，给汉字注音。克服了以前各种注音法的不足，能准确地给汉字注音。这对提高汉字的识字效率、更好地掌握和使用汉字大有益处。

第二，拼写普通话。学习推广普通话，光靠口耳相传是不够的，必须有一套记音符号，以帮助教学、矫正读音。事实证明，《汉语拼音方案》是推广普通话的有效工具。

第三，可用于中文信息处理和技术领域。可以用来音译人名、地名和科技术语，可以编制索引和代号等。

第四，可以作为我国各少数民族创制和改革文字的共同基础。

二、汉语拼音的拼写规则

汉语拼音的拼写分为两个层面：一是音节的拼写；二是词、短语、句子的拼写，句子的拼写包括大写字母的使用和标点符号的使用。掌握汉语拼音的拼写规则，必须学习和掌握两个基本的规范性文件：一是《汉语拼音方案》，二是《汉语拼音正词法基本规则》。

《汉语拼音方案》是普通话音节拼写的基本依据，对普通话音节的拼写有具体的规定，比如关于“y、w”的使用，关于标调，关于隔音符号的用法等。

随着汉语拼音应用范围的日益扩大，《汉语拼音方案》已不能满足拼写普通话词语的要求。为此，国家技术监督局于 1996 年 1 月 22 日发布了国家标准《汉语拼音正词法基本规则》（GB/T 16159—1996）。2012 年，发布修订后的《汉语拼音正词法基本规则》（GB/T 16159—2012）。其内容主要包括分词连写、人名地名拼写、大写、缩写、标调、移行、标点符号使用等 7 个部分的基本规则。该标准适用于文化教育、编辑出版、中文信息处理和其他部门，作为用《汉语拼音方案》拼写现代汉语的统一规范。

这两个规范性文件分别对汉语音节和词的拼写作出了许多具体的规定，大家在使用汉语拼音时要严格遵循。这里，仅就其中需要注意的、带有普遍性的问题加以说明。

（一）普通话音节拼写基本规则

1. “y、w”的使用

第一，《汉语拼音方案》韵母表中 i 行的韵母自成音节时，如果 i 后面还有别的元音，就把 i 改为 y；如果 i 后面没有别的元音，就在 i 前面加上 y。例如：

ia→ya（牙）　　iao→yao（腰）

i→yi（衣）　　ing→ying（英）

第二，《汉语拼音方案》韵母表中 ü 行韵母的变化规律与 i 行同，不过加上 y 后，ü 上两点一定要省去。例如：

ü→yu（迂）　　üan→yuan（冤）

第三，《汉语拼音方案》韵母表中 u 行的韵母自成音节时，如果 u 后面还有别的元音，就把 u 改为 w；如果 u 后面没有别的元音，就在 u 前面加上 w。例如：

ua→wa（蛙）　　uai→wai（歪）　　u→wu（乌）

2. 隔音符号的用法

a、o、e 开头的音节连接在其他音节后面的时候，如果音节的界限发生混淆，就要用隔音符号（’）隔开，例如：

pi’ao（皮袄）—piao（飘）　xi’an（西安）—xian（鲜）

qi’e（企鹅）—qie（且）　　sheng’ou（生藕）—shengou（深沟）

3. 省写

第一，《汉语拼音方案》规定，iou、uei、uen 不跟声母相拼时不能省写，仍然用 y、w 开头，写成 you（忧）、wei（威）、wen（温）；前面加声母时省写，写成 iu、ui、un。例如：

x—iōu→xiū（修）　　n—ióu→niú（牛）

zh—uēi→zhuī（追） l—uèn→lùn（论）

第二，ü 出现在声母 n、l 后面时，ü 上两点不能省略；ü 和 n、l 以外的声母相拼时都省去两点。例如：

n—üè→nüè（虐） l—üè→lüè（略）

j—ǚ→jǔ（举） x—ǜ→xù（序）

（二）汉语拼音正词法基本规则

1. 总原则

第一，拼写普通话基本上以词为书写单位。这反映了汉语使用的实际情况，从而保证了汉语拼音拼写和阅读的顺利进行。例如：

rén（人） yuèdú（阅读） túshūguǎn（图书馆）

第二，表示一个整体概念的双音节和三音节结构，连写。例如：

gāngtiě（钢铁） duìbuqǐ（对不起）

第三，四音节及四音节以上表示一个整体概念的名称，按词或语节（词语内部由语音停顿而划分成的片段）分写；不能按词或语节划分的，全都连写。例如：

Zhōngguó Shèhuì Kēxuéyuàn（中国社会科学院）

huánjìng bǎohù guīhuà（环境保护规划）

gāoměngsuānjiǎ（高锰酸钾）

gǔshēngwùxuéjiā（古生物学家）

第四，单音节词重叠，连写；双音节词重叠，分写；重叠并列即 AABB 式结构，连写。例如：

rénrén（人人） yánjiū yánjiū（研究研究）

kànkan（看看） tōnghóng tōnghóng（通红通红）

láiláiwǎngwǎng（来来往往）

wānwānqūqū（弯弯曲曲）

第五，单音节前附成分（副、总、非、反、超、老、阿、可、无、半等）或单音节后附成分（子、儿、头、性、者、员、家、手、化、们等）与其他词语，连写。例如：

fùbùzhǎng（副部长）　zǒnggōngchéngshī（总工程师）

fēijīnshǔ（非金属）　fǎndàndào dǎodàn（反弹道导弹）

chāoshēngbō（超声波）　lǎohǔ（老虎）

āyí（阿姨）　kěnì fǎnyìng（可逆反应）

wútiáojiàn（无条件）　bàndǎotǐ（半导体）

zhuōzi（桌子）　jīnr（今儿）

quántou（拳头）　kēxuéxìng（科学性）

shǒugōngyèzhě（手工业者）　chéngwùyuán（乘务员）

yìshùjiā（艺术家）　tuōlājīshǒu（拖拉机手）

xiàndàihuà（现代化）　háizimen（孩子们）

第六，为了便于阅读和理解，某些并列的词、语素之间或某些缩略语当中可用连接号。

一是某些缩略语词。例如：

huán-bǎo（环保——环境保护）

gōng-guān（公关——公共关系）

Jīng-Zàng Gāosù Gōnglù（京藏高速公路）

Hù-Níng-Háng Dìqū（沪宁杭地区）

二是约数。例如：

sān-wǔ tiān（三五天）　shíqī-bā suì（十七八岁）

三是某些并列成分。例如：

zhōng-xiǎoxué（中小学）　lù-hǎi-kōngjūn（陆海空军）

rén-jī duìhuà（人机对话）

2. 汉语人名、地名的拼写

（1）人名的拼写

第一，汉语人名中的姓和名分写，姓在前，名在后。复姓连写。双姓中间加连接号。姓和名的首字母分别大写，双姓两个字首字母都大写。笔名、别名等，按姓名写法处理。例如：

Lǐ Huá（李华） Wáng Jiànguó（王建国）

Dōngfāng Shuò（东方朔） Zhūgě Kǒngmíng（诸葛孔明）

Zhāng-Wáng Shūfāng（张王淑芳）

Lǔ Xùn（鲁迅） Méi Lánfāng（梅兰芳）

Zhāng Sān（张三） Wáng Mázi（王麻子）

第二，人名与职务、称呼等，分写；职务、称呼等首字母小写。例如：

Wáng bùzhǎng（王部长） Tián zhǔrèn（田主任）

Wú kuàijì（吴会计） Lǐ xiānsheng（李先生）

Zhào tóngzhì（赵同志） Liú lǎoshī（刘老师）

Dīng xiōng（丁兄） Zhāng mā（张妈）

Zhāng jūn（张君） Wú lǎo（吴老）

Wáng shì（王氏） Sūn mǒu（孙某）

Guóqiáng tóngzhì（国强同志） Huìfāng āyí（慧芳阿姨）

第三，“老”“小”“大”“阿”等与后面的姓、名、排行，分写，分写部分的首字母分别大写。例如：

Xiǎo Liú（小刘） Lǎo Qián（老钱）

Lǎo Zhāngtour（老张头儿）

Dà Lǐ（大李） Ā Sān（阿三）

第四，已经专名化的称呼，连写，开头大写。例如：

Kǒngzǐ（孔子） Bāogōng（包公）

Xīshī（西施）　　　　　Mèngchángjūn（孟尝君）

（2）地名的拼写

第一，汉语地名中的专名和通名，分写，每一分写部分的首字母大写。例如：

Běijīng Shì（北京市）　　　　Héběi Shěng（河北省）

Yālù Jiāng（鸭绿江）　　　　Tài Shān（泰山）

Dòngtíng Hú（洞庭湖）　　　Táiwān Hǎixiá（台湾海峡）

第二，专名与通名的附加成分，如是单音节的，与其相关部分连写。例如：

Xīliáo Hé（西辽河）

Jǐngshān Hòujiē（景山后街）

Cháoyángménnèi Nánxiǎojiē（朝阳门内南小街）

Dōngsì Shítiáo（东四十条）

第三，已专名化的地名不再区分专名和通名，各音节连写。例如：

Hēilóngjiāng（黑龙江[省]）　Wángcūn（王村[镇]）

Jiǔxiānqiáo（酒仙桥[医院]）

不需区分专名和通名的地名，各音节连写。例如：

Zhōukǒudiàn（周口店）　　Sāntányìnyuè（三潭印月）

第四，非汉语人名、地名的汉字名称，用汉语拼音拼写。例如：

Wūlánfū（乌兰夫，Ulanhu）

Jièchuān Lóngzhījiè（芥川龙之介，Ākutagawa Ryunosuke）

Āpèi Āwàngjìnměi（阿沛·阿旺晋美，Ngapoi Ngawang Jigme）

Mǎkèsī（马克思，Marx）　Wūlǔmùqí（乌鲁木齐，Ürümqi）

Lúndūn（伦敦，London）　　Dōngjīng（东京，Tokyo）

3. 成语的拼写

第一，成语通常作为一个语言单位使用，以四字文言语句为主。结构上可以分为两个双音节的，中间加连接号。例如：

céngchū-bùqióng（层出不穷）

fēngpíng-làngjìng（风平浪静）

guāngmíng-lěiluò（光明磊落）

àizēng-fēnmíng（爱憎分明）

第二，结构上不能分为两个双音节的，全部连写。例如：

àimònéngzhù（爱莫能助）　zǒng'éryánzhī（总而言之）

hēibuliūqiū（黑不溜秋）　diào'erlángdāng（吊儿郎当）

第三，非四字成语和其他熟语内部按词分写。例如：

bēi hēiguō（背黑锅）　yī bíkǒng chū qìr（一鼻孔出气儿）

bā gānzi dǎ bù zháo（八竿子打不着）

zhǐ xǔ zhōuguān fàng huǒ, bù xǔ bǎixìng diǎn dēng（只许州官放火，不许百姓点灯）

4. 大写

第一，句子开头的字母大写和诗歌每行开头的字母大写。

第二，专有名词的首字母大写。例如：

Běijīng（北京）　Chángchéng（长城）　Qīngmíng（清明）

Jǐngpōzú（景颇族）　　Fēilùbīn（菲律宾）

第三，由几个词组成的专有名词，每个词的首字母大写。例如：

Guójì Shūdiàn（国际书店）　Hépíng Bīnguǎn（和平宾馆）

Guāngmíng Rìbào（光明日报）

Guójiā Yǔyán Wénzì Gōngzuò Wěiyuánhuì（国家语言文

字工作委员会）

在某些场合，专有名词的所有字母可全部大写。例如：

XIÀNDÀI HÀNYǓ CÍDIǍN（现代汉语词典） BĚIJĪNG（北京）

LǏ HUÁ（李华） DŌNGFĀNG SHUÒ（东方朔）

第四，专有名词成分与普通名词成分连写在一起，是专有名词或视为专有名词的，首字母大写。例如：

Míngshǐ（明史） Hànyǔ（汉语）

Yuèyǔ（粤语） Guǎngdōnghuà（广东话）

Fójiào（佛教） Tángcháo（唐朝）

专有名词成分与普通名词成分连写在一起，是一般语词或视为普通名词的，首字母小写。例如：

guǎnggān（广柑） jīngjù（京剧）

ējiāo（阿胶） zhōngshānfú（中山服）

chuānxiōng（川芎） zàngqīngguǒ（藏青果）

5. 缩写

第一，连写的拼写单位（多音节词或连写的表示一个整体概念的结构），缩写时取每个汉字拼音的首字母，大写并连写。例如：

Běijīng（缩写：BJ）（北京）

ruǎnwò（缩写：RW）（软卧）

第二，分写的拼写单位（按词或语节分写的表示一个整体概念的结构），缩写时以词或语节为单位取首字母，大写并连写。例如：

guójiā biāozhǔn（缩写：GB）（国家标准）

hànyǔ shuǐpíng kǎoshì（缩写：HSK）（汉语水平考试）

pǔtōnghuà shuǐpíng cèshì（缩写：PSC）（普通话水平测试）

第三，为了给汉语拼音的缩写形式做出标记，可在每个大写字母后面加小圆点。例如：

Běijīng（北京）也可缩写：B. J.

guójiā biāozhǔn（国家标准）也可缩写：G. B.

第四，汉语人名的缩写，姓全写，首字母大写或每个字母大写；名取每个汉字拼音的首字母，大写，后面加小圆点。例如：

Lǐ Huá（缩写：Lǐ H. 或 LǏ H.）（李华）

Wáng Jiànguó（缩写：Wáng J. G. 或 WÁNG J. G.）（王建国）

Dōngfāng Shuò（缩写：Dōngfāng S. 或 DŌNGFĀNG S.）（东方朔）

Zhūgě Kǒngmíng（缩写：Zhūgě K. M. 或 ZHŪGĚ K.M.）（诸葛孔明）

6. 移行

第一，移行要按音节分开，在没有写完的地方加连接号。音节内部不可拆分。例如：

guāngmíng（光明）移作"……guāng -

míng"（光明）

不能移作"……gu -

āngmíng"（光明）。

缩写词（如 GB，HSK，汉语人名的缩写部分）不可移行。

Wáng J. G.（王建国）移作"……Wáng

J. G."（王建国）

不能移作"……Wáng J. -

G."（王建国）。

第二，音节前有隔音符号，移行时，去掉隔音符号，加连接号。例如：

Xī'ān（西安）移作"……Xī-

ān"（西安）

不能移作"……Xī'-

ān"（西安）。

第三，在有连接号处移行时，末尾保留连接号，下行开头补加连接号。例如：

chēshuǐ-mǎlóng（车水马龙）移作"……chēshuǐ-

-mǎlóng"（车水马龙）

7．标调

第一，声调符号标在一个音节的主要元音（韵腹）上。韵母 iu，ui，声调符号标在后面的字母上面。在 i 上标声调符号，应省去 i 上的小点。例如：

āyí（阿姨）　cèlüè（策略）　dàibiǎo（代表）

guāguǒ（瓜果）　huáishù（槐树）　kǎolǜ（考虑）

liúshuǐ（流水）　xīnxiān（新鲜）

第二，轻声音节不标声调。例如：

zhuāngjia（庄稼）　qīngchu（清楚）　kàndeqǐ（看得起）

第三，"一""不"一般标原调，不标变调。例如：

yī jià（一架）　yī tiān（一天）　yī tóu（一头）

yī wǎn（一碗）　bù qù（不去）

bù duì（不对）　bùzhìyú（不至于）

在语言教学等方面，可根据需要按变调标写。例如：

yī tiān（一天）可标为 yì tiān，bù duì（不对）可标为 bú duì。

第四，ABB、AABB 形式的词语，BB 一般标原调，不标变调。例如：

lǜyóuyóu（绿油油）　　chéndiàndiàn（沉甸甸）

hēidòngdòng（黑洞洞）　　piàopiàoliàngliàng（漂漂亮亮）

有些词语的BB重叠式在口语中会变调，则可标变调。例如：

hóngtōngtōng（红彤彤）　　xiāngpēnpēn（香喷喷）

huángdēngdēng（黄澄澄）

第五，在某些场合，专有名词的拼写，也可不标声调。例如：

Li Hua（缩写：Li H. 或 LI H.）（李华）

Beijing（北京）

RENMIN RIBAO（人民日报）

WANGFUJING DAJIE（王府井大街）

除了《汉语拼音方案》规定的符号标调法以外，在技术处理上，也可采用数字、字母等标明声调，如采用阿拉伯数字1、2、3、4、0分别表示汉语四声和轻声。

8. 中文书刊名称的拼写

第一，中文书刊名称拼写基本上以词为书写单位，不要按单个字注音，也不要把所有的汉字音节连成一串。每个词的第一个字母要大写。因设计需要，也可以全用大写。虚词与其他词语分写且用小写。例如：

正确的写法：

Zhongguo　Qingnian（中国青年）

ZHONGGUO　QINGNIAN

Gailülun yu Shuli Tongji（概率论与数理统计）

GAILÜLUN YU SHULI TONGJI

错误的写法：

Zhong Guo Qing Nian

Gai Lü Lun Yu Shu Li Tong Ji

或

Zhongguoqingnian

Gailülunyushulitongji

第二，书刊名称中的阿拉伯数字和外文字母照原样写。例如：

1979—1980 Zhongpian Xiaoshuo Xuanji（1979—1980 中篇小说选集）

IBM-PC（0520）Weixingji Xitong Jieshao［IBM-PC（0520）微型机系统介绍］

第三，中文书刊的汉语拼音名称一律横写。

除《汉语拼音方案》和《汉语拼音正词法基本规则》外，还有几种常见的关于专有词汇汉语拼音拼写的规范性文件，需要编辑出版工作者了解和熟悉。

《中国人名汉语拼音字母拼写法》，中国文字改革委员会，1974 年 5 月发布。

《中国地名汉语拼音字母拼写规则（汉语地名部分）》，中国地名委员会、中国文字改革委员会、国家测绘局，1984 年 12 月 25 日发布。

《中国各省、直辖市、自治区名称汉语拼音字母缩写表》，根据地图出版社《中华人民共和国分省地图集》1977 年汉语拼音版和 1988 年 10 月英文版编制。

《中文书刊名称汉语拼音拼写法》，国家技术监督局，1992 年 2 月 1 日发布。

三、汉语语音规范

《中华人民共和国宪法》第十九条明确规定："国家推广全国通用的普通话。"普通话以北京语音为标准音，北京语音也就是普通话语音规范的标准。但确切地说，普通话是以北京音系作为语音标准的，因为北京口语中的土音成分以及某些异读词读音不能进入普通话。

下面，我们从异读、误读方面来讲普通话语音规范问题。

（一）异读词读音规范

所谓异读词，是指词形、词义都相同而有两种或两种以上读音的词。例如"发酵"的"酵"，有的读"jiào"，有的读"xiào"；"波浪"的"波"，有的读"bō"，有的读"pō"，等等。

普通话异读词的语音分歧主要有以下四种情况：

（1）声母不同

酵母 jiào—xiào　　　　森林 sēn—shēn

（2）韵母不同

拂晓 fú—fóu　　　　怯懦 qiè—què

（3）声调不同

亚洲 yà—yǎ　　　　教室 shì—shǐ

（4）声、韵、调不止一项不同

沸腾 fèi—fú　　　　摄影 shè—niè

《普通话异读词审音表》对异读词的读音进行了审订，将上述诸例中的前一个读音确立为规范读音，废除后一个读音。

值得注意的是，异读是指形成习惯的社会性的不同念法，不包括少数人明显的个人误读，如有人把"鬼鬼祟祟"的"祟

（suì）”读成 chóng，把“酗酒”的“酗（xù）”读成 xiōng，这是个人的读音错误，不属于异读词审音的范围。异读词也不同于某些多音字，多音字有不同读音是因为出现在不同的语词中，表示不同的意义，如“觉”字，在“睡觉”一词中读作 jiào，在“觉悟”一词中读作 jué；再如“长”字，在“长短”一词中读作 cháng，在“长幼”一词中读作 zhǎng。这些多音字也不是异读词审音的对象。

（二）避免误读

字音读错了，字义的理解可能有偏差，给汉字注音也肯定是错误的，因此要避免误读。

1. 分辨近似字形

有些字形体十分相似，稍微大意就可能读错，要仔细分辨。例如：

沮：读 jǔ（沮丧），不读 zǔ（阻）

窠：读 kē（窠臼），不读 cháo（巢）

2. 注意形声字的声旁

汉语语音的演变使大部分形声字的声旁表音不够准确，因此，如果“秀才识字认半边”，完全按声旁的读音来读形声字，很容易致误。例如：

“嗔怒（chēnnù）”不读“zhēnnù”

“粗糙（cūcāo）”不读“cūzào”

“破绽百出（pòzhàn-bǎichū）”不读“pòdìng-bǎichū”

“怙恶不悛（hù'è-bùquān）”不读“gǔ'è-bùjùn”

少数形声字按声旁读是正确的，但又往往有人不按声旁来读。例如：

“谛听（dìtīng）”误读作“tìtīng”

“同胞（tóngbāo）”误读作“tóngpáo”

“相形见绌（xiāngxíng-jiànchù）”误读作“xiāngxíng-jiànzhuō”

“如丧考妣（rúsàngkǎobǐ）”误读作“rúsàngkǎopǐ”

对形声字的读音，不能一知半解就主观猜测、臆想，而要勤查字典，多加分辨，认准记牢。

3. 记住多音多义字

多音多义字，是指字音不同因而字义也不同的字。如“长”，读 cháng（长短），是形容词；读 zhǎng（生长），是动词。“藏”，表示隐藏、收存、躲藏时读 cáng，如包藏、藏身；表示储存大量东西的地方、宗教经典或者西藏以及藏族时读 zàng，如宝藏、大藏经。

汉语中像这样常见的多音多义字还有不少，例如：

担，dān，动词（担水、担不起）；dàn，名词（挑重担、一担青菜）。

避免误读，需要勤查多记，注意区别这些字的字音和字义。

4. 掌握多音同义字

多音同义字，是指在不同词里字音不同但字义相同的字。

第一，有的独立成词和在复合词里读音不同。例如：

薄，独立成词读 báo（纸很薄），在复合词里读 bó（单薄、薄弱）。

削，独立成词读 xiāo（削果皮），在复合词里读 xuē（削弱、剥削）。

第二，有的在个别词语中的读音和一般读音不同。例如：

巷，一般情况下读 xiàng（大街小巷），在“巷道”中读

hàng。

臂，一般情况下读 bì（臂膀、螳臂当车），在“胳臂”中读 bei。

第三，有的存在书面语音和口语音的不同。例如：

吓，在“恐吓、恫吓”中读 hè，是书面语音；在“吓唬、吓了一跳”中读 xià，是口语音。

杉，在“水杉、紫杉”中读 shān，是书面语音；在“杉木、杉篙”中读 shā，是口语音。

第三节　标点符号及其使用规范

正确使用标点符号，对于准确表达文意和推动语言的规范化，都有重要的意义。

一、标点符号的作用和种类

标点符号是辅助文字记录语言的符号，是书面语的有机组成部分，用来表示停顿、语气以及词语性质和作用。

（一）标点符号的作用

1. 表示停顿

说话要换气，就要有停顿；一个句子，在结构和意义上也需要有停顿。停顿有长有短，在书面语言里，不同的停顿就是靠标点符号来表示的。同样一段文字，用了不同的标点，句子结构会变得不同，句子意义也会变得不同。从前有一个关于标点的著名笑话：客人来访，天下大雨，久而不停。主人不想留客，又不好直说，于是写了十个字“下雨天留客天留我不留”给客人看，但未加任何标点。主人本意是说：“下雨，天留客。天留，我不留。”客人却提笔断为：“下雨天，留客天，留我不？留！”与主人意思恰好相反，主人见后哭笑不得。这虽然是一个杜撰的笑话，却也可以说明标点的作用十分重要。

另一方面，并非所有的停顿都要用标点符号表示出来，是否加标点，要根据具体的语言环境和表达要求而定。例如下面的长句子中尽管可以有多处停顿，却没加标点，因为如果每“停”必“点”，会把句子弄得支离破碎，破坏语意的完整严密。

地方法院今天推翻了那条严禁警方执行市长关于不允许在学校附近修建任何登记的剧场的指示的禁令。

2. 表示语气

句子有四种语气：陈述语气、疑问语气、感叹语气、祈使语气。在书面语言里，句子的这四种语气要用不同的标点符号来表示。例如：

①北京是中国的首都。（陈述语气）

②他叫什么名字？（疑问语气）

③为祖国的繁荣昌盛而奋斗！（感叹语气）

④你给我出去！（强烈的祈使语气）

语气舒缓的祈使句末尾，可用句号表示。例如：

⑤请您稍等一下。

3. 表示词语的性质和作用

有些词语用了标点符号，就明确了所指的是什么。同一个词语，标点符号标示得不一样，意义就有区别。例如：

①鲁迅的《故乡》

②《鲁迅的故乡》

例①指的是鲁迅所写的一篇小说。例②指的是他人所写的一篇关于鲁迅故乡的文章。

（二）标点符号的种类

常见的标点符号有 17 种，分点号和标号两大类。

1. 点号

点号的作用是点断，主要表示说话时的停顿和语气。点号分为句末点号和句内点号。

句末点号有句号（　。）、问号（　？）、叹号（　！）3种，表示句末的停顿和句子的语气。

句内点号有逗号（　，）、顿号（　、）、分号（　；）、冒号（　：）4种，用在句内，表示句内各种不同性质的停顿。

2．标号

标号的作用是标明，主要标明语句的性质和作用。

常用的标号有10种：引号（“”）、括号（（　））、破折号（——）、省略号（……）、着重号（.）、连接号（—）、间隔号（·）、书名号（《》）、专名号（____）、分隔号（/）。

二、标点符号的使用规范

1990年3月，国家语言文字工作委员会和中华人民共和国新闻出版署发布了修订后的《标点符号用法》。在此基础上，有关部门制定了国家标准《标点符号用法》（GB/T 15834—1995），由国家技术监督局于1995年12月13日批准、发布，自1996年6月1日起实施。2012年6月1日，实施修订后的国家标准《标点符号用法》（GB/T 15834—2011），这是标点符号使用的规范性文件。

中文和西文同时大量混排时，为避免中文句号（　。）与西文句号（　.　）穿插使用不便，习惯上改用西文句号；科技文献中涉及大量公式时，为避免中文句号与处于下角标的字母O及数字0相混，习惯上也要改用西文句号。例如：

“成熟的果子从树上掉下来”的译法为：Ripe fruit falls from the tree.

焦耳定律可以用下面的公式来表示：$Q = I^2Rt$.

纠正标点符号使用中的不规范现象，是编辑审读加工稿件的一个重要内容。因此，出版工作者应该熟练掌握国家标准《标点符号用法》（GB/T 15834—2011）。

下面，我们就常见的 17 种标点符号的基本用法及使用中应注意的问题，作简要的说明。

（一）点号使用规范

1. 句号

陈述句末尾或语气舒缓的祈使句末尾，用句号。例如：

我们中国人是有骨气的。

你辛苦了，休息休息吧。

标点符号使用过程中最容易犯的句号毛病就是当断不断，一逗到底。例如：

许多高质量的学术著作目前见不到书评，这不利于学术思想的传播，学术著作书评缺乏的现象，应该尽快改变，我们期待在新的一年里，书评市场能把成熟和繁荣同时呈现在读者面前。

这段文字其实是由三个互有联系的句子组成的，开始到“传播”是第一句，“学术”到“改变”是第二句，“我们”到末尾是第三句。应把第一句和第二句末的逗号改成句号。

使用句号也不能不当断而断，否则就割裂了句子。例如：

假如艺术不能把真理的火种传播于人间，假如艺术不能为人类的现在和未来而战斗，假如艺术不能拂拭去人们心灵上的锈迹和灰尘，假如艺术不能给予人民以支援和裨益。这样的艺术就毫无价值，也毫无意义。

句中的第一个句号即“益”字后的句号应该改为逗号。因为至此只说了一个完整意思的前一部分，前面的四个分句和后面的分句连起来才构成一个完整的复句，错用了句号就隔开了前后的联系，故应改为逗号。

2. 问号

问号用于疑问句和反问句的末尾。例如：

今天你见到他了吗？

难道那些荷叶就不值得歌颂么？难道它们只能作为一种陪衬出现在古人的诗中么？

在多个问句连用或表达疑问语气加重时，可叠用问号。通常应先单用，再叠用，最多叠用三个问号。

这就是你的做法吗？像你这个经理是怎么当的？？你怎么竟敢这样欺骗消费者？？？

问号也有标号用法，即用于句内，表示存疑或不详。例如：

司马迁（公元前145—前86？）

钟嵘（？—518）

不是疑问句，不能用问号。例如：

关于什么是智力？国内外争论多年也没有定论。

一心一意地搞数学，搞得他发呆了。有一次，自己撞到树上，还问是谁撞了他？

前一例中的问号要改为逗号，后一例中的问号要改为句号，因为它们总体上都是陈述句。

3. 叹号

叹号一般用在感叹句的末尾。例如：

这是一个多么伟大的民族啊！

他一定要去一趟青岛。疗养，是一件多么轻松愉快的美差啊！

语气强烈的祈使句的末尾也用叹号。例如：

今天，这里有没有特务？你站出来！是好汉的站出来！你出来讲！

用于拟声词后，表示声音短促或突然。例如：

咔嚓！一道闪电划破了夜空。

咚！咚咚！突然传来一阵急促的敲门声。

表示声音巨大或声音不断加大时，可叠用叹号；表达强烈语气时也可以叠用叹号，最多叠用三个叹号。例如：

轰！！在这天崩地塌的声音中，女娲猛然醒来。

我要揭露！我要控诉！！我要以死抗争！！！

当句子包含疑问、感叹两种语气且都比较强烈时（如带有强烈感情的反问句和带有惊愕语气的疑问句），可在问号后再加叹号（问号、叹号各一）。例如：

这点困难就把我们吓倒了吗？！

他连这点起码的常识都不懂，还敢说自己是高科技人才？！

使用叹号时要注意，叹号是句末点号，一般不用在句中。例如：

他乐呵呵地说："你们放心，我的身体好着呢。赶上这样的好时代、好年景，我老汉呀！还要多活几年！"

句中的叹号要改为逗号。

4．逗号

逗号是标点符号中用途最广的一种，用得比较频繁，用法也比较复杂。

单句中主语和谓语之间、动词和宾语之间以及状语后边如需停顿，要用逗号。例如：

有的考古工作者认为，南方古猿是生存在第三纪之末与第四纪之初。

在苍茫的大海上，狂风卷集着乌云。

复句内各分句之间的停顿，除有时用分号外，都要用逗号。例如：

苏州园林据说有一百多处，我到过的不过十多处。

风是沙漠向人类进攻的武器，但是也可以为人类造福。

逗号要用在句中确实需要停顿的地方，当逗而不逗，不当逗而逗，都是逗号的误用。例如：

因工作关系笔者常到一些中小学校去。

我的确没有想到这件事，后来怎么发生了那样急转直下的变化。

前一例中“因工作关系”是原因状语前置，其后有停顿，须加逗号，同主语“笔者”隔开。后一例中“这件事”后不应当有停顿，逗号要去掉。

5. **顿号**

句子内部并列词语之间需要停顿时，用顿号。例如：

桃树、杏树、梨树，你不让我，我不让你，都开满了花赶趟儿。

说话声、欢笑声、唱歌声、嬉闹声，响遍了整个海滩。

相邻或相近两数字连用表示概数通常不用顿号。例如：

飞机在 6 000 米高空水平飞行时，只能看到两侧八九公里和前方一二十公里范围内的地面。

这种凶猛的动物常常三五成群地外出觅食和活动。

标有引号的并列成分之间和标有书名号的并列成分之间通常不用顿号。若有其他成分插在并列的引号之间或并列的书名号之间（如引语或书名号之后还有括注），宜用顿号。例如：

“日”“月”构成“明”字。

店里挂着“顾客就是上帝”“质量就是生命”等横幅。

《红楼梦》《三国演义》《西游记》《水浒传》是我国长篇小说的四大名著。

李白的“白发三千丈”（《秋浦歌》）、“朝如青丝暮成雪”（《将进酒》）都是脍炙人口的诗句。

非并列关系不能用顿号。另外，只有同一层次内的并列词语之间才可用顿号，不同层次间的停顿要分别使用逗号或顿号。例如：

他受到领导信任，单独掌管一个国家重点建设项目、大发电厂的拨款计划。

艺术节期间还要举办形式多样的文艺评论活动、内容独特的文物、风情、美术、摄影展览，以及大规模的经贸活动。

前一例中“国家重点建设项目”和“大发电厂”是复指关系，不是并列关系，中间不应该用顿号，可以删去顿号或者改用破折号。后一例中“文艺评论活动”和“展览”“经贸活动”是第一层并列关系，“文物”“风情”“美术”“摄影”是第二层并列关系，如果不加区别，全用顿号，就会使全句层次变得混乱。可将第一个顿号改为逗号。

6. **分号**

复句内部并列分句之间的停顿，用分号。例如：

做，要靠想来指导；想，要靠做来证明。

一种读书方法是把书本当作教条，死背强记，生搬硬套；另一种是以书本为武器，随机应变，灵活运用。

非并列关系（如转折关系、因果关系等）的多重复句，在第一层次的前后两部分之间，也用分号。例如：

我国年满十八岁的公民，不分民族、种族、性别、职业、家庭出身、宗教信仰、教育程度、财产状况、居住期限，都有选举权和被选举权；但是依照法律被剥夺政治权利的人除外。

分条列举的各项之间，也可以用分号。例如：

按目的分，实验可以有六类：①定性实验；②定量实验；③模型实验；④析因实验；⑤模拟实验；⑥理想实验。

在一般性的并列短语间或者非并列关系的分句间，不能用分号。例如：

旅行车沿着环岛新铺的碎石公路飞驰，年代久远的玄武岩牌坊；干涸海塘内倾斜的渔船；绿油油的西瓜地相继进入视野。

这些展品不仅代表了两千多年前我国养蚕、纺织、印染、刺绣和缝纫工艺方面所达到的高度水平；而且也显示了我国古代劳动人民的聪明智慧和创造才能。

前一例中，“牌坊”“渔船”“西瓜地”是一般并列短语，它们之间应用顿号。后一例中两个分句间是递进关系，不是并列关系，不该用分号，要改为逗号。

7. 冒号

冒号用在称呼语“问、说、想、是、证明、宣布、认为、指出、透露、例如、如下”等词语后面，表示提起下文；用在总说性话语的后边，则表示引起下文的分述。例如：

事实证明：凡是科学中的重大发现，都是自觉或不自觉地运用辩证唯物主义的结果。

一年分为二十四个节气：立春、雨水、惊蛰、春分、清明、谷雨、立夏、小满、芒种、夏至、小暑、大暑、立秋、处暑、白露、秋分、寒露、霜降、立冬、小雪、大雪、冬至、小寒、大寒。

用在需要解释的词语后面，表示引出解释或说明。例如：

本店经营品种：服装、鞋帽、钟表、玩具和家用电器。

也可以在总括性话语之前使用冒号，表示总结上文。例如：

黄雪是售货员，曾获先进工作者称号；汪晔是护士，在抗击“新冠肺炎”疫情期间表现突出；叶郁群是司机，已安全行驶五万公里：他们都在各自的岗位上做出了成绩。

冒号不能用在无停顿处。例如：

到目前为止，在我看到的有关“文化大革命”的小说中，或者是：故事或人物为表现历史服务，写得过于“实”；或者是：把“文化大革命”背景淡化，突出人物或故事本身。

例中“或者是”和后面的宾语部分之间没有停顿，误用了冒号，把前后联系断开了，应当去掉。

（二）标号使用规范

1. 引号

引号标示行文中直接引用的话，标示行文中着重论述或强调的对象，标示具有特殊含义的词语。例如：

爱因斯坦说：“想象力比知识更重要，因为知识是有限的，而想象力概括着世界上的一切，推动着进步，并且是知识进化的源泉。”

我游黄山三天，真用得上“窥豹一斑”那个成语。

胡须很打眼，好像浓墨写的隶体“一”字。

引号里面还要用引号时，外面一层用双引号，里面一层用单引号。例如：

她举起手来提问："老师，成语'破釜沉舟'里的'釜'字是什么意思？"

引号里面是完整的句子时，引文末尾加句末点号（如句号、问号、叹号），引号外不再加句末点号。引号里面不是完整的句子时，引文末尾不加句末点号。例如：

"锲而舍之，朽木不折；锲而不舍，金石可镂。"不打持久的艰苦战，决不可能获得重大的成就。

建筑被称为"凝固的音乐"。

独立成段的引文如果只有一段，段首和段尾都用引号；不止一段时，每段开头仅用前引号，只在最后一段末尾用后引号。例如：

我曾在报纸上看到有人这样谈幸福：

"幸福是自己喜欢什么和不喜欢什么……

"幸福是自己擅长什么和不擅长什么……

"幸福是在正确的时间做了正确的选择……"

2. 括号

行文中注释性的文字或需要补充说明的文字，用括号表示。例如：

明朝万历三十七年（公元1609年）重修三大殿，仅采木一项，就费银九百三十余万两。

这一带在古代就是一个"少草木，多大沙"（《汉书·匈奴传》）的地方。

注释句子里某些词语的，括注紧贴在被注释词语之后；注释整个句子的，括注放在句末标点之后。例如：

写研究性文章跟文学创作不同，不能摊开稿纸搞"即兴"。（其实文学创作也要有素养才能有"即兴"。）

括号常用的形式是圆括号“（　）”，此外还有方括号“［　］”、六角括号“〔　〕”和方头括号“【　】”等形式。

（1）圆括号

标示下列各种情况，均用圆括号。

①标示注释内容或补充说明。例如：

我校拥有特级教师（含已退休的）17人。

我们不但善于破坏一个旧世界，我们还将善于建设一个新世界！（热烈鼓掌）

②标示订正或补加的文字。例如：

信封上写着：“阿夷（姨），你好！”

建筑工程全部达到优良工程（的标准）。

③标示序次语。例如：

语言有三个要素：（1）声音；（2）结构；（3）意义。

思想有三个条件：（一）事理；（二）心理；（三）伦理。

④标示引语的出处。例如：

他说得好：“未画之前，不立一格；既画之后，不留一格。”（《板桥集·题画》）

⑤标示汉语拼音注音。例如：

“的（de）”这个字在现代汉语中最常用。

（2）其他括号

标示作者国籍或所属朝代，可用方括号或六角括号。例如：

［英］赫胥黎《进化论与伦理学》

〔唐〕杜甫著

报刊标示电讯、报道的开头，可用方头括号。例如：

【新华社南京消息】

标示公文发文字号中的发文年份时，可用六角括号。例如：

国发〔2011〕3号文件

标示被注释的词语时，可用六角括号或方头括号。例如：

〔奇观〕奇伟的景象。

【爱因斯坦】物理学家。

3. 破折号

行文中解释说明的语句，用破折号标明。例如：

二氧化碳和水在合成车间——叶绿体里，发生奇妙的变化。

话题突然转变，用破折号标明。例如：

“好香的干菜——听到了风声了么？”赵七爷站在七斤的后面七斤嫂的对面说。

声音延长，在象声词后用破折号标明。例如：

“嘎——”传过来一声水禽被惊动的鸣叫。

事项列举分承，可以在各项之前用破折号。例如：

根据研究对象的不同，环境物理学分为以下五个分支学科：

——环境声学；

——环境光学；

——环境热学；

——环境电磁学；

——环境空气动力学。

4. 省略号

引文的省略或列举的省略，用省略号标明。例如：

于是在震耳的炮声中，我们不禁齐声朗诵起来：“……俱往矣，数风流人物，还看今朝。”

这句话像一道命令，人们都站起来了，一个，两个，三个……跑进风雨里。

话语或声音的断断续续，用省略号标示。例如：

她嗑嗑巴巴地说：“可是……太太……我不知道……你一定认错了。”

省略号不能和“等等”“之类”“云云”这些表示省略的文字并用，以免重复。例如：

在另一领域中，人却超越了自然力，如飞机、火箭、电视、计算机……等等。

打开报纸，满纸“界面友好”“功能强大”……云云，让人恨不得马上就掏钱。

在这两个例句中，应把省略号去掉，或把“等等”“云云”去掉。

5. 着重号

着重号用在文字下面，标明要求读者特别注意的字、词、句。例如：

帮闲，在忙的时候就是帮忙，倘若主子忙于行凶作恶，那自然也就是帮凶。

说“这个人说的是北方话”，意思是他说的是一种北方话，例如天津人和汉口人都是说的北方话，可是是两种北方话。

6. 连接号

连接号的形式有一字线“—”、短横线“-”和浪纹线“～”三种，要注意区分它们的使用场合。

一字线用于连接地名或方位名词，表示起止、相关或走向；连接几个相关的项目，表示递进式发展；连接时间的起点和终点，表示时间段。例如：

经空军和民航总局批准，北京—武夷山—广州航线于12月1日首航。

人类发展可以分为古猿—猿人—古人—新人这四个阶段。

鲁迅（1881—1936）是中国现代伟大的文学家、思想家和革命家。

短横线用于连接相关词语，构成复合名词；连接字母、阿拉伯数字等，组成产品型号及各种代号；全数字式日期表示连接年、月、日。例如：

铝-镍合金

CH-53E是在CH-53D基础上重新设计的更大型的重型起重直升机，公司编号S-80，绰号“超种马”。

2004-3-31

浪纹线用于连接相关的阿拉伯数字或代表数量的字母，表示数值或量值范围。例如：

气温保持在15～23℃（也可表示成15℃～23℃）之间。

在社会科学类出版物中，表示数值范围也可用一字线。例如：

生产率提高了5%—10%。

7. 间隔号

间隔号用于标明外国人或某些少数民族人姓名内各组成部分的分界或书名与篇（章、卷）名之间的分界。例如：

列奥纳多·达·芬奇　　尼古拉·哥白尼

爱新觉罗·努尔哈赤　　阿沛·阿旺晋美

《中国大百科全书·语言文字》

《史记·廉颇蔺相如列传》

间隔号也可用在构成标题或栏目名称的并列词语之间。还可标示词牌、曲牌、诗体名等和题名之间的分界。例如：

《天·地·人》

《天净沙·秋思》

8. **书名号**

标示书名、卷名、篇名、刊物名、报纸名、文件名等。例如：

《红楼梦》的作者是曹雪芹。

《狂人日记》是现代文学史上最早的一篇白话小说。

他的文章在《光明日报》上发表了。

他订阅了一年的《语言文字应用》。

标示电影、电视、音乐、诗歌、雕塑等各类用文字、声音、图像表现的作品名称或简称。例如：

《渔光曲》（电影名）

《追梦录》（电视剧名）

《勿忘我》（歌曲名）

《沁园春·雪》（诗词名）

《东方欲晓》（雕塑名）

《光与电影》（电视节目名）

《社会广角镜》（栏目名）

《庄子研究文献数据库》（光盘名）

《植物生理学系列挂图》（图片名）

我读了《念青唐古拉山脉纪行》一文（以下简称《纪行》）。

标示全中文或中文在名称中占主导地位的软件名。例如：

科技人员研制《电脑卫视》杀毒软件。

并列书名号之间一般不加顿号，如果并列书名号之外还有其他文字会造成书名相关信息的界限不清，则须加顿号分隔。例如：

解放后，钱锺书先生出版有《宋诗选注》、《管锥编》五卷、《七缀集》、《槐聚诗存》等。

书名号里边还要用书名号时，外面一层用双书名号，里面一层用单书名号。例如：

《〈中国工人〉发刊词》发表于1940年2月7日。

9. 专名号

人名、地名、朝代名等专名下面，用专名号标示。例如：

这武松提了哨棒，大着步，自过景阳冈来。

孔子去曹适宋，与弟子习礼大树下。

专名号只用在古籍和某些文史著作里面。为了跟专名号配合，这类著作里的书名号可以用浪线标示。

10. 分隔号

标号的一种，又称“正斜线号”，标示提行、节拍和某些相关文字的分隔。

诗歌接排时分隔诗行（也可以用逗号和分号）。例如：

春眠不觉晓/处处闻啼鸟/夜来风雨声/花落知多少。

标示诗文中的音节节拍。例如：

横眉/冷对/千夫指，俯首/甘为/孺子牛。

分隔供选择或可转换的两项，表示“或”。例如：

动词短语中除了作为主体的述语动词之外，还包括述语动词所带的宾语/补语。

分隔组成一对的两项，表示“和”。例如：

T13/14次特别快车

羽毛球女双决赛中国组合杜婧/于洋两局完胜韩国名将李孝贞/李敬元。

分隔层级或类别。例如：

时段一般可分为：世纪/年代/年/季度/月/旬/日/小时/分/秒

（三）标点符号的位置

句号、问号、叹号、逗号、顿号、分号和冒号一般占一个字的位置，居左偏下，不可以出现在一行之首。

引号、括号、书名号的前一半不出现在一行之末，后一半不出现在一行之首。

破折号和省略号都占两个字的位置，中间不能断开。如果是整段文章或诗行的省略，可以使用十二个小圆点来表示，占四个字的位置。连接号和间隔号一般情况下占一个字的位置。在书写和印刷时，这四种符号要上下居中。

着重号、专名号和浪线式书名号标在字的下边，可以随字移行。

（四）直行文稿的标点符号

直行文稿的标点符号只有以下几项和横行文稿不同。

句号、问号、叹号、逗号、顿号、分号和冒号放在字下偏右。

破折号、省略号、连接号和间隔号放在字下居中。

引号改用双引号“﹁”“﹂”、单引号“「”“」”。

着重号标在字的右侧，专名号和浪线式书名号标在字的左侧。

三、夹用英文的中文出版物对标点符号的规范使用

夹用英文的中文出版物对标点符号的使用主要遵循新闻出版行业标准《中文出版物夹用英文的编辑规范》（CY/T 154—2017）。该标准要求，夹用英文的中文出版物在整体的编辑方式上要体现中文特点，对夹于中文内的英文内容，应采用英文的编辑方式。

（一）标点符号的处理

1. 形式。中文的标点符号通常是全角字符，英文的标点符号通常是半角字符。

2. 基本用法。中文句子夹用了英文的单词或词组，该句子应用中文标点符号结尾。例如：

英文单词 hello 是“您好”的意思。

3. 中文句子引用英文句子，引号使用中文形式。所引的英文句子中和末尾都用英文标点符号。例如：

记得她当时问我“What's up?”。

他今天演讲的题目是“I've a dream”。

4. 英文标题或英文引用中的标点符号应保留。例如：

今天晚报的头条是不是“Pension Stops Growing?”？

（二）人名缩略翻译的处理

中文人名缩略后为间隔号“·”，英文人名缩略后为下脚点“.”。例如：

詹姆斯·R. 道迪；J. R. 道迪

（三）英文书刊名的处理

中文句子中夹用英文书刊名时，应用英文斜体，而不应借用中文书名号。例如：

她翻译的 *Into the Magic Shop* 是今年的畅销书。

第四节　数字与计量单位使用规范

数字与计量单位使用规范是编辑加工书稿时经常遇到的问题。编辑只有熟悉、掌握相关国家标准规范，才能在书稿审读和编辑中避免出现编校质量差错。

一、数字用法

除文艺类和古籍整理出版物外，出版物上使用数字必须遵循 2011 年修订的国家标准《出版物上数字用法》（GB/T 15835—2011）。

目前，数字表示有三个系列的形式。一是阿拉伯数字：0 1 2 3 4 5 6 7 8 9。二是小写汉字数字：〇（零） 一 二 三 四 五 六 七 八 九 十 百 千 万 亿。其中的“〇”用于编号或表示顺序，“零”用于表示数量，如：二〇一〇年　一〇五号　一百零五人　三千零六十吨。三是大写汉字数字：零　壹　贰　叁　肆　伍　陆　柒　捌　玖　拾　佰　仟　万　亿。

一般的出版物上和我们日常传递信息，大都使用阿拉伯数字或小写汉字数字，所以，通常说的“汉字数字”就是指小写汉字数字。国家标准规范的数字用法也是这两个数字系列的用法。大写汉字数字系列仅用于法律文书和财务票据上。

参考文献表中标注版次、卷次、页码，除古籍应与所据版本一致外，一般使用阿拉伯数字；引用法规和重要文献内容，其数字应按原来写法书写，不要改变；文章竖排时，文中所涉及的数字除必须保留的阿拉伯数字外，应一律用汉字，必须保留的阿拉伯数字、外文字母和符号均按顺时针方向转 90 度。

（一）选用阿拉伯数字的情况

下列情况宜选用阿拉伯数字：

第一，计数的数值，包括正负整数、小数、分数、百分比、比例等。如“100”“26．8”“95%”“5/8”。

第二，当数值伴随有计量单位时，如长度、容积、面积、体积、质量、温度、经纬度、音量、频率等，特别是当计量单位以字母表达时，应采用阿拉伯数字。如“400 km”“50 MPa”“123 mm^3（123 立方毫米）”“120 dB（120 分贝）”。

第三，在使用数字进行编号的场合，为达到醒目、易于辨识的效果，宜采用阿拉伯数字。如“图 2-1”“表 1”“101 国道”“302 路公交车”。

第四，已定型的含阿拉伯数字的词语，如“5G 手机”“98 号汽油”“G8 峰会”等。

（二）选用汉字数字的情况

以下情况应选用汉字数字。

第一，数字作为语素而定型构成的词、词组、成语、惯用语、缩略语或具有修辞色彩的词语，如“星期五”“一律”“三心二意”“‘十五’规划”“二氧化碳”“八国联军”“九三学社”“十月革命”“不管三七二十一”“白发三千丈”。

第二，干支纪年、农历月日、历史朝代纪年，以及其他传统采用汉字形式的非公历纪年等，如“八月十五中秋节”“丙寅年十月十五日”“腊月十五”“唐太宗贞观二十三年”“藏历阳木龙年八月二十六日”“日本庆应三年”。

第三，相邻的两个数字并列连用表示概数，如“两三天”“五六人”“七八十种”。在这种情况下，两个数字中间不能用顿号隔开。

第四，带有“几”字表示约数的数字，如“十几天”“一百几十次”“几十万分之一”。

（三）按上下文选择使用阿拉伯数字和汉字数字均可的情况

在许多情况下，汉字或阿拉伯数字的使用应根据稿件中上下文的具体情况进行选择。使用数字应以得体为原则。一般情况下，用“……多”“……余”表示的约数及不精确的整数用汉字，如“十余件作品”“一千多年”。但若文中同时出现一组具有统计和比较意义的数字，而且其中有精确数字，在用“……多”“……余”表示约数时，为保持体例上的一致，其约数也可以用阿拉伯数字，如“全校有学生 25 000 人，其中获奖学金的有 7 500 多人，获其他奖项的有 1 000 多人”。

在同一场合出现的数字，应遵循“同类别，同形式”原则来选择数字的书写形式。如果要突出简洁醒目的表述效果，应使用阿拉伯数字；如果要突出庄重典雅的表达效果，应使用汉字数字。

（四）“二、两、俩”的用法

当作数字或在数学中，用“二”不用“两”。如“一加一等于二”“一元二次方程”。序数、小数、分数中用“二”不用“两”。如“第二”“二哥”“零点二”“二分之一”。在一般量词前个位数用“两”不用“二”，多位数中的个位数用“二”不用“两”。如“两个人”“去了两次”“去了十二次”。在传统的度量衡单位前，“两”和“二”一般通用，只是在质量单位“两”前用“二”不用“两”。如“二（两）尺布”“二两油”（不说“两两油”）。在多位数中，百、十、个位用“二”，千位以上多用“两”，但首位以后的百、千、万前多用“二”。如“二百二十二”“两千元”“两亿人口”“三万二千二百人”。

（五）使用数字时应注意的一些具体问题

第一，表示年月日时，不能略去表示世纪的数字。如“1995 年”不能写成“95 年”。月和日是一位数时，可在数字前补“0”。如“2012-05-06”。

这时必须年月日齐全，缺少任何一项时，都不能用简略形式。

第二，表示年代时，不能省略“世纪”。如“20 世纪 80 年代”不能写成“80 年代”。

第三，在表示数量或顺序范围时，如使用的是百分率形式或以“万、亿”等作基本单位，前一个数字后不能漏百分号或“万、亿”等，如“35%～50%”不能写成“35～50%”，“9 万～10 万”不能写成“9～10 万”。

第四，简略表示时、分，可以用英文冒号取代“时、分”。如“21:24:13”。

第五，注意“零”与“〇”的选用。汉字用于编号时，应该用“〇”；在计量时，用“零”。例如：

二〇一〇年　公元前三〇五年　三千零二十五

九十五点零六

但在表示非公历纪年时，一般不用“零”与“〇”。例如：

明万历二十年　清咸丰十年

二、计量单位

除古籍类和文学类出版物外，所有出版物特别是教科书和科技类书刊，量和单位的使用应遵照国家标准《国际单位制及其应用》（GB 3100—1993）、《有关量、单位和符号的一般原则》（GB 3101—1993）和 13 个关于各专业领域中量和单位使用的国家标准的规定（编号自 GB 3102．1 至 GB 3102．13，都于 1993 年公布）。

我国现行的法定计量单位以国际单位制（SI）为基础，并结合我国国情，加选 16 个非国际单位制的单位构成。

法定计量单位的中文名称及其简称，可用于叙述性文字中。

法定计量单位（包括十进单位词头）的符号有两种形式：单位符号（俗称单位的国际符号、外文符号，如“m”“cm”“kg”）和中文符号（如“安”“焦”“纳米”）。中文符号一般借用单位与词头的中文名称的简称，如电压单位名称“伏特”，简称“伏”作为中文符号使用（省去“特”字）；没有简称的，就以单位和词头名称（如“厘米”“千克”）作为中文符号。单位和词头的符号用于公式、数据表、曲线图、刻度盘和产品铭牌等需要明了的地方，也用于叙述性文字中。中文符号一般只在小学、初中教科书和普通书刊中必要时使用。使用时不能将中文单位名称和中文符号混淆。如，面积的中文单位名称是“平方米”，其中文符号是“$米^2$”。

一些权威国际学术组织根据其学科的特殊需要，推荐使用某些非国际单位制单位。这些单位称为“许用单位”，仅允许在该学科范围内使用，如天文学中的长度单位“光年”、原子物理学中的长度单位“埃”等。但是，一旦有关国际学术组织宣布废除这些单位，或者我国已经广泛使用相应的法定计量单位，就应停止使用“许用单位”。例如，气象学中的气压单位“毫巴”现在就应使用其相应的法定计量单位“百帕”，上述长度单位“埃”也应逐渐换算为“纳米”。

对于不得不出现的某些非法定计量单位（如“英寸”“码”）或法定计量单位旧称，应采用对照处理的方法，表明非法定计量单位与法定计量单位之间的换算关系。

在出版工作中，尤其需要注意以下几个方面。

（一）规范量名称及其符号的使用

这里的“量”是“物理量”的简称，是指现象、物体或物质的可以定性区别和定量确定的一种属性，不包括日常生活中能通过计数得出多少的计数量。

1. 量名称使用不规范

①使用已废除的或非规范的量名称。如不用“质量”而用“重量”（但有关日常生活和商品贸易内容的稿件可以保留使用“重量”），不用“密度”或“相对密度”而用“比重”，不用“电流”而用“电流强度”，不用“热力学温度”而用“绝对温度”“开氏温度”，不用“物质的量”而用“摩尔数”，等等。常见的非规范的量名称和规范的量名称见表 4-1。

表 4-1 非规范的量名称和规范的量名称示例

非规范的量名称	规范的量名称	说明
重量	质量	在人们日常生活中，质量习惯被称为重量
比重	密度；相对密度	当单位为 kg/m^3 时，改为密度；当与 4 ℃同体积水质量比时，改为相对密度
绝对温度，开尔文温度	热力学温度	
绝对温标，开尔文温标	热力学温标	
表面光洁度	表面粗糙度	
比热	质量热容，比热容	
电流强度	电流	
摩尔浓度	物质的量浓度	
体积百分数，体积百分浓度	体积分数	
重量百分数，重量百分浓度	质量分数	
马力	功率	
绝对零度	0 K，零开，零开尔文	

②同一名称出现多种写法。主要分两种情况，一种是因人名的译写不规范导致的量名称不规范使用。例如：“阿伏加德罗常数”常被写成“阿伏伽德罗常数”“阿佛加德罗常数”；“傅里叶数”常被写成“付里叶数”“付立叶数”“傅立叶数”等等。另一种是由于国家标准未对多种写法进行统一而导致的不一致使用。常见的国家标准中未作统一的量名

称见表 4-2。对于此类情况，恰当的处理方法是保持量名称在全文、全书中写法一致。

表 4-2　国家标准中未作统一的量名称示例

耦合因数	耦合系数
漏磁因数	漏磁系数
摩擦因数	摩擦系数
玻耳兹曼常量	玻耳兹曼常数
普朗克常数	普朗克常量

③使用“单位名称 + 数”构成的名称形式。“单位名称 + 数”常见于生活语言中，如“他在北京待了不少天数”，句中“天数”不宜改为“时间”。但这种形式仅限于法定计量单位不包含的日常生活中应用的单位，而在使用法定计量单位的场合要避免出现，尤其是在科技类出版物中。常见的“单位名称 + 数”构成的非规范的量名称见表 4-3。

表 4-3　“单位名称 + 数”构成的非规范的量名称示例

非规范的量名称	规范的量名称	说明
米数，公里数，千米数	长度	根据情况选用长度、宽度或高度等
年数，月数，天数，小时数，分钟数，秒数	时间	
摩尔数	物质的量	
吨数	质量	
瓦数	功率	
安培数	电流	
分贝数	级差	

2. 量符号使用不规范

①量符号使用了正体字母。国家标准规定，除 pH 外，无论正文的其他字体如何，量的符号都必须用斜体印刷。

②量符号中辅助符号不规范，正斜体、大小写混乱。例如，将输出电压 U_o、输入电压 U_i 的下标 o、i 排成了斜体。在对字母正斜体的处理上，可简单归纳为：表示变量的字母，一般用斜体；具有特殊定义、特别含义的字母，表示单位和运算符的字母要用正体。可以看出，输出电压 U_o、输入电压 U_i 的下标 o 、i 是具有特定定义的，因此要用正体。

③没有使用国家标准规定的量符号。常见的有：随意用英文单词首字母作量符号，如用 E 表示地球质量，但质量符号是 m，已规定的符号不能随意修改。用元素符号、化学式作为量符号，如将小苏打的质量写成 $\mathrm{NaHCO_3}$=2 kg，规范的写法为 m（$\mathrm{NaHCO_3}$） =2 kg。量符号的辅助符号没有采用国标规定的符号。如辐射能，国标规定的符号为 E_R，但有的写成了 E_F，$E_{辐}$。

④混淆希腊字母与英文字母。如导热系数的希文 κ 与英文 k，角速度的希文 ω 与英文 w，泊松比的希文 μ 与英文 u，表示密度的希文 ρ 与英文 p 等。

⑤量符号大小写错误。有些量符号的大小写所代表的含义有一定的规定，若用错则会引起含义的变化。常见字母大小写的含义如下：p（压 强）、P（功率）；c（光速）、C（热容），V（体积）、v（速度）；T（热力学温度）、t（摄氏温度）等，在审稿时要加以区别。

⑥以量的英文名称缩写字母组合作为量的符号。如用 LCT 表示下临界温度，LCT 是英文 Lower Critical Temperature 首字

母缩写，规范的量符号应为 $T_{c,l}$。

（二）规范单位名称和中文符号的使用

在书刊中，单位名称只用于叙述性文字中。在单位名称和中文符号的使用方面，编辑需要注意对稿件中常见的不规范现象予以改正。

①使用了非规范的单位名称。常见的不规范、淘汰的单位名称见表 4-4。

表 4-4　常见的不规范、淘汰的单位名称示例

非规范的单位名称	规范的单位名称
公尺	米
公分	厘米
公升	升
度	千瓦时
西西	立方厘米，毫升
[市]斤	（0.5）千克
[市]两	（50）克
[市]里	（0.5）千米
[市]尺	（1/3）米
瓩	千瓦
立米，立方，方	立方米
平米，平方	平方米

②相除组合单位名称与其符号的顺序不一致，名称中没有“每”或“每”多于 1 个。乘除形式的单位名称，按单位符

号出现的顺序命名，其中乘号省去，除号写成“每”，但无论分母中有多少个单位，“每”只能出现一次。如冲量 I 单位“N·s”，其单位名称按顺序写为“牛顿秒”或“牛秒”，不能写成“秒牛顿”或“秒牛”；质量热容单位“J/（kg·K）”的正确名称是“焦耳每千克开尔文”，不能写成“焦耳每千克每开尔文”；速度单位“m/s”的正确名称是“米每秒”，不能写成“米秒”“秒米”“每秒米”。

③乘方形式单位名称错误。例如：面积单位“m^2”的正确名称“平方米”常会错成“二次方米”“米平方”“平米”“平方”；截面系数单位“m^3”（非体积单位）的正确名称“三次方米”常会错成“立方米”“米三次方”“米立方”。“平方”和“立方”只用于表示面积和体积的单位名称中，其他情况用“二次方”“三次方”。

④组合单位名称中加入了符号。例如：摩尔体积单位“m^3/mol”的正确名称“立方米每摩尔”常会错成“立方米/摩尔”“立方米/每摩尔”“立方米·摩尔$^{-1}$”。

⑤把中文单位名称与中文符号混淆使用。例如：力矩单位“N·m”的正确中文符号“牛·米”常会错成“牛顿米”“牛米”。

⑥使用不是单位的中文符号的符号。例如：浓度单位“mol/m^3”的正确中文符号“摩/米^3”或“摩·米$^{-3}$”常会错成“摩尔/立方米”“摩尔·米$^{-3}$”“摩/立方米”。

⑦专业科技读物及高中以上的理科教材应该使用单位的国际符号却用了单位的中文符号。例如：

误：10 米/秒 × 60 秒 = 600 米

正：10 m/s × 60 s = 600 m

⑧将单位名称拆开来使用。如“5 摄氏度”误写成“摄氏 5 度”。单位名称和单位符号必须作为一个整体使用，不得拆开。

（三）规范单位符号的使用

国际通用的单位符号，是以拉丁字母或希腊字母表示的。它们可以用于一切需要简单明了表达的地方，也用于叙述性文字中。

稿件中较常见到下列几种误用单位符号的情况，编辑在进行加工整理时应予以识别并加以改正。

①单位符号字体错误。一是单位符号应该用正体印刷，却用了斜体；二是对该用小写字母的一般单位符号用了大写（升的符号 L 例外），对因来源于人名而应该首字母大写的单位符号用了小写。例如：

误：	M	S	T	pa
正：	m（米）	s（秒）	t（吨）	Pa（帕）
误：	HZ	EV，ev		DB，db
正：	Hz（赫）	eV（电子伏）		dB（分贝）

②把非标准符号作为单位符号使用。中文书刊不得以英文单位名称或缩写作为单位符号。避免将 ppm、ppb、ppt 等用作单位符号。例如：

误：	m	sec	hr	rpm
正：	min（分）	s（秒）	h（时）	r/min（转每分）

③相除组合单位中的斜线“/”多于 1 条。例如药物剂量的单位符号：

误：mg / kg / d

正：mg /（kg · d）

④ 对单位符号进行修饰。例如：

误：Ln（标准升）　Nm^3（标准立方米）　%（*V* / *V*）

正：　L　　m^3　　%

⑤误将单位符号与单位名称组合，或将单位符号与单位的中文符号组合。例如密度单位误写成克 / 立方厘米、克 / cm^3 或 g/ 厘米 ^{3}。正确写法是 g/cm^3 或克 / 厘米 ^{3}。

组合单位中一般不得同时使用单位符号和单位的中文符号，但组合单位中有“元”“件”等非物理量单位时，可以混合使用，例如：元 / kg。

⑥组合单位中漏标了圆括号。在组合单位中，分母有一个以上单位的应加圆括号；少数特殊单位，必须使用圆括号。例如：

误：　W/m · K（热导率单位）　　/º（平面角单位）

正：　W/（m · K）或 W ·（m · K）$^{-1}$　　/（º）

（四）规范国际单位制词头符号的使用

国际单位制词头符号的误用在稿件中也是较常见到的。编辑对下列几种不规范的情况都应该改正。

①词头符号的字体错误。一是对必须使用正体印刷的词头采用了斜体；二是词头符号的大小写混淆。例如：

误：*M*（10^6）　*P*（10^{-12}）　K（10^3）　z（10^{21}）

正：M（10^6）　p（10^{-12}）　k（10^3）　Z（10^{21}）

② 词头符号独立使用。例如：

误：　μ　　k　　M

正：μm（微米）　kΩ（千欧）　MΩ（兆欧）

需要说明的是，在某些特殊情况下（如在电路图上作标示），词头符号可以作为特例少量使用。

③词头符号重叠使用。例如：

误：　mμm　　μμF　　kMW

正：nm（纳米）　pF（皮法）　GW（吉瓦）

④对乘方形式的单位加错了词头。例如：7 200 m^3 和 7.2 km^3 的形式，后者表示 7.2×（10^3m）^{3}=7.2×$10^9$$m^3$。

（五）正确处理应废弃的非法定计量单位

稿件中若使用应废弃的非法定计量单位时，编辑需要区分具体情况进行处理。

①正确处理市制单位。市制单位“里”“丈”“尺”“寸”“斤”“两”“钱”“亩”“分”等在一般情况下不应使用，但是在普通读物特别是以农民为读者对象的读物中，土地面积的市制单位“亩”“分”在表示小面积时暂时还可使用。对这类读物，在保留市制单位的同时，编辑要添加上其与法定计量单位公顷（hm^2）或平方米（m^2）的换算关系说明，以尽早完成向法定计量单位的过渡。

②正确处理英制单位。英制单位是应废除的非法定计量单位，目前“属限制使用的单位”。所以，一般情况下不应使用英制单位，如果确有需要使用，可采用括注的形式。如“74 cm（29 英寸）彩色电视机”。

③正确处理其他应废弃的非法定计量单位。在一般情况下，非法定计量单位应该改用法定计量单位，如“kgf（千克力）”“atm（标准大气压）”“cal（卡）”应该相应地改用法定计量单位“N（牛）”“Pa（帕）”“J（焦）”。

但是，对表示血压的“mmHg（毫米汞柱）”的处理却有些不同。

“mmHg（毫米汞柱）”也是非法定计量单位，照理也应予废除而改用法定计量单位 Pa（帕）。但考虑到我国国情，并借鉴国际上其他主要国家血压计量单位的使用情况，为更有利于医疗诊断工作和国际间的交流与合作，国家对血压计量单位的使用作出如下规定：在临床病历、体检报告等非出版物中可使用 mmHg 或 kPa；在出版物及血压计（表）使用说明中可使用 mmHg 或 kPa。如果使用 mmHg，应注明 mmHg 与 kPa 的换算关系；根据国际交流和国外学术期刊的需要，可任意使用 mmHg 或 kPa。

第五节　科技名词使用规范

在出版物的语言文字规范中，科技名词的规范也是其中重要部分。科技名词涉及的专业领域多，数量大而且增长迅速。对于编辑出版人员，了解科技名词特点和基本知识以及科技名词使用的规范，掌握一些常用的科技名词，有利于提高出版物的质量。

一、科技名词的特点

科技名词，又称科学技术名词，也称术语，是科学技术概念的名称。一般是以语言文字形式体现，有时也用符号表示。

科技名词除符合一般语言的规律外，还具有专业性、科学性、单义性、简明性、系统性等特点。

1. 专业性

科技名词是用来表达专业领域的概念，是专用语言。专业性使得科技名词的使用具有一定的范围，如果超出了这个范围，它就由专用语言变成了通用语言。如“整合”“板块”，在地质科学里是表达一定的科学概念的，但是如果离开了地质科学，它们就成为普通的语言词汇。

2. 科学性

科技名词一般要准确表达科学含义，“名符其义”。如

“激光”是钱学森首次提出命名的，这个词就含有“光”和“受激”两个关键性科学信息，而据英文音译的“雷射”“莱塞”等不具有这个特点。

3. 单义性

科技名词在某一特定专业范围内是单义的。这是科技名词与一般词汇的最大不同。一般来说，在同一个领域内，一个科技名词只对应一个科技概念，反之亦然。如“大气质量”，是指大气的多少还是指大气的优劣？实际上，国家有关机构经过审定，将指称“大气的多少”定名为“大气质量”，而将指称“大气的优劣”定名为“大气品位”，这样就达到“一词一义”了。

4. 简明性

科技名词一般比较简单易记。近年来，科技名词在审定中，对于字节较多的词或英文词首缩略词，一般考虑取用简单易记的词语。如冠状动脉粥样硬化性心脏病（coronary heart disease），经审定后，简化为“冠心病”；获得性免疫缺陷综合征（acquired immune deficiency syndrome）按英文词首缩略词 AIDS，简化为“艾滋病”；“无线电探测与定位”（radio detecting and ranging），也是按英文词首缩略词 radar 定名为“雷达”。

5. 系统性

科技名词能反映出其指称的概念在整个概念体系中的位置特征。如数学名词“向量”“向量化”“向量化率”，就体现出上下层级的关系。又如，元素周期表中，金属元素的中文名都用“钅”字旁，也是一种系统性的体现。

二、科技名词规范的进程

科技名词规范的进程是指国家有关机构依照一定的原则和方法，组织各领域的专家学者对各领域的科技概念给予规范的名称并公布和推广使用的过程。

（一）我国科技名词规范工作机构

全国科学技术名词审定委员会是组织科技名词审定和公布的主要机构（前称是全国自然科学名词审定委员会）。该机构 1985 年由中国科学院和科技部共同组建，并经国务院授权，具有组织审定和公布各个学科名词的职责。成立以来已按学科审定公布了 100 多个学科领域的名词。同时，在国家有关部门的支持下组织开展海峡两岸的科技名词交流、对照和统一，已经在 30 多个领域开展工作，为海峡两岸和平发展作出了贡献。

（二）相关法规、政策和制度

科技名词规范是语言规范的重要部分，一直得到国家的重视。早在 20 世纪 80 年代末，国务院在国函【1987】142 号文中即明确指出，审定、公布各学科名词是全国科学技术名词审定委员会的职权。经其审定、公布的名词具有权威性和约束力，全国各科研、教学、生产、经营、新闻出版等单位应遵照使用。

1990 年，新闻出版署会同国家科委、中国科学院、国家教委联合印发《关于使用全国自然科学名词审定委员会公布的科技名词的通知》，明确提出三项要求：一是各新闻单位要通过各种传播媒介宣传名词统一的重要意义，并带头使用已公布的名词。二是各编辑出版单位今后出版的有关书、刊、文献、资料，要求使用公布的名词。特别是各种工具书，应把是否使用已公布的规范名词作为衡量该书质量的标准之一。三是凡已公布的各学科名词，今后编写出版的各类教材都应遵照使用。这个法规性文件的印发，促进了科技名词在新闻出版界的规范使用。

2015 年，为进一步加强出版物规范使用科技名词，颁布了新闻出版行业标准《学术出版规范 科学技术名词》（CY/T 119—2015）。该标准要求出版物使用科技名词应首选国家科技名词审定机构公布的规范词。

此外，在出版物质量专项检查活动和全国新闻出版人员继续教育培训中，出版物规范使用科技名词作为一项重要内容被纳入。在《图书质量管理规定》附则中提出，使用科技术语不符合全国科学技术名词审定委员会公布的规范词的，每处计 1 个差错。在《报纸期刊质量管理规定》附件中提出，使用科技术语不符合全国科学技术名词审定委员会公布的规范词的，每处计 0.5 个差错。

规范使用科技名词还被纳入中小学教材审查、高校学报的编排规范和科技期刊的质量要求。如《全国中小学教材审定委员会工作章程》提出，名称、名词、术语均应采取国际统一名称或国家统一规定名称。《中国高等学校自然科学学报编排规范（修订版）》中明确规定，应使用全国科学技术名词审定委员会审定公布的各学科的名词。《科技期刊学术类质量要求及其评估标准》也提出应贯彻国家有关出版标准，学术专业名词和术语要求统一、标准、规范。

三、科技名词的规范使用

（一）使用国家审定公布的规范词

国家审定、公布的科技名词凝聚着各学科领域专家、学者的智慧，是语言规范的重要成果。出版物使用规范的科技名词，有利于厘清各学科领域的概念，完善学科的概念体系，促进学科的发展。如“白细胞”“红细胞”主要是指血液中的一类细胞，而过去称之为“白血球”“红血球”是不能准确反映概念内涵的。“维生素”是指称生物生长和代谢所必需的一类微量有机物，而相比之下，“维他命”是外文词的音译，不具备科学性。“喀斯特”主要是指发生在石灰岩地区的一种地貌过程和现象，在欧洲，以斯洛文尼亚西南部地区石灰岩高原著名，“喀斯特”译名源于当地地名。喀斯特现象不仅包括溶解，还有搬运与沉积等过程，而且除了石灰岩外，黄土、冰川等可溶性物质也有类似过程，因此使用“喀斯特”比使用“岩溶”更为合理，且与国际接轨。“概率”是指随机事件出现的可能性的量度，物理中曾称为“机率”“几率”，后经协调，改为“概率”，与数学保持一致。

这样的例子很多，如“剖腹产”“阿茨海默症”“抗菌素”都为非规范名，正确的名词分别是“剖宫产术”“阿尔茨海默病”“抗生素”。常见的科技名词非规范用法和规范用法见表 4-5。

对于国家尚未审定公布的科技名词，宜使用单义性强、切近科学内涵和行业惯用的名词。

表 4–5　科技名词非规范用法与规范用法示例

非规范用法	规范用法
胺基酸	氨基酸
布耳运算	布尔运算
测不准原理	不确定[性]原理
阿茨海默病；阿茨海默症	阿尔茨海默病
辩证施治	辨证施治
标记语言	置标语言
喋呤	蝶呤
分支杆菌	分枝杆菌
腹泄	腹泻
隔肌	膈肌
胶元	胶原
蜡叶标本	腊叶标本
脲酶	尿酶
排泻	排泄
神经原	神经元
石腊	石蜡
糖元	糖原
雾淞	雾凇
甙	苷
矽	硅
矽肺	硅肺；硅肺病；硅沉着病
芽胞	芽孢

续表 1

非规范用法	规范用法
紫外光	紫外线
综合症；症候群	综合征
组份	组分
戴奥辛	二噁英
A 型肝炎；A 肝	甲型肝炎；甲肝
Ⅰ型糖尿病	1 型糖尿病
通讯技术	通信技术
数位信号	数字信号
X 光	X 射线；X 线
格林威治	格林尼治
范德瓦力；范德华力	范德瓦耳斯力
水蒸汽	水蒸气
大脑皮层	大脑皮质
纳米碳管	碳纳米管
高血脂症	高脂血症
甘油三脂	甘油三酯
螺旋杆菌	螺杆菌
坳陷	拗陷
存贮器	存储器
泾流；迳流	径流
罗音	啰音
麻疯病	麻风病
癫痌	癫痫
萤光灯	荧光灯

续表 2

非规范用法	规范用法
秸杆	秸秆
钠蒸汽	钠蒸气
超音波	超声波
拌合物	拌和物
脚指	脚趾
沙岩	砂岩
座标	坐标
失音	失声
电流强度	电流

（二）规范使用科技名词要注意的几个问题

1. 异名的使用

国家有关机构在审定科技名词时，遇到一个概念有多个名称时，首先确定一个名称为正名（规范名），其他为异名。异名主要包括“全称”“简称”“又称”“曾称”“俗称”。

“全称”与“简称”与正名等效使用。如煤炭科技名词“矿山压力”，简称“矿压”；细胞生物学名词“配对”，全称“染色体配对”。

“曾称”是已淘汰的名称，“俗称”是非学术名词，不应使用。如医学名词“银屑病”（psoriasis）曾称“牛皮癣”；公路科技名词“施工步道”俗称“猫道”；语言学名词“方言”俗称“土语”。“牛皮癣”“猫道”“土语”不应使用。

“又称”不推荐使用。科技名词审定中，由于考虑使用习惯和相对稳定等因素，有时会出现暂时无法协调一致的情况，于是在确定一个规范名的同时，增加“又称”。但是“又称”为非推荐名，应尽可能少用或不用。如心理学名词“心理年龄”又称“智力年龄”，后者是国家不推荐使用的。如确需使用“又称”，在同一篇文章或同一种出版物中，要前后一致。

2. 字母词的使用

字母词在科技名词中比较常见，一般是指全部由字母组成或由字母与汉字、符号、数字等组合而成的科技名词。在审定过程中，由于一时难以找到恰当的汉语文字来定名外文科技名词，就会使用字母词。如 X 射线、pH 值、JAVA 语言等。

使用字母词时，要注意以下几个方面：

一是字母词是规范名词的全称、简称，可使用；字母词是曾称、俗称的，不能使用。如免疫学名词“恒定链”全称“Ia 相关恒定链”，曾称“II 类分子 γ 链”，“Ia 相关恒定链”可以使用，“II 类分子 γ 链”不能使用；生物化学名词“脱氧核糖核酸”的简称“DNA”可以使用。

二是字母词是规范名词的又称，应尽量少用。如生态学名词“压力–容积曲线”又称“PV 曲线”；细胞生物学名词“转录酶”又称“依赖于 DNA 的 RNA 聚合酶”。“PV 曲线”“依赖于 DNA 的 RNA 聚合酶”应尽量少用，使用时还要注意文中前后一致。

3. 其他情况

同一概念在不同学科有不同名称的，宜根据出版物所在的学科领域来选用。如既有大小又有方向的量，数学中称“向量”，又称“矢量”，在物理学中称“矢量”。又如，中心位于副热带地区的高压系统，大气学中称“副热带高压”，地理学中称“亚热带高压”。应根据学科或领域选择使用。

（三）科技名词中难点词的甄别

1. 象与像

“象”指自然界、人或物的形态、样子。如意象、表象、物象、气象、天象、浑象、蚀象、体象、危象、磁象、心象、磁象仪、晶格象、分裂象、同质多象、唯象系数、波粒二象性等。

“像”指用模仿、比照等方法制成的人或物的形象，也包括光线经反射、折射而形成的与原物相同或相似的图景。如图像、镜像、实像、虚像、正像、反像、逆像、倒像、映像、影像、潜像、成像、音像、声像、摄像、录像、放像、显像、视像、像章、像片、像差、像元、像素、像点、像移、像幅、像距、像质、像场等。

2. 粘与黏

需要注意的是“黏”是规范汉字，不是“粘”的异体字。科技名词中，黏，读 nián，多用来表述物质性状，如黏膜、黏液、黏度、黏性、黏胶、黏土、黏弹性、黏塑性等。粘，读 zhān，多用来表述行为或功能，如粘贴式应变计、胞肉粘轮、粘连性中耳炎、层粘连蛋白等。

3. 碳与炭

“碳”的使用主要有三种情况：一是与元素 C 对应的汉文名称；二是涉及碳元素、碳原子的名词及其衍生词、派生词；三是涉及碳的化合物的名词及其衍生词、派生词。如碳元素、 碳原子、碳八芳烃、碳环、碳键、碳链、碳族、碳纳米、碳同位素、渗碳、无定形碳、碳酸、碳化物、碳酸钠、碳酸水、芳香碳等。

“炭”基本上是在以碳为主并含有其他物质的混合物中

使用，常用于各种工业制品，如炭尘、炭粉、炭火、炭块、炭粒、炭渣、草炭、焦炭、结炭、煤炭、木炭、泥炭等。

4. “症”“征”“证”

“症”中医学有两个读音。读 zhēng 时，特指人体腹内形成结块的某种狭义疾病。有形，坚硬不移，痛有定处。如暴症、食症、症瘕等。读 zhèng 时，有两种情况：①广义疾病泛称。如病症、急症等。②“症状”的简称。如发热、头痛、鼻塞。西医学只读 zhèng，指疾病的表现。用于非综合类疾病的命名，如合并症、并发症、肥胖症、症候群等。

“征”一般只用于西医。①诊治所依据的表现与情况。如体征、指征。②病因复杂或不明，或表现为多症状和体征，具有某种共同临床特征疾病。如 ×× 综合征。

“证”主要是指中医诊治的依据。如主证、兼证、次证、证候等。在中医看来，只知道病人患什么病还不够，还必须在病的基础上，进一步辨明属于什么证。因为不同的证，它的治法方药是不同的。如感冒，中医还要辨明属于风寒感冒证、风热感冒证等等。证在多数情况下用于中医，但需注意的是，“适应证”和“禁忌证”是中医学和西医学都适用的名词，不要误写成“适应症”和“禁忌症”。

思考与练习

1. 汉字有哪些特点?
2. 汉字的笔画、偏旁和部首之间的关系是怎样的?
3. 汉字简化笔画主要采取哪几种方法?

4. 汉字标准化包括哪些内容？
5. 掌握规范汉字，学习《通用规范汉字表》应注意哪些事项？
6. 旧字形调整为新字形，主要通过哪几种方式？
7. 常见的错别字类型有哪几种？
8. 什么是异形词？
9. 《汉语拼音方案》由几部分构成？它的主要用途有哪些？
10. 《汉语拼音正词法基本规则》规定了哪些基本规则？
11. 如何正确拼写普通话音节？
12. 如何正确拼写普通话语词？
13. 如何正确拼写中文书刊名称？
14. 有哪几种常见的关于专有词汇汉语拼音拼写的规范性文件？
15. 普通话异读词的语音分歧主要有哪几种情况？
16. 标点符号的作用和种类有哪些？
17. 标点符号的位置有哪些规定？直行文稿与横行文稿标点的使用有什么区别？
18. 数字用法有哪些规定？
19. 计量单位规范的规定有哪些？
20. 科技名词使用的要求有哪些？
21. 指出下列各句中的不规范用字，并予以纠正。

(1) 武汉是全国有名的“火炉”，夏季酷热难耐。

(2) 一进编辑卩，他就冲着人大喊大叫。

(3) 你今天好象有点不对头，怎么对我这种态度？

(4) 夕阳西下，天空被染成了红色。

（5）她带着新的希翼，再度走上银幕。

（6）她刚从车上下来，就被披头盖脸地骂了一顿。

（7）街上的行人廖廖无几。

22. 指出下列音节和语词注音的错误，并予以改正。

（1）tiániě（田野）　　（2）uēifēng（威风）

（3）luènzhèng（论证）　　（4）jiānjüé（坚决）

（5）gāng　tiě（钢铁）

（6）chángshìchángshì（尝试尝试）

（7）Wáng xiáoyǒng（王晓勇）

（8）yālùjiāng（鸭绿江）

（9）píngfēnqiūsè（平分秋色）

（10）yìtiān（一天）

23. 改正下列各句中使用不当的标点符号，并说明理由。

（1）在参加实习过程中，大学生们不仅巩固了专业知识，而且也锻炼了实际工作能力，这次实习由同学自己组织，自己管理，有问题一起研究解决，因而取得了不少实际经验，这些都是过去课堂中学不到的。

（2）他推开父亲，将我拉到远远的无人处问到底是谁让我干的？

（3）“你怎么没带准考证！”他纳闷地问道。

（4）小伙子凝眸注视着六、七十个红白指示灯和十多个仪表。

（5）游人纷纷指责，在墙上乱写乱画的行为。

（6）这一新规定的主要内容是：职工工资按工龄、工种分成三大块：基本工资、岗位工资、效益工资。

（7）大家说："这次活动，真是一堂生动的革命传统教育课啊"！

（8）宋庆龄、茅盾、周建人……等，都热心为本刊撰稿和改稿。

第五章

汉语语法与修辞知识

重点提示：语素和语素构词的类型，词的形体、读音和意义；常见词语使用错误的纠正。汉语实词的种类及其语法功能，汉语虚词的种类及其语法功能。短语的类型，复杂短语的层次分析，歧义短语；句子成分及其特点，单句的种类及其运用，复句的种类及其运用；常见语法错误的纠正。常见的汉语修辞方式种类及其特点，修辞方式的综合运用，常见的修辞错误。

语法是语言的结构规则，包括词的构成和变化，短语和句子的组织。语素在组词时，词语在组句时，都要符合一定的规则，才能准确表达出一个完整的意思。出版专业技术人员无论是审稿、改稿、校稿，还是写稿，都要遵循语法规则。如何判断稿件中语法的正误，如何使自己的语言表达更清晰、更准确，这都需要对基本的语法知识有所了解。

如果说语音是语言的物质外壳，词汇是语言的建筑材料，语法是语言的结构规律，那么，修辞就是语言的有效表达，即在具体语境中选用恰当的词语和辞格，以求收到最理想的效果。

第一节　词　　汇

词汇是一种语言词语的总和。词汇不仅包括词，还包括“语”。汉语有四级语法单位：语素、词、短语（词组）和句子。

一、词的构成

词是语言里最小的有意义的可以独立运用的单位，词是由语素构成的。

（一）语素构词的类型

语素是语言中最小的音义结合体，是最小的有意义的语言单位。如“笔”，是一个语素，读音是“bǐ”，意义是“写字画图的用具”；“玻璃”也是一个语素，读音是“bō · li”，意义是“一种用石英砂等原料经高温熔化而合成的质地硬而脆的透明物体”。

现代汉语中绝大部分语素是单音节的，即一个音节代表一个语素，如“人”“书”“字”“编”等；也有双音节的，即两个音节代表一个语素，如“踌躇”“吩咐”“霹雳”“咖啡”等；还有三个或三个以上音节的，如“因特网”“巧克力”“维也纳”“奥林匹克”“乌鲁木齐”等。

有的语素能够单用，是成词语素，如“人”“手”“跑”“高”“疙瘩”“琵琶”。有的语素不能单用，是不成词语素，如“们”“阿”。根据词语内部语素的数量，可以将词分为单纯词和合成词。

由一个语素构成的词是单纯词。从语音形式分析，汉语单纯词又可以分为单音节和复音节两种。

单音节单纯词只有一个音节，如“字”“看”“亮”“对”“飞”“好”等。

复音节单纯词有两个或更多的音节，不能分开解释各个音节的意义，又分为联绵词、叠音词、象声词和音译词。

联绵词是由两个不同音节连缀成一个语素构成的词。根据音节之间的结构关系，联绵词可分为双声联绵词，如“琵琶”“坎坷”“踌躇”；叠韵联绵词，如“逍遥”“披靡”“唠叨”等；非双声叠韵联绵词，如“蝴蝶”“芙蓉”“垃圾”等。

叠音词是由两个相同的音节连缀成一个语素构成的词，如“猩猩”“太太”“翩翩”等。

象声词是模拟声音的词，如“布谷”“扑通”“轰隆隆”“哗啦啦”等。

音译词是按外来词的发音用同音或近音汉字转写的词，如“佛”“咖啡”“拷贝”“幽默”等。

由两个或两个以上的语素按照一定的结构方式和语义关系组合而成的词称为“合成词”。词中表示基本意义的语素称为“词根”。词根是词的词汇意义的主要承担者，加在词根上面表示附加意义的语素称为“词缀”。合成词可以分为三大类——复合式合成词、附加式合成词和重叠式合成词。

复合式合成词由两个或两个以上不相同的词根结合在一起构成。由词根间的相互关系看，可以分为五种：一是联合型，即由两个意义相同、相近或相反的词根并列组合而成，又叫并列式，如“信息”“开放”“品位”“反正”。二是偏正型，即前一词根修饰、限制后一词根，如“手机”“电脑”“特区”“股市”“亮点”“光盘”。三是补充型，即后一词根补充说明前一词根，如“革新”“盘活”“理顺”“走俏”。四是动宾型，又称“支配式”，即前一词根表示动作、行为，后一词根表示前一词根所支配、关涉的事物，如“上网”“涉外”“下海”“聚焦”“接轨”。五是主谓型，又称“陈述式”，前一词根表示被陈述的事物，后一词根陈述前一词根，如“心疼”“民主”“自律”“眼红”“瓦解”。

附加式合成词由一个表示具体词汇意义的词根和一个表示某种附加意义的词缀构成。根据词根和词缀的位置可分为两种。一种是词缀 + 词根，如“第一”“初一”“老乡”“阿姨”。另一种是词根 + 词缀，如“稿子”“花儿”“木头”“突然”。此外还有词根和一个叠音词缀结合的。如“胖乎乎”“美滋滋”“喜洋洋”“毛茸茸”。词缀是附加成分，一般不表示具体的词汇意义，常起语法作用，如“阿”“小”“子”“儿”“头”都是构成名词的标志；“化”是构成动词的标志。

重叠式合成词比较简单，如“爸爸”“妈妈”“星星”“渐渐”“恰恰”等。

（二）汉语词汇组成

词汇是语言中词语的总和。汉语词汇数量巨大。根据词语在词汇系统中的地位和作用不同，可以把词汇分为基本词汇和一般词汇两大类。

基本词汇是词汇中最主要的部分，它的使用频率高，生命力强，是一般交际中必需的，为一般人所共同理解，如“天”“地”“头”“心”“手”“刀”“东”“我”“妈妈”“哥哥”等。基本词汇具有三个特点：历史悠久，具有稳固性；社会普遍使用，具有全民常用性；成为构造新词语的基础，具有能产性。

基本词汇以外的词汇被称为“一般词汇”。一般词汇没有基本词汇那样强的稳固性，但有很大的灵活性。基本词汇与一般词汇是相互依存、相互渗透的。基本词汇是构成新词的基础，它不断构成新词来扩充一般词汇；而一般词汇中的某些词，在语言发展过程中，又逐渐转化为基本词汇。现代汉语中的一般词汇包含古语词、方言词、外来词、行业语、隐语和熟语等。

古语词包括历史词和文言词，它们来源于古代文言著作，指历史上出现过，现在不再存在或使用的名称或词语。历史词如“耒”“衮”“司马”“丞相”等。文言词如“欲”“焉”“哉”“目”“囹圄”等。

方言词是指流行于个别地区而不在标准语里普遍通行的词语，如“搞”“包谷”“晌饭”等。标准语不断从各方言中吸取有用的成分来丰富自己。

外来词是指从别的语言里吸收来的词。外来词有三种类型——音译词、音意兼译词、字母词。音译外来词是照着外语词的声音对译过来的，如“扑克（poker）”“逻辑（logic）”等。音意兼译外来词大多是在音译基础上再添加表示外语词意义的语素，如“卡片（card）”“啤酒（beer）”；少量是把一个外语词的一部分用音译，另一部分用意译，如“新西兰（New Zealand）”。字母外来词是直接用外文字母或将外文字母与汉字组合而成的词，如“MTV”“卡拉 OK”“iPhone11”等。

行业语是指某个行业的专门用语，一般人不大懂得，如“天头”“地脚”“订口”“切口”“书眉”“勒口”（出版行业语）。

隐语是指一种某些社会集团为防范局外人知晓而制定的秘密用语，其中一部分也被叫作“黑话”。如出于保密原因，早期民间市场买卖，称“一、二、三、四”为“旦底、断工、横川、倒目”等。

熟语是指人们常用的定型了的固定短语，是一种特殊的词汇单位，结构和构成成分比较固定，意义往往有整体性。熟语包括成语、惯用语、歇后语、谚语和俗语。

成语是指一种相沿习用并具有书面色彩的固定短语，多数是四字的，如“开宗明义”“见义勇为”“炉火纯青”“正大光明”等；也有一些成语不止四字，如“醉翁之意不在酒”“八仙过海各显神通”。

惯用语是指一种口语色彩较浓的定型短语，多用其比喻意义表达一个完整意思，以三个语素组成居多，大多是述宾结构的，如“走后门”“开夜车”“卖关子”“马后炮”等。有的中间可以插入词语，如“戴高帽”“背黑锅”可以说成“戴一顶高帽”“背了一个黑锅”。

歇后语是指由近似于谜面、谜底两部分组成的一种口头用语，公开说出来的通常只是前一部分，实际想要表达的意思却在后一部分，往往要听的人自己去领会，如“孔夫子搬家——尽是书（输）”“下雨出太阳——假晴（情）”。歇后语多借比喻或双关，表达它的实际意义。

谚语是指在民间流传的通俗、简明而又具有深刻含义的固定语句，一般都有句子的结构，如“有理走遍天下，无理寸步难行”“湖广熟，天下足”。谚语的口语性很强。

俗语是指在民间流传的反映人们社会生活经验的通俗简练的定型语句。俗语和谚语有些交叉，比较起来，俗语强调的是对生活的体验和人生的经验，更能体现浓重的口语色彩和浓烈的生活气息，如“打肿脸充胖子”“有眼不识泰山”。

二、词形、词音和词义

词是音义相结合的统一体。意义是词所负载的信息，语音是可感知的物质外壳。一般情况下，一个词对应一定的音和义，但有时候也会出现一个词对应多个音和义、一个音对应多个词和义的情况。汉语词汇中存在异形词、同形词、多音词和同音词现象。

（一）词形

汉语词的词形主要涉及书写使用什么样的汉字。

1. 异形词

异形词是指音相同、意义和用法都相同而书写形式不同的一组词，如朦胧—蒙胧、彷徨—旁皇、鬓角—鬓脚、菜籽—菜子、词汇—辞汇、毕恭毕敬—必恭必敬等。

异形词可分为不完全异形词和完全异形词两大类。前者是仅部分用字不同，如"热辣辣"与"热剌剌"；后者是用字全部不同，如"徜徉"与"倘佯"。不完全异形词是异形词的主流，我们经常碰到的大多是不完全异形词，如"调换"与"掉换"，"漂泊"与"飘泊"，"销魂"与"消魂"等。

异形词的语音形式绝大多数相同，也有少数略有差异，如"法兰绒"与"佛兰绒"，"喀秋莎"与"卡秋霞"之类的外来词："哈欠"与"呵欠"，"措大"与"醋大"，"随大流"与"随大溜"之类的复合式合成词。

中华人民共和国教育部、国家语言文字工作委员发布的《第一批异形词整理表》（2002年3月31日试行）是国家规范，必须执行。它选取了普通话书面语中经常使用、公众的取舍倾向比较明显的338组异形词作为第一批进行整理，给出了每组异形词的推荐使用词形，如笔画—笔划、影像—影象等。主要适用于普通话书面语，包括语文教学、新闻出版、辞书编纂、信息处理等方面。

《现代汉语词典》的首选词即为异形词的推荐词，将推荐的写法作为主条，不推荐写法作为副条。但是两者都可使用，没有正误之分，强调的是用法一致。《现代汉语词典》中作为正条进行详细解释的，是首选的词形，并且释文中往往附"也作××"。建议不用的词形，则一般只列为参见条目，释文仅仅是"同'××'"，有时仅仅加括号列在作为推荐词形的词目之后。

2. 同形词

同形词是指字形相同而意义不相同的词，实际是不同的词，如帮、长、打、刚、米、面、制服等。其中，有的读音也不相同，如“大意”，表示“疏忽、不注意”这一意义时，读作 dàyi，表示“主要的意思”这一意义时，读作 dàyì；再如“大方”，表示“专家学者，内行人”这一意义时，读作 dàfāng，表示“不吝啬，不拘束”这一意义时，读作 dàfang；还有“日落（luò）”与“落（là）得很远”中的“落”，字形虽然一样，实际却是不同的词。有的则读音也相同，如“他很生气”和“青年人生气蓬勃”，其中的“生气”也是同形词。

（二）词音

与词音相关的语言现象主要是多音词、同音词和异读词。

1. 多音词

以音节的多少为标准，汉语词可分为只有一个音节的单音词，有两个音节的双音词和有三个或三个以上音节的多音词。双音词和多音词又统称为“复音词”。多音词中以三音词居多。特别是近年来三音词有增加的趋势，产生了一大批反映新事物的三音节新词，如“中国梦”“新常态”等；一些后置性的定位语素（“性”“化”“式”“者”等）同一些双音词组合，也构成了许多新的三音节词。

2. 同音词

声母、韵母、声调等语音形式完全相同，而词义不同的一组词是同音词，如“忆、亿、议、译、异”“财物、财务”“报到、报道”“工事、公式、公事、攻势”等。

同音词的声、韵、调完全相同，如果是复音词，其音调格式也必须相同，否则就不是同音词，如“地道（dìdào，地下隧道）”和“地道（dìdao，纯粹、真正的）”，两词音调格式不同，不是同音词。

按书写形式分，同音词又分为同形同音词和异形同音词。前者如“米（大米）—米（长度单位）”“花（耗费）—花（花朵）”“白（颜色）—白（道白）”“海口（入海处）—海口（说大话）”“出师（学期满）—出师（出兵）”等。后者如“泛—饭”“轨迹—诡计”“著名—注明”“古昔—古稀”“书—输”“号—耗—好”等。

同音词（尤其是同形同音词）与多义词容易让人混淆。其实二者的区别是很明显的。多义词是一词多义，各项意义之间存在着联系；同音词是异词同音，词的意义间没有必然联系。

同音词的存在是语言发展中的正常现象。它既带来积极的作用，也有消极的影响。由于读音相同，人们在进行交际，特别是口头表达时，使用同音词会造成意义混乱，影响信息的传递与交流。但另一方面，人们能够利用它的同音异义条件构成谐音双关，使语言显得生动、风趣，耐人寻味。

3. 异读词

异读词是指习惯上存在几种不同读音的词，如教室（jiàoshì—jiàoshǐ）、质量（zhìliàng—zhǐliàng）、尾巴（wěiba—yǐba）。异读的可能是声母，也可能是韵母或声调，也可能三者都是。如果同一个汉字在不同的词内读音才不同，或者不同的读音表示了不同的意义，就不属于异读词的范围。

异读词产生的原因很多。从来源看，主要有文白异读、方音影响、讹读影响等。异读词与异音同形词比较容易相混，因为两者都表现为书写形式相同而语音形式不同。其实两者的区别还是比较明显的：异音同形词是意义上存在着差异的几个不同的词；而异读词虽然存在两种语音形式，但意义完全相同。

异读现象也是词的音义关系矛盾性的一种体现。一词多读是语言中的累赘，给人们的语言运用增加负担，因此异读词是语言规范的对象。1985 年 12 月 27 日，在 20 世纪 50 年代已先后发表的《普通话异读词审音表初稿》正续两编基础上，国家语言文字工作委员会、国家教育委员会、广播电视部公布了《普通话异读词审音表》，并规定自公布之日起，普通话异读词的读音、标音都以表中规定为准。

（三）词义

词的意义即词义，是客观事物在人们头脑中的概括反映，是人们在交际过程中约定俗成的。词的意义可分成词汇意义和语法意义。词汇意义是概念意义，语法意义即关系意义。

实词既有词汇意义，又有语法意义，如表 5-1 中的例①和例②；而虚词没有词汇意义，只有语法意义，如例③和例④。虚词的语法意义主要表现为在句子中起什么样的连接作用以及表达什么语气等。

表 5-1　词的词汇意义和语法意义举例

词	读音	词汇意义	语法意义
①书	shū	装订成册的著作	名词，在句中充当主语和宾语，能受数量词修饰
②打	dǎ	用手或器具撞击物体	动词，在句中一般充当谓语
③及	jí	/	连词，在句中起连接作用，连接名词性词语
④呢	ne	/	语气助词，在句中一般表达疑问语气

1. 词义的构成

通常所说的词义，是指实词的词汇意义。它主要由理性义和色彩义构成。

（1）词的理性义

词是要表示概念的，词义中同概念有关的部分称为“理性义”或“概念义”，如《现代汉语词典》中对“刀”的解释为“切、割、削、砍、铡用的工具，一般用钢铁制成”，就是说明了这个词的理性义。

理性义的作用就在于给词所联系的事物划一个范围，凡是该词所指的事物都包括在内。如“刀”的理性义就在于说明该词所指的是“切、割、削、砍、铡用的工具，一般用钢铁制成”，所以“菜刀”“铡刀”“镰刀”“铣刀”等都在“刀”之列。

（2）词的色彩义

除了作为词义主要部分的理性义外，词还有附属的色彩义。它是在理性义基础上产生的附加意义，在意义表达上发挥着重要作用。词的色彩义主要分为三种：感情色彩义、语体色彩义和形象色彩义。

①感情色彩义

有些词不仅表达概念，而且表达说话人对事物的主观态度和评价。表明说话人对事物的赞许、褒扬感情的词，叫褒义词。例如：

忠诚　壮丽　宏大　雄伟　漂亮　珍贵　英雄　优美

表明说话人对事物的厌恶、贬斥感情的词，叫贬义词。例如：

叛徒　虚伪　小气　肮脏　推诿　狂妄　刻薄　阴险

更多的词既不含褒义色彩，也不含贬义色彩，是中性词。例如：

山脉　河流　跑　油漆　南方　运动　森林　春天

有些中性词，在某种具体的语言环境中可以产生褒义或贬义的色彩，如“水平”“朋友”本是中性词，若出现在“这人说话有水平”“张山做事真够朋友”这样的句子中，就表现出褒义色彩；再如“帽子”“棍子”本是中性词，若出现在“动不动就打棍子、扣帽子，以后谁还提意见”这个句子中，这两个词就具有贬义色彩。

汉语中有很多词，理性义基本相同，词义的差别就体现在感情色彩义上。例如：

同伴　同伙

顽强　顽固

例中“同伴”和“同伙”的理性义都可以指“共同从事某种活动的人”，但前者是一个中性词；后者则多指“共同参加某种不法活动的人”，具有贬义色彩。“顽强”和“顽固”都有“不动摇、不改变”的意思，但前者表示“坚持正确的信念和正义事业不动摇”，具有褒义色彩；后者则表示“坚持错误观点，不改变”，具有贬义色彩。

②语体色彩义

语体色彩又称“文体色彩”。有些词语由于经常在特定的语体中使用，便带上某种语体所特有的色彩。语体色彩可分为两种：

一种是书面语色彩，用于书面写作。例如：

沉湎　神往　珍重　眷恋　设宴　心态

另一种是口语色彩，用于日常谈话。例如：

着迷 脑袋 白搭 身子骨 使坏 巴不得

具有不同语体色彩的词语适用于不同的场合，如“妈妈”和“母亲”这两个词的理性义相同，但在日常生活中，我们一般用“妈妈”而不用“母亲”，因为“妈妈”是一个口语词，通俗亲切；“母亲”带有明显的书面语色彩，庄重典雅，一般适用于严肃郑重的正式场合。同样，“商谈”和“商量”，“会晤”和“见面”等，也都具有书面语和口语的不同色彩，不能随意混用。

③形象色彩义

有些表示具体事物的词，除了理性义外，还使人有某种生动具体的感觉，即具有形象色彩，如“龟山”“向日葵”“苍天”“轰隆”等。这种形象感来自词语对事物形象的概括。

具有形象色彩的词包括描写形态、动态、颜色、声音等方面的词。例如：

描写形态：鸡冠花 象牙塔 猫头鹰 熊市 牛市

描写动态：向日葵 过山车 钻山豹 互联网

描写颜色：苍天 绿野 雪豹

描写声音：轰隆 当啷 哗啦哗啦

文章中适当地运用这些描形写态、绘声绘色的词语，有助于增强语言的艺术表现力。

2. 单义词和多义词

根据所表示意义的多少，词可以分为单义词和多义词。

单义词是指只有一个意义的词，在词典中只有一个义项。单义词大多是常见事物的名称、专有名词或科学术语，例如：

月亮、钢笔、黄芩

袁隆平、王选

函数、离子、期货

多义词是指具有相互关联的多个意义的词。如“说”，既有“用言语来表达意思”的意义，又有“解释”“讲授”“表演（相声、评书等）”“责备、批评”“说合、介绍”“指称”等动词意义，还有“言论、主张”和“古代一种文体”等名词意义，它就是一个多义词。

多义词各意义之间有一定的联系，其中最常用最基本的一个意义，是多义词的基本义。如“说”的基本义是“用言语来表达意思”。离开上下文，单独取出“说”这个词，人们首先想到的便是这个基本义。

由多义词的基本义发展、转化形成的意义，称为“派生义”。派生义分为引申义和比喻义。引申义是指直接由基本义引申发展出来的派生义。如“急性子”这个词的意思有：①性情急躁；②性情急躁的人。其中①是它的基本义，②就是它的引申义。比喻义是指通过词的比喻用法派生出来的意义。如“机械”的基本义是“运用力学原理组成的各种装置”，后来人们根据“机械”含义里的“刻板、老套”特征来比喻“方式拘泥死板，没有变化”，这后一个意义就是“机械”的比喻义。

多义词的各个意义，是从大量的语言实例中归纳出来的，对语言环境有很强的依赖性。词的多义现象是就词处于储存备用状态而言的，体现在词典中，而词一旦进入具体语言环境中，一般只能有一个确定的意义。单看一个多义词，它可以有多种意义，但在具体运用时，由于一定的上下文或语言环境的限制，一个词表示的意义通常是具体而确定的，一般不会产生歧义，不会影响准确的表达和理解。

3. 同义词

同义词是指意义相同或相近的一组词。同义词有等义词和近义词两种类型。

等义词是概念意义相同的一些词，也叫绝对同义词，在任何语境中都能替换。例如：

母音—元音 西红柿—番茄 妊娠—怀孕

爷爷—祖父 扩音器—麦克风 维生素—维他命

包谷—玉米 医生—大夫 老鼠—耗子 教师—教员

等义词实际上是对同一事物、现象、关系的不同称谓，其概念意义或逻辑内容相同。

近义词是概念意义基本相同的一些词，也叫相对同义词。所谓“基本相同”是指词义大同中有小异，它们在概念意义方面存在着某些细微的差别。例如：

坚决—坚定 整理—整顿 品德—品质 局面—场面

功劳—功勋 摧残—摧毁 严峻—严酷 粗犷—粗野

爱护—爱戴 看护—看守 轻率—草率

上面这些词在概念意义基本相同的前提下，或者侧重点不同，或者范围大小不同，或者词义轻重不同，或者褒贬不同，或者搭配对象不同。这些细微的差别是遣词造句时要仔细品味和认真选择的。

同义词在词汇中大量存在，对语言表达起着非常积极的作用，为人们准确地表情达意提供了方便条件。它们可以使语言表达更严密、更精确，也可以使语言表达变化多姿，避免单调刻板。人们要准确鲜明生动地表达思想感情，离不开对同义词的辨析。词义辨析主要是从词的理性义和色彩义两个方面展开。

具体来说，同义词的差别主要体现在以下几个方面。

（1）意义的轻重不同

这类同义词的意义基本相同，但语意轻重有所不同。例如：

①配套的环境保护工程进展缓慢，真令人失望。

②人们的爱心行动，使一度绝望的她重新鼓起了生活的勇气。

例①中的“失望”和例②中的“绝望”都有“希望落空，失去信心”的意思。“失望”表示“因为希望未实现而不愉快”；“绝望”则表示“希望断绝，毫无希望，彻底丧失信心”，明显比“失望”的语意重。这一类的近义词还有很多，例如：

批评—批判　盼望—渴望　请求—恳求　爱惜—珍惜

（2）词义概括的范围大小不同

几个同义词所表示的概念属于同一个属概念，但有的概括的范围小，有的概括的范围大。例如：

①两国的边境贸易日益繁荣。

②我们的目的，是维护我国边疆地区的和平与安定。

“边境”着重于“境”，指紧靠国界的地方；“边疆”着重于“疆”，指靠近国界的领土，概括的范围要比“边境”大。此类同义词还有不少，例如：

灾难—灾害　场面—局面　战役—战争

（3）集合概念与非集合概念的不同

这类同义词所指的都是同类事物，但有的词表达的只能是集合概念，有的词可以表达非集合概念。例如：

①汉语词汇十分丰富。

②人们经常用到“和谐”这个词。

“词汇”是表示集合概念的名词，不能指单独的一个词，只能指“若干的词”；例②中要表达的意思是特指一个词，所以不能用集合概念“词汇”，只能用“词”。这一类词还有许多，例如：

树木—树　信件—信　人口—人　马匹—马　花卉—花

（4）词义的侧重点不同

这类同义词的意义基本相同，但是在某一点上的侧重程度有所不同。例如：

①他的这话纯属诡辩，毫无道理。

②他分明是在歪曲事实，无理狡辩。

“诡辩”和“狡辩”，都指无理强辩，但“诡辩”侧重于“诡”，即“欺诈、怪异”。“诡辩”是用欺诈的手段、奇怪的言辞、似是而非的论证，来为自己的谬论辩护。“狡辩”侧重于“狡”，即“不老实、耍花招”。“狡辩”就是歪曲事实，狡猾地为自己的错误言行辩解。这类例子还可以举出很多，例如：

修改—修正　完全—完整　安置—安顿

震荡—震动　体会—体验

（5）搭配对象不同

这类同义词的意义基本相同，但是在与其他词语的搭配上有不同要求。例如：

①这家工厂需要扩充设备了。

②报纸质量提高了，才能扩大影响。

“扩充”和“扩大”都可用来表示“使比原来大”的意思，而且两个都是动词。但“扩充”一般与“设备”“人员”

等搭配，不能跟“影响”搭配；“扩大”一般与“影响”“生产”等搭配，不能跟“设备”搭配。这类词还有很多，例如：

交换—交流　侵占—侵犯　草拟—起草　保持—维持

（6）感情色彩不同

这类同义词的意义基本相同，但是附加的感情色彩有所不同。例如：

①这是科学史上一项伟大的成果。

②这件事的结果是我没有想到的。

③你做了坏事，就要承担后果。

“成果”“结果”“后果”都有“结局”的意思。“成果”表示“工作或事业的收获”，是褒义词；“结果”表示“在一定阶段，事物发展所达到的最后状态”，是中性词；“后果”表示“最后的结果（多用在坏的方面）”，是贬义词。所以，例①中的“成果”不能替换成“后果”，例③中的“后果”也不能替换成“成果”。这类同义词还有很多，例如：

附和—同意　公然—公开　顽固—顽强

煽动—鼓动　行为—行径

（7）语体色彩不同

这类同义词的意义基本相同，但是各用于不同的语体中。例如：

①王老偕夫人出席了今天的开幕式。

②老孙的老婆买报纸去了。

“夫人”和“老婆”都表示“男子的配偶”，但“夫人”是书面语，用在例①中显得庄重，很合适；“老婆”是个口语词，用在例②中显得通俗亲切，平易自然。这类语体风格不同的词还有：

懊悔—后悔 商榷—商量 头颅—脑袋

价格—价钱 吝啬—小气

以上所讲的内容只是概括了词义辨析的主要方面，实际情况远比这要复杂，而且有很多交叉的地方，在辨析时应注意根据具体情况，进行多方面的分析判断。这样，才能了解词的确切含义，做到用词准确。

4. **反义词**

反义词是意义相反或相对的一组词。例如：

上—下 大—小 成功—失败 先进—落后

智慧—愚昧 虚心—骄傲

一般来说，词的反义现象是事物矛盾对立关系的反映，但有的反义词所反映的事物本身并不互相矛盾对立，如“冬”和“夏”，只是人们在使用中常常把它们对举，久而久之，就成了习惯上的相对反义词。这种行文习惯上的相对反义词还有不少，例如：

左—右 手—脚 黑—白 春—秋 早—晚 凉—热

反义词是就词与词的关系说的，不是就词与短语的关系说的，所以“美”与“不美”，“爽朗”与“不爽朗”等虽有反义关系，但都不能称为反义词，因为“不美”“不爽朗”都是短语，不是词。

构成反义关系的两个或两个以上的词必须是属于同一范畴的。如“上”和“下”都属于“空间”这个范畴，“早”和“晚”都属于“时间”这个范畴。不同范畴的词就不是反义词，如“深”（表示深度）和“小”（表示体积）就不是反义词。

反义词在音节和结构上，一般也要求相对应。如“生”的反义词是“死”，不是“死亡”；“迅速”的反义词是“缓慢”，不是“慢”。

反义词有绝对反义词和相对反义词两种。绝对反义词的意义绝对相反，肯定甲必否定乙，否定甲必肯定乙，反之亦然，没有中间状态。例如：

生—死　动—静　真—假　有限—无限　合法—非法

肯定是“生”，就必定不是“死”；否定“生”，就必定“死”。肯定是“动”的，就不会是“静”的；否定是“静”的，就一定是“动”的。其他亦然。

相对反义词的意义虽然相反，肯定甲必否定乙，但否定甲不一定就肯定乙，因为还有甲、乙以外的意义存在。例如：

白—黑　苦—甜　大—小　困难—容易　笨拙—聪明

肯定是“白”的，就一定不是“黑”的；但否定是“白”的，不一定就是“黑”的，还可能是“灰”的、“红”的、“蓝”的，等等。肯定是“苦”的，就一定不是“甜”的；但不是“苦”的，不一定就是“甜”的，还可能是“酸”的、“辣”的、“涩”的，等等。

反义词可以用来表示事物现象的鲜明对立，恰当使用反义词，有助于阐述同类现象中矛盾对立的两方面。对举使用反义词，可以使表达效果更加准确鲜明。

三、常见词语使用错误的纠正

出版专业技术人员在处理稿件或校样的过程中，既要有敏锐的眼光，善于发现语言表达不当的问题，又要有动手能力，善于对不当之处进行修改。

语言表达不当的问题表现形式多样。或词不达意，或语无伦次，或缠夹不清，这些都会造成隔阂或误解，妨碍人们交流思想感情。存在表达不当问题的语句，就是病句。产生病句的原因很多，一般说来，表达不当的病句，或是用词有问题，或是语法有问题，或是修辞和逻辑有问题，也可能几种问题兼而有之，并且有时几者很难截然分开，经常是互为表里、融成一片的。为了学习和实际操作的方便，本章把词语使用错误、语法错误和修辞错误分开阐述，以利于读者理解和在实际工作中参考。

词语使用错误是个非常普遍的问题，面广量大，很难一一列举。因此，这里着重讲发现和修改词语使用错误的方法与要领。

（一）准确理解词义，注意辨析词义

语言具有约定俗成的特点。某种形式的词语表示什么意思，是使用这种语言的整个群体公认的。如果没有准确把握词语的意义而误用，就会造成形式与意义背离，使得原本想表达的意思不能为语言群体中的其他人确切理解，甚至导致产生重大误会。所以，无论是遣词造句，还是审读他人的作品，都必须准确把握每个词语的实际意思，尤其是对那些在意义上或多或少有些联系的词语，一定要弄清楚它们之间的异同之处，从而保证对词义的理解准确无误，经得起推敲，否则会让人产生歧义，甚至误人误事，贻害无穷。例如：

①她老人家为了祖国的统一和民族的兴亡奋斗了一生。

②前人曾给我们留下了许多先进科技成果，四大发明首当其冲。

③导购员巧言推销，常使顾客不厌其烦，掉头就走。

④登记时间截止 8 月底。

⑤街头贴着寻物启示。

⑥人们搬到了帐篷或者窝棚里，以免地震再次发生。

这些例句都是由于没有确切把握词语的意义而导致错用，结果使原本要表达的意思变了样。例①中“兴亡”一词表示“振兴或灭亡”，它不是偏义复词，不是只有正面的积极含义，所以不适合表述奋斗目标。“兴亡”应改为“振兴”。例②中成语“首当其冲”，比喻最先受到攻击或遭到灾难。写作者只看中一个“首”字，把它误解为“名列前茅，数一数二”。体会写作者原意，此处可改为“四大发明堪称首选”。例③中的“厌”是“憎恶、讨嫌”的意思。“不厌其烦”表示不怕麻烦，有足够的耐心。顾客“掉头就走”，显然是极不耐烦。“不厌其烦”应改为“不胜其烦”，“不胜”才有“受不了”的意思。一字之差，意义迥别。例④中是音近误用。“截止”是“在某个时候停止”，不能带宾语；“截至”才是“到某个时候”，可以带宾语。“截止”应改为“截至”。例⑤中也是音近误用。“启示”是“启发提示”，为了说明某件事情而写的文字称“启事”，则“启示”应改为“启事”。例⑥中“以免”是“通过人的主观努力来避免”，而改变住所的人工行为显然不可能阻止地震这种自然现象的发生。“以免”宜改成“以防、防止、预防”等。

在出版工作实践中，遇到形近、音近和义近的词语时，一定要静下心来，仔细分析一下在具体的上下文语境中，这些词语用得是否得当，是否确切地表达了写作者的原意。对怀疑有问题的词语要多思考，多比较，多查《新华字典》《现代汉语词典》《辞源》《辞海》等工具书，切忌马虎了事。

（二）尊重约定俗成的语言习惯，不生造乱用词语

对某种意思应该用什么样的语言形式表达，也是语言群体约定俗成的。为表达某个新事物或新概念而使用某种新的词语形式，都必须在得到相应语言群体的广泛认同后，才能获得“合法身份”，成为语言中的新词。任何个人或某部分人自行“创造”的词语形式，如果没有得到语言群体的广泛认同，就停留在“生造”状态，不是规范词语。出版物应该规范使用国家通用语言文字，严格按照规范使用字、词、短语等，不得使用生造的词语，也不得随意更换文字、变动结构或曲解内涵。如下列例句中就存在使用生造词语的现象：

①书稿是我在前辈学者的基础上，于兼容并蓄中，进行新的理解与思考的结果。

②由于感情出现危机，她与丈夫和离了。

③他挟功持劳，十分骄傲。

④我不敢有丝毫的松怠，因为我正走在接近自己“想象”的路上。

⑤整理更多的贫困生名单得到了县委的支持，最终教育局经过一周的删选和核实，为大家提供了 3 份名单。

例①中出现了“兼容并蓄”，但成语中有“兼收并蓄”和“兼容并包”，却没有“兼容并蓄”。作者说的学术积累之意用“兼收并蓄”来形容就足够了，完全没有必要自造生词。例②中的“和离”意指“和平离婚”，是生造词，不能用。例③的“挟功持劳”也是个生造词。例④中的“松怠”系生造，应为“懈怠”或“松懈”。例⑤中的“删选”系生造，应为“筛选”。

语言是随着社会生活前进发展的，我们不能拒绝新词、新语，而应以开放、包容、冷静、审慎的态度面对。目前社会上强改成语之风泛滥，随意篡改、乱用成语，如把“尽善尽美”改为“晋善晋美”，把“刻不容缓”改为“咳不容缓”等。此类生造词还有近来流行的“十动然拒”“人艰不拆”等，都是不规范的，应当避免使用。这种违背语言规律、脱离群众需要的杜撰和滥用是有害无益的。它与传承和弘扬中华优秀传统文化的精神相违背，对社会公众，尤其是未成年人会产生误导，对文化建设有破坏作用，我们必须坚决予以纠正。

在出版工作实践中，如果遇到看着“眼生”的词语，为了判断它是否符合规范，可以查阅语文工具书，尤其是如《现代汉语词典》这样的规范性语文词典。当然，由于词典的编纂、出版都有一定的滞后性，有些已经为社会公认的新词还来不及收录。在这种情况下，可以到信息网络上查阅《人民日报》《光明日报》等重要报纸的电子版，核实某个词语是否有一定量的实际用例。必要时也可向作者进一步核实该词语的来源。

（三）注意词义的范围大小和附加色彩

同义词中的近义词往往概念意义基本相同，而在词义的范围或附加的感情色彩、语体色彩上有所区别。因此，出版专业技术人员在审改稿件、校样时，在判断语句中所用词语的概念意义是否切合表达需要的同时，还应该结合上下文的具体语境，仔细分析这些词语在词义范围大小、感情色彩或语体色彩上是否妥帖。例如：

①大哥给我来了一封信，说已经替我买到了我们需要的两本书籍。

②战士们虎视眈眈地守卫着祖国边疆。

③他那认真刻苦的学习精神，值得我们每个同学效尤。

这些句子从语法上看都没有语病，但存在词语使用方面的问题。例①中的“书籍”是集合概念，不能用于指称具体的书，“两本书籍”应改为“两本书”或“两本图书”。例②和例③都是未注意句子的感情色彩与所用词的褒贬义是否一致。“虎视眈眈”形容贪婪而凶狠地注视，是贬义，形容守卫祖国边疆的战士不合适，可改成“高度警觉”。“效尤”的意思是“学坏样子”，也是贬义，用在这里不合适，应改为“学习”。

词语使用不当的情况很复杂，解决用词不当问题需要我们认认真真地审读，逐字逐句地读，沉稳耐心地读，深入细致地读。提高语文基本功是一个日积月累、循序渐进的过程，是一个从量变到质变的过程。

第二节　词的分类

汉语中的词多种多样，它们各有各的特性，各有各的用途。给词分类有助于更好地掌握各类词的语法特点，以便更准确地使用它们。划分词类的主要依据是词的语法功能，即词充当句子成分的能力和词与词的组合能力。

根据词的语法功能，现代汉语中的词大体上分为实词和虚词两大类。

一、实词

实词有比较具体实在的词汇意义和语法意义，能够单独充当句子成分，包括名词、动词、形容词、数词、量词、代词、副词七类。

（一）名词

名词是表示人或事物名称的词。事物是指客观存在的一切物体和现象，所以，无论是具体的还是抽象的，是有形的还是无形的，是有生命的还是无生命的，是动态的还是静态的，都包括在内。“山、水、花、木、飞船、导弹、学校、公司”等是事物，“思想、气节、党性、学术、文化、历史、基因、网络、知名度、可读性”等也是事物，“战争、（物理）变化、（化学）反应、（体育）运动”等是事物，“时间、处所、方位”等也是事物。

名词的主要语法特点是：

第一，名词能受数量词修饰。如“一位先生”“五架飞机”“一些东西”“一片深情”“几碗粥”“一箱牛奶”等。表示人的名词后边可加“们”表示多数，如“女士们”“先生们”。必须注意，如果名词后边已经加“们”，前边就不能再用数量词修饰。

第二，名词一般不受副词修饰。不能说“很飞机”“不桌子”。在个别特殊的口语习惯中，名词前有加副词的现象，如“人不人，鬼不鬼”“别提钱不钱的事儿”。这种格式或者是前后对举着说，带有文言简略句式的特征，或者是名词前的动词被省略了，如“人不人，鬼不鬼”是省去了动词“像”，“钱不钱”是省去了动词“要”。

第三，名词在句子中经常充当主语、宾语和定语。

第四，有些名词在构词上有显著的词类标志，如：子、儿、头、者、员、家、手、老。例如：棍子、花儿、来头、志愿者、宇航员、歌唱家、操盘手、老总。

第五，名词中比较特殊的是时间词、处所词、方位词，它们虽然具备名词的特点，但是经常做状语来修饰动词，这是它们不同于一般名词的地方。

（二）动词

动词是表示人或事物的行为、动作、存在和发展变化的词。如表示行为、动作的“吃、喝、读、写、走、跑、讨论、操作、研究”等，表示存在和发展变化的“开始、进行、继续、生长、扩张、缩小、演变、有、在、包含、消失”等，表示心理活动的“爱、恨、想、怕、厌恶、怀念、期盼、希望”等，表示使令、可能、意愿的“让、使、准、许、请、叫、会、敢、肯、要、能够、可以、应当、必须”等，表示趋向的“来、去、上、下、进、出、起、回、过、上来、进去、回来、过去”等，表示判断的“是、为、像、如同、犹如”等。

动词的主要语法特点是：

第一，动词能受副词修饰。如“不走”“没结束”“也讨论”。需要注意的是，除表示心理活动的动词可以受程度副词修饰外，其他动词一般不受程度副词修饰。

第二，大部分动词都能带宾语。如“写信”“读书”“上网”“打电话”。

第三，动词后边普遍可以加时态助词“着”“了”“过”，表示动作的时态。“了”表示动作已经完成，“过”表示动作已经成为过去，“着”表示动作正在持续。

第四，一部分动词可以重叠，重叠的部分读轻声，如“看看”“说说”“聊聊”“讨论讨论”“研究研究”。重叠后含有尝试、劝导或时间短暂的意味。

第五，动词在句子中经常做谓语。

动词中比较特殊的是趋向动词和能愿助动词。趋向动词，如“来、去、上、下”等，常常用在别的动词后面表示动作的趋向或时态，充当补语。能愿助动词，如“能、要、让、使”等，常用来修饰动词或形容词，做状语。

（三）形容词

形容词是表示人或事物的性质、状态的词。如表示形状的“大、小、高、矮、胖、瘦、宽、窄、长、短”等，表示性质的“好、坏、贵、贱、软、硬、厚、薄、伟大、渺小、诚实、虚假、特殊、普通”等，表示状态的“快、慢、轻松、沉重、匆忙、草率、雪白、笔直、热乎乎、凉冰冰、慢腾腾”等。

形容词的主要语法特点是：

第一，形容词能受副词“不”和程度副词的修饰。如“不好”“不诚实”“很伟大”“非常清楚”。

第二，形容词可以修饰名词，一部分可以修饰动词。如“红花”“新时代”“伟大的祖国”“仔细听”“认真写”。

第三，一部分形容词可以重叠，重叠后表示程度加深，这时不再受程度副词修饰，也不受“不”修饰。重叠后具有口语化色彩。双音节形容词一般按“AABB 式”重叠，如“仔仔细细”“干干净净”。有的形容词按“A 里 AB 式”重叠，这样的形容词往往含有贬义色彩，如“傻里傻气”“肮里肮脏”“古里古怪”等。

第四，形容词在句子中经常做定语和谓语，有些可以做状语和补语。

形容词中比较特殊的是一些状态形容词，如通红、雪白、碧绿、冰凉、稀烂、喷香、笔直、粉碎、精光等。它们的特点是：第一，做谓语时往往要带“的”字；第二，这类词的结构中已经加重了状态的程度，是肯定语气，故不能加“不”表示否定性质；第三，重叠方式不是“AABB 式”，而是“ABAB 式”，如“雪白雪白”“冰凉冰凉”。

（四）数词

数词是表示数目和次序的词。如表示基数的“一、三、五、六、八、十、百、千、万、亿”等，表示序数的“第一、第八”“初一、初三”等，表示分数的“五分之三、百分之七十五”等，表示倍数的“两倍、五倍、八倍”等。

数词使用中需要注意的问题有：

第一，数量的增加可以用倍数表示，也可以用分数表示。

要注意“增加了 × 倍”和“增加到 × 倍”的含义是不同的：“增加了”不包括原数在内；“增加到”则包括原数在内。如基数为 10，增加了 3 倍为 40，增加到 3 倍只是 30。忽略这一区别，往往会导致错误。

第二，数量的减少只能用分数表示，不能用倍数表示。“下降了 × 倍”的说法是违背事理的错误说法。

第三，“俩”的词义是“两个”，“仨”的词义是“三个”，本身都已包含了量词。它们后面不能再用量词。如“爷俩个”是错误的，应写作“爷俩”。

第四，“二”和“两”虽然数目一样，但用法上各有不同：分数、小数和十位数上只用“二”，不用“两”；其他地方可用“二”，也可用“两”；序数中用“二”不用“两”；说到成双的事物时用“两”不用“二”；“两”可用于虚指，“二”不能用于虚指，如“尝两个”不能说成“尝二个”。

（五）量词

量词是表示计量单位的词。分为名量词和动量词两类：计量人或事物单位的是名量词，计量动作行为单位的是动量词。

名量词可以分为三类：一是个体量词，如“一个人、一件衣服、一只猫、一条船、一棵树、一张纸、一架飞机、一台电脑、一块橡皮、一本书、一把锁、一座钟、一辆车”等短语中加点的词。二是集合量词，如“一双鞋、一副手套、一摞笔记本、一班人马、一套衣服、一帮坏人、一堆东西、一群学生、一伙土匪”等短语中加点的词。三是不定量词，如“一点烟酒、一些杂志”等短语中加点的词。

临时名量词是临时借用某些表示容积或面积的名词充当量词，如“一碗饭、一缸水、一盘菜、一屋子人、一口袋面、一箱子书、一身土、一脸汗”等短语中加点的词。

常用的动量词有“发一次、走一趟、来几回、写三遍、说一顿、跑两遭、干一番、看一阵、打几下、哭一场”等短语中加点的词。

临时动量词往往是借用动作行为所凭借的工具充当量词。如“切一刀、看一眼、踹一脚、扇一巴掌、揍一拳、抽一鞭子、打一棍子、咬一口”等短语中加点的词。

量词的主要语法特点是：

第一，量词经常同数词或指示代词结合使用，在句子中充当定语、状语或补语。

第二，量词用在动词和宾语之间时，量词前边实际隐含着“一”。如“来个人”“买本书”“发个短信”。

第三，单音节量词可以重叠，重叠后表示“每”的意思。如“句句都是实话”“门门功课都优秀”。

第四，量词和名词的搭配有一定的习惯。有时形状和量词有关，如狭长的东西用“条”，平面的东西用“张”，但多数场合是约定俗成，依从习惯。

（六）代词

代词是起代替和指示作用的词，分为人称代词、指示代词、疑问代词三种。

人称代词是用来代替人或事物名称的代词，如“我、咱、你、您、他、她、它、我们、咱们、你们、他们、人家、别人、自己、大家、大伙儿”等。

指示代词是用来指示和区别人或事物及其时空、性状的代词。如“这、那、各、某、这儿、那儿、这会儿、那会儿、这么、那么、这样、那样、这么样、那么样”等。通常近指用

“这”，远指用“那”。

疑问代词是用来提出问题的代词。如“什么、谁、哪、哪儿、多会儿、怎么、怎么样、多少、几时、怎样”等。

人称代词的语法功能和名词相似，能做主语、宾语、定语，不能做谓语、状语，不受副词修饰。指示代词中用来指称人、事物、时间、处所的代词也是这样，而指称性状、区别方式和程度的“这么”“那么”“这样”“那样”等则都是谓词性代词，可以做谓语，也可以做主语、宾语和修饰语（定语、状语）。疑问代词的语法功能大体上是与对应的人称代词、指示代词相一致。疑问代词有时并不表示疑问，这有两种情况：一是任指，表示在有关范围内没有例外，如“谁也不知道他上哪儿去了”；二是虚指，用疑问代词来指称不知道的或难以确指的人或事物，如“饿急了，吃点什么都可以”。

使用代词要注意：一是指代要明确，关系要对应；二是前后要一致。

（七）副词

副词是修饰动词和形容词，表示其程度、范围、时间、频率、情态、然否、语气等的词。如表示程度的“很、更、最、太、真、挺、十分、非常、特别、极其、甚至、略微、稍微、至少、比较”等，表示范围的“也、都、总、共、齐、只、仅、光、仅仅、单单、统统、一概、一起”等，表示时间的“才、正、刚、就、立刻、马上、曾经、渐渐、往往、时常、向来、一直、仍旧、忽然、偶尔、始终、终于、永远”等，表示频率的“再、又、还、屡次、再三”等，表示情态的“亲自、互相、肆意、竭力、大肆、相继”等，表示然否的“必、准、必定、一定、不、没、没有”等，表示语气的“可、倒、竟、偏、简直、索性、竟然、难道、也许、莫非、大概、未必”等。

副词的主要语法特点是：

第一，副词一般只能做状语，修饰动词或形容词，不能修饰名词。

第二，副词不能做谓语，一般不能单独回答问题（除“不”“也许”等例外）。

第三，副词不能重叠。

第四，副词的主要作用是修饰动词或形容词，在句子中做状语，只有个别的程度副词如“很”“极”可以充当补语。

第五，有些副词可以起关联作用，把词、短语或分句组合起来。

二、虚词

虚词意义比较抽象，不能单独充当句子成分，但是具有帮助造句的语法作用。在现代汉语中，语序和虚词是表达语法意义的主要手段。汉语的词没有形态变化，许多语法意义要靠虚词来表示。虚词虽然数量不是很多，但出现的频率很高。用上虚词，句子的变化就多了，意义也更丰富。用错一个虚词，往往会影响整个句子的结构和意义。因此，学习和掌握好虚词，对用好现代汉语有很大意义。

虚词主要有介词、连词、助词、语气词、叹词五类。

（一）介词

介词是起介绍作用的词。它主要用在名词、代词或名词性短语前边，组成介词结构，说明动词或形容词涉及的时间、方向、处所、对象、方式、目的、原因等，在句中做状语。如表示时间的“从、自、当、趁、自从、到、在、于”等，表示处所、方向的“从、自、往、朝、向、到、在、于、沿着、顺着”等，表示对象的“把、将、对、对于、关于、向、同、跟、比、连”等，表示方式的“用、以、按、照、依、凭、通过”等，表示目的的“为、替、为了、为着”等，表示原因的“由于、根据”等，表示被动的“被、叫、让、给”等，表示排除的“除了”等。

介词不能单独使用，后面必须跟一个宾语，形成介词结构。不能重叠，不能做谓语，后边不能加时态助词“着、了、过”和趋向动词。

现代汉语中的介词大部分是由古代汉语的动词虚化演变而来的，所以相当一部分介词还保留着动词用法，表现为介词与动词的兼类现象。如“在”“用”“到”“比”等，在不同的语言环境里可以表现出不同的词性。

要特别注意几组介词的用法：

第一，“对”和“对于”。在很多场合，它们用法相同，但是在表示“向”或“对待”的意思时，只能用“对”，不能换用“对于”。例如：“他对我表过态。”“他对我很好。”

第二，“对于”和“关于”。在用法上，它们有同有不同。区别主要在于：“对于”指出确定的对象，“关于”划定关涉的范围；语言结构上，“对于”放在主语前后都可以，“关于”一般只放在主语前；“关于”引导的短语后面总是有停顿，用逗号，“对于”引导的短语后面有时有停顿，有时没有停顿。

第三，“自”和“自从”。“自”和“自从”都表示起点，但有区别：“自”可表示动作、状态、时间、空间的起点，“自从”只表示时间的起点；“自”表示的时间起点可以是过去，也可以是现在或将来，“自从”表示的时间起点则只能是过去。

（二）连词

连词是连接词、短语或句子的词。如连接词或短语的“和、跟、同、与、及、以及、而、并且、或、或者”等，连接句子的“不但、而且、或者、要么、与其、不如、虽然、但是、因为、所以、因此、如果、假如、即使、只有、只要、不管、以便、以免”等。

连词只起连接作用，不起修饰和补充作用，不能单独充当句子成分。

连词可以单独连接两个成分。不同的连词，其语体色彩或搭配关系有一些细微的区别，使用时要留心体察。连接句子时，连词经常成对使用，或者一个连词和一个副词配合使用，不同的搭配往往表现不同的句型关系。

（三）助词

助词是附着在词、短语或句子后面表示一定附加意义的虚词。助词的语法特点是附着性最强，独立性最差，不能单用，只能附着在别的词语后面，表示特定的语法关系或语气。

助词可分为三类——结构助词、时态助词和语气词。

结构助词附着在词语上起结构作用，主要有“的、地、得、所、似的”等。

词语后面有“的”附着，表示该词做定语修饰后面的名词。词语后面有“地”附着，表示该词做状语修饰后面的动词、形容词。“得”附着在动词、形容词后，表示它后面的成分是对动词、形容词作补充说明的补语。“所”经常附着在动词前面，组成一个名词性结构，用来修饰名词，被修饰的名词是“所”黏附的动词支配的对象，如“所写提案”“所发表的作品”。“似的”附着在词语后面，表示所相像的某种事物或情况，如“花园似的别墅区”“高兴得像个小孩似的”。

时态助词附着在动词、形容词后面，表示动作和变化的时态，主要有“着、了、过”等，在句中都读作轻声。“着”表示正在进行（进行时），“了”表示已经完成（完成时），“过”表示过去曾经发生过（过去时）。

（四）语气词

语气词是后置虚词，附着在句尾或词尾表示陈述、疑问、祈使、感叹等语气。如表示时态的“了、呢、的、来着”等，表示疑问或祈使的“呢、吗、吧”等，表示情感态度的“啊、嘛、啦、呢、呗、罢了”等。

语气词“呢”表示持续的状态，如“下雨呢”（原来就在下）；“了”表示新情况的出现，表示变化，如“下雨了”（原来没有下）；“来着”表示最近刚发生过，如“下雨来着”（刚才下过雨）。语气词“了”和时态助词“了”同形而意义有别，前者表示变化，后者表示完成，语感是不一样的。

“吧”表示祈使，也表示疑问。用“吗”是不知而问，用“吧”是已知但尚不能完全确定，因而求对方证实。在特指问句、选择问句和反复问句中，可以用“呢”，也可以用“吧”。

“啊”用途最广，用在特指、选择和反复问句里，语气比较随便，用在是非问句里是为了验证对方的意图或已经说过的话，如“你不想跟我们去啊？”。陈述句和祈使句里的“啊”都带着提醒或警告的语气。“呢”有时表示重视，“罢了”则表示可以轻忽。“啊”用在句中停顿处，有时表示列举，如“大家唱啊，跳啊，笑啊，整整闹腾了一夜”；有时表示着重，提起注意，如“他这个人啊，从来就风风火火地坐不住”。

总之，语气词数量不多，表达的含义却十分丰富，需要结合语言环境认真体察玩味。

（五）叹词

叹词是表示感叹和呼应的词。如表示感叹的“啊、唉、咦、哼、哎哟、呵”等，表示呼应的“喂、嗯”等。

叹词独立性最强，不同其他词类发生任何关系，也不充当句子成分，在句中的位置比较灵活，或前、或后、或中都可，书面上总是用标点符号和其他词语分隔开。叹词还能独立成句。

第三节　短语和句子

词与词按照一定的语法规则组合，就构成短语或者句子。短语的结构相对比较单一，而句子的结构或单一或复杂。

一、短语

短语又称“词组”，是词和词搭配合成的比词高一级的语言单位，是能被分割为更小的独立运用的音义结合体。短语本身不能独立表达一个完整的意思，它在句子中只能充当句子成分。但是，大多数短语加上一定的语调，就可以成为比较简单的句子。

（一）短语的类型

根据组成短语的词和词之间不同的结构关系，可以把短语分为以下几种类型。

1. 主谓短语

主谓短语的两部分表达的是陈述关系，主语是所要陈述的对象，谓语是对于主语的陈述，中间不能插入“的、了、着、过、得”等。例如：

今天星期一　编辑开会　心情舒畅　成绩不错

2. 述宾短语

述宾短语由两部分组成，前一部分举出动作或行为，后一部分是这种动作或行为所影响、支配或关涉的对象，表达的是支配关系，中间不能插入“的”。例如：

学知识　看稿子　有感情　开展工作　研究问题

3. 述补短语

述补短语由两部分组成，表达的是补充关系。后一部分对前一部分起补充说明作用，叫补语；前一部分是被补充说明的对象，叫述语，中间往往带有“得”，或可以插入“得”。例如：

洗破了　擦干净　拿出来　写得精彩　美得惊人　说得清清楚楚

4. 联合短语

联合短语由两个或两个以上的部分组成，各部分之间在语法上没有主次轻重之分，表达的是联合关系。这种联合关系又可细分为并列、递进、选择等关系。例如：

春夏秋冬　记者和编辑　学生、老师和家长　　（并列）

宣传推广　继承并发展　大而空　　（递进）

好不好　干净不干净　来还是不来　小王或小张　（选择）

5. 偏正短语

偏正短语由前偏后正的两部分组成，表达的是修饰关系。前一部分对后一部分起修饰限制作用，称为“修饰语”；后一部分是被修饰限制的对象，称为“中心语”。例如：

好书　优秀记者　报社的书亭　积极劳动　仔细研究　很漂亮

中心语如果是名词性成分，修饰语就是定语，如“优秀”“报社”；中心语如果是动词性或形容词性成分，修饰语就是状语，如“积极”“很”。

方位短语（如“大门外”“厂房边”）和数量短语（如

“两个”“三次”），可以看作是特殊的偏正短语。

6. 同位短语

同位短语又称“复指短语”，由两个或两个以上成分组成，各部分从不同角度指称同一事物，并在句子中同做一个句子成分。例如：

记者洪楠　湖北省会武汉　他们几个人　东方明珠上海

7. 连谓短语

连谓短语也称“连动短语”，由两个或两个以上共用一个主语的谓词性成分组成。连谓短语各部分之间没有语音停顿，也不用任何关联词语，其间没有联合、偏正、述宾、述补、主谓等关系。例如：

出门上学　看着高兴　上网聊天　上机打字　请你去一下　有可能下雨

8. 兼语短语

兼语短语由一个述宾短语和一个主谓短语组成，述宾短语的宾语兼做主谓短语的主语。例如：

请他跳舞　请编辑改稿　通知记者采访　告他诽谤

9. 介宾短语

介宾短语由介词附着在名词等词语前面组成。例如：

在门口　从家里　比昨天　对学生　自北京（出发）

10. 助词短语

助词短语由助词附着在词语上组成。例如：

想到的　所听到的　刀子似的

11. 固定短语

固定短语是指结构比较固定的短语。常见的固定短语主要有两种。

一种是成语。例如：

班门弄斧　举步维艰　胸有成竹　众矢之的　相见恨晚

还有一种是惯用语。例如：

马后炮　下马威　穿小鞋　拉皮条　打马虎眼

（二）复杂短语的层次分析

复杂短语是指结构层次不止一个的短语。一般来说，分析一个复杂短语，只需分析到词为止。分析复杂短语可采取图解法，例如：

①编 辑 和 记 者 共 同 努 力

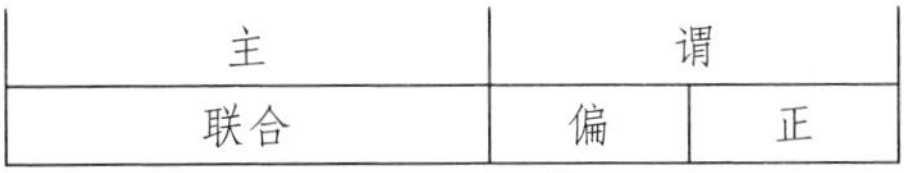

②他 的 姑 姑 王 晴 美 得 惊 人

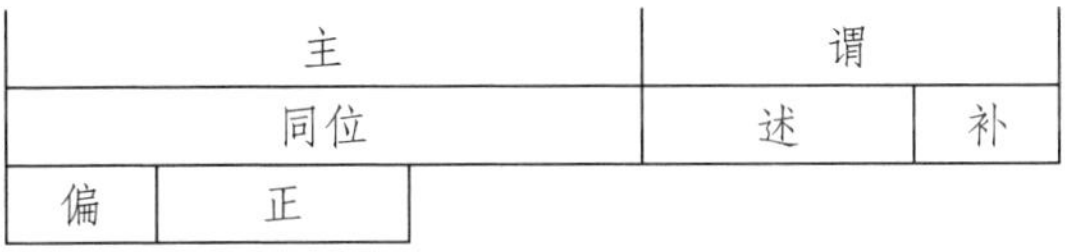

③从 家 里 出 发 去 学 校

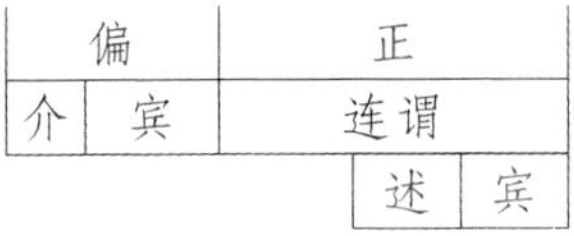

④认 真 学 习 我 国 的 出 版 政 策 和 法 规

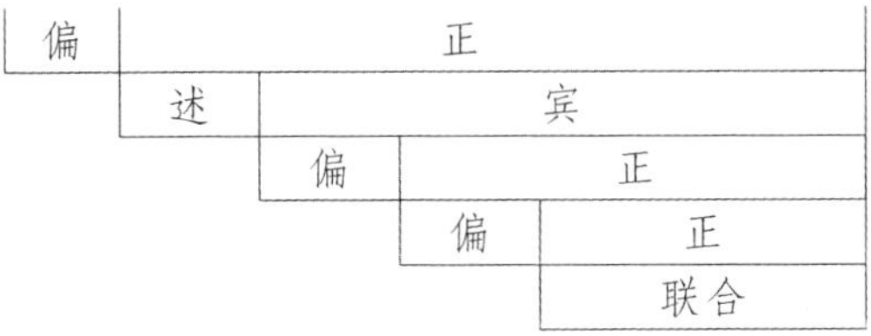

⑤报道 一位 英雄 保卫 祖国 安全的 感人 事迹

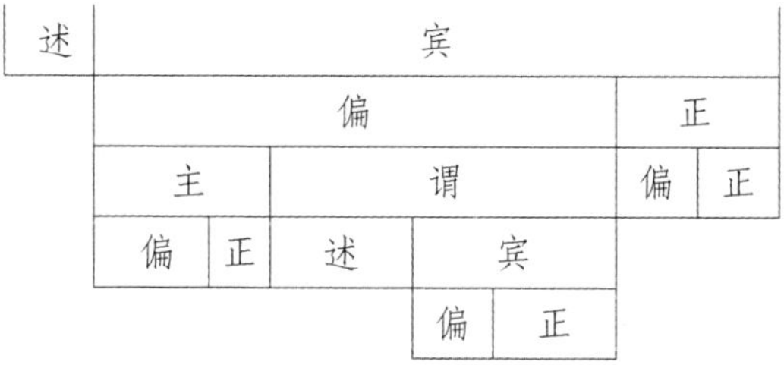

（三）歧义短语

歧义短语又称“多义短语”，指有两种或多种意义的短语。造成短语歧义的客观因素有很多，主要有以下几种。

一是语法结构切分不同而造成歧义。例如：

①关　心　人　民　的　战　士

（a）

关　心　人　民　的　战　士

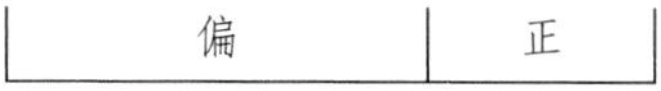

（b）

这个短语有两种切分方式，有两个意思：（a）表示“关心”的是“人民的战士”；（b）表示“战士”是“关心人民”的。

②我　们　四　人　一　排

（a）

我　们　四　人　一　排

（b）

这个短语也有两种切分方式，包含两个意思：（a）表示我们的排列方式是“每四个人一排”；（b）表示“我们四个人在一排”。

二是语法结构的切分相同但结构关系不同而造成歧义。既可理解为甲结构，也可理解为乙结构。例如：

③ 你 们 老 师

| 同 | 位 |

（a）

你 们 老 师

| 偏 | 正 |

（b）

（a）是同位语关系，表示“你们这些老师”；（b）是偏正关系，表示“你们的老师”。

④ 出 口 产 品

| 述 | 宾 |

（a）

出 口 产 品

| 偏 | 正 |

（b）

（a）是述宾关系，表示“将产品出口”；（b）是偏正关系，表示“出口的产品”。

三是有的词语有多个含义，因缺少语境而造成理解上的歧义。例如：

⑤ 做 手 术 的 是 小 王

| 主 | 谓 |

这个短语虽然只有一种结构，但由于“做手术的”既可以表示施事者，又可以表示受事者，所以产生了歧义：一是指“小王是医生，给别人做手术”；二是指“小王是病人，别人给他做手术”。

⑥老　朋　友
|偏|　正　|

“老”在这个短语里既可表示“交往时间很久的”意思，又可表示“年纪大的”意思。所以这个短语可表示两个意思：一个意思是“交往很久的朋友”，另一个意思是“年纪大的朋友”。

可能产生的歧义会给人们的理解带来困难，因此要实现明确无误的表达，就应想办法消除可能产生的歧义。消除短语歧义的方法主要有以下几种。

第一，适当增加词语。如例②“我们四人一排”，可以改成“我们每四人一排”或“我们四人坐在一排”。

第二，调整语序。如“三个学校的工作人员”，如果将数量词“三个”移到“工作人员”前，说成“学校的三个工作人员”，就不会有歧义了。

第三，更换关键词语。如短语“一个编辑的建议”，量词“个”既可指人，又可指物。“一个”到底是修饰“编辑”的，还是修饰“建议”的，不容易看清楚。如果改成“一位编辑的建议”或“一项编辑的建议”，意思就明白了。

二、句子及其成分

句子由词和短语构成，是能够独立地表达相对完整的意思并有一定语调的语言单位。所谓能够表达相对完整的意思，是指能够陈述一件事，或者能够提出或回答一个问题，或者能够抒发某种情感和意愿等。从表达的角度说，句子是一个基本表达单位。从语法角度说，句子是最大的语法单位。书面上每个句子的末尾用句号、问号或叹号表示停顿和不同的语气。

句子的组成部分称为“句子成分”。现代汉语的句子成分有主语、谓语、宾语、定语、状语、补语、同位语、独立语等。它们或者是词，或者是短语。在实际语言中，句子成分多半不是一个单纯的词。在作句子成分分析时，以使用结构层次分析法为比较科学，但为了简化叙述，方便学习，本书在作句子成分分析时，常常以其核心词语为代表，并在所举例句中以在词语下加点的方式表示该词语即为上下文所谈到的相应句子成分。此点要请读者注意。

（一）主语、谓语、宾语

从句子结构分析，主语、谓语和宾语是汉语句子中的主干和核心成分，定语、状语和补语是附属于主干的修饰和补充说明成分，同位语和独立语则属于特殊成分。

1. 主语

主语是谓语陈述的对象。在汉语的一般句子中，主语通常在谓语之前，多由名词、代词或短语充当，表示谓语所陈述的是“谁”或是“什么”。

通常用来做主语的是名词和代词。代词中以人称代词为最常用，指示代词和疑问代词也可以做主语。例如：“科学技术是第一生产力。”“北京是我们伟大祖国的首都。”“我爱我的母亲。”“你瞧他那股高兴劲儿。”“那是什么？”“什么是知识？”“谁不说俺家乡好？”

“的”字结构（在名词、动词、形容词、代词后边加上“的”，构成一个整体，其语法功能相当于一个名词）可以做主语。例如：“压倒一切的是稳定。”“参观的来了。”“好的给你，坏的留下修理。”“的”字结构实际上是省略了中心词，如前面第一句省略的是“事情”，第二句省略的是

“人”，第三句省略的是“东西”。

数词和量词做主语分两种情况。一是数词和度量衡单位组合在一起做主语，谓语起解释说明作用。例如：“一升等于一千毫升。”“一公里是一千米。”二是有关的人或事物前面出现过，后面再用数词和量词的组合指称。例如：“我有两个弟弟，一个在公司，一个在商场。”

方位词、方位结构做主语有严格的条件限制，或者谓语是形容词，或者谓语里有判断词“是”，或者方位结构有所借代。例如：“窗外一片寂静。”“长江以南是大米的主产区。”“省里已派人前来查处。”最后的例句中，“省里”是省级领导机关的借代用法。

动词和形容词经常用作谓语，但是，当它用来指称一种事物或一件事情时，也可以做主语。例如：“虚心使人进步，骄傲使人落后。”“提高要有一个基础。”

联合短语是由哪类词构成的，它做主语的条件就和哪类词一致。偏正短语做主语的条件和该短语的中心词一致。主谓短语、述宾短语、述补短语做主语，一般是出现在表示判断、描写、评议、衡量的句子里。介词结构做主语则多是表示空间范畴，其谓语往往也是判断、描写性质的。

2. 谓语

谓语是对主语加以陈述的句子成分。在汉语中，谓语的位置一般在主语之后，说明主语“是什么”“做什么”或“怎么样”。

最常用来做谓语的是动词和形容词。例如：“我是中国人。”“你来了。”“同一首歌，你唱，我唱，大家唱。”“我们爱祖国，爱人民。”“重点应该转移到经济工作上来。”“市场繁荣，购销两旺。”“冬天到了，春天还会远吗？”“人小心不小。”

能够回答“怎么样”的代词（这么、那么、这样、那样、这么样、那么样），包括“怎么样”本身，都可以做谓语。例如：“你怎么啦？——我没怎么。”“比赛的事怎么样了？”“那就这样吧。”

普通名词和时间词可以做谓语，多用来说明特定的时间、节日等，它们前头往往都能加“是”而转变为动词性谓语。例如：“今天元宵节。”“明天星期五。”

数词、量词做谓语，大多对主语有解释说明作用，或者说明度量衡单位之间的换算关系，或者说明人的年岁、货物的价格或不同主语间的分配份额等，有时则是对事物状态的描述。例如：“一度六十分。”“一公顷一万平方米。”“他二十多岁。”“糙米五元，谷三元。”“给孩子们买衣服，你一件，他一件，大方得很。”“气象万千。”“花儿朵朵。”“鹏程万里。”

名词性偏正短语做谓语，大都是对主语（人或物）进行描写和说明，或者形貌，或者品质，或者景色等。例如：“他高高的个儿，黑红的脸膛儿。”“这人小心眼儿。”“鲁迅浙江绍兴人。”“前边一片郁郁葱葱的树林。”这种情况一般是整个偏正短语对主语起描述作用，而且主语和偏正短语的中心词往往有领属关系。

主谓短语做谓语有不同的类型。一种是全句的主语和主谓短语的主语有领属关系或整体与部分的关系。例如：“他身体健康。”“这个人心眼好。”“我们出版社半数人是编辑。”一种是全句的主语是表示时间或处所的名词。例如：“昨天我们开会了。”“南方最近几天在下雨。”一种是全句的主语在意义上是受事者、参与者或工具，而做谓语的主谓短语整个地回答主语“怎么样”的问题。例如：“这样的傻事谁肯干？”“再大的困难我们也不怕。”“这位同学我跟他谈过话了。”“这副眼镜我看书用。”还有一种情况，在表示事物周遍性时，谓语往往采用主谓短语，表示事物周遍性的词语或者做全句的主语，或者做主谓短语的主语。例如：“什么活儿我们都干。”“什么办法我们都试过了。”“他哪儿都去过。”

3. 宾语

宾语是动词的连带成分，直接跟在动词后面，受动词支配，是动作、行为的支配对象，用来回答“谁”或“什么”。一个动词带两个宾语的现象叫“双宾语”。离动词近的指人的宾语叫“近宾语”（间接宾语），离动词远的指物的宾语叫“远宾语”（直接宾语）。

通常用来做宾语的是名词和代词。例如：“我赞美白杨树。”“发展经济，保障供给。”“坚持真理，修正错误。”“解放生产力。”“你送送他。”“他在干什么？”由名词或代词组成的联合短语也可以做宾语。例如：“年轻人要自觉地接受老一辈的经验和知识。”

“的”字结构可以做宾语。例如：“先进的要带动落后的，富裕的要帮助贫穷的。”“我们是信守诺言的。”“我喜欢朝气蓬勃的，不喜欢老气横秋的。”

数词和量词的组合做宾语时，往往是指代前面已经出现过的事物。例如：“这苹果好，我买三斤。”“真正的理论在世界上只有一种。”

动词和形容词在指称一种事物、现象时可以做宾语。例如："梦见春的到来，梦见秋的到来。""我们做了周密的准备。""我喜欢游泳。"在谓语动词是"遭到""给予""加以"一类词时，宾语可以是动词。例如："这个建议遭到双方拒绝。""对农民工问题尤其要给予关注。""外国的好的东西也要加以吸收。"在表示褒贬然否或爱憎好恶等心理活动的动词后面，形容词常常用作宾语。例如："怕脏怕累怕麻烦。""我赞美她的勤劳善良。"

主谓短语、述宾短语在指称一种事物时，都可以做宾语。例如："我认为他行。""要重视身体健康。""我想上学，他想经商。我想读书，他想发财。"

（二）定语、状语、补语

定语、状语、补语附属于句子基本成分，起修饰和补充说明作用。没有它们，句子就不能完整、周密地表情达意，不能准确、鲜明、生动地反映丰富复杂的客观事物。因为定语、状语、补语都是附属性的句子成分，只能以与相应词语组成短语的形式存在于句子中，所以下面的分析也主要在短语层面进行。

1. 定语

定语是用在名词前面的修饰成分，说明事物的领属关系、性质、状态、数量等，回答"谁的""什么样的""多少"等问题。

最常用来做定语的是形容词。一般的单音节形容词可以直接修饰名词。如"新书、假画、甜枣"等。如果加"的"，就有强调定语所表示属性的语气。如："这是新的书。"双音节形容词只在一些常见格式里直接做定语。如"干净抹布""老实人""要紧事""糊涂思想"等。大多数情况下要加“的”，如“光辉的一生”“雪亮的闪电”等。

名词可以直接做定语，也可以加上“的”后做定语。名词直接做定语时，跟中心语结合紧密，是一个稳定的整体；加“的”的时候，定语跟中心语是一种临时的组合，各自保持着意义上的相对独立性。加“的”不加“的”，有时表达的意思是不一样的，如“孩子的脾气不好”，表示的是领属关系；“他有点孩子脾气”，表示的是事物的性质。名词带“的”做定语，有时也表示性质。如“珂罗版的书”“半导体的收音机”等。语意上的这些微妙变化，需要结合上下文仔细体察。

人称代词做领属性定语，如果中心语是表示亲属称谓或一种集体、机构的名词，通常不用“的”，如“我哥哥”“她母亲”“我们班”“你们单位”等；如果中心语是一般名词，通常要加“的”。“这、那、哪”加上量词直接修饰名词是表示指示或疑问，如“这本书”“哪个孩子”；如果加上“的”，则表示领属关系，如“这本书的封面”“哪个的孩子”。

各种短语做定语都要加上“的”。

2. 状语

状语是用在动词和形容词前边的修饰成分，说明程度、方式、时间、处所、范围、状态、数量等，回答“怎么”“多么”“什么时候”“什么地方”等问题。

最常用来做状语的是副词，副词也只能修饰动词和形容词。例如：表示程度的“极慢”“很大”“很温和”等，表示时间的“依旧太平”“终于改变”“曾经告诉”“早已想写”“问了才回答”等，表示范围的“都到哪里去”“只读书”等，表示然否的“一定有倾向性”“大约也变了色”“并未改变”“并非这样简单”“没有抄下这封信”等，表示语气的“竟那么浓”“难道就不觉得”“其实不然”“果然事情有变化”等。

形容词做状语多是修饰动词，说明动作、行为的性质和状态。单音节形容词做状语可以直接加在中心语前面，双音节或多音节的形容词做状语往往要带“地”字。例如：“慢走”“快坐下”“有多高兴啊”“科学地总结经验”“机械地模仿”“高兴地回答”“静悄悄地升上来”等。

名词做状语的情况较少。表示时间或处所的名词可以做状语。例如：“1912年出生”“上午就走”“屋里谈”等。表示工具、方式的名词也可以做状语。例如：“电视转播”“电话联系”“全文发表”“曲线救国”等。还有个别特定的名词也可做状语。例如：“手本能地缩回”“任务历史性地落在我们肩上”等。

数词和表示时间或动量的量词组合，可以做状语。例如：“一个小时就运完”“再一次响起”等。数词和表示名量的量词组合后可以重叠起来做状语，表示逐一进行的意思。例如：“一口袋一口袋地运进仓库”“一一握手”等，而“一一”是将量词省去的习惯用法。

表示时间、处所的代词可以做状语。例如：“多会儿回来”“这里坐”等。表示性质、状态的代词做状语，相当于形容词或副词做状语。例如：“怎么过”“多么可爱”等。

动词做状语的情况比较少，后面都要加“地”或“着”。例如：“感激地笑”“批判地吸收”“哭着告诉”等。

介宾短语做状语，多用来说明时间、空间、范围、方式、目的等。表示比较的状语，后面的中心语往往是形容词，例如：“塑像比真人高大得多。”“今年亏本比去年都厉害。”

方位结构做状语，说明的是空间或地理位置。例如：“深蓝的天空中挂着一轮金黄的圆月。”比况结构做状语，起的是形容词的作用。例如：“他飞也似的跑进队伍。”

主谓短语、联合短语、偏正短语、述宾短语、述补短语都可以做状语，多数是说明状态、程度或方式。主谓短语做状语，除成语（如“目不转睛”“汗流浃背”）外，多限于主语和宾语同形的格式。例如：“面对面地说”“手挽手地走”“一天比一天好”等。由动词“有、无、没有”为中心语构成的述宾短语，可以做状语修饰动词。例如：“很有把握地回答”“漫无目的地随便看看”“没有条件地承担工作”等。

3．补语

补语是动词和形容词后面的补充说明成分，说明结果、趋向、可能与状态、程度等，回答“怎么样”“多少”“多久”等问题。

从词类来分析，补语只能是形容词、动词、表示动量或时量的量词与数词的组合以及少数程度副词，不能是名词。

结果补语可以是形容词，也可以是动词。如“长大、缩小、映红、抓紧、晒干、洗净、延长、拌匀”等，补语都是形容词；而“看见、听懂、学会、写完、踢倒、打翻、喝醉、气疯”等，补语都是动词。这些由结果补语组成的述补短语是一种黏合式结构，述语和补语直接黏合在一起，联系紧密，语法功能上类似于一个复合词。

由“来、去、进、出、上、下、回、过、起、开”等趋向动词充任的补语称为“趋向补语”。其中“来”“去”可以放在其他几个趋向动词后面做补语，而“进来、进去、上来、上去、下来、下去、回来、回去”等又可以放在别的动词后面做趋向补语。后一类趋向补语通常称为“复合趋向补语”。

带可能补语的述补短语是一种组合式结构，组合式结构的述语和补语之间要加“得”字，其否定形式是将“得”字换成否定副词“不”字。“看得见”是说能看见，“看不见”是说不能看见。类似的述补短语还有“写得完”“拦得住”“进得去”“说得清楚”“攀得上去”等。有时在动词之后可以单用一个“得”字表示可能，如“看得”“吃得”“去得”。其否定形式是在中间加个“不”字，表示不能，如“吃不得”“去不得”。

带结果补语的述补短语也可以是一种组合式结构，但无论肯定还是否定，在述语和补语之间都要加“得”字。这是它在结构上和表示可能的述补短语不一样的地方。如“写得好”有时是表示能写好，有时是表示写得不错，二者很难区分；但是其否定形式就不同，“写不好”表示不能写好，“写得不好”则表示写出来的结果不好，区分是很明确的。

程度补语用在动词和形容词之后，以“极、多、透”等表示程度。如“好极了”“高兴多了”“可笑透了”。“死”放在动词和形容词之后，有时也表示程度达到极致，如“忙死了”“累死了”“脏死了”“高兴死了”。程度副词“很”用在“得”字后，这是典型的程度补语，如“忙得很”“好得很”“紧张得很”。而“一些”“一点”做补语则表示程度较轻，如“忙一些”“好一点”。能做补语的还有数词与动量词、时量词的组合，如“看两遍”“休息一两天”等。

介宾短语做补语，一般是说明时间、处所或与述语直接相关的人和事物。如“生于1818年”“摆到桌子上”“奉献给人民”“走向富强”。

联合短语做补语，其性质与其构成部分的词性相同。主谓短语做补语，或者是说明结果，或者是表现程度，都是描述性的。偏正短语、述宾短语做补语，也都是形容或描述性的。

（三）同位语、独立语

同位语和独立语比较特殊，或者只与句中的某一成分发生对应关系，或者比较自由地独立在普通句子之外。它们的存在，对于语言表达的灵活变化有十分重要的意义。

1. 同位语

同位语也称“复指成分”，是指由两个或者多个指称同一对象的词或短语充当的同一句子成分。例如：“我来到了祖国首都北京。”“一年有春、夏、秋、冬四季。”“让全国人民都过上幸福富裕的生活，这是我们的奋斗目标。”在例句中，“祖国首都”和“北京”，“春、夏、秋、冬”和“四季”，“让全国人民都过上幸福富裕的生活”和“这”便互为同位语，前两例都是做宾语，后一例则是做主语。

同位语可以都在句中，也可以有的在句中，有的在句外。有的语法书只把在句外的称作同位语，或者干脆称作“外位成分”，本书没有采用这样的说法。

同位语有三种类型：

一是重叠式同位语。它们并列在句中，往往一个是比较简单的称谓，一个是相应的具体说明。如“司机老李”中，“老李”是称谓，“司机”是对其身份的说明。前面所举例中，“北京”是称谓，“祖国首都”是对其地位的说明；“四季”是总称，“春、夏、秋、冬”则是对其具体名称的逐一说明。再如：“‘激光照排之父’‘当代毕昇’王选做出了很大贡献。”这句话里“王选”是人名，而“激光照排之父”和“当代毕昇”都是对其身份地位的说明，前者说他是激光照排事业的创始人，后者用比拟的方式说明他在现代印刷史上的重要地位。这种同位语可以使语言的表达更加准确明晰、丰富具体。

二是称代式同位语。一个词或短语用在前头（有时也可用在后头），然后用一个人称代词或指示代词来表述它。例如：“夺取全国胜利，这只是万里长征走完了第一步。”“实行改革开放，这是第二次革命。”“再经过一二十年的奋斗，我们什么都有了：工业现代化、农业现代化、科学技术现代化、国防现代化。”第一例以“这”称代“夺取全国胜利”，第二例以“这”称代“实行改革开放”。第三例中，在前的疑问代词“什么”泛指想要实现的所有目标，后面则用包括了四个现代化的联合短语对这些目标具体描述。

三是总分式同位语。前面先提出总说，后面再用联合短语加以说明，总说部分和分说部分中的联合短语是同位关系。例如：“联想有四种类型：接近联想、类似联想、对比联想、因果联想。”“睡眠三忌：一忌睡前恼怒，二忌临睡饱食，三忌卧处当风。”冒号后的分说部分都是联合短语，与总说部分（“四种类型”“三忌”）构成同位关系。

同位语的使用，一是可以突出重点，起渲染强调的作用；二是可以对简单笼统的称谓或事物作出准确、明晰、丰富生动的解释说明；三是可以使语句显得结构严谨、条理分明；四是可以把繁复冗长的句子转化成简洁有力、节奏鲜明的若干短句，使语调变得生动活泼，富于变化。

2. 独立语

独立语是独立于普通句子之外，不与各种句子成分发生关联，位置比较灵活自由的词语。它有三种类型。

一是称呼语。例如："为友谊干杯，朋友们！""祥林嫂，你放着罢。""我知道了，老杨，你就放心吧。"

二是感叹语。例如："哎呀，你怎么乱动一气！""嘿，这车真漂亮！""啊呀，我真给忘了。"

三是插语。插语具有多种功能。有的插语意在引起对方注意，例如："你听听，这丫头真是疯了！""你看，你看，花开得多好！"有的插语表明说话人的态度，例如："不错，党八股中国有，外国也有，可见是通病。"（表示肯定）"毫无疑问，我们应当批评各种各样的错误思想。"（表示强调）"我真傻，真的。"（表示真诚）"这件事，说老实话，我也没什么好办法。"（强调事实确实如此）有的插语表示推测，例如："看样子，你也没什么把握。"（表示大略的估计）"来参观的人，少说一点，每天总有七八千吧。"（表示对数量的估计，强调其多）"能够调去支援的人手，充其量而言，不过一个班，行吗？"（表示对数量的估计，强调其少）有的插语说明信息的来源或准确程度，例如："论工作能力，据张主任讲，姚会计是整个财务科里最棒的一个。"（说明来源）"我家的后面有一个很大的园，相传叫作百草园。"（说明准确程度）

独立语的存在，主要反映了各种情态下的语言表达实际需要。虽然从句子结构上说，它不是必需的，但在语言表达效果上，它所传达的情感和语气却不是可有可无的。独立语的丰富与鲜活，增加了语言的生动性和逼真感。

三、单句及其运用

单句是根据结构形式划分的一大类句子，与复句相对。

（一）单句的结构类型

根据句子成分的特点，单句可分为主谓句和非主谓句。

1. 主谓句

主谓句是由主谓短语带上语调构成的单句。根据谓语的性质，主谓句可分为四类：动词谓语句、形容词谓语句、名词谓语句和主谓谓语句。例如：

①学生学习英语。（动词谓语句）

②衣服漂亮极了！（形容词谓语句）

③今天阴天。（名词谓语句）

④这个地方我去过。（主谓谓语句）

2. 非主谓句

非主谓句是由单个的词或主谓短语以外的短语加上一定的语调构成的句子。根据构成材料的功能类别，非主谓句可划分为四类：名词性非主谓句、动词性非主谓句、形容词性非主谓句和叹词非主谓句。例如：

①小王吗？（名词性非主谓句）

②请站住！（动词性非主谓句）

③太精彩了！（形容词性非主谓句）

④噫！　　（叹词非主谓句）

（二）单句的几种特殊形式

汉语中的单句有一些相对来说比较特殊的形式。

1. 双宾句

双宾句是指句中动词（一般做谓语）之后先后出现两个宾语的句子。两个宾语中，靠近动词的一个宾语为“近宾语”，也称“间接宾语”；离动词远些的那个宾语为“远宾语”，也称“直接宾语”。例如：

王洋送我 一支笔。

“我”和“一支笔”都是宾语，“我”是近宾语，“一支笔”是远宾语。

双宾句的两个宾语之间应当没有任何结构关系，否则，就不是双宾句。例如：

①张老师教我们英语。

②张老师教我们的英语。

例①中谓语动词“教”后面的两个宾语“我们”和“英语”之间没有任何结构关系，所以它是一个双宾句；例②中“我们”和“英语”之间有一个助词“的”，构成了一个偏正关系的短语，所以例②不是双宾句。

2. 兼语句

兼语句是指由兼语短语充当谓语或由兼语短语独立成句的句子。例如：

①大家选他当社长。

②谢谢你告诉我这个消息。

③有个女孩很漂亮。

3. 连谓句

连谓句是指由连谓短语充当谓语或由连谓短语独立成句的句子。连谓句的几个谓词都与同一主语发生主谓关系，其间没有语音停顿，也没有关联词语。例如：

①我们回家 吃饭。

②他做完作业 走了。

③王华低着头 想问题。

④她打球 打累了。

⑤我有事 问你。

从结构上看，连谓句的各项一般不能任意调换顺序，变动了次序，意义跟原来的就不一样了。

4. “把”字句

“把”字句是谓语动词前有介词“把”或“将”的句子。例如：

①你〔把牛奶〕喝了吧！

②他〔把电脑〕关了。

“把”字句中，“把”或“将”的宾语一般是谓语动词处置或影响的对象。如果谓语动词后面带补语，则补语表示处置的结果或影响的程度。例如：

③请〔将窗户〕擦干净。

“将”的宾语“窗户”是谓语动词“擦”的处置对象，补语“干净”表示处置的结果。

使用“把”字句一般要受到以下条件限制。

第一，动词前后往往有别的成分，一般不单独使用一个单音节动词。

第二，单音节动词通常要带上动态助词，如“把公文包拿着”；或是采用动词重叠式，如“把这道题算算”；或是后面带补语，如“把帽子摘下来”；或带宾语，如“把书借给他”。

第三，述补型双音节动词可以单独用在“把”字句中，常用的有“推翻”“讲清”“说明”“解散”“提高”“缩短”等，如“把道理讲清”“将效益提高”“把工期缩短”。

第四，否定副词、助动词一般放在“把”字前面，而不能放在动词前面。如“我没有把笔给他”不能说成“我把笔没有给他”。

5. “被”字句

“被”字句是谓语动词前有介词“被”（“叫”“让”“给”）的句子。“被”字句的特点是，主语在意念上受谓语动词的支配，是谓语动词所表示的行为动作的承受者、受动者，处于被动地位，是谓语动词的逻辑宾语。谓语是由能够带宾语的及物动词充当的，不能带宾语的不及物动词以及形容词不能充当“被”字句的谓语。因为主语是谓语的逻辑宾语，所以谓语之后不能再带别的宾语。

在特定的情况下，还可以带上另外的直接宾语。如：“他被汽车撞断了左腿。”“他被当作了编余人员。”前例宾语“左腿”与主语“他”之间具有所属关系，并且对补语“断”进行说明；后例宾语“编余人员”是表明主语身份的，并且谓语“当作”也要求有另外的宾语。

使用“被”字句要受到以下条件限制。

第一，谓语动词必须是表示具体动作行为的动词。如“我的笔被小王借走了”。非动作动词（包括表示存续、认知、趋向等的动词）都不能做“被”字句的谓语动词。如不能说“这支笔被我有”。

第二，谓语动词大多是双音节的。单音节动词偶尔使用时，必须带上后加成分，如宾语、补语或助词“了”“过”等。如不能说“花被掐”，但可以说“花被掐了”。

第三，否定副词、时间副词和助动词要放在“被”字前面。如可以说“没有被困难吓倒”，但不能说“被困难没有吓倒”；可以说“她已经被选上”，但不能说成“她被已经选上”。

四、复句及其运用

复句由两个或两个以上意义相关、结构上互不包含的分句组成。

复句中的几个分句合起来表达一个完整的意思，各分句相对独立，不做另一分句的句子成分。分句与分句之间用逗号或分号隔开。

（一）复句的类型

复句里各分句之间的意义联系多种多样。根据分句意义的不同联系，复句可分为联合复句和偏正复句两大类。

1. 联合复句

联合复句是指各分句意义上平等、无主从之分的复句。各分句之间的关系具体又可分为并列关系、顺承关系、解说关系、选择关系和递进关系五种类型。

（1）并列关系复句

并列关系的复句，表示并列的几件事或同一事物的几个方面，各分句间的关系或者是平列的，或者是对举的。并列关系复句有时用关联词语，有时不用关联词语。例如：

①她既漂亮，又大方。

②他不是法国人，而是英国人。

③一日之计在于晨，一年之计在于春。

④南方湿润多雨，北方干燥多风沙。

并列关系的关联词，关联的是两种或两种以上的情况，在句中的位置是同等重要的，其关联的内容是可以互换位置的。并列关系复句常用的关联词有“既……又（也）……”“又……又……”“不是……而是……”“有时……有时……”“一方面……（另）一方面……”“是……

不是……”“一会儿……一会儿……”“也”“又”“同时”等。

（2）顺承关系复句

顺承关系的复句，各分句之间有先后相承的关系。例如：

①他先取钱，然后去买电脑。

②司机下了车，乘客也跟着下去。

顺承关系复句有时候也不用关联词。例如：

③他轻轻推开门，蹑手蹑脚地溜了出去。

顺承关系复句与并列关系复句的主要区别是：并列关系复句中各分句之间的关系是平列的，没有时间先后的不同，各分句顺序往往可以颠倒；而顺承关系复句中各分句次序不能颠倒。

顺承关系复句常用的关联词有“首先……然后……”“刚……就……”“就”“便”“才”“于是”“接着”“跟着”“然后”“后来”等。

（3）解说关系复句

解说关系的复句，各分句间有解释或说明、总分的关系。解说关系的复句多不用关联词。例如：

①我要说的是一种很有趣的东西，就是船。

②全文分三个部分，开头部分简略交代写作缘起，第二部分谈读书的重要意义，第三部分详细论述如何读书。

（4）选择关系复句

选择关系的复句有两种情况：各分句分别说出两种或两种以上可能的情况，或此或彼，让人从中选择，称为“未定选择”；选定其中一个分句所说的一种情况，同时舍弃另外分句所说的另外情况，称为“已定选择”。例如：

①你是想做教师呢，还是想当编辑？

②与其坐汽车，不如坐火车。

选择关系复句常用的关联词有“或者（或、或是）……或者（或、或是）……”“是……还是……”“不是……就是……”“与其……不如（毋宁、宁肯、还不如、倒不如）……”“宁可……也不……”“还不如”“倒不如”等。

（5）递进关系复句

递进关系的复句是分句之间程度加深、范围扩大，后一分句的意思比前一分句的意思更进一层的复句。例如：

①他不仅把伤者送进了医院，而且垫付了医药费。

②假洋鬼子尚且不足数，何况是阿 Q。

递进关系复句常用的关联词有“不但（不仅、不只、不光、非但、不独、非特）……而且（还、也、又、更、就连）……”“不但（不但不、非但没）……反而（反倒还、相反还、偏偏还）……”“尚且……何况（更不用说、还）……”“而且”“何况”“况且”“甚至”“并且”等。

2. 偏正复句

偏正复句是指各分句意义有主有从的复句。分句之间的意义关系具体又可分为转折关系、条件关系、假设关系、因果关系和目的关系五种类型。

（1）转折关系复句

转折关系的复句中，前后分句的意思相反或相对，后面分句是说话人所要表达的正意。例如：

①虽然二诸葛说是千合适万合适，小二黑却不认账。

②大家都高高兴兴的，他却垂头丧气。

转折关系复句常用的关联词有“虽然（虽、尽管）……

但是（可是、但、却、而）……”“但是”“可是”“然而”“却”“不过”等。

（2）条件关系复句

条件关系的复句中，一个分句提出条件，为偏句；另一个分句说明在满足条件的情况下所产生的结果，为正句。例如：

①只要这个好心的于勒一回来，我们的境况就不同了。

②不论做什么事，都要有一个认认真真的态度。

③除非是身体实在支持不住，他才休息。

条件关系复句常用的关联词有“只要……就……”“只有（除非）……才……”“无论……都……”等。

（3）假设关系复句

假设关系的复句中，偏句提出假设，正句说明假设实现后所产生的结果。例如：

①如果美是专指“婆娑”或“横斜逸出”之类而言，那么白杨树算不得树中的好女子。

②即使天气寒冷，他也坚持长跑。

假设关系复句常用的关联词有“如果（假如、假使、假若、假设、倘若、倘使、若是、若、要是）……就（那么、那、便、则、也）……”“即使（就是、就算、纵使、纵然、哪怕）……也（还）……”“那么”“则”等。

（4）因果关系复句

因果关系的复句中，偏句说出原因，正句说出结果。例如：

①道静的心突然被这种崇高而真挚的友情感动了，以致不能自抑地流下了眼泪。

②既然你已经这样做了，那我还能说什么呢？

表示因果关系的关联词比较明显，因果关系表示前面（后面）的分句说明原因，后面（前面）的分句说明结论或结果。可分为说明因果和推论因果。说明因果是一个分句说明原因，另一分句说明这个原因产生的结果，因和果是客观事实。常用的关联词有“因为（因）……所以（才、就、便）……”“由于……因此……”“之所以……是因为……”“因而”“故而”“故此”等。

推论因果是一个分句提出依据或前提，后一分句由此推出结论，结论是主观判定的。常用的关联词有“既然（既是）……那么（就、又、便、则、又何必）……”等。

（5）目的关系复句

目的关系的复句中，偏句表示行为，正句表示行为的目的。例如：

①我必须这么做，为的是你有更好的发展。

②你最好多穿点衣服，以免感冒。

目的关系复句常用的关联词有“以便”“以”“用以”“以免”“免得”“为的是”等。

（二）复句的特殊形式

除了上面所说的一般结构形式外，复句还有较特殊的多重复句和紧缩复句形式。

1. 多重复句

多重复句是指包含三个或三个以上的分句，且具有两层或两层以上关系的复句。例如：

①（A）老栓慌忙摸出洋钱，（B）抖抖地想交给他，（C）却又不敢去接他的东西。

例①是有两个层次的多重复句。它有三个分句（A）

（B）（C），（A）（B）和（C）组成第一层，之间是转折关系，（A）和（B）组成第二层，之间是顺承关系。

多重复句的“重”，指的是结构上的层次，而不是指分句数目的多少。有的复句尽管有三个或三个以上的分句，但在结构上只有一个层次，就不能算是多重复句。例如：

②（A）他们的品质是那样的纯洁和高尚，（B）他们的意志是那样的坚韧和刚强，（C）他们的气质是那样的淳朴和谦逊，（D）他们的胸怀是那样的美丽和宽广！

例②有四个分句（A）（B）（C）（D），但四个分句都是并列关系，处在同一个结构层次上，所以此句不是多重复句。

对一个多重复句进行分析，第一步是要熟读全句，确定它有几个分句；第二步是把全句的第一个层次找出来，用单竖线“|”隔开，在竖线的上方或下方标明结构关系；第三步是分别分析单竖线前面和后面的部分，找出第二个层次，用双竖线“‖”隔开，同样写明关系。依此类推，逐层分析，是几层就标出几条竖线，并且写明关系，一直分析到都是单句形式，不能再划分层次为止。例如：

③（A）盼望着，并列‖（B）盼望着，并列|（C）春天来了，并列‖（D）春天的脚步近了。

④（A）社会现象是错综复杂的，因果|（B）如果简单地看问题，假设‖（C）就很容易对新形势下产生的事物好坏不分，并列||||（D）是非不明，递进|||（E）甚至混淆功与过的界限。

2. 紧缩复句

紧缩复句是一种用近于单句的形式表达复句意义的特殊复句。这种复句结构紧凑，没有语音停顿。例如：

①困难再大也不怕。

例①表示的意思是“即使困难再大，也不怕”。

紧缩复句在形式上和单句中的连谓句很相似，但二者有本质的不同：紧缩复句蕴含假设、条件、因果等关系，而且一般要用关联词；连谓句则从来不用关联词。例如：

②王华坐下来看书。（连谓句）

③王华一坐下来就看书。（紧缩复句）

例②是连谓句，表示两个先后发生的动作，没有用关联词；例③实际上暗含着一种条件关系，表示“王华只要坐下来就看书”，而且用了关联词“一……就……”。

五、常见语法错误的纠正

稿件的语言表达也常存在语法方面的错误，如词性误用，搭配不当，句子成分残缺、杂糅，关联词误用或缺失，等等。为了保证出版物的质量，出版专业技术人员有责任对稿件或校样中的语法错误予以纠正。

发现和修改语法错误，通常有下列方法和要领。

（一）把握词性特点

每个词都是可以归类的。各类词都有自己独特的语法功能，能跟什么词搭配，能做什么句子成分，各有不同，这就是词性。词性掌握不好，往往出现语法问题。例如，“×× 诞辰 120 周年纪念会”和“×× 诞生 120 周年纪念会”，两句中，诞辰指出生的时日，词义以辰为主，是偏正型的复合式名词。诞生指出生，是联合式动词。诞辰的准确用法应该是“××周年诞辰”，用“××周年”从时间长短上限制“诞辰”。诞生和诞辰的用法不同，诞生大多要用在“××周年”的前面，应该是“诞生××周年”。再如：

①他们最终一致了意见。

②今天见到您，感到十分荣誉。

③环境问题严重障碍了经济发展。

④李教授常常义务为学生讲座。

例①中的“一致”是形容词。形容词做谓语一般只带补语，不带宾语。这里显然是把形容词误用为动词了。可以将“一致”改为“统一”。例②谓语“感到”是表示心理感受的动词，后面应该带形容词性的补语，不能带名词性的宾语。“荣誉”是名词，只能做宾语，不能做补语。名词也不能受副词（“十分”）修饰。“荣誉”应改为形容词“荣幸”。例③中的“障碍”是名词，应改成“阻碍”。例④中的“讲座”是名词，直接做谓语，是误当作动词了。可在“讲座”前加“开”或“举办”。

（二）注意词语的搭配

词语搭配不当是稿件中最常见的语法问题。要注意主谓搭配和动宾搭配，留心主谓宾或定状补是否都能与前面或后面的中心语搭配。这类句子可运用紧缩法分析，先把句子中的定语、状语和补语附加成分都去掉，紧缩出主干，检查主干是否存在语病。如果主干没问题，再检查局部，看修饰语和中心语之间的搭配有无问题。紧缩时，必须保持原语句的基本结构不变。

汉语的词、短语和单句，其构成方式是基本一致的；分析各组成部分之间的相应关系是否协调，可以发现和解决存在的问题。例如：

①春节期间，全市3 000多名消防官兵和210辆消防车，放弃休假，不辞辛劳，始终坚守在岗位上。

②工作人员安排好了会议的时间、地点、主要议程和应注意的问题。

③这次比赛，他们的发球破坏了巴西队的一传到位率。

例①的主语部分是个联合短语，包含消防官兵和车辆，谓语部分的“放弃休假，不辞辛劳”等却只适合于消防官兵，主语和谓语的关系不对应，顾此失彼，丢了一头。如果只是着意强调消防官兵在春节期间的贡献，可以将“和210辆消防车”删除，变成单一主语；如果要全面说明消防形势的严峻紧张，则可在后面补一句“210辆消防车‘整装待命’”。联合结构的句子成分经常会遇到此类偏废的问题。例②中的宾语是包含四项元素的联合结构，述语是“安排”；但“应注意的问题”不是人可“安排”出来的，显然，述宾关系不对应，词语不能搭配，后面可改为“并提醒应注意的问题”。例③是动宾搭配不当。谓语动词“破坏”的只能是“一传到位”，不能是“一传到位率”。可删去“率”，或改“破坏”为“降低”。

（三）注意语句的顺序

汉语的词没有形态变化，词语顺序和虚词的运用是汉语的主要语法手段。同样是三个字，“我爱她”和“她爱我”，其施事和受事的关系是完全不同的。因此，在审读稿件时，要重视词序对语言表达的巨大作用。出版工作实践表明，稿件中语序颠倒错乱的情况是不少的。例如：

①你与其找他当面质问，不如我先侧面了解一下情况。

②这样的课堂练习，既使学生能全面复习已学的内容，也能锻炼分析问题、解决问题的能力。

③建设社会主义祖国的伟大事业，应该发挥知识分子的充分作用。

④这是宋朝时期新出土的古船。

例①是一个选择复句，前后分句各是一种结局：你找他当面质问容易陷入僵局，我先侧面了解一下则比较主动，有回旋余地。因此，“与其”应放在“你”字前，放在“你”之后则表示要“你”从中选择，而后句的主语却又是“我”，整个句子便不通了。例②中包含的并列复句（“既……也……”）都是指学生说的，“既”字应放在“使学生”之后，否则，后半个分句的主语就变得模糊不清了。例③中的“充分”是副词做状语，不能把状语放在定语的位置上。应将“充分”调至“发挥”前。例④“宋朝”“时期”“新”“出土”，多层定语修饰中心语“古船”。当调整为：“这是新出土的宋朝时期的古船。”

此外，对于具有递进关系的复句，则要留心两个分句的语序是否合理，看有无顺序不当的语病。例如：

⑤他的语文成绩不仅在全校很突出，而且在我们班也名列前茅。

例⑤中连词“不仅……而且……”连接了两个具有递进关系的复句。显然，“全校”的范围大于“我们班”。递进关系应该是范围从小到大，才比较恰当。所以，该句应改为“他的语文成绩不仅在我们班名列前茅，而且在全校也很突出”。

“并列词语”是一个“危险信号”，一旦出现，务必引起高度重视，准确判断它们之间在概念上是否存在交叉、包含关系或不合事理，如果存在，一定是病句。例如：

①引导有运动天赋的青少年热爱并且投身于滑雪运动，从而培养这些青少年对滑雪运动的兴趣，是北京冬奥申委正在关注的问题。

②一种观念只有被人们普遍接受、理解和掌握并转化为整个社会的群体意识，才能成为人们自觉遵守和奉行的准则。

③由此可见，当时的设计者们不仅希望该过程中艺术活动是富有创造性的，而且技术活动也是富有创造性的。

例①按照逻辑关系，应该是先培养青少年“对滑雪运动的兴趣”，然后才能“热爱并且投身于滑雪运动”，表述不合常理，属于分句间次序不当，应调整过来。例②“接受、理解和掌握”三个并列词语的次序不当，按照认识事物的一般规律，应该是先理解，再接受，最后掌握。此项属于并列词语语序不当。例③属于关联词位置不当，应把“希望该过程中”放到“不仅”之前。两个分句的主语分别是“艺术活动”和“技术活动”，当主语不同时，关联词应该紧靠主语之前。

（四）分析句子结构是否完整

汉语里主谓句比较多，非主谓句比较少。表意稍微周密一些的句子，往往各种句子成分都相对齐全。如果必要的句子成分缺少了，句子就成了病句。

句子成分残缺主要是缺主语、缺谓语、缺宾语等。对此，也可以用紧缩法来分析、解决。

存在“从、通过、由于、经过”“在……下（上）”“当……的时候”等介词与动词“使、令、叫、让、派”连用现象的句子，常由两部分组成，一部分由介词短语做状语，另一部分有正常的句子主干。如果给两个部分都加上介词，就会使句子的主语隐藏起来，造成句子主语残缺的语病。修改这类病句时要认真读句子，尤其有上下文的句子，准确把握句子的真正主语后，再对句子进行修改，把多余的介词删去，使所缺的主语出现。例如：

①辛勤讲课二十三年，母亲终于获得了优秀教师。

②对于这种浪费人才的现象，为什么至今没引起有关部门的重视呢？

③于本月上旬，在北京举办了家具展览会。

④在老师的培养教育下，使我增长了知识，提高了技能。

例①及物动词“获得”要与“称号”“奖章”“奖状”等相搭配，才能表达一个完整的意思。为补正残缺，句尾宜加“称号”，或者将“获得”改为“评上”。例②前半句是个介词结构，可以做状语；后半句是个复杂一些的述补结构，可以做谓语。主语到哪里去了呢？只有删去多余的虚词“对于”，才能把丢失的主语（“这种浪费人才的现象”）重新找回来。如果前半句的介词结构不变，那么后半句也可改成“有关部门为什么至今不予重视呢？”，让“有关部门”成为主语。两种改法，句意的重心是不一样的。例③介词“于”使用不当，造成全句缺主语。应删“于”。例④滥用了“在……下”，使前句变成了做状语的介词结构，整个句子缺主语。应该删掉“在……下”或“使”。

（五）消除重复杂糅

如果句子中出现了不必要的词语，就是成分冗余。轻则句子显得啰唆，重则让人看不懂。

重复是指在上下文中出现字面或意义相同，但不为语境和表达所需要的词语。在审读稿件时对这些现象也要十分关注，要按照语法规则仔细审阅句子的各种结构成分，把冗余的词语删去，把缺漏的词语或标点符号补上，使一个句子有前后一致的表达方式。例如：

①我忍不住不禁笑了起来。

②那个房间非常宽敞得很。

③公司从海外引进人才约占全部员工的近 40%。

例①是“忍不住”和“不禁”两个意思相近的词语重复使用的病句，任意去掉一个即可。例②去掉“非常”或“得很”。例③中的“约”与“近”意义重叠，没有必要重复使用。此句可改为“公司从海外引进人才约占全部员工的 40%”或者“公司从海外引进人才占全部员工的比例近 40%”。

句子中存在多余的词，或者缺少了应该有的词，就容易把本来应该属于两个句子的成分杂糅在一个句子里，使一个句子的结构中混杂进其他句子的成分，或把不同的表达句式混合在一起。好好的句子变得缠夹不清、语义不明，难以看懂。例如：

①这次考试之所以取得良好成绩，是因为大家认真复习、充分准备的缘故。

②感冒退热冲剂的主要成分是大青叶、板蓝根等配制成的。

③书店里摆放着许多工具书都是深受读者欢迎的。

④对于不按政策办事的干部，必须采取行政处分措施不可。

⑤你不认真学习，那怎么会有好的成绩是可想而知的。

例①中多用了“因为”或“的缘故”，就把“是因为……”和“是……的缘故”这两种表达式混合在一起了，导致句子结构杂糅。可以删除“的缘故”或者“因为”，保持一致的表达形式。例②中“配制成的”或“的主要成分”多余，导致“主要成分是……”与“由……等配制成的”两种句式混淆在一起。删去其中一个多余的成分，整个句子就通顺了。例③实际上应该是两个句子，前一句是“书店里摆放……工具书”，后一句是“这些工具书是……欢迎的”。由于缺漏了必要的词语，使得“工具书”同时充任两个句子中的成分，就很不顺当。可在“工具书”后加上“，它们”，从而使两个句子的界限分明。例④中“必须”与“不可”同用，造成肯定与否定杂糅，可以删掉“不可”，或改“必须”为“非得”。例⑤是把判断句式与反问句式混合在一起了。可以把“那怎么会有”改成“没有”，或者删除“是可想而知的”。

（六）消除歧义

句子组织不当，就有可能使读者产生两种或更多种不同的理解。作者写稿时，一心表达的是自己的主观意图，不会顾及歧义问题。然而，如果出版物中出现有歧义的短语，就会造成信息传递不确切，使读者难以明白作者究竟要表达什么意思。因此，出版专业技术人员要用读者的眼光去审视稿件，对可能产生歧义的句子进行处理，消除歧义，以保证出版物传达的信息准确无误。

消除歧义的方法，一般是用前文所说的修改歧义短语的方法。此外，有时造成句子歧义的原因不在于结构，而在于其中的某个多义词。在这种情况下，要对句子中的词语进行分析，看其是否不止具有一个意义，并且这些意义在同一上下文中是否都能成立。例如：

①文章讲述了一个工人抢救国家财产的故事。

②这个孩子谁都敢欺负。

③在音乐学院，只有我跟她学过钢琴。

例①中的“一个”既可与“工人”搭配，也可与“故事”搭配，由此导致可对句子结构作不同切分而形成不同的意义表达。可以根据上下文，或把“一个”改成“一名”，或在“工人”前加上“关于”，就能消除歧义。例②既可理解为“任何人都敢欺负这个孩子”，也可以理解为“这个孩子敢欺负任何人”，因为“这个孩子”既可理解为动词“欺负”的前置宾语，也可以理解为“欺负”的主语。可以修改成“这个孩子，谁都敢欺负他”或者“这个孩子敢欺负任何人”。例③中的“跟”是一个多义词。连词“跟”表示平等的并列关系；动词“跟”表示“跟随”，却是师生关系。如果是前者，可以换用“同”或“与”，或者在“我跟她”后加上“两人”，就明确了平等的同学关系；如果是后者，可将单音词“跟”改成双音词“跟随”或“跟着”，也就不会误解了。

（七）分析关联词语是否恰当

复句的层次多而且结构复杂，容易纠结错乱。整理的办法就是逐层进行分析，一层一层地解剖。关联词语是复句的一个明显标志，关联词语的运用不当或残缺不全，往往是句子层次紊乱的直接反映。看关联词语有无问题是一个以简驭繁的好办法，简单省力，快速解决问题。

对复句中的关联词，要特别注意其前后搭配是否恰当、所处位置是否合理等。例如：

①虽然你成绩再好，也不能骄傲啊。

②虽然现在的电视广告五花八门，但是真正能吸引观众眼

球的并不多。

例①中的关联词语“虽然”和“也”前后搭配不当。“你成绩再好”是假定条件，表示假设关系不能用“虽然”，应改为“即使”；如果“成绩好”是事实，可以用“虽然”表示转折关系，但需删去“再”，因为“再好”有假设意味。例②中则由于关联词语“虽然”位置有误，导致句子主语不明，只有把“虽然”移到“广告”之后，主语（“广告”）才能现身，句子的转折语气才更明显。

以上讲述了修改语法错误的七种方法和要领，可供编辑修改稿件时参考运用。

作者写稿抒情，可以率由其便，想怎么写就怎么写。语言学家修改病句，可以全凭语法规则，刀削斧砍，全以语言规范为依归。编辑则不同，在修改稿件中的病句时，所受制约比较多，至少既受语法制约又受稿件制约。编辑必须在规定的情景下找到解决问题的办法，必须统筹作者原意与语法规则，找到二者的最佳结合方案。这既是编辑的难处，又是编辑的功力所在。编辑工作的职业特色就体现在这样一些地方。

另外，单讲某一条语法规则时，往往是简单而明白的，不难理解；而到需综合运用多条规则处理实际语病问题时，情况就变得错综复杂起来。只有久经磨炼，达到非常熟练的程度，才能心手相应，游刃有余。

第四节　常见修辞方式

修辞方式又称“修辞格”，常简称“辞格”，是人们利用语音、词汇与句式变化等因素所创造的有利于增强表达效果的特定格式。学习修辞方式，主要是体会其表达效果，以指导语言实践，提高语言表达的能力。

一、常见的汉语修辞方式

在语言实践过程中，汉语言的使用者们为了增强语言的表达力，创造出了一些修辞方式。得到语言群体公认的一些修辞方式已经相对稳定，其中常见的有下列几种。

（一）比喻

比喻就是把某一事物比作另一事物，也就是常说的“打比方”。其中，被说明或描绘的事物称为“本体”，用来打比方的事物称为“喻体”，联系本体和喻体的词语便是“喻词”。

比喻可分为明喻、暗喻、借喻三种类型。它们各有特点，如表 5-2 所示。

分别举例如下：

①远望天山，美丽多姿，那长年积雪高插云霄的群峰，像集体起舞时的维吾尔族少女的珠冠，银光闪闪；那富于色彩的连绵不断的山峦，像孔雀开屏，艳丽迷人。

表 5-2　比喻的类型及其特点

类别	形式	成　　分		
		本体（甲）	喻　　词	喻体（乙）
明喻	甲像乙	出现	像、好像、似、如、仿佛、犹如、好比、宛如、一样、一般、似的、像……一样	出现
暗喻	甲是乙	出现	是、变为、变成、成为、简直是	出现
借喻	乙代甲	不出现	无	出现

②八个青白头皮的轿把式伴着一曲《颠轿歌》，在古朴苍凉的黄土地上把一乘花轿颠成了浪里扁舟。

③他的态度终于恭敬起来了，分明的叫道：

“老爷！……”

我似乎打了一个寒噤；我就知道，我们之间已经隔了一层可悲的厚障壁了。

例①是明喻。用“珠冠”和“孔雀开屏”两个喻体描绘本体——积雪的群峰和连绵的山峦，喻词是“像”。例②是暗喻。“花轿”本是一个静物，作者用“浪里扁舟”这个喻体把轿把式伴着《颠轿歌》的旋律将“花轿”“颠”的程度和情状点染得极其生动传神。例③是借喻。本体未出现，它指的是“我”与“闰土”（鲁迅《故乡》中人物）在思想感情上存在的很大的隔阂；喻体“一层可悲的厚障壁”直接代替了本体，作者用“厚障壁”形象地表述了“我们”情感上的“隔阂”。

一个句子是不是比喻句，不能单看有没有喻词，下列几处情况，虽有喻词，但不是比喻。

①他的性格很像他的母亲。

②这天黑沉沉的，好像要下雨了。

③每当看到这条红领巾，我就仿佛置身于天真烂漫的少年时代。

④这里涌现出许多英雄人物，像雷锋、焦裕禄等。

例①同类相比。例②表示猜度。例③表示想象。例④表示举例的引词。这些句子虽然有喻词，但都不是比喻句。

（二）比拟

比拟就是把物当作人来写或将人当作物来写，或把甲物当作乙物来写。比拟可分为拟人和拟物两大类。例如：

①车往上升，太阳往下掉，金碧的夕晖在大片山坡上徘徊顾却，不知该留下来依属山，还是追上去殉落日。

②她颇得用点心思才能拢得住这个急了也会尥蹶子的大人，或是大东西。

③这寂寞又一天一天的长大起来，如大毒蛇，缠住了我的灵魂了。

例①是拟人。“夕晖”是一种自然现象，它是无生命无情感的，但作者赋予“夕晖”以人之生命情态和心理情绪，夕晖意有所属却又犹豫彷徨的可爱形象跃然纸上，平常情事得到了艺术化的提升，文本的生动性和形象性顿时凸显出来。例②是拟物，将人拟作牲畜。它赋予人以牲畜的动作，形象地说明了平时温顺老实如牛马的祥子被逼急了也会发脾气。例③也是拟物，把抽象的“寂寞”拟作能够生长的可以感知的东西，将抽象变为具体，无形变为有形，使感情得到进一步深化，更富有感染力。

（三）夸张

夸张就是为了表达的需要，故意言过其实，对事物作夸大或缩小的描绘。夸张可分为扩大夸张、缩小夸张和超前夸张三类。分别举例如下：

①要说渴，真是有点渴，嗓子冒烟脸冒火，你能喝它一条江，我能喝它一条河。

②他？不过芝麻大的一个官儿！

③孩子们盯着母亲手里的糖，似乎满嘴已都是蜜了。

例①是扩大夸张，即将事物故意向大、多、高、强处说。“嗓子冒烟脸冒火”“喝它一条江”“喝它一条河”，这些都是对“渴”这种感觉的特别渲染，突出强调了渴的程度。例②是缩小夸张，即将事物故意往小、少、低、弱处说。用芝麻来形容官职，极言其官卑职微，不值一提。例③是超前夸张，即故意将后出现的事说成先出现的。按常理，吃了糖之后才会感到甜，这里却说还没吃，嘴里就都是蜜了。

（四）借代

借代就是不直接说出某事物，而借用另一种与之有关的事物来代替。其中，用来代替事物的称为“借体”，被代替的事物称为“本体”。

借代的方式多种多样。例如：

①黄发垂髫，并怡然自乐。

②你们杀死一个李公朴，会有千百万个李公朴站起来！

③要二两龙井，不要祁门。

④何以解忧，惟有杜康。

⑤烽火连三月，家书抵万金。

⑥不拿群众一针一线。

⑦桑贵老头按按头上的斗笠……解开光杆大棉袄，露出瘦骨嶙峋的肋骨，秋风裹着雨点儿吹过来，登时激起鸡皮疙瘩。

例①是用特征代本体。毛发色黄是老年人的特征，垂发为饰是小孩的特征，此句以头发的特征分别代指老人、小孩。例②是以特称代通称，即用具有典型性的人或事的专用名称代替本体事物的名称。前一个“李公朴”是其本人，后一个则借指像李公朴那样的人们。例③是以产地代替事物本体。“龙井”和“祁门”本是两个名茶出产地，后被用来借指茶。这一句里的“龙井”是指浙江龙井产的绿茶，“祁门”是指安徽祁门所产的红茶。例④用创造者代本体。用传说中第一个造酒的人——杜康来借代酒。例⑤是用具体代抽象。以具体可见的古代边防报警用的烟火代指抽象的“战争”。例⑥是部分代整体，即用事物中具有代表性的部分来代替整体事物。“一针一线”在这里指代群众的一切财物。例⑦是结果代事情本身。“登时激起鸡皮疙瘩”是受凉的结果，用以代指桑贵老汉在秋风秋雨中浑身发冷。

借喻和借代有明显的区别。借喻是比喻的一种，它成立的基础必须是本体与喻体本质不同而又有相似点的东西，它利用的是本体事物与喻体事物的相似性。借代的基础是相关性，它不直接说出要表达的人或事物，而是借用和这个人或事物有密切关系的东西来代替。如鲁迅诗：“战云暂敛残春在，重炮清歌两寂然。我亦无诗送归棹，但从心底祝平安。”诗中“归棹”是归客所乘的船，二者无相似而有关联，故以“归棹”代归客。又如“今天我们批判了那个寄生虫”是借喻，“今天我们批判了那个胖子”是借代。“寄生虫”，是指“不劳而获的人”，两者之间有某种品质上的相似性。“胖子”，是形容肥胖的人，为人体的外貌特征，与人体的外貌特征具有相关性。

借喻可改成明喻，借代则不能改成明喻。借喻在本体与喻体之间可以加“像”“好像”等词，而借代则不能。如“归棹”代归客，我们就不能说“归客像归棹”，因为“人”怎么能像“船”呢？“今天我们批判了那个寄生虫”，可改为明喻，即“他像寄生虫，今天我们批判了他”。而“今天我们批判了那个胖子”，则不能改成“他像个胖子，我们今天批判了他”。这些区别是非常明显的。

（五）对偶

对偶是汉语所特有的，就是把意义相关、字数相等、结构相同的两个语句对称地排列在一起，表达相对、相似、相关或相承的意思，也叫对仗、对子或联语。对偶的一般规则，是名词对名词，动词对动词，形容词对形容词，副词对副词。从形式上看，它音节整齐匀称，韵律感强；从内容上看，它表意凝练集中、概括力强。例如：“黑发不知勤学早，白首方悔读书迟。”“抽刀断水水更流，举杯消愁愁更愁。”“无可奈何花落去，似曾相识燕归来。”“山河破碎风飘絮，身世浮沉雨打萍。”恰当地运用对偶能增强语言的形式美、音韵美和感染力。

就上、下句在意义上的关系，对偶可分为正对、反对和串对三类。例如：

①写鬼写妖，高人一等；刺贪刺虐，入骨三分。

②江南的风景，处处可爱；江南的人事，事事堪哀。

③欲穷千里目，更上一层楼。

例①是正对，即上下两句意思相似或相关，从两个角度说明同一事理，互相衬托、互相补充。此对是郭沫若为《聊斋志异》的作者蒲松龄的故居题写的对联，虽只有简洁的十六个字，却准确而深刻地评价了蒲松龄的文学成就。例②是反对，即上下两句表示相反、相对的关系，互为比较、对照。此例把江南的风景依旧可爱同国事衰败、民生凋敝的社会现状对比，充分表达出作者的惆怅。例③是串对，即上下两句存在着因果、假设、条件等关系，两联顺连而下，又叫“流水对”。此例就是假设关系的对偶句。

（六）排比

排比就是把三个或三个以上结构相同或相似、意义相关、语气一致的句子或句子成分排列在一起。排比适用于各种语体，主要作用是增强语势。排比可分为句子的排比和句子成分的排比。例如：

①那沉甸甸的稻谷，像一垄垄金黄的珍珠；炸蕾吐絮的棉花，像一厢厢雪白的珍珠；婆娑起舞的莲蓬，却又像一盘盘碧绿的珍珠。

②在轻轻荡漾着的溪流两岸，满是高过马头的野花，五彩缤纷，像织不完的锦缎那么绵延，像天边的霞光那么耀眼，像高空的彩虹那么绚烂。

例①是句子的排比。作者把“稻谷”“棉花”和“莲蓬”分别比作“金黄的珍珠”“雪白的珍珠”“碧绿的珍珠”，用分句排比的方式使它们一起呈现在读者眼前，让人感到目不暇接，仿佛美丽富饶的洞庭湖一带就是一个用珍珠缀成的世界，这就大大增强了语言的表现力。例②是由句子当中的短语构成排比，给人留下无限的想象空间，十分形象地描绘出天山五彩缤纷而又绵延不绝的美丽景色。

排比句的特点是结构整齐，语调协调，说理周密，表现充沛，论证雄辩，气势磅礴。在文艺语言和政治语言中经常使用。

（七）对比

对比就是把两种对立的事物或同一事物的两个不同方面并举出来，相互比较。对比这种修辞方式可以形象地表现事物的矛盾和对立，揭示事物的本质，使听者和读者在比较中认识事物、明辨是非。如：虚心使人进步，骄傲使人落后。另外，对比的修辞方式还可以鲜明地传达作者的爱憎褒贬，增强语言的鲜明性和感染力。例如：

①我曾见过北京什刹海拂地的绿杨，脱不了鹅黄的底子，似乎太淡了。我又曾见过杭州虎跑寺近旁高峻而深密的“绿壁”，丛叠着无穷的碧草与绿叶的，那又似乎太浓了。其余呢，西湖的波太明了，秦淮河的也太暗了。

②阳奉阴违，口是心非，当面说得好听，背后又在捣鬼，这就是两面派行为的表现。

例①用对比的方式写景。突出梅雨潭的绿不太淡、不太浓，不太明、不太暗，恰到好处。作者将梅雨潭的“绿”和各风景名胜的“绿”作对比，为我们提供了广阔的想象空间，让我们对梅雨潭的“绿”有一个更准确的定位和理解。例②把“阳奉”和“阴违”，“口是”和“心非”，“当面说得好听”和“背后又在捣鬼”一一并举出来，准确地揭示了两面派行为的特点，让人们清楚地认识到这种人的可恶嘴脸，同时鲜明地传达出作者对两面派行为的贬斥和批判。

（八）反复

反复就是为了突出某种意思，强调某种感情，有意重复使用相同的词语或句子。反复可分为连续反复和间隔反复两种。例如：

①起来，不愿做奴隶的人们！把我们的血肉，筑成我们新的长城！中华民族到了最危险的时候，每个人被迫着发出最后的吼声。起来！起来！起来！我们万众一心，冒着敌人的炮火，前进！冒着敌人的炮火，前进！前进！前进！进！

②她从制造出来就没学过顶嘴、吵架。她是用顺从的水掺合着顺从的土合成的顺从的泥巴。她就是顺从的化身，她是用九十九个顺从加一个顺从做成的性格。

③沉默呵，沉默！不在沉默中爆发，就在沉默中灭亡。

例①是中华人民共和国国歌《义勇军进行曲》的歌词，创作于 1935 年，当时中华民族正处于危急关头。为了加强话语的感召力，多次使用反复，声声如呐喊，字字如雷电，催人猛醒，促人奋进。如果去掉反复部分，则话语的力度会大大削弱。例②中“顺从”间隔反复，形象而深入地表现出她的“顺从”仿佛是天生地就、深入骨髓的。作者巧妙地运用反复这种修辞手法，将原本抽象复杂的性格特征描绘得具体鲜明，可触可感。例③把连续反复和间隔反复交错使用，表现出感情从一般到强烈的发展变化，具有很强的震撼力。

所谓“歌之不足则长歌之，言之不足则长言之”，反复这种修辞方式可以有效地突出所要表达的重点，抒发强烈深厚的感情。间隔反复还能使文章层次更加分明，意义更为清晰。恰当地运用反复，还能增强语言的音乐性和节奏感。

恰当的反复虽有多方面的修辞作用，可增强文章的节奏感，突出表达效果，强化情感的抒发，但如果没有充实的内容、强烈的感情，只一味地采用反复的形式，就容易造成啰唆重复累赘，那就是一种语病了。

（九）层递

层递就是根据事物的逻辑关系，连用结构相似的语句，表达层层递升或递降的意思。运用层递，可以逐步加深文意，强化感情，增强语言的说服力和感染力。例如：

①雕刻家的意思，随随便便雕一个石像不如不雕，要雕就得把这位英雄活活地雕出来，让看见石像的人认识这位英雄，明白这位英雄，因而更崇敬这位英雄。

②他一直是魂思梦想着打飞机，眼前飞过一只雁，一只麻雀，一只蝴蝶，一只蜻蜓，他都要拿枪瞄瞄。

例①是递升。“认识—明白—崇敬”的过程反映认识由浅到深，层层递进。例②是递降。“一只雁，一只麻雀，一只蝴蝶，一只蜻蜓”，动物的形体由大而小，非常细腻地刻画了战士想准确地打飞机而抓住一切机会刻苦练习的情形。

运用层递辞格，必须注意词语或句子排列的逻辑顺序，分出层次进行描述或说明，递升或递降的次序不能紊乱。

（十）顶真

顶真就是用上一句结尾的词语做下一句的起头，使邻近的句子或段落上递下接，首尾蝉联。运用顶真论事说理，则步步深入，谨严周密；运用顶真状物叙事，则井然有序，顺畅连贯；运用顶真抒情写意，则环环紧扣，格调清新。例如：

①看那戏台上，只摆了一张半桌，桌子上放了一面板鼓，鼓上放了两个铁片儿，心里知道这就是所谓梨花简了。

②指挥员的正确的部署来源于正确的决心，正确的决心来源于正确的判断，正确的判断来源于周到的和必要的侦察和对于各种侦察材料的联贯起来的思索。

例①是词与词的顶真。此句是叙述戏台上放的道具，从半桌写起，由桌子引出“板鼓”，由“鼓”引出“梨花简”，由大到小，条理很清楚。例②运用顶真方式，将部署、决心、判断、侦察同思索之间的辩证关系，非常深刻地揭示出来，条理清晰，结构严谨。

（十一）回环

回环就是通过前后语句的循环往复来表现不同事物间的相互关系，一般是用上句的末尾做下句的开头，又用上句的开头做下句的末尾。运用回环叙事说理，可充分展示相辅相成的辩证关系，还可于凝重中见明快，在整齐中见变化，使语言表达更加严密紧凑，富于美感。例如：

①井冈山的毛竹，同井冈山人民一样坚贞不屈。血雨腥风里，毛竹青了又黄，黄了又青，不向残暴低头，不向敌人弯腰。

②祸兮福之所倚，福兮祸之所伏。

③有的人活着，他已经死了；有的人死了，他还活着。

例①中，作者用回环的方式形象有力地表现了毛竹年复一年不断生长的顽强生命力，从而显示了它同井冈山人民一样的坚贞不屈的精神。例②准确地表达了“福”与“祸”之间相互依存、相互矛盾又相互转化的辩证关系。例③运用回环辞格，把虽生犹死和虽死犹生两种截然不同的人生价值作了鲜明的对比，有力地歌颂了虽死犹生者的伟大，鞭挞了虽生犹死者的卑微，给人留下深刻印象。

回环在有些诗文中的运用，正念或倒念，均如行云流水，大都顺理成章，令人回味无穷，兴趣盎然，也称“回文诗”。如“烟霞映水碧迢迢，暮色秋色一雁遥。前岭落晖残照晚，边城古树冷萧萧”，可以倒念成：“萧萧冷树古城边，晚照残晖落岭前。遥雁一色秋色暮，迢迢碧水映霞烟。”这里就是“回环”的手法。

（十二）设问

设问就是利用疑问句式提出问题，自问自答，以引起读者的注意和思考。设问的作用在于提醒注意、启发思考、突出重点、渲染气氛，使文章层次分明、跌宕有致、引人入胜。例如：

①什么弯弯升上天？什么弯弯分两边？什么弯弯能割稻？什么弯弯会种田？月亮弯弯升上天，牛角弯弯分两边，镰刀弯弯能割稻，双手弯弯会种田。

②人的正确思想是从哪里来的？是从天上掉下来的吗？不是。是自己头脑里固有的吗？不是。人的正确思想，只能从社会实践中来，只能从社会的生产斗争、阶级斗争和科学实验这三项实践中来。

例①运用四个提问组合成篇，饶有趣味，能充分显现民歌生动活泼的特色，假如一味直陈，就显得淡而寡味了。例②是连续设问，并边问边答，第一个问题实际上就是论述的中心，用设问方式提出，启发人们思考。接着再用两个设问作答，斩钉截铁地否定了两种错误观点，针锋相对地批判了客观唯心主义和主观唯心主义。然后又回头对中心议题进行正面的科学的回答。此例设问方式运用得相当巧妙，使中心论题鲜明突出，有破有立，给人留下十分深刻的印象。

（十三）反问

反问就是用疑问句的形式来表达肯定的意思和坚定的语气。反问是只问不答，答案就包含在问句之中。

运用反问比直接从正面肯定更有气势，语气更重，更容易激发强烈的情感，引起读者的沉思。例如：

①朋友们，当你听到这段英雄事迹的时候，你的感想如何呢？你不觉得我们的战士是可爱的吗？你不以我们的祖国有着这样的英雄而自豪吗？

②射箭要看靶子，弹琴要看观众，写文章做演说倒可以不看读者不看听众吗？

例①首先用设问提出问题，引人注意，提请思考，接着连用两个反问句暗示出答案：我们的战士是可爱的，我们为拥有这样的英雄而自豪。这样就把感情表达得更加强烈有力，并把读者的思考一步步引向深入。例②用否定的反问引出本体，表达了强烈的肯定的意思，即写文章做演说一定要看读者看观众。

反问和设问都是无疑而问，但又有明显的区别：设问是自问自答，答案在问句之外；反问则问而不答，答案已寓于问句之中了。

（十四）反语

反语就是说反话，故意使用褒贬意思相反的词语来表达本意。反语具有辛辣讽刺、揭露批判、幽默诙谐的修辞效果。在一定的语境中，反语比正面论述更为有力，有时也能表现更为复杂微妙的感情。恰当地使用反语，有助于增强语言的表现力和感染力。例如：

①黛玉听了，不禁也起身叫妙，说："这促狭鬼！果然留

下好的。”

②只有烟枪和烟灯，虽然形式和印度、波斯、阿剌伯的烟具都不同，确可以算是一种国粹，倘使背着周游世界，一定会有人看，但我想，除了送一点进博物馆之外，其余的是大可以毁掉的了。

例①是用反面语句表达正面的意思，正话反说，增添了很多亲昵的情意，表现出黛玉对湘云所作诗句的赞叹及对湘云的由衷喜爱。例②是用正面语句表达反面的意思，故意将反话正说，加强了讽刺的力度。从下文的“毁掉”可以看出，作者实际上要说的是这些东西并不是真正的国粹。

（十五）双关

双关就是利用语音和语义的条件，有意使语句在特定的环境中带有明暗双重意义，言在此而意在彼。

双关辞格表意以暗为主，以明为辅，使语言幽默风趣、含蓄曲折、机智巧妙。例如：

①姓陶不见桃结果，姓李不见李花开，姓罗不见锣鼓响，蠢材也敢对歌来。

②蘩漪：这些年喝这种苦药，我大概是喝够了。

四凤：您忍一忍，喝了吧。药苦可能够治病。

例①是谐音双关。陶、李、罗分别是三个秀才的姓，刘三姐利用同音的条件指桃、李、锣三种事物，讽刺他们愚蠢无能。例②是语义双关。蘩漪所说的“苦药”，表面上是周朴园常常逼她喝的“治病的汤药”，实际上是指周朴园多年来对她的专横和精神折磨。蘩漪是借吃药这件事，用双关语委婉地表达她内心的痛苦及对周朴园的怨恨和抗议。

双关与歧义不同。双关是一种表达技巧，是有意地在表面上表达一种意思的时候，暗地里还有另外一种意思，而后者才是表达者的真正用意。不过不能理解后一层意思的人，不影响理解这句话的字面意义。歧义是表达者无意识产生的一种消极现象，它所表达的两种意义存在于话语表面，而且这两种意义会让接受者无所适从。如果不是有特殊的目的（如欺骗等）的话，歧义是应该避免的。

二、修辞方式的综合运用

在实际的语言运用中，根据表情达意的需要，往往连续使用一种修辞方式或同时使用多种修辞方式。修辞方式的综合运用可以收到更加突出的修辞效果。一般常见的有连用、兼用和套用三种类型。

（一）连用

连用是指在一段文字中接连使用同类修辞方式或异类修辞方式。被连用的修辞方式彼此间互相衬托、互相照应，没有交叉现象。例如：

①山涧上碧绿的水折叠的绫子似的流去，乳黄色的悬崖草金线缕子样的垂在石缝里，涧水滚落到一个没有底儿的深渊，一个神奇的绿色的古镜子里去……在那上溅出白色的水花，一秒一秒的消灭，一粒一粒的破碎。

②春天把什么都招呼出来了，好看的、好听的，互相挤搡着、调笑着，这里那里都挤满了。剩下的一星子半点子的什么缝儿啦，春风便过来给填补。

③燕子去了，有再来的时候；杨柳枯了，有再青的时候；桃花谢了，有再开的时候。但是，聪明的，你告诉我，我们的日子为什么一去不复返呢？——是有人偷了他们罢：那是谁？

又藏在何处呢？是他们自己逃了罢：现在又到了哪里呢？

例①例②是同类修辞方式的连用。例①是比喻连用，用“折叠的绫子”“金线缕子”和“神奇的绿色的古镜子”三个喻体分别将“水”“悬崖草”和“深渊”三个本体的形态、色彩及质感活灵活现地呈现在读者面前。例②是比拟连用，依次将“春天”“好看的”“好听的”“春风”人格化，共同组成一派生气勃勃、美妙而热闹的春景。例③是异类修辞方式的连用，依次使用了排比、设问和比拟的修辞方式。作者由“燕子”“杨柳”“桃花”的有去有回，自然地过渡到“我们的日子为什么一去不复返呢”。前文用有序的排比铺垫，这里再用一个设问发人深省。而接下来的回答又巧妙地运用了比拟：“偷”“藏”“逃”三个动词将白驹过隙般的“日子”写活了。三种辞格形成一条前后连贯、毫不纠结的链条，把作者内心细腻复杂的情感生动地表现出来。

（二）兼用

兼用就是一句话里兼有多种修辞方式，它们不分主次，有机地融合在一起，所以也称“兼格”。例如：

①桃树、杏树、梨树，你不让我，我不让你，都开满了花赶趟儿。

②她们从小跟这小船打交道，驶起来就像织布穿梭，缝衣透针一般快。

例①是比拟与回环兼用，生动地描绘出生机勃勃、绚丽多彩的春天景色。例②形容她们驾驶船只“像……一般快”，这是明喻的修辞手法，而用“织布穿梭，缝衣透针”来形容她们驾船的熟练、快捷，就又是夸张的手法了。比喻和夸张兼用在一句话里，形象地说明了她们高超的驾船技术。

恰当地运用兼格，可以使多种修辞效果相得益彰，从而增强文章的表现力。

（三）套用

套用就是整体上是一种修辞方式，所属的部分又包含着其他修辞方式。例如：

①初春，春城昆明石花园中开得最热烈、最大胆的要数那猩红如火团、粉白如雪球的山茶花了。

②试问卷帘人，却道海棠依旧。知否，知否？应是绿肥红瘦。

例①在比拟里套用了两个比喻。整个句子是比拟，用“热烈”“大胆”二词把山茶花拟人化，表现花开得茂盛、灿烂；修饰“山茶花”的定语是被套用的两个比喻，它们从色彩和形状上分别描绘了红、白两种山茶花的美丽。例②在对比中套用了借代和比拟。“绿肥”“红瘦”整体上形成对比。“绿”与“红”分别指代“叶”与“花”，这是以形象特征颜色指代本体；“绿”与“红”居然可以“肥”，可以“瘦”，这又是拟人化了。寥寥数语，在整体大的对比辞格中，又套用了借代和比拟辞格，将众辞格水乳交融在一起，堪称绝妙佳句。

连用、兼用、套用三种类型并不是孤立的或互相排斥的。在实际运用中，它们往往有联系，有交叉，共同发挥着增强语言的艺术表现力的作用。

三、常见的修辞错误

在具体运用修辞方式时，由于各种原因，会出现错误。常见的修辞错误有下列几种。

（一）比喻不当

①河塘里粉红色的荷花像出水芙蓉般的美丽。

②化作一道飞泻的晴雪，搅得潭水心慌。

③由于工作忙，睡眠少，一双眼睛老是熬得红红的，像个烂桃子一样，可是他总是默默地干着。

比喻的本体和喻体虽有某些相似点，但必须是完全不同的事物。如果两个事物相同或基本相同，那么比喻就失去了意义。例①就犯了这样的错误。“出水芙蓉”就是“荷花”，本体和喻体是同一事物，意思重复。一般说来，设喻应该选用大家熟悉易懂的事物；否则，就可能让人难以理解，更谈不上良好的修辞效果了。例②中喻体“晴雪”意思令人费解，而再用“一道飞泻”来修饰“晴雪”，更让人无法想象。这样的比喻不仅没使句意浅近通俗，反而更加模糊不清。例③比喻不恰当，不贴切。这段话是要从正面褒扬“他”工作兢兢业业，刻苦用功；但“烂桃子”明显带有贬义，用它作喻体形容先进人物的眼睛，显然不恰当。

本体和喻体要有内在关联，要符合事理和逻辑，否则也容易表达错误。例如：

①月亮浸在墨绿色水晶之中。

②汽车在蜿蜒的山道上急驰，如离弦之箭一般。

例①比喻不恰当，月亮无法浸到水晶之中。例②“离弦之箭”是笔直向前的，而“蜿蜒”是曲曲折折的，句中的比喻不合事理，不合逻辑。可改为“汽车在高速公路上急驰，如离弦之箭一般”。

（二）比拟不切

①我走在乡间的小路上，心情无比舒畅，几只蝴蝶在菜花

地里欢快地飞舞，树枝上的小鸟彷徨流浪。

②天气虽然不暖，蒲公英却已经开了，柔弱的茎上顶着小黄花，雄赳赳地站在路旁。

③秋雨跳着欢乐的舞，一下就是几天，什么活也干不了，真闷死人了。

运用比拟时，要根据具体的语言环境，选用恰当的表达方式，使感情基调前后一致。例①的基调应该是轻松欢快的，“蝴蝶在菜花地里欢快地飞舞”是符合这一特定意境的，而“小鸟彷徨流浪”则与语境不合，它表现出一种颓废落寞的感情，用在此处很不恰当，影响了语句的表达效果。运用比拟时，应该在可能的范围内，尽量体察所拟的双方在特性上的相似之处，使比拟贴切自然。例②的拟人失当在于没有注意到被拟事物本身的特点：“蒲公英”是矮小纤弱的植物，不具有挺拔刚劲的特点，这里将它比拟成人，说它“雄赳赳地站在路旁”，让人觉得不伦不类。例③的基调应该是沉闷的，而“秋雨跳着欢乐的舞”与语境不合；“欢乐的舞”与“闷死人”感情基调不一致，用在此处很不恰当，影响了语句的表达效果。

（三）借代不明

最近大舅送我几支“狼毛”和“兔毛”，我一直保存着，因为我习惯于用“羊毛”，它毛细性柔，圆转如意，便于练出笔力。

毛笔的制造原料有“狼毫”（黄鼠狼的毛）、“紫毫”（深紫色的细而硬的兔毛）、“羊毫”（羊毛）等。用制造毛笔的材料来代替“毛笔”是可以的，这是一种以材质代替整体名称的借代法。但是，习惯上不用“狼毛”“兔毛”“羊毛”等俗称。用它们来指代毛笔，就犯了语体不对、借代不明的错误。可以把“狼毛”改为“狼毫”，“兔毛”改为“紫毫”，“羊毛”改为“羊毫”。

（四）夸张过分

①玉米稻子密又浓，铺天盖地不透风，就是卫星掉下来，也要弹回半空中。

②他体壮力气足，手大胳膊粗，连整个地球都能举起来，搬走这几只煤气罐，真是轻而易举。

例①作者的本意是想利用夸张方式描述庄稼的长势好，但过分夸张就违背了事理，反而使句子失去了可信性。试想，假如真是“铺天盖地不透风”，庄稼又怎能长得好呢？再说，即使庄稼长得很茂盛，一块大石头掉下去也会把它压倒、折断，又怎么会弹起来呢？更不用说“卫星”了！例②运用的夸张，也给人以浮夸离奇、脱离实际之感。人在地球上又怎么可能举起地球呢？可见，过分夸张，反而没有说服力。

（五）对偶欠工

①攀登现代化高峰任重道远，学习马克思主义眼光明亮。

②公园里，人群喧闹，小孩嬉笑；百花争艳，桃李争妍，一派春意盎然的景象。

例①中“眼光明亮”与“任重道远”语法结构不同，对应位置上词的词性也不同，违背了对偶的一般规则。可改为“眼亮心明”。例②中“人群”和“小孩”“百花”和“桃李”是两组不对等的词语，在语意上，前面的词语概念大，后面的词语概念小，有重复交叉之处，不能构成对偶。

（六）排比失当

①在春光明媚、鸟语花香的季节，在春风吹拂、百花盛开的时光，在田野葱绿、万物生长的日子，我们愉快地迎接新学

年的到来！

②走进大门一看，啊，这里的一切是多么优美！高大的楼房，黄墙灰瓦，广阔的操场，碧绿的草坪，平平整整，挺拔的松树……真使人心胸为之一畅！

排比一定要根据表达的需要而设。例①硬凑排比，堆砌辞藻，重复累赘，影响了语言表达的效果。另外，组成排比的词语或句子要求结构相同或相似，语气一致。例②中“高大的楼房”与“广阔的操场”“碧绿的草坪”“挺拔的松树”结构一样，都是偏正短语。如果把它们组成排比，就可以提高表达效果。但是，中间插入“黄墙灰瓦”和“平平整整”，就把三个偏正短语打散了，语气也变了，影响了表达效果。

思考与练习

1. 什么是语法？什么是词、短语和句子？什么是修辞？
2. 指出下列带点的词属于哪个词类。
   （1）老师辛勤地教育着学生。
   教育是立国之本。
   （2）这是祖上留下来的规矩。
   他做事向来很规矩。
   （3）奶奶是个明白人。
   我终于明白了这个道理。
   （4）蜜蜂不同于其他昆虫，它很特别。
   天安门显得特别壮丽。
3. 试辨析下列各组同义词。
   （1）顽强—顽固

（2）破坏—摧毁

（3）培养—抚养

（4）沉重—繁重

（5）小气—吝啬

（6）盼望—渴望

（7）事件—事故

4. 改正下列句子中用错的词语。

（1）同学们热心地欢迎新老师。

（2）正确的意见，我们应该坚定。

（3）每个人都应该爱护时间。

（4）三十多年前，这里发生着一场激烈的战斗。

（5）我们相信，他将做出更大的成绩和不断地前进。

（6）我把养花当作生活中的一种情趣。

5. 说明以下短语的类型。

安排使用	国内形势	发扬优点	在草原
生火做饭	漫山遍野	租的房子	种麦子
品德高尚	选他当班长	开闸放水	北京大学
停止参观	司机小王	我们相信	塑料的

6. 用图解法给下列复杂短语划分层次并注明关系。

（1）喜欢探讨历史上的复杂问题

（2）在雪的群峰的围绕中

（3）走进一个鲜花盛开的世界

（4）做开展精神文明活动的先进人物

（5）买了铅笔、毛笔和王蒙写的小说

7. 试分析下列歧义短语。

（1）关系到企业生存的计划

（2）热爱人民的军队

（3）看打排球的中学生

（4）咬伤了他的狗

（5）进口机电产品

8. 用结构层次分析法分析下列句子的成分。

（1）我最不能忘记的是他的背影。

（2）《小说选刊》是一种受读者欢迎的刊物。

（3）他的作业每次都写得工工整整。

（4）提高整个中华民族的科学文化水平是亿万人民群众的切身事业。

（5）长江三峡曾经留下过很多人的梦。

9. 修改下列病句。

（1）战士们冒着滂沱的大雨和泥泞的小路快速前进。

（2）中国古代书画艺术中的许多传世杰作不仅是人类艺术宝库中的珍品，而且是中华民族的艺术瑰宝。

（3）秋天的北京是美丽的季节。

（4）沙沙的浪声和银光闪闪的海面构成一幅多么好看的画面。

（5）通过检查，大家讨论、发现、解决了课外活动中的一些问题。

10. 指出下列复句的类型，画出关联词语。

（1）讽刺显示他进攻的威力，而幽默又闪烁着他反击的智慧。

（2）只要坚持锻炼身体，就能增强体质。

（3）不在沉默中爆发，就在沉默中灭亡。

（4）除非下暴雨，否则决不停工。

11. 试分析下列多重复句。

（1）一个作家，无论他观察生活的能力有多强，写作水平有多高，没有对生活的全面了解和积累，也是难以写出好作品的。

（2）他很注意搜集自古以来的观测记录和有关文献，但是决不“虚推古人”，决不把自己束缚在典籍文献中。

（3）我们虽然不一定人人能成为大科学家、大思想家，但是不能不求知识，不能不明道理。

（4）正因为伟大的理想合乎社会的进步，合乎人民的利益，合乎社会发展的规律，所以对于一些具有伟大理想并为伟大理想而斗争的人，千百年来人们一直在尊重他们，怀念他们，纪念他们。

（5）不管你学习和研究什么东西，只要专心致志，痛下功夫，坚持不懈地努力，就一定会有收获的。

12. 修改下列复句。

（1）这部小说内容精彩，但是语言朴实无华，平易近人。

（2）必须在四日黎明前给病人注射这种药，那么无法挽救。

（3）培养一代新人，不只是学校的事，而是整个社会的事。

（4）尽管天气如此变化多端，天池是一片沉静。渺渺湖水，却清澈如镜。

13. 指出下列各句式用了什么修辞方式，有什么特殊的表达效果。

（1）四面荷花三面柳，一城山色半城湖。

（2）世界上还有比这种爱更伟大的么？我想写的就是这种爱。

（3）相顾无言，惟有泪千行。

（4）亲贤臣，远小人，此先汉之所以兴隆也；亲小人，远贤臣，此后汉之所以倾颓也。

（5）云片片地移，风静静地吹，草簌簌地动，羊沉沉地睡。

（6）一年之计，莫如树谷；十年之计，莫如树木；终生之计，莫如树人。

（7）我是天空里的一片云，偶尔投影在你的波心。

（8）何堂堂之须眉，诚不若彼一干裙钗！

（9）一见面是寒暄，寒暄之后说我“胖了”，说我“胖了”之后即大骂其新党。

（10）猪八戒的脊背——悟能之背（无能之辈）。

（11）成人不自在，自在不成人。

（12）聂耳以23岁的青春年华，过早地写下他生命的休止符。

14. 分析下列句子综合运用辞格的形式，并说明它们的表达效果。

（1）桃花听得入神，禁不住落下了几点粉泪，一片一片凝在地上。小草听得大醉，也和着声音的节拍一会倒，一会起，没有镇定的时候。

（2）春天像刚落地的娃娃，从头到脚都是新的，它生长着。春天像小姑娘，花枝招展的，笑着走着。春天像健壮的青年，有铁一般的胳膊和腰脚，它领着我们上前去。

（3）大理花多，多得园艺家定不出名字来称呼。大理花艳，艳得美术家调不出颜色来点染。大理花娇，娇得文学家想不出词句来描绘。大理花香，香得外来人一到这苍山下、洱海边，顿觉飘飘然，不酒而醉。

（4）勤奋是点燃智慧的火花，懒惰是埋葬天才的坟墓。

15. 指出下列句子中修辞方式使用不当之处，并说明理由。

（1）秋雨跳着欢乐的舞，一下就是几天，什么活也干不了，真闷死人了。

（2）那一棵棵的大树，像俘虏似的狼狈地躺在地上。

（3）她讲到在旧社会所受的苦时，眼泪像自来水管似的喷射出来。

（4）同学们来自五湖四海，有的来自高山，有的来自平原，有的来自广州，有的来自湖南，有的来自农村，有的来自部队。

第 六 章

形式逻辑常识

重点提示：概念的定义，概念的内涵和外延，概念的种类，概念之间的关系，概念的限制、概括和划分，常见的运用概念时的错误。判断的定义，判断的主要类型，常见的运用判断时的错误。推理的定义，推理的种类，常见的运用推理时的错误。论证的定义，论证的种类，常见的运用论证时的错误。逻辑思维的三条基本规律，常见的运用逻辑思维时的错误。

弗兰西斯·培根曾经说过："逻辑和修辞使人善辩。"人们的日常工作、学习、生活都离不开逻辑，说话、写文章、交流思想也都要借助逻辑。正确运用逻辑，不仅有助于人们正确认识事物，探求新知；也有助于人们正确表达和论证思想，减少和避免思维表达中的谬误；还有助于人们识别和驳斥诡辩议论。

形式逻辑是研究思维的形式及其规律的。说话没有逻辑，不能有效表达和传递自己的想法。做事没有逻辑，就无法真正地解决问题。所谓逻辑谬误，就是指一个人在论述中犯了推理错误，进而产生误导。

思维是人脑对客观世界的反映，同时，这种反映必须是借助于语言来实现的。它具有内容和形式两个方面。概念、判断、推理是三种基本的思维形式。在社会实践中，人们首先产生概念，然后运用概念进行判断和推理。概念和判断是推理的基础。论证是综合运用概念、判断和推理进行思考的过程。

逻辑问题，是指由于概念使用、分类，判断、推理等失误造成的语病，是藏在书稿中的"隐形错误"，非常隐秘，不易被察觉。吕叔湘、朱德熙在《语法修辞讲话》中说："要把我们的意思正确地表达出来，第一件事情是要讲逻辑。同一律、矛盾律、排中律是逻辑思维的基本规律。人们要获得正确的思维结果，就必须遵循这些规律。"

第一节　概　　念

一、什么是概念

概念是思维形式最基本的组成单位，是反映对象的一般的、本质属性的思维形式。属性，就是事物所具有的各种性质。属性可分为本质属性和非本质属性。事物的本质属性是对该事物具有决定意义的特有属性，事物的非本质属性就是对该事物不具有决定意义的其他属性。人类在认识过程中，把所感觉到的事物的共同特点抽出来，加以概括，就成为概念。如从白雪、白马、白纸等事物里概括出它们的共同特点，就得出“白”的概念。如对于“人”这个概念来说，能思维并能制造和使用工具是其本质属性，是“人”区别于动物的根本所在，至于有脚、能走、有生命等，则属于非本质属性。

概念和语词有密切的联系。概念是语词的思想内容，语词是概念的表达形式。两者既有联系，又有区别。

首先，任何概念都由语词表达，但并非所有的语词都表达概念。一般来讲，汉语中的实词和以实词为中心的短语均能表示概念，如人、动物、唱、打、游泳、快、慢、2020 年、1 千克等，都表示概念；而虚词，如的、地、得、啊、呢、吗等，一般只起到语法作用，不能表示概念。

其次，在不同语境下，同一概念可由不同的语词表达，同一语词也可表达不同的概念。如“出租车”和“的士”，表达的概念是同一的。而像“博士”一词，在不同语境下可表达不同的概念，“他取得了文学博士学位”指学位的最高一级，“于是征儒生博士七十人”特指古代的学官名。

由此可见，我们常见的许多语词方面的问题，其实就是概念方面的问题。如果我们不了解同一个概念可以用不同的语词来表达，在使用同义词时不知道它们表达的是同一个概念，而进行不必要的争论，则会陷入无谓的文字之争；在使用多义词时不加区别，把一个词所表达的不同概念混同起来，甚至用一个去替换另一个，在逻辑上就属于混淆概念。

二、概念的内涵和外延

概念明确，是正确思维的首要条件。所谓概念明确，即要求准确把握这个概念的内涵和外延。

概念的内涵，指概念所反映的事物的本质属性。概念的外延指概念所反映的一切事物。通俗地讲，内涵说明“什么是”，外延说明“哪些是”。如“人”，其内涵是能思维、能制造工具并能使用工具进行劳动。其外延包括大人、小孩，男人、女人，中国人、外国人，现代人、古代人等一切人。

使用概念时，为了避免概念不明的毛病，必须注意从逻辑上明确概念的内涵和外延。

三、概念的种类

形式逻辑以概念的内涵和外延这两个基本特征为根据，将概念分为若干类，以便人们从逻辑方面来明确概念。

（一）单独概念与普遍概念

根据外延所反映对象的数量，概念可分为单独概念和普遍概念。

单独概念是只反映一个单独对象的概念。如北京、上海、黄鹤楼，反映的都是单独一个地方；秦始皇、李世民、莎士比亚、爱因斯坦，反映的都是单独一个人；七七事变、九一一事件，反映的都是单独一个事件，等等。从语言角度来看，专有名词一般表达单独概念，描写或说明专有名词的短语也表达单独概念，如“世界上最大的沙漠”，即撒哈拉沙漠；“《简·爱》的作者”，即夏洛蒂·勃朗特。

普遍概念是反映某一类事物的概念。它的外延不是一个单独对象，而是由两个或多个对象组成的类。如科学家、自然数、出版社，它们所反映的对象都不是单一的，而是由许多本质属性相同的事物组成的类，因此它们都是普遍概念。从语言角度来看，普通名词都表达普遍概念，如“矛盾”“规律”“国家”等。另外，动词、形容词也常常表达普遍概念，如“写”“想”“打”“踢”“崇高”“伟大”“勇敢”等。

（二）集合概念和非集合概念

根据外延所反映的对象是否为同一事物的群体，概念可分为集合概念和非集合概念。

集合概念是以事物的群体为反映对象的概念。通俗地说，一定数量的同类事物的个体可以构成一个集合体，这个集合体是一个不可分割的整体，反映这种由同类个体事物构成的不可分割的整体的概念，就是集合概念。如“丛书”“星座”“水系”“森林”“词汇”“车辆”“岛屿”“马匹”“枪支”“书籍”等都是集合概念。集合概念只适用于它所反映的群体，而不适用于该群体的个体。如“森林”是由一棵棵树（即个体）组成的群体，但单棵的树并不具有“森林”的属性，所以不能称一棵树为“森林”。再如，我们可以说“高二三班的英语成绩高于高二一班的英语成绩”，但不能因此说“高二三班每个同学的英语成绩高于高二一班每个同学的英语成绩”，此处“高二三班的英语成绩”是一个集合概念。

非集合概念是不以事物的群体而以其个体为反映对象的概念。非集合概念所反映的是一类事物的个体对象的概念。如“羊”“花”“工人”等都是非集合概念。非集合概念既可用于它反映的类，也可用于该类中的一分子。如“羊”这一非集合概念既适用于它所反映的类，也可以适用于该类中的一分子，如“一只羊”。

在区分集合概念和非集合概念的时候，不仅要掌握它们各自的特点，还要注意分析词语所处的语言环境。同一个语词在不同语句中，有时表达集合概念，有时表达非集合概念。例如，“中国人是勤劳勇敢的”“王伟是中国人”这两句中，“中国人”就是表达不同的概念。前一个判断中“中国人”是集合概念，后一个判断中“中国人”是非集合概念。

（三）正概念和负概念

根据概念外延所反映的对象是否具有某种属性，概念可分为正概念和负概念。

正概念是反映对象具有某种属性的概念。如正义战争、自私、美丽等都是正概念。负概念是反映对象不具有某种属性的概念。如非正义战争、不自私、不美丽等都是负概念。从语言角度来看，表达负概念的语词往往带有“不”“非”等否定词。但带“无”“非”“不”等的语词所表达的概念并不一定都是负概念，如“无产阶级”“无机物”“非洲”等，关键在于这类概念中是否把“无”“非”“不”等当作否定词来使用。同时，还应注意，区别正负概念并不涉及对概念的评价。

四、概念之间的关系

（一）同一关系

两个概念在外延上完全重合，这种关系叫同一关系。例如：

①巴黎　法国的首都

②等边三角形　等角三角形

③妊娠　怀孕

例①中“巴黎”就是“法国的首都”，“法国的首都”称作“巴黎”，它们的外延是完全重合的。例②中所有的等边三角形都是等角三角形，所有的等角三角形也都是等边三角形。例③中“妊娠”就是“怀孕”，词义也相同，它们从不同的方面反映了同一个行为，外延是完全重合的。例①、例②、例③中的概念关系均为同一关系。

（二）属种关系

一个外延较大的概念包含着另外一个外延较小的概念，这样的关系叫属种关系。其中外延较大的概念为属概念，外延较小的概念为种概念。例如：

①工业　重工业

②树　松树

例①中“工业”的外延是一切工业，它包括重工业和轻工业，因此“工业”是属概念，“重工业”是种概念。例②中“树”的外延是一切树，它包括松树、梨树、柏树等，因此

“树”是属概念，“松树”是种概念。

（三）交叉关系

两个概念的外延只有一部分重合，这样的关系叫交叉关系。例如：

①亚洲国家　发展中国家

②青年　编辑

③食物　植物

例①中“亚洲国家”里有一部分是“发展中国家”，在“发展中国家”里有一部分是“亚洲国家”，它们的外延部分重合，构成了交叉关系。例②中“青年”里有一部分是“编辑”，“编辑”里有一部分是“青年”。例③中“食物”里有一部分是植物，“植物”里有一部分是食物，它们的外延部分重合，也构成了交叉关系。

交叉关系的概念是由于运用了不同的分类标准而形成的，因此我们在列举事物时，要注意根据一定的标准按类列举。

（四）矛盾关系

两个概念的外延互相排斥，而它们的外延相加等于它们属概念的全部外延，这两个概念之间的关系便是矛盾关系。例如：

①生　死

②动　静

③有限　无限

例①中“生”和“死”的外延是互相排斥的，“生”加“死”等于属概念“生命”的全部外延，所以“生”和“死”之间的关系是矛盾关系。例②中“动”和“静”的外延也是互相排斥的，所以“动”和“静”之间的关系是矛盾关系。例③

中“有限”和“无限”的外延也是互相排斥的，它们之间的关系是矛盾关系。

（五）反对关系

两个概念的外延互相排斥，而它们的外延相加小于它们属概念的外延，这两个概念之间的关系是反对关系。例如：

①白　黑

②富　穷

例①中“白”和“黑”这两个概念的外延互相排斥，它们的外延之和小于它们的属概念“颜色”的外延，因此“白”和“黑”这两个概念之间的关系是反对关系。例②中“富”和“穷”这两个概念的外延是相互排斥的，它们之间还存在着“既不富又不穷”的中间概念，它们的外延之和小于它们的属概念“经济状况”的外延，因此“富”和“穷”之间也是反对关系。

矛盾关系和反对关系的相同之处是：两个概念都是指在同一个属概念下的两个互相排斥的种概念。它们的区别在于：两个概念的外延相加，等于属概念全部外延的是矛盾关系，小于属概念全部外延的是反对关系。

五、概念的限制、概括和划分

概念要明确，是形式逻辑的基本要求之一。所谓明确地阐述概念，就是要阐明各个概念的确切的内涵和外延。为了使概念明确，我们可以通过缩小或扩大概念的外延，以及划分概念使其外延更加确定。这三种处理，分别称作概念的限制、概念的概括、概念的划分。

（一）概念的限制

概念的限制是通过增加概念的内涵以缩小概念的外延，即由属概念得到其种概念。换句话说，就是增加对事物本质属性的规定来缩小概念。例如：

①出版社→古籍出版社

②作家→中国作家→中国当代作家→莫言

例①由“出版社”限制为“古籍出版社”，内涵增多，因为“古籍出版社”不仅是出版单位，还是专门出版古籍出版物的单位，在外延方面则由“一切出版社”缩小到“古籍出版社”。例②由作家→中国作家→中国当代作家→莫言，内涵一步步增多，外延一步步减小。

从逻辑上讲，对一个外延较大的概念，可以进行多次限制，但究竟限制到哪一个较小的概念才算达到明确概念的目的，这要看人们在表达和交流思想时的实际需要。概念限制到单独概念就到极限了，因为单独概念的外延只反映某一个特定的对象，它是外延最小的种概念，如上例②，限制到“莫言”便已到极限了。

值得注意的是，概念的限制必须在具有属种关系的概念间进行，否则就不是限制了。有时候，人们会在单独概念前加上某种限制词以突出或强调这个单独概念所反映的客观对象的某种属性或关系，但这并非是增加它的内涵，而是揭示其内涵的某个方面。

（二）概念的概括

概念的概括就是通过减少概念的内涵以扩大概念的外延，即从种概念得到其属概念。换句话说，就是减少对事物本质属性的规定来扩大概念。例如：

①大学生→学生

②优秀青年教师→青年教师→教师→人

例①由“大学生”概括到“学生”时，内涵由“读大学的人”变成“求学的人”，内涵减少，外延则由“一切大学生”扩大到“一切学生”。例②由优秀青年教师→青年教师→教师→人，内涵一步步在减少，外延却一步步在扩大。

从逻辑上讲，在一定范围内，可以对一个外延较大的概念连续进行概括，但概括到范畴就达到了极限，因为范畴是相关领域内的最高的属概念，它的外延最广。如电视→机电产品→物质，概括到“物质”就已达到极限了。

概念的概括也必须在具有属种关系的概念间进行。如“树木”可以概括为“植物”，但不能概括为“森林”，“树木”和“森林”是部分和整体的关系。

（三）概念的划分

概念的划分就是根据对象一定的属性，将一个属概念分成若干个种概念。换句话说，就是根据一定的属性将大概念区分为若干小概念。

划分由三个要素组成：母项、子项、根据。其中，被划分的属概念叫作母项，从母项中划分出的种概念叫作子项。划分必须以一定的属性做标准，作为划分标准的一定的属性就是划分的根据。母项和子项之间具有属种关系。例如，将“人”分为“男人”和“女人”，其中“人”是母项，“男人”和“女人”是子项，划分的根据是性别。又如，将“编辑”分为“报纸编辑”“期刊编辑”和“图书编辑”等，其中“编辑”是母项，“报纸编辑”“期刊编辑”和“图书编辑”是子项，划分的根据是编辑的工作对象。

要注意的是，划分只适用于普遍概念，而不适用于单独概念。

六、常见的运用概念时的错误

概念是指一个事物的基本含义所界定的范围。像是画了一个圈，不能超出，定了一个性，不能改变。

（一）概念误用

①今年的元宵灯会特别热闹，到处灯火阑珊。

②外婆倒是健在，可是她身体不好。

例①的错误在于没有了解“阑珊”这个概念的内涵。“阑珊”的本意为“将尽、衰落”。“灯火阑珊”乃是一片衰落景象，同前面的“热闹”相矛盾。正确的表述应将“灯火阑珊”改为“灯火辉煌”。例②的错误在于没有弄清“健在”的内涵。“健在”的词义是“健康地活着”，这同后面的“身体不好”形成矛盾。从上下文来看，作者是将它理解成了“活着”，误用概念，从而造成了前后矛盾。正确的表述可将“健在”改为“在世”。

③就业的博士及以上学位人员平均月薪 1 万元。

④经过努力，他终于拿到了博士后学位。

⑤本单位拥有研究生、博士、博士后十余人。

例③《中华人民共和国学位条例》规定“学位分为学士、硕士、博士三级”，不存在“博士以上学位”。“博士及以上学位”，作者可能是想指“博士后”，而所谓“博士后”并非学位，它是指“获得博士学位后在高等院校或研究机构从事研究工作并继续深造的阶段，也指博士后研究人员”。（《现代汉语词典》）因此，“博士及以上学位”实际是一个没有外延对象的虚概念。将“博士及以上学位人员”改为“博士及博士后人员”。例④中“学位”可改为“证书”。例⑤中“研究生”包括硕士研究生、博士研究生，与“博士”并列不合适。

（二）概念误换

青年人要在实践中经风雨，见世面，锻炼成长；我也坚持这样做，每天不避风雨地参加体育锻炼，从不间歇。

例中出现了前后概念不一致的情况。两个“锻炼”，前一个适用的范围大，通常指人的思想、意志、品格、身体等多方面的锻炼；后一个适用的范围小，特指从体育活动中增强体质。此外，前一个“风雨”比喻艰难困苦，后一个“风雨”指自然现象，两个概念也不同。

（三）误用集合概念

①他正在翻阅一本科技丛书。

②我从花店买来两朵花卉，插入花瓶。

③作为一名普通的莘莘学子，他的创新精神让人敬佩。

例①中的“丛书”是集合概念，不能用“一本”限制，应去掉“丛”字。例②中的“花卉”是花和草的总称，也是集合概念，不能用“两朵”限制，应去掉“卉”字。例③中的“莘莘学子”是集合概念，指很多的学生，不能指称其中的某一个体，可改为“大学生”。

（四）概念并列不当

能互相并列的事物，应该是按照同一标准划分的。如果标准混乱，并列的事物就会有交叉、从属、包含与被包含的情况，这样就违反了逻辑。

①严禁携带易燃品、爆炸品、危险品上车。

②今晚上演的剧目有昆剧《牡丹亭》，以及中国古典和民族、民间乐曲等。

③我上街买了笔记本、圆珠笔和学习用品。

④洪水可以冲走我们的房屋、庄稼和各种财产，但它冲不走我们的意志和决心。

例①中“易燃品”“爆炸品”与“危险品”之间是属种关系，是不能并列的。可改为：“严禁携带易燃品、爆炸品等危险品上车。”或改为：“严禁携带易燃品、爆炸品上车。”例②的错误是将具有交叉关系的中国古典乐曲、中国民族乐曲、中国民间乐曲并列在一起。此外，“上演的剧目”应改为“上演的节目”，因为“乐曲”不在“剧目”范围内。例③中“笔记本”“圆珠笔”和“学习用品”是从属关系，不能并列表述，应把“和”改为“等”字。例④中“各种财产”应包括“房屋、庄稼”，不能并列表述，应把“和”改为“等”。

（五）概念限制或概括不当

①一开门，就看到门口站着一个我不熟悉的陌生人。

②在这阳光灿烂的夜晚，我仰望星空。

③我国的江河湖泊盛产鱼、虾、盐、碱等水产。

例①犯了“限制多余”的错误，“陌生人”当然是不熟悉的人，用“不熟悉的”去限定“陌生人”这个概念，自然是多余的。例②犯了“限制不当”的错误。用“阳光灿烂”限制“夜晚”，导致了逻辑上的自相矛盾。例③犯了“概括不当”的错误。“水产”是指“海洋、江河、湖泊里出产的动物、藻类等的统称”，而“盐、碱”都属于化合物，不应该归为“水产”。

（六）概念划分错误

概念的划分必须依照一定的规则，否则就会犯错误。

1. 混淆根据

每次划分只能依据同一个标准，违反这一规则便会造成混淆根据的错误。例如：

这家相声剧场的晚场观众有公司职员、教师、公务员、学生和不少妇女。

本例犯了“混淆根据”的错误。“妇女”是按性别标准划分的，“公司职员”“教师”“公务员”“学生”是按职业状况划分的，把它们并列在一起造成了逻辑上的混乱，可改为：“这家相声剧场的晚场观众有公司职员、教师、公务员、学生，其中不少是女性。”

2. 多出子项和划分不全

在进行概念的划分时，划分出的各个子项的外延之和必须等于母项的外延。如果划分出的子项外延总和大于母项的外延，那么就会犯“多出子项”的错误；如果划分出的子项外延的总和小于母项的外延，那么就会犯“划分不全”的错误。例如：

①开学了，志愿者们为希望小学的孩子购置了笔、墨、纸、书等文具。

②直系亲属包括父母和子女。

例①中，“文具”是被划分的母项，“笔、墨、纸、书”是划分后的子项。但实际上，“笔、墨、纸”是“文具”的种概念，而“书”不是“文具”的种概念，这里犯了“多出子项”的错误。例②中，“直系亲属”是指和自己有直接血缘和婚姻关系的人，正确的划分应为“父母、子女和配偶”。此例子项缺了“配偶”，犯了“划分不全”的错误。

3. 子项相容

划分的子项必须互相排斥。如果不互相排斥，就会有一些对象既属于这个子项，又属于另一个子项，引起混乱，造成“子项相容”的逻辑错误。例如：

①报纸可分为全国性报纸、地方性报纸、综合性报纸、专业性报纸、日报和晚报等。

②他是个文学爱好者，阅读了大量的小说、诗歌、散文以及外国名著。

例①由于划分的标准不一样，导致划分出的子项不是相互排斥的，而是相容的，造成一些对象既属于这个子项，又属于另一个子项。如《武汉晚报》，既属于地方性报纸，又属于综合性报纸，还属于晚报。例②中“小说、诗歌、散文”与“外国名著”是交叉关系，不能并列使用。因此，这些例子既犯了“混淆根据”的错误，又犯了“子项相容”的错误。

可见，对概念的划分，其规则是互相联系的，如果违反了其中某一条规则，就有可能同时违反另一条规则。

第二节　判　　断

一、什么是判断

判断是人们对思维对象的性质或关系有所肯定或有所否定的思维形式。

判断具有如下特征：

第一，判断一定要有所肯定或否定。

第二，判断具有真假值。例如："实践是检验真理的唯一标准"这一判断是真的。"一切事物都是静止不变的"这一判断是假的。

如果语句表达了对事物的肯定或者否定，并且可以检验其真假，那么它就是判断；否则，就不是判断。例如：

①谁在看微信？

②难道一个人可以不遵守公共道德吗？

③小王，不要吸烟！

例①和例②虽然都是疑问句，但例①没有表达出肯定或否定，也没有真假，所以它不表示判断；例②实际上是以反问的形式表现出提问者对事物情况的明确断定（即肯定"每个人都必须遵守公共道德"），因而它是判断。例③是个祈使句，它表达了对小王的一种要求，并未对事物情况表达出肯定或否定，而且无法检验其真假，所以它不是判断。

二、判断的主要类型

判断分为简单判断和复合判断。简单判断是指本身不包含其他判断的判断，包括性质判断和关系判断等；复合判断是以两个或两个以上的判断做成分而构成的判断，包括联言判断、选言判断、假言判断和负判断等。

本节着重讲性质判断、联言判断、选言判断和假言判断。

（一）性质判断

性质判断是断定某对象具有或不具有某种属性的判断。

性质判断由主项、谓项、联项和量项四部分组成。主项是所断定的对象。谓项是说明所断定的对象具有或不具有某种属性的概念。联项是说明主项和谓项之间关系的概念，只有肯定联项（是）与否定联项（不是）两种。量项是表示主项数量的概念，分为全称量项（所有、一切），特称量项（有的、有些），单称量项（这个或那个）三种。例如：

有的照相机是数码相机。

这一性质判断的主项是“照相机”，谓项是“数码相机”，联项是肯定联项“是”，量项是特称量项“有的”。

这里特称量项的“有些”“有的”是指至少有一个，但究竟有多少，并不确定。同时，特称量项只是断定某一类事物中有的对象具有或不具有某种性质。至于这一类事物中未被断定的对象情况如何，它并没有表示。比如我们说“有些学生是勤奋的”，在逻辑上并不意味着另外一些学生就是不勤奋的。

性质判断有以下几种类型：

第一，单称肯定判断：是反映某一个对象具有某种性质的判断。例如：

苏格拉底是位哲学家。

第二，单称否定判断：是反映某一个对象不具有某种性质的判断。例如：

纽约不是美国的首都。

第三，特称肯定判断：是反映某类的部分对象具有某种性质的判断。例如：

有的教堂是哥特式建筑。

第四，特称否定判断：是反映某类的部分对象不具有某种性质的判断。例如：

有的动物不是食草动物。

第五，全称肯定判断：是反映某类的每一个对象都具有某种性质的判断。例如：

所有的事物都是互相联系的。

第六，全称否定判断：是反映某类的每一个对象都不具有某种性质的判断。例如：

所有的事物都不是静止不变的。

由于单称判断是对某一个别对象的全部外延做了断定，而全称判断也对其主项的全部外延做了断定，因此从逻辑上讲，单称判断一般可以被看作是全称判断。例如“苏格拉底是哲学家”这一单称判断是对“苏格拉底”这一单独概念的反映，它对“苏格拉底”的全部外延做了判定。因而我们可将这一判断视为全称判断。

在性质判断中，要注意主项、谓项的周延性。在一个性质判断中，如果对它的主项（或谓项）的全部外延都做了断定，那么这个判断的主项（或谓项）就是周延的；反之，就是不周延的。凡是全称判断（包括单称判断）的主项都周延，而特称判断的主项都不周延；凡是否定判断的谓项都周延，而肯定判断的谓项都不周延。

据以上分析，我们可以将性质判断的周延性归纳如下：

全称肯定判断的主项周延，谓项不周延；

全称否定判断的主谓项都周延；

特称肯定判断的主谓项都不周延；

特称否定判断的主项不周延，谓项周延。

（二）联言判断

联言判断是复合判断的一种。复合判断是以两个或两个以上的判断做成分而构成的判断。用以组成复合判断的判断称为肢判断。

联言判断是反映若干事物情况同时存在的一种复合判断。例如：

①前途是光明的，道路是曲折的。

②上网可以聊天、听音乐、看视频、写博客，还可以查阅资料。

例①反映了两种事物情况同时存在，即一方面肯定“前途是光明的”，另一方面肯定“道路是曲折的”。例②反映了五种事物情况同时存在，即“上网可以聊天”“上网可以听音乐”“上网可以看视频”“上网可以写博客”“上网可以查阅资料”。

构成联言判断的肢判断叫联言肢。在联言判断中，联言肢可以是两个，也可以是两个以上。联言肢的主项或谓项有时相同，这样的主项或谓项在日常语言的表达中往往省略。例如：

①在博客上不仅可以写文章，还可以播放视频、音频。

②李白和杜甫都是诗人。

在日常用语中，联言判断的联结词有“并且”，还有“……和……”“既是……又是……”“一方面……一方面……”“不但……而且……”“虽然……但是……”等。

（三）选言判断

选言判断是反映若干可能的事物情况至少有一个存在的判断。例如：

①这张影碟或者你看过，或者我看过。

②她要么 21 岁，要么 22 岁。

这两个判断都反映了两种可能的情况至少有一种是存在的，因此它们都是选言判断。

构成选言判断的肢判断叫选言肢。根据各肢判断反映的事物情况是否可以同真（即同时成立），选言判断可以分为相容的选言判断与不相容的选言判断。

1. 相容的选言判断

相容的选言判断就是选言肢可以同真的选言判断。所谓选言肢同真，是指选言肢能同时存在。例如：

①他或者是文学家，或者是考古学家，或者是书法家。

②在这次竞赛中，他们或给予指导，或给予鼓励，或提供资料。

例①和例②中的各选言肢都能同真，所以它们都是相容的选言判断。

在日常用语中，相容的选言判断的联结词有“或者”，还有“可能……也可能……”“也许……也许……”等。

2. 不相容的选言判断

不相容的选言判断就是选言肢不能同真的选言判断，即所断定的几种事物情况至少有一种存在，并且至多只有一种存在。例如：

①任意一个三角形，要么是直角三角形，要么是锐角三角形，要么是钝角三角形。

②他上了大学，不是北京大学，就是清华大学。

例①例②中的各选言肢不能同真，因此，它们是不相容的选言判断。

在日常用语中，不相容选言判断的联结词有“要么……要么……”，还有“不是……就是……”“或者……或者……”等。

要区分相容的选言判断与不相容的选言判断，除了看联结词之外，关键还是要看其选言肢是否能够同时存在。如：明天或者下雨，或者不下雨。选言肢“下雨”和“不下雨”不能同真，因此它是不相容的选言判断。

（四）假言判断

假言判断是断定某一事物情况是另一事物情况存在条件的判断。例如：

如果天下雨，那么地就湿。

假言判断由前件和后件两部分构成，如上例中的前件为“天下雨”，后件为“地湿”。

根据事物情况之间条件关系的不同，假言判断可分为充分条件假言判断、必要条件假言判断和充分必要条件假言判断。

1. 充分条件假言判断

充分条件假言判断就是反映某一事物情况是另一事物情况的充分条件的假言判断。例如：

如果灯泡钨丝断了，那么灯泡就不会亮了。

“灯泡钨丝断了”是“灯泡就不会亮了”的充分条件：钨丝断了，灯泡一定不亮；而钨丝不断，灯泡不一定亮。所以，它是一个充分条件的假言判断。

充分条件假言判断常用的联结词有：“如果……那么……”“只要……就……”“倘若……则……”“假使……那么……”“假如……就……”等。

2. 必要条件假言判断

必要条件假言判断就是反映某一事物情况是另一事物情况的必要条件的假言判断。例如：

只有温度适当，鸡蛋才能孵出小鸡。

“温度适当”是“孵出小鸡”的必要条件：如果温度不适当的话，肯定孵不出小鸡；但即使温度适当，也不一定孵出小鸡，还需要具备其他条件。所以，它是一个必要条件。

必要条件假言判断常用的联结词有：“只有……才……”“除非……才……”“除非……否则不……”“不……就不……”等。

3. 充分必要条件假言判断

充分必要条件假言判断就是反映某一事物情况是另一事物情况充分必要条件的假言判断。例如：

当且仅当一个整数是偶数时，它才能被2整除。

“一个整数是偶数”是“该整数能被2整除”的充分必要条件：只要一个整数是偶数，它就能被2整除；只有这个整数能被2整除，它才是偶数。

三、常见的运用判断时的错误

（一）主谓不合

判断中的主项和谓项必须搭配得当，这是判断的一个基本要求，也是语文上的词语搭配问题，但这一要求往往会被忽视，造成判断不恰当。例如：

①今年夏天是上海罕见的高温天气。

②他的收入是同龄人中的佼佼者。

例①的主项是“夏天”，谓项是“上海罕见的高温天气”，说“夏天”是“天气”不合事理，应改为：“今年夏天，上海的高温天气是罕见的。”例②的主项是“他的收入”，谓项是“同龄人中的佼佼者”，这个例子显然也犯了主项和谓项不合的错误，应改为：“从收入来看，他是同龄人中的佼佼者。”

（二）量项不当

在判断中，准确地确定事物的数量范围是非常重要的。如果量项用错，那么这一判断也就不恰当了。例如：

①凡是新诗都是不押韵的。

②有些不正之风要坚决纠正。

例①是全称否定判断，对“新诗”用了全称量项，实际上只有部分新诗是不押韵的，因此这个判断是不恰当的。应改为：“有些新诗是不押韵的。”例②对“不正之风”用了特称量项，实际上只要是不正之风，我们都应坚决纠正，所以这里应用全称量项，改为：“所有的不正之风都要坚决纠正。”

（三）误用否定

一个判断的否定词用得太多就可能引起混乱，产生否定不恰当的毛病，甚至将原意弄反。例如：

①现在还有谁会否认地球不是围绕太阳转呢？

②只有这样，才能防止这次财务大检查不走过场。

③他能不能拿下这一局，是我们队战胜客队的关键。

例①原本用反诘句式表示肯定的意思，但既用“否认”，又用“不是”，再加上反诘，就把整句意思弄反了。这就是误用否定词而造成的错误，应把“不是”删去。例②中，“防止”本身带有不使其发生的否定意思，同“不”构成了双重否定，使句意变为“这次财务大检查要走过场”，与原意相反。此句可改为：“只有这样，才能使这次财务大检查不走过场。”或改为：“只有这样，才能防止这次财务大检查走过场。” 例③判断的主项里包括了“能”（肯定）和“不能”（否定）两个方面，但谓项里却只有“战胜客队”一个方面，造成主项中的否定方面与谓项无关。此句可改为：“他拿下这一局，是我们队战胜客队的关键。”

（四）自相矛盾

判断自相矛盾也是常见的一种错误。例如：

①这家出版社目前将着手进行企业转制。

②我们公司正在开展了向灾区捐款的活动。

例①中“目前”是指现在时，“将”指未来，把这两个概念放在一起，造成了时间上的矛盾，应删去“目前”，或把“将”改为“正”。例②中“正在”表示动作在进行或状态在持续中，而语气词“了”表示动作已结束，这二者在时态上产生矛盾，应删去其中一个。

（五）选言不当

在选言判断中，如果没有弄清楚选言肢是否相容，就会造成混乱，出现逻辑错误。例如：

①《血战长沙》这部电视剧受到观众的喜爱，或者是因为题材很好，或者是因为演员的表演很到位，二者只居其一。

②看到尸体上出现暗紫色尸斑后，死者亲属怀疑是他杀，或是投毒致死。

例①中“《血战长沙》这部电视剧受到观众的喜爱”的原因可能是因为“题材很好”，也可能是因为“演员的表演很到位”，但还有一种可能是二者兼而有之，也就是说这两个选言肢可以同真，是相容的，而该例句使用的却是不相容的选言判断，因此可改为：“《血战长沙》这部电视剧受到观众的喜爱，或者是因为题材好，或者是因为演员的表演到位，或者二者兼而有之，或者还有其他的原因。”例②“是……或……”结构是一个标准的选言判断。“投毒致死”属于“他杀”的范围，二者是种属关系，不存在选择关系，因而该选言判断不成立。此句可改为：“看到尸体上出现暗紫色尸斑后，死者亲属怀疑是他杀。”

（六）假言不当

在假言判断中必须讲究条件。如果前件和后件之间的条件关系不当，就不能构成正确的判断。在这方面常见的错误有两种：一是强加条件，二是混淆条件。例如：

①如果强调产品的质量，就必然会影响产品的数量。

②一个人只要办事认真，就不会犯错误。

例①是一个充分条件假言判断，它的前件是“强调产品的质量”，后件是“必然会影响产品的数量”。但在现实关系中，强调了产品的质量，并不意味着必然会影响产品的数量。这一判断前件、后件之间的充分条件关系是主观臆想出来的，不符合客观实际，犯了“强加条件”的错误。例②是一个充分条件的假言判断，但实际上，“办事认真”并不是“不会犯错误”的充分条件，而是必要条件。如果办事不认真，就一定会犯错误；但如果办事认真，并不保证错误不会发生，还有其他原因会导致错误。所以该例句犯了“混淆条件”的错误，应改为：“一个人只有办事认真，才可能不犯错误。”

第三节　推　　理

一、什么是推理

推理是从一个或几个已知判断推出一个新判断的思维形式。

任何推理都包含有前提和结论两个部分。作为推理根据的判断叫前提，由它得出的那个判断叫结论。由前提得出结论构成了两者之间的推导关系，表示这种推导关系的词有“因此”“所以”““由此可见”等。推理在语言上表现为复句或句群。例如：

编辑应该学点逻辑，　　（前提）
我是编辑，
———————————————
所以，我应该学点逻辑。（结论）

二、推理的种类

推理按照不同的标准可以划分不同的种类。根据由前提得出结论的思维方向，推理可以分为演绎推理、归纳推理和类比推理。

（一）演绎推理

演绎推理是由一般性前提推出特殊性结论的推理。其形式结构的特点在于它的前提蕴含了结论。例如：

经济规律是客观规律， ①

客观规律是不以人的意志为转移的， ②

所以，经济规律是不以人的意志为转移的。 ③

由前提② “客观规律是不以人的意志为转移的” 可知，前提①中 “经济规律是客观规律” 已蕴含了 “经济规律是不以人的意志为转移的” 这一结论。这一推理是由一般性前提推出特殊性结论的推理。

演绎推理要得到必然真的结论，必须具备以下两个条件。

第一，前提真实，即推理中的已知判断必须是真实的。如果前提不真，推出的结论就不可靠。

第二，形式正确，即推理要有逻辑性。推理的逻辑性，又称推理的有效性，也就是推理的前提与结论之间的联系要有必然性，即结论的真实性能够由它的真前提必然推出。要使推理具有逻辑性，必须遵守推理规则。如果违反了这些规则，结论就不可靠。

根据日常思维及表达的需要，我们在演绎推理中主要讲三段论、联言推理、选言推理和假言推理四种。

1. 三段论

三段论是一种演绎推理，它在我们的日常谈话和文章中是最常见的。它由三个性质判断组成，以前两个包含着共同项的性质判断为前提，以推出的后一个性质判断为结论。例如：

所有的绿色植物都要进行光合作用， （大前提）

牡丹是绿色植物， （小前提）

所以，牡丹要进行光合作用。 （结论）

任何一个三段论有且仅有三个词项（即三个概念），即大项、小项和中项。在结论中作为主项的那个概念叫小项，在结论中作为谓项的那个概念叫大项，只在两个前提中出现的共同项叫中项。如上例的小项是“牡丹”，大项是“光合作用”，中项是“绿色植物”。

在一个三段论中，包含着大项的前提叫大前提，包含着小项的前提叫小前提，包含有对大项和小项的判断叫结论。如在上例中，“所有的绿色植物都要进行光合作用”是大前提，“牡丹是绿色植物”是小前提，“牡丹要进行光合作用”是结论。

为了正确进行三段论推理，必须遵循如下七条规则：

第一，每个三段论中有且仅有三个不同的概念。

第二，中项在前提中至少周延一次（即中项在前提中至少要有一次被断定过它的全部外延）。

第三，如果大项或小项在前提中不周延，那么在结论中也不得周延。

第四，两个否定前提不能得出结论。

第五，在两个前提中如果有一个是否定判断，结论就只能是否定判断。

第六，以两个特称判断作前提，不能得出结论。

第七，在两个前提中如果有一个特称判断，结论就只能是特称判断。

2. 联言推理

联言推理是前提或结论为联言判断的推理。其基本形式有分解式和组合式两种。

（1）联言推理的分解式

这是根据一个联言判断为真推出其肢判断为真的联言推理形式。例如：

小王、小李都是编辑，

所以，小王是编辑。

（2）联言推理的组合式

这是根据一个联言判断的各肢判断为真推出该联言判断为真的联言推理形式。例如：

崇文书局是一家有历史渊源的出版社，

崇文书局是一家发展前景很好的出版社，

所以，崇文书局是一家有历史渊源并且发展前景很好的出版社。

3. 选言推理

选言推理是前提中有一个是选言判断，并且根据选言判断的逻辑性质来进行推演的推理。可分为相容的选言推理和不相容的选言推理。

（1）相容的选言推理

相容的选言推理是前提中有一个相容选言判断的选言推理。

根据相容选言判断的逻辑性质（选言肢可以同真），相容的选言推理的规则有两条：

第一，否定一部分选言肢，就要肯定另一部分选言肢；

第二，肯定一部分选言肢，不能否定另一部分选言肢。

由此，相容选言推理只有一种有效的推理形式——否定肯定式，即否定大前提中的一个（或一些）选言肢，可肯定另一个（或余下的一个）选言肢。例如：

《红楼梦》的作者或者是曹雪芹，或者是纪晓岚，

《红楼梦》的作者不是纪晓岚，

所以，《红楼梦》的作者是曹雪芹。

（2）不相容的选言推理

不相容选言推理是前提中有一个不相容选言判断的选言推理。

根据不相容的选言推理的逻辑性质（选言肢不能同真），不相容的选言推理的规则有两条：

第一，肯定一个选言肢，就要否定其他的选言肢；

第二，否定一个选言肢以外的选言肢，就要肯定余下的那个选言肢。

由此，不相容的选言判断有两种有效的推理形式：肯定否定式和否定肯定式。

肯定否定式：前提中肯定选言判断的一个选言肢，结论中否定其他选言肢。例如：

这本书要么是32开，要么是16开。

这本书是32开，　　　　　　（前提肯定一个选言肢）

所以，这本书不是16开。　　　（结论否定其他选言肢）

否定肯定式：前提中否定选言判断中一部分选言肢，结论中肯定那个没被否定的选言肢。例如：

一种天然纤维，要么是植物纤维，要么是动物纤维，要么是矿物纤维。

该天然纤维不是动物纤维，也不是矿物纤维，（前提否定部分选言肢）

所以，该天然纤维是植物纤维。（结论肯定未被否定的选言肢）

4. 假言推理

假言推理是前提中有一个为假言判断，并且根据假言判断的逻辑性质来进行推演的推理。可分为充分条件假言推理、必要条件假言推理和充分必要条件假言推理。

（1）充分条件假言推理

充分条件假言推理是一个前提为充分条件的假言判断，另一个前提和结论为性质判断的假言推理。

充分条件假言推理的规则有两条：

第一，肯定前件就要肯定后件，否定后件就要否定前件；

第二，否定前件不能否定后件，肯定后件不能肯定前件。

根据规则，充分条件假言推理有两种有效的推理形式：肯定前件式和否定后件式。

肯定前件式：在前提中肯定假言判断的前件，结论肯定它的后件。例如：

如果想做一个好编辑，就必须尽量拓展知识面。

程明想做一个好编辑，（前提肯定前件）

所以，程明必须尽量拓展知识面。（结论肯定后件）

否定后件式：在前提中否定假言判断的后件，结论否定它的前件。例如：

如果他英语考过了 6 级，他就有国家英语 6 级证书。

他没有国家英语 6 级证书，（前提否定后件）

所以，他英语没有考过 6 级。（结论否定前件）

（2）必要条件假言推理

必要条件假言推理是一个前提为必要条件假言判断，另一个前提和结论为性质判断的假言推理。

必要条件假言推理的规则有两条：

第一，否定前件就要否定后件，肯定后件就要肯定前件；

第二，肯定前件不能肯定后件，否定后件不能否定前件。

根据规则，必要条件假言推理有两种有效的推理形式：否定前件式和肯定后件式。

否定前件式：在前提中否定假言判断的前件，结论否定它的后件。例如：

只有具备一定的专业知识，才能做好工作。

不具备一定的专业知识，　　　　　（前提否定前件）

所以，不能做好工作。　　　　　　（结论否定后件）

肯定后件式：在前提中肯定假言判断的后件，结论肯定它的前件。例如：

只有具备一定的专业知识，才能做好工作。

现在你的工作做好了，　　　　　　（前提肯定后件）

所以，你具备了一定的专业知识。　（结论肯定前件）

（3）充分必要条件假言推理

充分必要条件假言推理是一个前提为充分必要条件的假言判断，另一个前提和结论为性质判断的假言推理。

根据充分必要条件假言判断的逻辑性质（有前件就有后件，没有前件就没有后件；有后件就有前件，没有后件就没有前件），可得出四种有效的推理形式：肯定前件式、肯定后件式、否定前件式、否定后件式。

肯定前件式。例如：

某数能被 2 整除，则该数是偶数。

10 能被 2 整除，　　　　（前提肯定前件）

所以，10 是偶数。　　　（结论肯定后件）

肯定后件式。例如：

某数能被 2 整除，则该数是偶数。

18 是偶数，　　　　　　（前提肯定后件）

所以，18 能被 2 整除。　（结论肯定前件）

否定前件式。例如：

某数能被 2 整除，则该数是偶数。

19 不能被 2 整除，（前提否定前件）

所以，19 不是偶数。（结论否定后件）

否定后件式。例如：

某数能被 2 整除，则该数是偶数。

51 不是偶数，（前提否定后件）

所以，51 不能被 2 整除。（结论否定前件）

（二）归纳推理

归纳推理是从特殊性前提推出一般性结论的推理。例如：

直角三角形的内角之和是 180°，

锐角三角形的内角之和是 180°，

钝角三角形的内角之和是 180°，

所以，三角形的内角之和是 180°。

根据推理所涉及的前提是全体还是部分，归纳推理可以分为完全归纳推理和不完全归纳推理。

1. 完全归纳推理

完全归纳推理是根据对某类事物的每一个对象进行考察，发现它们每一个具有（或不具有）某种属性，从而推出该类事物全体都具有（或不具有）这种属性的推理。例如：

小王不在出版社工作，

小陈不在出版社工作，

小李不在出版社工作，

小周不在出版社工作，

303 室就住着小王、小陈、小李、小周 4 人，

所以，住在 303 室的人都不在出版社工作。

因为完全归纳推理在前提中考察的是某类的全部对象，所以其结论所断定的范围应不超过前提所断定的范围。要使完全归纳推理的结论真实，在运用完全归纳推理时就必须遵循以下两点规则：

第一，前提中列举的每一个对象的情况都是真实的。如果有一前提虚假，则结论虚假。

第二，前提中被断定的个别对象之和是该类的全部对象。

2. 不完全归纳推理

不完全归纳推理是根据对一类事物中的部分对象进行考察，发现它们具有（或不具有）某种属性，从而概括出关于该类事物一般性结论的推理。不完全归纳推理的结论所断定的范围，超出了前提考察的范围，其结论是或然的（即可能是真，也可能是假）。

不完全归纳推理分为简单枚举归纳推理和科学归纳推理。

（1）简单枚举归纳推理

简单枚举归纳推理是通过对一类事物中部分对象的考察，发现事物具有（或不具有）某种属性，并且没有遇到与之相反的事例，从而概括出关于该类事物一般性结论的归纳推理。例如：

图书的出版要讲质量，

期刊的出版要讲质量，

报纸的出版要讲质量，

所以，所有出版物的出版都要讲质量。

出版物的种类很多，但这里只列举了图书、期刊、报纸三类，由这三种对象具有的共性——“出版要讲质量”，推断出所有出版物都具有这种共性，这就是简单枚举归纳推理。

为了提高结论的可靠程度，简单枚举归纳推理应注意以下几点：

第一，尽量考察更多的事例。考察列举的对象越多，结论越可靠。例如从装有 100 个梨的筐中，你拿出 50 个梨都是好的，从而得出结论“这筐梨都是好的”，要比通过拿 20 个梨都是好的而得出的结论“这筐梨都是好的”更可靠些。

第二，不能出现相反的事例。如果出现相反的事例，结论就完全失去了真实性。如曾经有一段时间，人们通过观察许多种鱼，发现它们都只用鳃呼吸，于是用简单枚举归纳推理得出“鱼都是只用鳃呼吸”的结论。但后来在南美洲发现了一种不只用鳃呼吸的鱼——肺鱼，上面的结论就被推翻了。

在运用简单枚举归纳推理时，如果违反以上两条规则，就会犯“以偏概全”的错误。

虽然简单枚举归纳推理的结论是或然性的，但在实际思维中仍有重要意义。它的结论往往成为正确结论的先导，而且这种方法简单，可以广泛运用。如“瑞雪兆丰年”“天上钩钩云，地上雨淋淋”等谚语，大多就是运用这种推理方法得来的。

（2）科学归纳推理

科学归纳推理是根据一类事物中的部分对象的考察，发现它们具有（或不具有）某种属性，并分析了对象与属性间可能存在的某种因果联系，从而得出关于该类对象整体性结论的推理。例如：

1960 年，英国有一个农场的 10 万只鸡、鸭，由于吃了发霉的花生而得癌症死了。用这种饲料喂养的羊、猫、鸽子等，也先后患癌症死去。1963 年，有人在实验室里观察白鼠吃了发霉的花生后的反应，结果发现白鼠也得了肝癌死去。于是，有位科学家对发霉的花生进行化学分析，发现其中有黄曲霉素，而黄曲霉素是致癌物质。因此，这位科学家得出结论：动物吃了发霉的花生，就可能患癌症死去。

该例运用的就是科学归纳推理。找到了致癌物质——黄曲霉素，也就找到了原因，掌握了现象发生的因果联系，从而得出"吃了发霉的花生，就可能患癌症死去"的一般性结论。

（三）类比推理

类比推理是根据两个（或两类）对象有相同或相似属性，并且其中的一个（或一类）对象还有另外的某种属性，从而推出另一个（或另一类）对象也有某种属性的推理。其结论是或然的。例如：

罗马体育馆的设计师们在分析了人脑头盖骨的结构和性能之后，发现人脑头盖骨形薄、体轻，却比较坚固。于是，他们大胆设想：如果按人脑头盖骨的结构和性能设计体育馆的顶层，不也可以使之形薄、体轻吗？结果，他们据此设计施工，果然取得了成功。

该推理的过程是：

人的头盖骨具有属性：颅形、形薄、体轻、多块构成、坚固；

体育馆的顶层具有属性：颅形、形薄、体轻、多块构成；

所以，体育馆的顶层也可能具有属性：坚固。

类比推理由于不受同类中一般与个别关系的严格限制，现实中那些差别极大的殊异对象，都可以进行类比推理，因此，类比推理的适用范围极广，无论是在日常生活中还是在科学研究中，它都具有重要的意义。它是一种创造性的思维方法，是人们获得新知识的重要工具，也是提出科学假说、创建科学理论的重要方法。

三、常见的运用推理时的错误

（一）前提不真实

如果一个推理的前提不真实，那么即使其推理形式正确，结论也是不可靠的。例如：

凡是流行的东西都是高尚的，

流行性感冒是流行的东西，

所以，流行性感冒是高尚的。

很明显，这个三段论的结论是错误的。虽然推理形式是正确的，但因其大前提“凡是流行的东西都是高尚的”是错误的，所以得出的结论是不可靠的。

（二）“四概念”错误

每个三段论中有且只能有三个不同的概念。否则，就会犯“四概念”的错误。例如：

①鲁迅的作品不是一天可以读完的，

《祝福》是鲁迅的作品，

所以，《祝福》不是一天可以读完的。

②包袱是有用的东西，

老陈思想上背了一个包袱，

所以，老陈思想上背了一个有用的东西。

例①大前提中的“鲁迅的作品” 指的是鲁迅作品的群体，是集合概念；小前提中的“鲁迅的作品”指的是鲁迅作品这个类中的一个分子，是非集合概念。这两个概念字面一样，实际上却是不同的概念，再加上大项“一天可以读完的”和小项“《祝福》”，这个三段论就出现了四个概念，犯了“四概念”的错误，其结论也不正确。例②大前提中的“包袱”是指“包衣服等东西的布”，而小前提中的“包袱”是指某种精神负担，这两个概念再加上大项“有用的东西”和小项“老陈”，这个三段论一共出现了四个概念，也犯了“四概念”的错误，其结论荒谬可笑。

（三）中项不周延

每个三段论的中项在前提中至少要周延一次。否则，就要犯“中项不周延”的错误。例如：

有的学生赞成反方观点，

他是学生，

所以，他赞成反方观点。

这个三段论的中项是“学生”，它在大前提中是不周延的（因为特称判断的主项不周延），而在小前提中也是不周延的（因为肯定判断的谓项不周延），中项“学生”在前提中两次都不周延，犯了“中项不周延”的错误。上述结论不能从前提中必然推出，因此从逻辑上是无效的、错误的。

（四）大项不当周延和小项不当周延

在三段论推理中，如果大项在前提中不周延，而在结论中周延，这样的错误就叫“大项不当周延”；如果小项在前提中不周延而在结论中周延，这样的错误就叫“小项不当周延”。例如：

①所有的青年都是志愿者，

老王不是青年，

所以，老王不是志愿者。

②河豚有毒，

河豚是鱼，

所以，鱼都有毒。

例①犯了“大项不当周延”的错误。该三段论中的大项是“志愿者”，它在大前提中是不周延的（因为肯定判断的谓项是不周延的），但它在结论中是周延的（因为否定判断的谓项是周延的），它违反了“在前提中不周延的项，在结论中也不得周延”的三段论规则，因而是不合逻辑的。例②犯了“小项不当周延”的错误。该三段论中的小项是“鱼”，它在小前提中是不周延的（因为肯定判断的谓项是不周延的），但它在结论中是周延的（因为肯定判断的主项是周延的），它违反了“在前提中不周延的项，在结论中也不得周延”的三段论规则，因而也是不合逻辑的。

（五）假言误推

假言推理中常见的错误是违反假言推理的规则而造成的“假言误推”的逻辑错误。例如：

①如果患了阑尾炎，那么就会肚子痛。

小杜肚子痛，

所以，小杜患了阑尾炎。

②我们只有建立市场监督机制，才能杜绝不正当的竞争现象。

我们建立了市场监督机制，

所以，不正当的竞争已经杜绝。

例①是一个充分条件假言推理形式，按照规则，只能有肯定前件式和否定后件式。而该推理却通过肯定后件，推出肯定前件的结论，犯了“假言误推”的错误。例②是一个必要条件假言推理形式，按照规则，只有否定前件式和肯定后件式。而该推理却通过肯定前件，推出肯定后件的结论，也犯了“假言误推”的错误。

（六）轻率概括

“轻率概括”又称“以偏概全”，是指根据个别或少数对象所具有或不具有的属性轻易地推出一般性结论的错误推理。例如：

过去有户人家，几代人都不识字，父亲决心让儿子念书，于是请了一位老先生。老先生写下一画，对小孩说，这是“一”字；写下二画，对小孩说，这是“二”字；写下三画，对小孩说，这是“三”字。这个小孩学会这三个字以后，得意地对他父亲说：“我全会了，可以把先生辞掉了。”父亲很高兴，便把先生辞退了。过了几天，这户人家要请客，请帖是印好的，只需填个姓。邀请的人姓万。小孩从早写到中午都没写完，还抱怨说：“天下的姓多得很，为什么你的朋友偏要姓万？害得我从早到现在才完成五百画。”

本例中那个小孩误以为万字万画，就是因为他在进行归纳推理时犯了“轻率概括”的错误。他从一字一画、二字二画、三字三画这些个别现象中归纳出了一个结论：“凡表示多少数目的字就有多少画。”其实他只考察了三个对象，就概括出结论，过于草率，因而结论是错误的。

（七）机械类比

所谓“机械类比”，是指把两个性质根本不同或只是表面相同或相似的对象拿来进行类比，由其中一个对象具有某种性质，推出另一个对象也具有某种性质的错误推理方法。机械类比的结论是不可靠的。

如众所周知的东施效颦的故事，东施的想法是：西施捂着胸口，皱着眉，很美；我东施也捂着胸口，皱着眉，所以我东施也会很美。在这个事例中，东施犯了“机械推理”的错误。类比推理不仅要求有一系列相同的属性，而且要求类比的属性与结论之间要有必然联系。东施和西施的动作看起来相同，但实际上“美”与捂胸、皱眉等动作并没有必然对应的联系，所以东施才会弄巧成拙，传为笑柄。

第四节　论　　证

一、什么是论证

论证就是用一个（或一些）真实判断确定某一个或某些判断真实性的思维过程。

论证是由论题、论据和论证方式三个要素构成的。

论题是要通过论证确定其真实性的判断。

论据是用来证明论题真实性的判断。

论证方式是把论题和论据联系起来的形式。由于论证的推演过程总是借助于一定的推理形式完成，且在一个证明过程中可以包含一个推理，也可以包含一系列推理。所以，论证方式可以说是论证过程中所有推理形式的总和。例如：

整个世界都统一于物质。因为自然现象统一于物质，社会现象统一于物质，思维现象也统一于物质。

这个论证包含论题、论据、论证方式三个要素，它们分别是：

论题：整个世界都统一于物质。

论据：自然现象统一于物质，社会现象统一于物质，思维现象统一于物质。

论证方式：采用完全归纳推理的形式进行论证——自然现象统一于物质，社会现象统一于物质，思维现象统一于物质。

自然现象、社会现象、思维现象组成了整个世界，所以，整个世界都统一于物质。

二、论证的种类

依照不同的标准，我们对论证可作不同的分类。

（一）直接论证和间接论证

根据论题和论据之间联系方法的不同，可以将论证方式分为直接论证和间接论证。

1. 直接论证

直接论证是通过一个或一些已知为真的论据，直接导出论题真实性的论证方式。例如：

我国现代化进程，特别需要充分发扬社会主义民主和加强社会主义法制。因为只有充分发扬社会主义民主和加强社会主义法制，才能充分发挥和保护亿万群众的积极性和创造性，而这是加速现代化进程的重要前提。

这是一个直接论证，它是从正面来论证论题的真实性的。其中“我国现代化进程，特别需要充分发扬社会主义民主和加强社会主义法制”是论题，“只有……重要前提”是论据。论证过程是运用必要条件假言推理完成的。

2. 间接论证

间接论证是通过确定判断的虚假来确定论题的真实性的论证。间接论证是指由确定与原论题相关的其他论题为假，从而间接导出原论题为真的证明方式。间接论证通常有两种方法，即反证法和选言论证。

（1）反证法

反证法是通过确定与论题相矛盾的判断（即反论题）的虚

假来确定论题真实性的间接论证。例如《世说新语》中记载了一则王戎“不取道旁李”的小故事：

王戎七岁，尝与诸小儿游。见道边李树多子折枝，诸儿竞趣之，唯戎不动。人问之，答曰：“树在道旁而多子，此必苦李。”取之，信然。

此例中，王戎运用的便是反证法。他要论证的论题是：此必苦李。他假设了一个“李子不苦”的反论题，那么就会有许多路人来摘，如果是那样，李子就不可能还多得压弯了枝条，从而构成了一个充分条件假言判断。根据充分条件假言推理的否定后件式，可知所设立的反论题是虚假的，由此推出“此必苦李”这一原论题是正确的。

（2）选言论证

选言论证是首先论证与原论题有选言关系的其他可能性判断都虚假，进而确定原论题真实性的一种间接论证方法。如毛泽东在《中国革命战争的战略问题》中论证“只有中国共产党才能担负中国革命战争的领导责任”这一论题时就采用了这一方法：

中国革命战争的主要敌人，是帝国主义和封建势力。中国资产阶级虽然在某种历史时机可以参加革命战争，然而由于它的自私自利性和政治上经济上的缺乏独立性，不愿意也不能领导中国革命战争走上彻底胜利的道路。中国农民群众和城市小资产阶级群众，是愿意积极地参加革命战争，并愿意使战争得到彻底胜利的。他们是革命战争的主力军；然而他们的小生产的特点，使他们的政治眼光受到限制……所以他们不能成为战争的正确的领导者。因此，在无产阶级已经走上政治舞台的时代，中国革命战争的领导责任，就不得不落到中国共产党的肩上。

这是一个典型的选言论证。在论证的开始，先确立了“领导中国革命战争的或者是中国资产阶级，或者是中国农民群众和城市小资产阶级，或者是中国共产党”这样一个选言判断，然后作者先后排除了“中国资产阶级领导中国革命战争”的可能和“中国农民群众和城市小资产阶级领导中国革命战争”的可能，再根据选言推理的否定肯定式，得出“中国革命战争的领导责任，就不得不落到中国共产党的肩上”这一结论，确定了论题的真实性。

（二）演绎论证和归纳论证

根据论证所运用推理形式的不同，可以将论证方式分为演绎论证和归纳论证。

1. 演绎论证

演绎论证是运用演绎推理的有效形式来确定某个判断的真实性的论证。演绎论证要求其前提必然支持结论。例如毛泽东在《关于正确处理人民内部矛盾的问题》一文中说：

在我们国家里，马克思主义已经被大多数人承认为指导思想。那么，能不能对它加以批评呢？当然可以批评。马克思主义是一种科学真理，它是不怕批评的。

这是个演绎论证，论题是“马克思主义是不怕批评的”。它采用了三段论作为论证方式，其推理过程如下：

任何科学真理都是不怕批评的，

马克思主义是一种科学真理，

所以，马克思主义是不怕批评的。

2. 归纳论证

归纳论证是运用归纳推理的形式来确定某个判断的真实

性的论证，即用某种典型的关于特殊事实的判断来论证一般原理的一种论证。在这种论证过程中，论据是关于特殊事实的判断，而论题则是某个一般性的原理。例如：

凡是绿色植物都可以通过光合作用把水和二氧化碳变成糖类而放出氧气。例如：杨树通过光合作用，可以把水和二氧化碳变成糖类而放出氧气；槐树通过光合作用，可以把水和二氧化碳变成糖类而放出氧气；松树通过光合作用，也能把水和二氧化碳变成糖类而放出氧气。

这是一个归纳论证。很明显，它采用的是简单枚举归纳推理作为它的论证方式，其结论是或然的；只有用完全归纳推理论证，其结论才必然为真。因此，我们在严格的论证中，应尽量少地独立使用不完全归纳推理。

三、常见的运用论证时的错误

（一）论题不清

在论证中，论题是论证的中心，整个论证过程都是围绕论题而展开的，因此论题应当清楚、确切，不应含糊其词，不应有歧义。违反这一规则，就要犯“论题不清”的错误。例如：

在一次案件分析会上，刑警小李发言道：“要我说，甲没有作案的动机。大家都知道，甲是有名的老实人。但是，谁又能保证他不变坏呢？毕竟，人心隔肚皮呀。所以，我看也不能说甲这个老好人就没有作案的动机。”

在这个例子中，小李对于甲到底有没有作案动机，始终没有明确的态度，他时而赞成，时而反对，观点模棱两可，犯了“论题不清”的错误。

（二）论题不同一

在一个论证中，论题只能有一个，并且在整个论证过程中保持不变。违反这一规则，就会犯“转换论题”或“偷换论题”的错误。例如：

小陈和小王在谈论有关个人利益的问题。小王对小陈说：“你不应该考虑个人利益，因为你是干部，而干部无论何时何地都不应该将个人利益放在首位。所以，你不该将个人利益放在首位。”

这里小王犯了“偷换论题”的错误。他首先要论证的论题是“小陈不应该考虑个人利益”，到后来得出的结论却是“小陈不应该将个人利益放在首位”。这说明在论证的过程中，论题发生了转变，因此，小王犯了“偷换论题”的错误。

（三）论据不真实

在论证中，论据应当是真实判断。违反这一规则，就会犯“论据不真实”的错误。例如：

假如宇宙是无限的，那么它就没有一定的中心。但是，宇宙中的一切物体都是以地球为中心的。所以，宇宙也是有限的。

这个论证的结论是不合事理的，其原因就在于它犯了“论据不真实”的错误。“宇宙中的一切物体都是以地球为中心的”是一个虚假的论据，所以由它推出的结论也就不正确。

（四）论据不足

所谓论据不足，是指所提出的论据对于论证论题的真实性来说是不充分的，仅根据这些论据还无法推出论题的真实性。如有人试图证明“知名的作家开始都是学医的”这一论题，并提出以下的论据：

①契诃夫原来是个医生；

②柯南·道尔学过医；

③鲁迅学过医；

④郭沫若学过医。

上述论据只能论证这几位知名作家是学过医的，要证明“知名的作家开始都是学医的”，论据显得不足，无法推出论题。

（五）循环论证

在论证中，论题和论据不能互为论据。违反这一规则，就会犯“循环论证”的错误。例如：

三个窃贼在一起分偷来的六颗珍珠。甲取了一颗珍珠给乙，又取了二颗珍珠给丙，自己留了三颗。乙、丙说：“你凭什么拿三颗？”甲说：“因为我是头。”乙、丙又问：“你怎么是头？”甲说：“因为我拿的珍珠多。”

本例中，甲使用“循环论证”进行诡辩。在这一论证中，“甲拿三颗珍珠”这一论题是根据“因为我是头”这一论据来论证的，而“甲是三个人的头”又是根据“甲拿了三颗珍珠”这个原论题来论证的。这样等于用论题本身来论证论题，从逻辑上属于“循环论证”的错误。

（六）推不出

论据方式有一个主要规则，即论据和论题之间应有必然的逻辑关系。在一个正确的论证中，我们能从论据中推出论题。但如果没有遵守有关推理的规则，没有正确地运用推理形式，从论据中推不出论题，就犯了“推不出”的错误。这种逻辑错误常见的有以下几种：

其一，论证中采用的推理方式不正确。例如：

①小洪一定是个海员，因为他会游泳，而所有的海员都是会游泳的。

这个例子采用了三段论的论证方式，其推理过程如下：

所有的海员都会游泳，

小洪会游泳，

所以，小洪是海员。

这个例子犯了“推不出”的错误。在这里充当中项的“会游泳”在大前提中是不周延的（因为肯定判断的谓项是不周延的），它在小前提中也是不周延的（原因同前），所以这个三段论的中项在前提里没有一次是周延的，这就违反了三段论规则中的“中项在前提中至少周延一次”的规则，从而导致推理无效。

②老师：我们学校从下学期起要转用全英文授课。

甲同学：我们会听不懂的。

老师：不用担心听不懂，学语言就是要多听，你们每天听我说英语，时间久了自然就会明白。

乙同学：可是我每天听家里的小狗叫，也不知道它在说什么呀？

例②中，乙同学为了逃避学英语，把听老师说英语和听家里的小狗叫类比，两者性质完全不同，不能类推，乙同学犯了“机械类比”的逻辑错误。虽然他的论据正确，却证明不了他的论题“听不懂英语”。

其二，论据和论题不相干，即论证中的论据虽然也可能是真实的，但都与论题毫无关系。例如：

某人买了十头驴子，当他骑在驴上数数时，发现只有九头。而当他下来步行时，所数的驴子正好是十头。骑上去数，又是九头；跳下来数，又是十头。反反复复十来次，某人总结道："还是步行好！"

本例中驴子头数的改变完全是由某人的愚蠢造成的。与他的论题"骑驴比步行好"毫不相干。因此，他的论证也就包含了"推不出"的逻辑错误。

第五节　逻辑思维的基本规律

一、逻辑思维的三条基本规律

逻辑思维的基本规律是能普遍适用于各种类型的逻辑形式的共同规律。逻辑思维的基本规律有同一律、矛盾律和排中律。只有掌握了逻辑思维的基本规律，我们才能做到概念明确、判断恰当、推理具有逻辑性、论证具有说服力。否则，我们的思维就要陷入混乱之中。

（一）同一律

同一律的基本内容：在同一思维过程中，任何思想都必须与其自身保持同一。在普通逻辑中，“同一思维过程”是指同一时间、同一关系、同一对象的思维过程。

同一律的公式：A 是 A。

公式里的 A 表示任何一种思想，它可以是任何一个概念，也可以是任何一个判断。“A 是 A”即表示同一思维过程中每一概念、判断都与自身同一。

（二）矛盾律

矛盾律的基本内容：在同一思维过程中，互相否定的思想不能同时为真，其中必有一假。在这里所讲的“互相否定的思想”是指具有矛盾关系或反对关系的概念或判断。概念的矛盾关系和反对关系见本章第一节。

矛盾律的要求是：对于同一对象，不能同时做出互相矛盾的断定，即不能既肯定它是什么，又否定它是什么。判断的情况是：两个具有矛盾关系的判断，其中一个真，另一个必假；一个假，另一个必真。二者不能同真，也不能同假。如“他是北京人”与“他不是北京人”即为矛盾关系，二者必有一真，也必有一假。而两个具有反对关系的判断，其中一个真，另一个必假；一个假，另一个可真可假。二者不能同真，却可以同假。如“这里所有的书都是正版的”与“这里所有的书都不是正版的”为反对关系。一个真，另一个必假；一个假，另一个可真也可假，因为还可以有其他情况，如“这里的书既有正版的，也有盗版的”等。总之，这两种关系都不能同真，都属于矛盾律可以适用的范围。

矛盾律的公式：A 不是非 A。

公式里的 A 表示任何一个概念或判断，“非 A”表示对 A 的否定，“A 不是非 A”是指 A 和“非 A”在同一个思维过程中不可能都是真的，必有一假。

（三）排中律

排中律的基本内容：在同一思维过程中，两个互相矛盾的思想不能同假，必有一个是真的。

排中律的公式：A 或者非 A。

公式中的 A 是指任何一个概念或判断，“非 A”表示与 A 相矛盾。“A 或者非 A”是指在同一思维过程中，A 和“非 A”必有一个是真的，即或者是 A 真，或者是“非 A”真，二者必居其一。例如：

①“《红楼梦》的作者是曹雪芹”与“《红楼梦》的作者不是曹雪芹”。

②“他所有的稿件都被退回”与“他有些稿件没有被退回”。

在这两对判断中，每一对判断都是互相矛盾的，根据排中律，它们在同一思维过程中不能同为假，必有一个是真的，否则就会造成“两不可”的错误。

这三条规律既互相联系，又各有侧重。同一律要求思想同一，有确定性；矛盾律要求同一思想不能自相矛盾；排中律则要求在两个相互矛盾的思想中排除中间的可能性，做到是非分明、态度明确。

二、常见的运用逻辑思维时的错误

（一）混淆概念或偷换概念

根据同一律的内容，在同一思维过程中，概念要保持一致。否则，就要犯“混淆概念”或“偷换概念”的错误。一般而言，混淆概念是在思维过程中不自觉地违反同一律要求，把两个不同的概念混为一谈；偷换概念是在思维过程中，故意把两个不同的概念混为一谈，制造逻辑混乱。

①华侨朱南扬先生今日在尼日利亚首都拉各斯举行的就职典礼上，正式成为该市伊凯贾区区长。这是尼日利亚任命的第一位华人区长。

②男青年：你要这要那，不怕别人说你是“高价姑娘”？

女青年：裴多菲说，生命诚可贵，爱情价更高。价钱低了怎么行？

③阅读序跋，除了要注意读书的一般方法之外，特别要注意与读书相结合。

例①犯了“混淆概念”的错误。“华侨”和“华人”这两个概念是不同的，作者混淆了“华侨”和“华人”这两个概念，造成逻辑混乱。例②很明显是犯了三段论中的“四概念”错误。男青年所说的“价”是“价格”，裴多菲诗歌中的“价”是指“价值”，女青年有意将二者混为一谈，用后一概念替换前一概念，从而达到偷换概念进行诡辩的目的。例③句中第一个“读书”指普通意义上的阅读，第二个“读书”特指阅读有“跋”“序”的某本书，这样就会给读者带来困惑，可以将后一个“读书”改为“阅读这本书”。

（二）转移论题或偷换论题

根据同一律，在运用判断进行推理或论证时，所使用的判断必须保持内容的前后一致，不能随意转移，不能用其他的判断来替换它，也不能给任意一个判断加上其本身不具有的含义。否则，就要犯“转移论题”或“偷换论题”的错误。其中，无意的称为“转移论题”，有意的称为“偷换论题”。例如：

①树立大志并不容易，就说我们敬爱的周总理吧，年仅十六七岁时，他不满半封建半殖民地社会的旧中国的现状，立志要拯国救民东渡日本，寻求革命真理。正因为周总理从小立下拯救中华，为千百万劳苦大众解放而奋斗的大志，他才有所作为：留法勤工俭学，汲取马克思主义真理；领导南昌起义，坚信枪杆子里面出政权；亲赴重庆，虎穴斗敌立功勋……可见没有革命大志，哪来革命的成果。

② 1860 年，英国威伯斯主教策划了一场有千余人出席的围攻达尔文进化论的辩论会。在会上，主教激烈地指责达尔文进化论，他说：“谁看见而且能够正确地证明过一种物种转化为另一种物种呢？难道可以相信菜园里的芜菁能变成人吗？”

接着，他又攻击达尔文学说的宣传者赫胥黎说：“坐在我对面的赫胥黎先生，你是相信猴子为人类祖先的，那么请问你，你自己是由你的祖父还是你的祖母的猴群中变来的呢？”

很明显，例①中，这段文字开始要论述的论题是“树立大志并不容易”，并举了周总理的例子进行论证，但在最后得出的结论却是“没有革命大志，哪来革命的成果”，可见在论证的过程中，论题发生了转移，跑了题。这个例子违反了同一律，犯了“转移论题”的错误。例②中，主教明显使用了偷换论题的诡辩手法，把达尔文“进化论”学说，偷换成了“物种转化”的错误论题。“物种进化”是一个经历了漫长年代的自然过程，而“物种转化”，则是不能实现的一个人观察到的短期过程。在批判赫胥黎时，他又把“人类是从猿猴进化而来”的正确论题，偷换成了“某个人是从猴群中变来的”的错误论题。

（三）自相矛盾

如果违反矛盾律，在同一思维过程中，对一个对象既给予肯定，又给予否定，就会犯自相矛盾的错误。例如：

①一个年轻人想到大发明家爱迪生的实验室里去工作。这个年轻人满怀信心地对爱迪生说：“我想发明一种万能溶液，它可以溶解一切物品。”爱迪生听了之后，惊奇地说：“什么！那么你想用什么器皿来放置这种万能溶液？它不是可以溶解一切物品吗？”年轻人被爱迪生问得哑口无言。

②这件事我没有过问，只是了解了一下情况。

例①中的年轻人之所以被爱迪生问得哑口无言，是因为他在同一思维过程中犯了“自相矛盾”的错误。因为当他说要发明一种万能溶液可以溶解一切物品时，实际上断定了“所有的东西都是能被溶解的”这个全称肯定判断，而爱迪生反问他“想用什么器皿来放置这种万能溶液”时，实际上是断定“有的东西是不会被溶解的”这一特称肯定判断。那么年轻人要实现他的理想，就必然要对同一对象做出互相矛盾的断定，必然会产生逻辑矛盾。例②中作者在同一句话中，表达了两个相互矛盾的判断，造成文字上的矛盾。这句话的前半部分是说“这件事我没有过问”，而后半部分又说“只是了解了一下情况”，也就是说还是过问了。这二者不能同真，必有一假。而在例句中两种情况并存，违反了矛盾律，犯了“自相矛盾”的错误。

③一辆重型卡车呼啸而来，他躲闪不及，撞了上去。

④晚会现场的观众都情不自禁地按照主持人的要求唱了起来。

例③中，“躲闪不及”是逃开，“撞了上去”是迎上，前后的情景互相矛盾，后句违背情理。“撞了上去”应改为“被撞倒在地”。例④中，“情不自禁”是感情无法控制，是强烈的自主表现，而“按照主持人的要求”则是被动的表现，二者难以并存。此句可改为：“晚会现场的观众，都情不自禁地随着音乐的节拍唱了起来。”如果是强调“按照主持人的要求”，那就要删去“情不自禁地”。

（四）“两不可”

排中律要求对于反映同一对象的两个相互矛盾的思想，必须承认其中一个是真的，不应该含糊其词，骑墙居中，否则，就会犯“两不可”的错误。例如：

①说世界上有鬼，这不对，这是迷信。但要说世界上没鬼，也未免武断，因为有些现象还真不好解释。

②老张的女儿要出嫁了，老张想大办婚礼，显得隆重一些。而男方的家长却反对大操大办，觉得简单一点好。双方请工会主席表态，主席对两家意见都不赞成。

③学逻辑没有用，我的工作就用不上它。不过，话说回来，要想使自己的思维更清晰，还是要学点逻辑，不能说它是没用的。

例①对“世界上有鬼”和“世界上没鬼”这对互相矛盾的判断同时否定，犯了“两不可”的错误。例②婚事“隆重”与“反对大操大办”是矛盾关系。按排中律的要求，不允许对两个不能同时为假的命题予以否定。马主席对双方的意见都否定了，就犯了“两不可”的逻辑错误。例③中，说话人既否定了“学逻辑是有用的”，又否定了“学逻辑是没用的”，造成二者同假的情况，致使我们无法判断说话人的态度到底是怎样的，因此犯了“两不可”的错误。

一般说来，逻辑和语法分属两个层面。逻辑管思维和思想层面，语法管语言和言语层面。在思维层面上，概念是否明确决定用词是否准确，判断是否恰当决定句子是否通顺，推理是否合乎逻辑决定说理论证是否严谨而有说服力。

思考与练习

1. 什么是概念？简述概念和语词的关系。
2. 什么是概念的内涵？什么是概念的外延？它们之间有何关系？
3. 指出下列语句中标有横线的概念是单独概念还是普遍概念，是正概念还是负概念？

（1）西沙群岛的海域内有丰富的资源。

（2）吉林大学哲学系的教师正在研究一个课题。

（3）白杨树实在是不平凡的，我赞美白杨树。

（4）这支无线话筒是广州生产的。

4. 指出下列语句中标有横线的概念是集合概念，还是非集合概念？

（1）他的任务是保护羊群。

（2）那只羊是老王家的。

（3）书是知识的海洋。

（4）中国人死都不怕，还怕困难吗？

（5）80 后是朝气蓬勃的一代。

5. 指出下列各组概念之间的关系。

（1）青藏高原　　世界屋脊

（2）出版物　　音像出版物

（3）妇女　　教师

（4）正义战争　　非正义战争

6. 分析下列划分中的逻辑错误。

（1）地球分为南半球和北半球。

（2）百货公司出售的电视机分为彩色电视机、国产黑白电视机、进口电视机。

（3）生物分为动物和植物。

（4）企业可分为国有企业、集体企业。

（5）中国画可分为山水画、人物画、花鸟画（包括鱼、虫、走兽）、工笔画、写意画。

7. 指出下列句子在概念方面存在的不合逻辑之处。

（1）他在一篇文章里用错了六个词汇。

（2）老师是培养学生的园丁，我立志将来也做一个绿化祖国的园丁。

（3）那山川、河流、树木、房屋，都笼罩上一层白茫茫的雾。

（4）他在课外大量阅读了古典文学作品和小说。

（5）我家除了有电视机、电冰箱、空调等家用电器外，还有手电筒。

8. 什么是判断？判断有哪些种类？

9. 什么是性质判断？按判断的联项和量项的结合，性质判断可分为哪几种类型？

10. 在性质判断中，特称肯定判断、特称否定判断、全称肯定判断、全称否定判断的主谓项的周延情况各是怎样的？

11. 什么是联言判断？联言判断的联结词一般有哪些？

12. 什么是选言判断？选言判断的种类有哪些？选言判断的联结词一般有哪些？

13. 什么是假言判断？假言判断的种类有哪些？

14. 指出下列判断中的逻辑错误。

（1）所有的农作物都是高产的。

（2）大家注意安全，尽量防止不发生事故。

（3）他还没来上班，我断定他大概是生病了。

15. 什么是推理？推理由哪几部分组成？

16. 根据由前提得出结论的思维方向，推理可分为哪几种？

17. 在使用三段论进行推理时应遵守哪些规则？

18. 什么是完全归纳推理？什么是不完全归纳推理？二者有何区别？

19. 指出下列推理所犯的逻辑错误。

（1）导电的物体都是金属，石墨是能导电的，所以石墨是金属。

（2）李老师是特级教师，李老师是教数学的老师，所以，所有教数学的老师都是特级教师。

（3）如果严重地违反规章制度就要受到批评，他受到了批评，所以，他严重地违反了规章制度。

20. 什么是论证？它由哪几个要素构成？

21. 什么是直接论证？什么是间接论证？什么是反证法？什么是选言论证？

22. 根据论证所运用的推理形式的不同，论证可分为哪几种？

23. 运用论证时常见的错误有哪些？

24. 什么是逻辑思维的规律？逻辑思维的基本规律有哪些？

25. 同一律的基本内容是什么？矛盾律的基本内容是什么？排中律的基本内容是什么？

26. 运用逻辑思维基本规律时常犯的错误有哪些？

27. 指出下列说法或议论所犯的逻辑错误。

（1）某青年参加植树活动，看到“植树造林，造福后代”的标语，说：“说什么造福后代，我连对象都没有，哪来后代？”

（2）爸爸：你做完作业了吗？

孩子：谁说我没有做完作业？

爸爸：那么说，你已经完成作业了？

孩子：我并不是说我完成了作业。

（3）妻子：我知道让你一下子把酒戒掉很难，你先戒掉一半行不行？

丈夫：好吧，我听你的。我向来只喝二锅头和汾酒，如果要戒掉一半的话，那么从明天起，我就只喝二锅头吧。

（4）病人：我的记忆力完全丧失了，过去的事情完全不记得了。

医生：那么，你是什么时候开始丧失记忆的呢？

病人：今年看完春节联欢晚会，我突然觉得一阵头晕，接着我的大脑便一片空白，什么都不记得了。

第 七 章

古代汉语知识

重点提示：古汉语的形成与特点。通假字、古今字和异体字；单音词与双音词，词的本义与引申义，词的古义与今义。名词活用，动词、形容词的使动用法，形容词的意动用法。常用虚词的用法。判断句，被动句，宾语前置。古文的标点和翻译。

第一节　古汉语的形成与特点

什么是古代汉语呢？顾名思义，就是古代汉族人说的语言。它是跟现代汉语相对的名称。古人的话只能从古代留传下来的文献中反映出来。因此，今天所谓古代汉语，实际上就是古书里所记录的语言。古人所写的文章往往脱离当时的口语，这种文章叫作“古文”，又叫作“文言文”。我们通常所谓古代汉语就是指的这种“文言文”。著名语言学家王力先生在《古代汉语》中指出：“文言是指以先秦口语为基础而形成的上古汉语书面语言以及后来历代作家仿古的作品中的语言。”

一、古汉语的形成

汉语历史悠久，由文字保存下来的语言材料，已有三四千年的历史。

夏朝（公元前2100年—公元前1600年）是中国史书记载的第一个朝代。1977年以来在河南王城岗发掘出夏代文化遗址并发现了刻在陶器上的文字。“夏言”应该就是夏代的北方话。夏代的语言，由于文献不足，现在还难以讲清是怎样一种面貌。

商朝是中国有历史记载的第二个朝代，它为以后我国的文明奠定了基础。商的都城开始在亳（今河南商丘北20公里），经过六次迁徙，最后定都于殷墟（今河南安阳小屯一带）。商定都殷墟后，形成了以殷墟话为中心的共同语。记载这种共同语的文字就是甲骨文字。商代甲骨文已相当成熟，汉语的基本要素在这个时期已经奠定了。

继商朝之后是周朝，周与商属于不同的部族。周武王灭商，商、周两族人民杂居。特别是周平王迁都洛邑（今河南洛阳）后，周与商两族交融更为密切。周族语言被商族语言同化，周族也继承了商人创造的文字。周代金文和殷商甲骨文等都是很宝贵的材料，我们只有借助这些材料才能了解三千多年前的语言。周王朝分封诸侯，各诸侯国之间互相攻伐。由于各诸侯国交往频繁，再加上商业的发展和都市的出现，在这种情况下“雅言”应运而生。《诗经》的语言就是雅言。雅者，正也。雅言就是当时全国通行的语言。

春秋战国时代，各诸侯国之间的战争和外交活动更为频繁，人民迁徙，民族杂居，学术发达，百家争鸣，大大促进了雅言的传播和发展。经历漫长的时代留存至今的甲骨文、金文以及《周易》《尚书》《诗经》《论语》《孟子》《庄子》《楚辞》等文献，是上古时期书面语的宝库。儒、道、墨、法、名、兵、农各学派的著作，语言基本一致，甚至与代表南方文化的《楚辞》也相差无几。至此，中华民族的共同语言基本形成了。

秦始皇统一中国，实行中央集权制和郡县制，采取大规模的移民和戍边措施，这些措施客观上促进了共同语的传播和使用。秦又实行“书同文”的政策，使书面语言得到统一。

自汉代起始，先秦的经籍和诸子的著作传播渐广。书面语的规范化和经典的广泛传习，对共同语的传播起了重要的作用。

魏晋南北朝时，是中原汉语向四方“辐射”的历史时期，以洛阳语音为标准的汉民族共同语从中原传向北方和江南一带。

隋唐时期，是汉民族共同语发展的中期阶段。宋金元明时期，汉民族共同语得到空前传播，取得巨大进展。元朝时出现了汉民族共同语广泛传播的“四海同音”的局面。

清代中叶以后，北京音逐渐显示出它重要的地位，逐渐有人推崇北京语音，提出以北京音为共同语的正音。

根据古汉语各个发展阶段的总体特点，可以把古汉语分为上古期、中古期和近代期三个时期。不同的时代，语音、语法和词汇三方面都有很多不同。

自周秦至两汉，留下了极其丰富的书面语，成为后世所谓的“文言”。这种书面语以先秦时 “文言”为典范性的语言。先秦诸子百家著作中的“文言”，在一定程度上能够反映当时语言的实际。大约汉代以后，“文言”和口语的距离越来越大。这是因为语言是随着社会的发展而发展的，而书面语具有一定的稳定性。秦汉以后，文言仍在发挥书面共同语的作用。唐代的“古文”运动，继续推进了文言书面共同语的广泛使用。唐宋以后，作为古代汉语书面共同语的文言没有发生重大的变化。这个文言，事实上代表了古汉语自上古至近代书面语的共同标准。

二、古汉语的特点

与现代汉语相比，古代汉语具有以下特点：

第一，言文分离。古代的书面语是在先秦口语的基础上产生和发展起来的，但随着时间的推移，文言与后世的口语逐渐拉开了距离。读书人刻意模仿“四书”“五经”的语言写诗撰文，以古雅为尚。这样，作为书面语的文言就与人们口头实际用的语言距离越来越大了，造成了言文分离的现象。

第二，行文简练。我国古代的重要典籍大多是用文言写成的，其中许多不朽的作品历来以简约精练著称。这是因为：其一，古代汉语中单音节词占优势，双音节词和多音节词比较少。其二，古代汉语中省略主语、宾语、谓语、介词的情况很常见。如省略主语：“楚人为食，吴人及之，奔，食而从之。”（《左传·定公四年》）承前省略主语，实为“楚人为食，吴人及之，（楚人）奔，（吴人）食而从之。”如省略宾语：“叶公见之，弃而还走。”（《叶公好龙》）“弃”后承前省略了宾语“之”。其三，历代名家多注重锤炼语言，讲求“微言大义”，所以就形成了文言文严密简洁的风格。

第三，艰涩难懂。古代汉语的词法、句法与词汇和一整套虚词系统，与现代汉语有很大的不同，以至给现代人带来阅读理解上的困难，艰涩难懂。

第二节　文字与词汇

为了对古代汉语的文字问题有基本了解，本节着重讲述通假字、古今字、异体字。对古代汉语的词汇问题，着重分析词的本义与引申义，分辨词的古义与今义。

一、通假字

通假字是我国古书的用字现象之一。“通假”就是通用、借代，即用读音相同或者相近的字代替本字。由于种种原因，书写者没有使用本字，而临时借用了音同或音近的字来替代，有人认为部分通假字就是古人所写的白字。事实上，第一个写通假字的人可以说是写的白字，但是后人纷纷效仿，也就积非成是了。

通假字所代替的那个字叫作“本字”。如“甚矣，汝之不惠”（《列子·汤问》），其中“惠”是“慧”的通假字，是“智慧”的意思。

通假虽然前人也谓之假借，也是“依声托事”而借音表义，但是它与六书之一的“假借”是不同的。六书中的假借是造字的一种法则，是不给某些词造专门的书写符号而借用他词的书写符号来替代的法则，是“本无其字”的“依声托事”，没有所谓本字可言（后世再造本字者除外）；通假则是古人用字的一种变通现象，即借用音同或者音近的字来代替本字，是

“本有其字”的“依声托事”。

用字的通假和造字的假借虽有不同，但在借音表义这一点上并没有本质的区别。只要在使用过程中能做到约定俗成，得到社会的公认就不会造成交际的障碍。因此，某些通假现象在某个时代通行，当时的人们习以为常，并不以之为怪。汉字在隶变之后，字形的直观表义功能已不复存在，音同音近的字又多，形体也难记，人们在仓促下笔之际，也自然易写“别字”，正如汉代郑玄所说的：“其始书也，仓卒无其字，或以声类比方假借为之，趣于近而已。”至于有的典籍书已亡佚，后来只能根据某人的口授再笔录流传。笔录之时，也容易注重声而忽视字形。某些“别字”流传久了，也就渐渐相沿成了习惯，所以古书中的许多通假字与其本字之间的对应关系（即某通某）是相当固定的。

古书中大量使用通假字是造成古书难读的重要原因之一。碰到通假字一定要打破其字形的束缚，“以声求义”，不能望文生义而“硬解”。清代学者王念孙说得好：“字之声同声近者，经传往往假借。学者以声求义，破其假借之字而读以本字，则涣然冰释；如其假借之字而强为之解，则诘鞫为病矣。”

前面说过，通假是借音表义，以音同音近为前提，所以辨识通假字主要是以声音为线索。阅读中遇到某一个字不能用其本义或引申义去解释时，就应考虑到是否存在通假的问题。如《论语·阳货》：“阳货欲见孔子，孔子不见，归孔子豚。”这一句中的“归”字当作何解释呢？若依《说文解字》，“归”的本义是指女子出嫁，用在本句显然不通；若用“归”的引申义“归还”似乎可通，但孔子并未借给阳货豚，又何以言归还？联系上下文意，是阳货想通过送豚给孔子，好让孔子依礼回拜，那样便可望见到孔子，句中“归”是赠送的意思。然而“归”的本义和引申义中都没有“赠送”这一义项，古有赠送食物的专字“馈”与“归”音近，可以初步断定“归”是“馈”的借字。查同书《微子》，又有“齐人归女乐，季桓子受之，三日不朝”之语，“归”同样借为“馈”（意思是说齐国像馈赠美味一样将女乐送给鲁国）。再查别的古书，还有同类例证。这说明“归”借为“馈”，已沿用成习，并非偶然。这是同类例证。另外，古书中往往有不同的书同记一事而用字互异的情况，这也是我们弄清通假现象的好材料。“归孔子豚”一句，郑玄注本即“归作馈”。这是异文例证。有了这些同类例证和异文例证，“归”为“馈”的借字就可以确定无疑了。

辨识通假字要注意两点：第一，要有古音韵的常识。所谓音同音近是就古音而言的，不是指的今音。古今语音变化很大，古代音近的字，到现在有的可能变得完全不同或不相近了；而原本读音不同或不相近的字，又有可能变得相同或相近。所以当我们以声音为线索去辨识通假时，千万不可只据今音作准则。第二，在没有别的例证时，不可只据音同音近而轻言通假。判定某字借用为某，一定要有充分的证据和理由。对于古书中常见的通假字，古今注文中多有注明，《辞源》《辞海》中也有释例，初学者应该通过阅读和勤查工具书去掌握一批常用的通假字。

下面列出通假字示例表（见表 7-1），根据通假字的读音，按照汉语拼音顺序排列（未按照本字的读音顺序排列。例句凡见于中学语文课本者，所注出处均为课本上的篇名）。

表 7-1 通假字示例表

通假字	本字	例句
颁	斑	颁白者不负戴于道路矣。（《齐桓晋文之事》）
报	赴	卿但暂还家，吾今且报府。（《孔雀东南飞》）
罢	疲	余必使尔罢于奔命以死。（《左传·成公七年》） 倔起阡陌之中，率罢弊之卒，将数百之众，转而攻秦。（《过秦论》）
被	披	屈原至于江滨，被发行吟泽畔，颜色憔悴。（《屈原列传》） 未几，成归，闻妻言，如被冰雪。（《促织》）
倍	背	愿伯具言臣之不敢倍德也。（《鸿门宴》）
裁	才	手裁举，则又超忽而跃。（《促织》）
诚	请	卿能办之者诚决。（《赤壁之战》）
得	德	为宫室之美，妻妾之奉，所识穷乏者得我欤？（《孟子·告子上》）
雕	凋	岭峤微草，凌冬不雕。（《梦溪笔谈·药议》）
而	尔	业根，死期至矣！而翁归，自与汝复算耳！（《促织》）
惠	慧	甚矣，汝之不惠。（《愚公移山》）
决	诀	公子与侯生决，至军，侯生果北乡自刭。（《信陵君窃符救赵》） 今太子迟之，请辞决矣！（《荆轲刺秦王》） 行过夷门，见侯生，具告所以欲死秦军状。辞决而行。（《信陵君窃符救赵》）
亏	诡	其时已与先王之法亏矣（《察今》）
离	罹	“离骚”者，犹离忧也。（《屈原列传》）

续表 1

通假字	本字	例句
陵	凌	然则将军之仇报，而燕国见陵之耻除矣。（《荆轲刺秦王》）
缪	穆	秦自缪公以来二十余君，未尝有坚明约束者也。（《廉颇蔺相如列传》）
内	纳	怀王怒，不听。亡走赵，赵不内。（《屈原列传》） 交戟之卫士欲止不内。（《鸿门宴》）
女	汝	逝将去女，适彼乐土。（《硕鼠》） 三岁贯女，莫我肯顾。（《硕鼠》）
畔	叛	得道者多助，失道者寡助。寡助之至，亲戚畔之。（《得道多助，失道寡助》）
辟	避	其北陵，文王之所辟风雨也。（《秦晋崤之战》）
诎	曲	佛印绝类弥勒……卧右膝，诎右臂支船，而竖其左膝。（《核舟记》）
纫	韧	蒲苇纫如丝，磐石无转移。（《孔雀东南飞》）
生	性	君子生非异也，善假于物也。（《劝学》）
適	谪	发闾左適戍渔阳九百人。（《陈涉世家》）
逝	誓	逝将去女，适彼乐土。（《硕鼠》）
说	悦	诚能得樊将军首，与燕督亢之地图献秦王，秦王必说见臣。（《荆轲刺秦王》） 学而时习之，不亦说乎？有朋自远方来，不亦乐乎？（《论语·学而》）
属	嘱	属予作文以记之。（《岳阳楼记》）
庭	廷	使臣奉璧，拜送书于庭。（《廉颇蔺相如列传》）
无	毋	硕鼠硕鼠，无食我黍！（《硕鼠》）

续表 2

通假字	本字	例　　　句
乡	向	秦伯素服郊次，乡师而哭。（《秦晋崤之战》） 请数公子行日，以至晋鄙军之日北乡自刭，以送公子。（《信陵君窃符救赵》）
信	伸	孤不度德量力，欲信大义于天下。（《隆中对》）
郤	隙	今者有小人之言，令将军与臣有郤。（《鸿门宴》）
炎	焰	顷之，烟炎张天，人马烧溺死者甚众。（《赤壁之战》）
要	邀	张良出，要项伯。（《鸿门宴》）
以	已	日以尽矣，荆卿岂无意哉？丹请先遣秦武阳！（《荆轲刺秦王》） 无以，则王乎？（《齐桓晋文之事》） 卒买鱼烹食，得鱼腹中书，固以怪之矣。（《陈涉世家》）
已	以	故车战，得车十乘已上，赏其先得者。（《孙子兵法·作战》） 自冯瀛始印五经，已后典籍皆为板本。（《梦溪笔谈·技艺》）
逸	轶	云有第五郎，娇逸未有婚。（《孔雀东南飞》） 亮少有逸群之才，英霸之器。（《诸葛亮传》）
翼	翌	翼日进宰，宰见其小，怒诃成。（《促织》）
有	又	成骇立愕呼。幸啄不中，虫跃去尺有咫。（《促织》） 受任于败军之际，奉命于危难之间，尔来二十有一年矣。（《出师表》） 为字共三十有四。而计其长曾不盈寸。（《核舟记》）
芸	耘	植其杖而芸。（《论语》） 终年耕芸。（《汉书·王莽传》）

续表 3

通假字	本字	例　　句
藏	脏	未至二三里，摧藏马悲哀。（《孔雀东南飞》）
蚤	早	旦日不可不蚤自来谢项王。（《鸿门宴》）
振	震	燕王诚振怖大王之威，不敢兴兵以拒大王。（《荆轲刺秦王》） 执敲扑而鞭笞天下，威振四海。（《过秦论》）
直	值	半匹红绡一丈绫，系向牛头充炭直。（《卖炭翁》） 欲居之以为利，而高其直，亦无售者。（《促织》）
濯	浊	自疏濯淖污泥之中，蝉蜕于浊秽。（《屈原列传》）
卒	猝	五万兵难卒合，已选三万人，船、粮、战具俱办。（《赤壁之战》）

二、古今字

古今字，是不同时代记录同一个词（或语素）使用的不同形体的字。古汉语中有些早期的字所记录的词义比较宽泛，给准确理解词义造成一些困难，随着语言的发展，它所记录的多个意义中的某个或某些意义被分化出来另创一个新字来表达，这个早期的字和新字便形成了古今字。使用年代较早的是古字，使用年代较晚的是今字。由于今字产生在古字之后，也称作“后起字”。

古今字分两类：一类是字义完全相同，如凷 / 塊、灋 / 法、壄 / 野、梡 / 楞等；一类是字义部分相同，如莫 / 暮、景 / 影、辟 / 避等。前一类古今字是一对一的关系，今字的产生不涉及汉字的孳乳分化，古今字属同字异形，是异体字的一类。后一类古今字不是一对一的关系，今字是古字孳乳分化的结果。

汉字的孳乳分化，有以下几种情况：

第一，今字是由古字的本义产生的。如“莫”本义指日落，太阳落在草丛中。“莫”假借用作无定代词，而它的本义另造了一个“暮”字。再如“止/趾、要/腰、衰/蓑、求/裘、匪/篚、其/箕、匡/筐、然/燃、益/溢、禽/擒、反/返、县/悬”等。

第二，今字是古字的引申义产生的。如“景”本义指日光，引申指明暗形成的影子，这个意义后造了一个“影”字。再如“弟/悌、解/懈、责/债、竟/境、坐/座、中/仲”等。

第三，今字是由古字的假借产生的。如“辟”，本义指法，假借义用作逃避，这个意义后造了一个“避”字。再如“辟/僻、辟/嬖”等。

古字和今字在形体上一般有相承关系。在多数情况下，今字是在古字形体上增加偏旁或符号构成的，如古今字“昏/婚、弟/悌、反/返、大/太”；也有的是古字改变形符或略加变形的，如“陳/陣、閒/閑”等；当然也有是古字完全变形的，如古今字“亦/腋、蘇/甦”等。

应该注意的是，古今字是就某一字义用字不同来说的。如“尉”既是“熨”的古字，又是“慰”的古字，前者是就“尉”的本义说的，后者是就引申义说的。

古今字是相对而言的。今字如果再产生了后起字，对后起字来说，它又是古字。如“前”的本义指剪断，后来造了一个“剪”字，因此，“前”是“剪”的古字，“剪”是今字。

古今字的产生解决了早期字少、一字身兼数义容易造成理解混乱的问题，使汉字表达的概念更明确，是汉字发展中的一个重要现象。

三、异体字

在古代汉语中有一些字，它们同音同义，只是形体有所不同，称之为异体字。如“嘆”与“歎”，“迹”“跡”与“蹟”，“泪”与“淚”等。汉字简化后，几个同音同义的繁体字，有的被一个简化字代替，如“嘆”与“歎”简化为“叹”，“醫”与“毉”简化为“医”，“懽”“讙”与“驩”简化为“欢”等；有的选用其中一个字为规范字，其他的则为异体，如“迹”“跡”与“蹟”，用“迹”作为规范字，“泪”与“淚”，“覩”与“睹”，“徧”与“遍”，“夹”与“裌”，用“泪”“睹”“遍”“夹”作为规范字。

有些字意义与用法有相同之处，也有不同之处，这样的字不能视为异体字。如“沽”和“酤”在“买卖酒”的语义与用法上相同，但“酤”的对象只能是“酒”，而“沽”的对象除了酒以外，还可以是其他东西。所以，成语“沽名钓誉”不能写作“酤名钓誉”。有些繁体字简化后，被另一个笔画少的传承字代替，但它们在古代汉语里是不同的两个字。如“范”与“範”，在古代“范”只用作姓氏，它没有“範”所具有的含义，所以它们不是异体字。

四、单音词与双音词

一个词只有一个音节且用一个汉字记录，叫单音词；一个词有两个（或两个以上）音节且用两个（或两个以上）汉字记录，叫复音词。古代汉语里的词，以单音词为主。现代汉语里的词以复音词（主要是双音词）为主。如现代汉语说“军队”，在古代汉语里常说“师”；现代汉语说“鼓励”，古代汉语里常说“劝”。如《曹刿论战》中有这样一句话：“齐师伐我，公将战。”由七个单音词组成，译成现代汉语“齐国军队攻打我国，庄公将要迎战”，就变成了七个双音词。

从以单音词为主发展成以双音词为主，这是汉语发展的趋势。如果单音词占优势，那么同音词自然会很多，在说话时听者就容易混淆。改用双音词可以大大减少同音词。如“伐”字的同音词就有“乏”“罚”“筏”“阀”“垡”等，变成双音词“讨伐”“缺乏”“惩罚”“木筏”“门阀”“耕垡”等就不是同音词了。古代汉语以单音词为主，很多单音词是一词多义。如“文”字有“花纹”“条文”“文字”“文辞”“文章”“文言”“文献”“美德”“华丽”“掩饰”“装饰”等义项。这会给准确地理解文意带来困难。如果分别用“花纹”“条文”“文字”“文辞”“文章”“文言”“文献”“美德”“华丽”“掩饰”“装饰”来表示，语义就比较明确。

单音词变成双音词，大体上是通过三种方式来实现的：第一种，以一个形音完全不同的双音词取代原有的单音词某一义项。如：歧—岔路，夷—平坦，傍—靠近，邦—国家，眠—睡觉，冥—昏暗，臭—气味，怵—恐惧，克—战胜。第二种，在原有单音词的前面或后面加上前缀或后缀而成为双音词。如“鼠”“虎”前加“老”变成“老鼠”“老虎”，“姨”前加“阿”变成“阿姨”，“笛”“桌”后加“子”变成“笛子”“桌子”，“石”后加“头”变成“石头”等。第三种，在原有单音词的前面或后面加上一个同义或近义的单音词，构成一个双音词。如：率—率领，议—议论，亡—逃亡，恭—恭敬，予—给予，奇—奇怪，寒—寒冷，饥—饥饿，旗—旗帜，巩—巩固。

古代汉语里双音词不多，有些看似双音词，其实是两个单音词，阅读时不能以今义来解释古义。如《周易·系辞下》："君子安不忘危，存而不忘亡，治而不忘乱，是以身安而国家可保也。"此处的"国家"不是现代意义的国家，而是两个单音词，国和家。古代诸侯的封地称国，大夫的封地称家。《邹忌讽齐王纳谏》："今齐地方千里。"此处"地方"是两个词：地，土地；方，方圆。《周易·丰》："天地盈虚，与时消息。"此处"消息"是两个词：消，消减；息，增长。

古代汉语中有一种比较特别的双音词，即联绵词。由两个声母相同或相近的字组成的双音词叫"双声联绵词"，如"踌躇""参差""仿佛""慷慨""倜傥""犹豫""伶俐""陆离""坎坷""唐突"等。两个韵母相同或相近的字组成的双音词（韵相同，古人所说的韵只包括韵腹、韵尾，不包括韵头，与今人所说的韵母不同）叫"叠韵联绵词"，如"逍遥""徘徊""峥嵘""窈窕""披靡""依稀""从容""须臾""蹉跎""龙钟""逶迤"等。还有一种双声兼叠韵联绵词，如"辗转""缱绻""优游""燕婉"等。非双声叠韵联绵词，如"跋扈""芙蓉""铿锵""狼狈""狼藉""凌迟""玛瑙""滂沱""珊瑚""跳踉"等。

构成联绵词的两个字，实际上代表两个音节，所以"犹豫"又写作"犹预""犹与""由豫""尤予""容与"等。因此在理解其词义时，不能把它们拆开按每个单字的字面义去理解。

五、词的本义与引申义

一个词通常有几个甚至十几个意义，其中有一个是这个词本来的意义，叫作本义。从本义直接或间接引申出来的意义，叫作引申义。如“文”的本义是“线条交错的图形、花纹”；用作动词，为“刺花纹”，引申为“华美、有文采”，与“质”相对；又引申为“礼乐制度”“文字”“文章”“文辞”“文饰”“掩饰”等。例如：

①文首，白喙。（《山海经·北山经》）

译：头有花纹，嘴是白色的。

②越人断发文身。（《庄子·逍遥游》）

译：越人剪短头发，在身上刺上花纹。

③《孝经》垂典，丧言不文。（《文心雕龙·情采》）

译：《孝经》规定的法度，居丧期间言辞不能华美。

④墨子蔽于用而不知文。（《荀子·解蔽》）

译：墨子被实用思想所蒙蔽，不懂得礼乐制度。

⑤故说《诗》者，不以文害辞，不以辞害志。（《孟子·万章上》）

译：所以解说《诗经》的人，不要拘泥于文字而误解词句，也不要拘泥于词句而误解原意。

⑥衡少善属文。（《后汉书·张衡传》）

译：张衡少年时就善于写文章。

⑦小人之过也必文。（《论语·子张》）

译：小人犯了过错一定会加以掩饰。

引申义与本义的关系比较复杂，有的是从本义直接引申出几个意义。如“革”的本义是“去了毛的兽皮”。《诗经·召南·羔羊》中的“羔羊之革”，用的就是本义。从本义“去了毛的兽皮”引申为“用革制成的甲胄”，如《礼记·乐记》：“贯革之射息也。”由此本义还可引申为“用革制作的乐器”，古代所谓“八音”（金、石、丝、竹、匏、土、革、木）中的“革”就是用的此义。因为兽皮去毛是对原皮毛的改变，所以又引申为抽象的“改变、变革”，如《盐铁论·非鞅》：“革法明教，而秦人大治。”有的从本义的引申义再引申出新的引申义。如“杖”的本义是“手杖、拐棍”，如《礼记·曲礼上》：“大夫七十而致仕，若不得谢，则赐之几杖。”从本义可引申为“泛指棍棒或棍状物”，如《吕氏春秋·贵卒》：“衣铁甲操铁杖以战。”又引申为特指拷打犯人的“刑具”，如《魏书·刑罚志》：“民多不胜而诬引，或绝命于杖下。”从引申义“刑具”，再引申为动词“拷打”，如《晋书·庾衮传》：“乃于父墓前自杖三十。”

掌握词的本义与引申义的关系，对理解词义有很大帮助。本义是根本，引申义是从根本上长出的枝条。抓住了本义，引申义就容易理解和记忆，可收到事半功倍之效。

六、词的古义与今义

在汉语词汇中，有一部分词从古至今一直存在，意义也没有什么大的变化，这些词称之为基本词汇，如“山”“水”“日”“月”“人”“手”“鼠”“猫”“牛”“马”等。这些词不会成为阅读古代汉语的障碍，数量也不多。

基本词汇以外的词汇称为一般词汇，从古到今发生了或大或小的变化。一般词汇大致有两种类型。

第一类可称为“死词”，即古代汉语中一些随着历史的发展而逐渐被淘汰（个别或在成语中有保留）的词。如“缶”“剕”“夬”“屦”“斯须”等，其中“缶”（fǒu 一种大肚小口的瓦器）、“剕”（fèi 古代砍掉脚的酷刑）、“夬”（guài《周易》六十四卦的一个卦名）之类的词所表示的旧事物和旧概念的词，现已自然消亡；“屦”（麻鞋）、“斯须”（一会儿）之类的词所表示的事物和概念虽然还在，但已有新的词来取代它们。

第二类词是古今字形完全相同或部分相同，但含义和用法完全不同或不完全相同。例如：

①弃甲曳兵而走。（《孟子·梁惠王上》）

译：丢弃盔甲，拖着武器逃跑。

“兵”，现代汉语一般指士兵，指的是人，上古时期一般指武器。成语“短兵相接”的“兵”就保留了古义。“走”现代汉语一般指行路，古代汉语指的是跑。成语“走马观花”的“走”也是用的古义。

②善为国者，仓廪虽满，不偷于农。（《商君书·农战》）

译：善于治理国家的人，粮库虽然装满粮食，对于农业生产也不苟且马虎。

“偷”，现代汉语一般指“偷窃”，在古代汉语里，“偷”有“苟且”“得过且过”之意。成语“苟且偷生”中的“偷生”即是此义，不能理解为“偷偷地活着”。

③阳虎去齐走赵。（《韩非子·外储说左下》）

译：阳虎离开齐国跑到赵国。

“去”，在现代汉语里多指要到达的目的地，古代汉语指离开某一个地方或某人。“去齐”不是“到齐国去”，而是“离开齐国”。

④入而徐趋，至而自谢。（《战国策·赵策四》）

译：触龙进来后礼貌性地小步快走，到了太后面前，就自己请罪。

⑤挥手谢公卿。（李白《留别金陵崔侍御》）

译：挥手辞别公卿。

“谢”，现代汉语里一般是“感谢”的意思，在古代汉语中，“谢”除了“感谢”之义外，常用的义项一是“道歉”“请罪”，二是“辞别”。

⑥今亡亦死，举大计亦死。（《史记·陈涉世家》）

译：如今逃亡也是死，发动起义也是死。

“亡”，现代汉语里一般是“死亡”的意思，古代汉语里“亡”的本义是“逃跑”，可引申为“丢失”。如“亡羊补牢”是说“羊走失了立即修好羊圈”，不是说“羊死了才补牢”。

⑦一鼓作气，再而衰，三而竭。（《左传·庄公十年》）

译：第一次击鼓振作士气，第二次击鼓士气衰落，第三次击鼓士气没有了。

在古代汉语里，“再”是“第二次”或“两次”的意思，而不是“再一次”的意思。如“三年再会”是说“三年之内会面两次”，而不是“三年之后再次见面”。

⑧处穷闾阨巷。（《庄子·列御寇》）

译：住在闭塞的小胡同里。

⑨穷不失义，达不离道。（《孟子·尽心上》）

译：不得志时不违背义，得志时不违背道。

“穷”在古代汉语里是“通”的反义词，意为“阻碍不通”，引申为“走投无路”；又是“达”的反义词，意为“不得志、不显贵”。在古代，缺乏衣食钱财一般叫“贫”，不得志、没有出路叫“穷”。“穷困”连用时，包含有“贫穷”的意思。

⑩窃货为盗。（《荀子·修身》）

译：偷财物叫作偷窃。

⑪ 贼二人得我，我幸皆杀之矣。（柳宗元《童区寄传》）

译：两个强盗遇到我，我侥幸把他们都杀死了。

“盗”“贼”二字，古义和现义相反：现代汉语里所谓“贼”（偷东西的人），古代叫“盗”；现代所谓“强盗”，古代虽然有时也叫“盗”，但一般都称“贼”。

⑫ 但赏功而不罚罪，非国典也。（曹操《败军抵罪令》）

译：只奖赏有功者而不惩罚有罪者，不是国家的法典。

在古代汉语里，“但”字一般作为副词，表示“只”“仅”，很少用作现代汉语的转折词“但是”；现代汉语的“但是”意义在古代汉语里一般用“然”或“而”来表示。

对于一般词汇中的第一类即“死词”，可以通过查古汉语字词典来解决。至于第二类，都是一些熟字，古今词义有或大或小的差别，如果不仔细辨析，全按现代汉语来理解，就会曲解其义，造成误读，这应引起我们高度注意。

第三节　实词活用

实词活用是古代汉语中特有的语法现象，我们只有掌握了其一般规律，才能真正了解词语的准确含义。

一、名词活用

名词是表示人或事物名称的词，在句子中一般作主语、宾语或定语。在古代汉语里，有些名词可以作动词用，也可以在句子中作状语。

（一）名词活用为动词

在古代汉语中名词活用为动词，在句子中作谓语，可以带宾语，也可以不带宾语。

表示可能、意愿的动词，如“能”“愿”“可”“欲”等经常用在动词之前，如果在一个句子里名词用在这些动词的后面，而此句又没有其他动词，这个名词一般活用为动词。例如：

①左右欲刃相如，相如张目叱之，左右皆靡。（《史记·廉颇蔺相如列传》）

译：（秦王）身边的侍从要杀蔺相如，蔺相如瞪着眼睛呵斥他们，他们都退却了。

“刃”由名词充当动词，作谓语，并带上了宾语“相如”。

名词后紧跟一个介词结构，同时此句又没有其他动词作谓语，这个名词一般活用为动词，此介词结构作补语。例如：

②浴乎沂，风乎舞雩，咏而归。（《论语·先进》）

译：在沂水中沐浴，在舞雩台上吹风，唱着歌归来。

在“风乎舞雩”这句话中，“乎舞雩”是介词结构，“风”本是名词，用作动词，有吹风、乘凉的意思。

处在否定副词后面的名词一般活用为动词。例如：

③贫穷则父母不子。（《战国策·秦策一》）

译：如果一个人贫穷，那么父母也不把他当儿子。

“父母不子”，“不”是否定副词，“子”则活用为动词。

用“而”字连接的两部分，如其中一部分是动词或动词性短语，而另一部分是名词，这个名词有时也活用为动词。例如：

④齐军既已过而西矣。（《史记·孙子吴起列传》）

译：齐国的军队已越过国界向西来了。

⑤先生且喜且愕，舍狼而前。（马中锡《中山狼传》）

译：东郭先生又喜又惊，甩掉狼向前走去。

“过而西”，“过”是动词，“西”则活用为动词。“舍狼而前”，“舍狼”是述宾短语，方位名词“前”活用为动词。

代词在句尾一般作宾语，所以代词前面的名词一般活用作动词。例如：

⑥纵江东父兄怜而王我，我何面目见之？（《史记·项羽本纪》）

译：即使江东的父老兄弟怜悯我而拥立我为王，我哪有脸面去见他们呢？

⑦尝问天下所疾恶者。宦官惧其毁己，皆共目之。（《后汉书·张衡传》）

译：皇帝曾经问张衡天下人所痛恨的人是谁。宦官们担心张衡说他们的坏话，都一起盯着他。

例⑥中，“王我”的“我”是人称代词，前面的名词“王”活用为动词。例⑦中，“目之”的“之”为代词，前面的名词“目”活用为动词。

有时可以将前后相同的句式作类比，来判断名词是否活用。例如：

⑧袅袅兮秋风，洞庭波兮木叶下。（《九歌·湘夫人》）

译：秋风吹拂，洞庭湖水波荡漾，树叶纷纷飘落。

“洞庭波兮木叶下”句中，“木叶下”与“洞庭波”相对，因“下”是动词，可知“波”亦活用为动词。

两个名词连用，如果它们不是联合关系或偏正关系，其中必有一个活用为动词。例如：

⑨乃丹书帛曰“陈胜王”。（《史记·陈涉世家》）

译：于是用朱砂在帛上写下“陈胜称王”。

⑩横成则秦帝，从成即楚王。（《战国策·秦策一》）

译：若连横成功，则秦国称帝；若合纵成功，则楚国称王。

例⑨中，“陈胜王”既不可能是联合关系，也不可能成为偏正关系，而“陈胜”又不可能活用为动词，那么一定是“王”活用为动词。例⑩中，“秦帝”与“楚王”与前例相同。另外还可从连词“则”“即”两边的句式对比来分析，“帝”与“王”当是名词活用。

值得一提的是，判断一个名词是否活用为动词，必须从整个句子来考察。

（二）名词的使动用法

使动用法是指古代汉语里一种特殊的动宾短语，它的动词表示的意义不是主语所具有的，而是主语使宾语所具有的。古代汉语里也偶有名词用作使动的情况。例如：

①却宾客以业诸侯。（李斯《谏逐客书》）

译：驱逐卿客去其他诸侯国而使他们成就霸业。

“业”是“事业”，这里指“称霸的事业”，名词，在此处活用为使动词，意为“使……成就霸业”。

②齐桓公合诸侯而国异姓，今君为会而灭同姓。（《史记·晋世家》）

译：齐桓公会合诸侯是为了让异姓立国，如今您会合是为了灭掉同姓国。

“国”是名词，此处放在名词“异姓”之前，活用为动词，表示“使（让）……立国”。

③明君不官无功之臣。（曹操《论吏士行能令》）

译：贤明的君主不让没有功劳的臣子作官。

名词“官”后有名词性词组，“官”在此处用作动词，意为“使（让）……做官”。

（三）名词用为副词，做状语

在古代汉语中，常常将名词直接用在动词的前面，此时名词变成副词，充当句中的状语，表示动作所用的工具、方式或动作行为发生的地点、时间、状态等。例如：

①嫂蛇行匍伏，四拜自跪而谢。（《战国策·秦策一》）

译：嫂嫂像蛇一样爬行，拜了四拜，跪下向苏秦请罪。

②射之，豕人立而啼。（《左传·庄公八年》）

译：射它，猪像人一样站起来嚎叫。

③少时，一狼径去，其一犬坐于前。（《聊斋志异·狼》）

译：不久，一条狼径直离去，另一条狼像狗一样坐在面前。

以上例句中“蛇”“人”“犬”等名词在句中放在动词之前，作状语，表示动作、行为的方式。这种用法还保留在现代汉语的一些成语或词语中，如“土崩瓦解”“星罗棋布”“瓜分豆剖”“蜂拥”“响应”等。

④群臣吏民能面刺寡人之过者，受上赏。（《战国策·齐策一》）

译：群臣能够当面批评我的过错的，受最高奖赏。

⑤今先生俨然不远千里而庭教之。（《战国策·秦策一》）

译：现在先生专程从千里之外来到我国，并在厅堂上教诲我。

⑥大月氏复西走。（《汉书·张骞传》）

译：大月氏又向西迁移。

以上例句中“面”“庭”“西”等名词在动词之前作状语，表示动作发生的处所、方位。

⑦箕畚运于渤海之尾。（《列子·汤问》）

译：用箕畚运土到渤海边上。

⑧失期，法当斩。（《史记·陈涉世家》）

译：错过规定的时间，依据法律应当斩首。

以上两例是名词作状语修饰动词，表示所用的工具或依据。类似的如：“伍子胥橐载而出昭关。”（《战国策·秦策三》）“群臣后应者，臣请剑斩之。”（《汉书·霍光传》）“太祖累书呼，又敕郡县发遣。”（《三国志·华佗传》）“黔无驴，有好事者船载以入。”（柳宗元《黔之驴》）“橐、剑、书、船”都是表示所用工具，用在动词前，作状语。

⑨汤坐床上，丞吏遇买臣，弗为礼。（《史记·酷吏列传》）

译：张汤坐在坐榻上，用对下属的态度接待朱买臣，不用客礼接待他。

⑩齐将田忌善而客待之。（《史记·孙子吴起列传》）

译：齐国大将田忌很赏识他，把他当作上宾来接待。

以上两例是名词作状语，表示动作的态度。类似的句子如："今而后知君之犬马畜伋。"（《孟子·万章下》）"君为我呼入，吾得兄事之。"（《鸿门宴》）"东向坐，西向坐，师事之。"（《韩信破赵之战》）"及苍贵，常父事王陵。"（《史记·张丞相列传》）"犬马畜伋"意为"把伋当作犬马畜养"，"兄""师""父"用在动词"事"前，作状语，是指用对待兄长、老师、父亲的态度来对待。

⑪ 日思高其位，大其禄。（柳宗元《蝜蝂传》）

译：每天想着提升自己的职位，增加自己的俸禄。

⑫ 邺三老、廷掾常岁赋敛百姓。（褚少孙《西门豹治邺》）

译：邺地的三老、县吏常常每年搜刮老百姓。

以上二例是名词作时间状语。

值得一提的是，名词在作状语时一般放在动词前边，容易被误认为是主语，在具体的句子中应仔细分析。

二、动词、形容词的使动用法

（一）动词的使动用法

所谓动词的使动用法，就是句子的主语并不施行这个动词所表示的动作，而是紧跟在这个动词后的宾语施行该动词表示的动作。例如：

①吾欲辅重耳而入之晋，何如？（《韩非子·十过》）

译：我想帮助重耳，使他回到晋国，怎么样？

②既来之，则安之。（《论语·季氏》）

译：既然使他们来了，就要让他们安居下来。

③广故数言欲亡，忿恚尉。（《史记·陈涉世家》）

译：吴广故意屡次说要逃走，使尉恼怒。

④舞幽壑之潜蛟，泣孤舟之嫠妇。（苏轼《赤壁赋》）

译：使深渊里潜藏的蛟龙起舞，让孤船上的寡妇哭泣。

动词的使动用法在形式上没有特殊的标志，在阅读时要根据上下文意加以辨别。在古代汉语里，用作使动的动词多是不及物动词。如《论语·季氏》："故远人不服，则修文德以来之。"《鸿门宴》："项伯杀人，臣活之。"柳宗元《捕蛇者说》："君将哀而生之乎？""来""活""生"都是不能带宾语的不及物动词，带上了宾语"之"，意思是"使远人来""使项伯活""使他生"，而不是主语本身"来""活""生"。及物动词用作使动的情况比较少见。

（二）形容词的使动用法

在古代汉语里，形容词常常充当及物动词，其后有宾语，表示主语使宾语所代表的人或事物具有某种性质或状态，该形容词就用如使动。

①攻邯郸，以广地尊名。（《战国策·魏策四》）

译：魏王想攻占邯郸，使自己的土地得以扩大，使自己的名位变得尊贵。

②卑其志意，大其园囿，高其台。（《荀子·成相》）

译：使志意卑下，使园囿扩大，使台增高。

③出图书，空囊橐。（马中锡《中山狼传》）

译：拿出图书，使口袋变空。

类似的语句如："欲居之以为利，而高其值。"（《聊斋志异·促织》）"今媪尊长安君之位，而封之膏腴之地。"

（《战国策·赵策四》）“冉有曰：‘既庶矣，又何加焉？’曰：‘富之。’”（《论语·子路》）“以正君臣，以笃父子，以睦兄弟，以和夫妇。”（《礼记·礼运》）“什一，去关市之征，今兹未能，请轻之。”（《孟子·滕文公下》）其中“高”“尊”“富”“正”“笃”“睦”“和”“轻”都是形容词用如使动。

三、形容词的意动用法

在古代汉语里，形容词的意动用法与形容词的使动用法在形式上没有太大的区别，但表达的意思不同。形容词的使动用法是主语使宾语所代表的人或事物具有某种性质或状态，即“使……怎么样”；而形容词的意动用法是主语主观上认为宾语所代表的人或事物具有某种性质或状态，即“认为……怎么样”。

①吾妻之美我者，私我也；妾之美我者，畏我也；客之美我者，欲有求于我也。（《战国策·齐策一》）

译：我的妻子认为我美，是因为她对我有私心；我的妾认为我美，是因为她对我心存畏惧；客人认为我美，是因为他有求于我。

②昌黎韩愈闻其言而壮之。（韩愈《送李愿归盘谷序》）

译：昌黎韩愈听了他的话认为他志气伟壮。

③孔子登东山而小鲁，登泰山而小天下。（《孟子·尽心上》）

译：孔子登上东山觉得鲁国很小，登上泰山觉得天下很小。

类似的语句如：“甘其食，美其服，安其居，乐其俗。”（《老子》）“且夫我尝闻少仲尼之闻，而轻伯夷之义者，始吾弗信。”（《庄子·秋水》）其中的“甘”“美”“安”“乐”“少”“轻”本来是形容词，这里活用为意动。以上各例活用作意动的形容词都带了宾语。

第四节　常用虚词

如果说实词是人体的骨肉，那么虚词就是人体的经络和血脉。在古代汉语中，虚词不仅在行文中有重要作用，而且对我们的阅读也有重要影响。正确掌握虚词的基本用法，有助于阅读文言文。古代汉语中的虚词有很多，这里只挑选最为常见的一些虚词，分为介词、连词、助词和语气词四组，来说明它们的主要用法。

一、介词

介词一般用在名词、代词或名词性质的短语前面，和这些词合起来组成介词结构，以表示处所、时间、状态、方式、原因、目的、比较对象等。

（一）以

“以”作介词时，一是可引出动作行为发生时所依赖、借助的事物或遵循的准则，可译为“用”“凭”“按照”等。例如：

①以子之矛陷子之盾，何如？（《韩非子·难势》）

译：用你的矛来刺你的盾，会怎么样呢？

②故以言举人，若以毛相马。（《盐铁论·利议》）

译：所以根据言论来举荐人，如同根据马毛来考察马。

③礼法以时而定。（《商君书·更法》）

译：礼法要按照当时的形势来制定。

二是可表示动作行为发生的原因或目的，可译为“因为”“由于”等。例如：

④孙膑以此名显天下，世传其兵法。（《史记·孙子吴起列传》）

译：孙膑因为这件事扬名天下，世间流传着他的兵法。

（二）为

“为”作介词时，一是引出动作行为发生时涉及的对象，可译为“为了”“给”“向”等。例如：

①庖丁为文惠君解牛。（《庄子·养生主》）

译：庖丁给文惠君解剖牛。

②不足为外人道也！（陶渊明《桃花源记》）

译：不能向外人讲啊！

二是表示动作行为发生的原因，可译为“因为”“由于”等。例如：

③天行有常，不为尧存，不为桀亡。（《荀子·天论》）

译：自然的运行有一定的规律，不会因为尧才存在，也不会因为桀而消亡。

三是表示被动，可译为“被”。例如：

④兔不可复得，而身为宋国笑。（《韩非子·五蠹》）

译：兔子不可能再得到，自己反被宋国人嘲笑。

（三）于

“于”一般作介词。一是引出动作的处所、时间、对象，可译为“在”“到”“向”“从”“对”等。例如：

①子于是日哭，则不歌。（《论语·述而》）

译：孔子在这天哭过，就不再唱歌。

②声名光辉传于千世。（《史记·范雎蔡泽列传》）

译：声名光辉流传到千秋万代。

③民以为将拯己于水火之中也。（《孟子·梁惠王下》）

译：老百姓认为您将从水火当中把他们拯救出来。

④叶公问孔子于子路，子路不对。（《论语·述而》）

译：叶公向子路询问孔子的为人，子路没有回答。

二是介绍相比较的对象，可译为“比”。例如：

⑤青取之于蓝，而青于蓝。（《荀子·劝学》）

译：靛青是从蓼蓝中提取的，但比蓼蓝的蓝色叶汁颜色更青。

三是介绍动作行为的主动者，译为“被”。例如：

⑥故有备则制人，无备则制于人。（《盐铁论·险固》）

译：所以有准备就可以制服别人，没有准备就被别人制服。

（四）乎

“乎”作介词，引出动作的处所、时间、对象，用法相当于“于”，可译为“在”“到”“向”“从”“对”等。例如：

①《春秋》何以始乎隐？（《公羊传·哀公十四年》）

译：《春秋》为什么从隐公开始？

②楚人生乎楚，长乎楚。（《吕氏春秋·用众》）

译：楚国人生在楚国，长在楚国。

③鸡鸣狗吠相闻而达乎四境。（《孟子·公孙丑上》）

译：鸡鸣狗叫相互可以听到，而且一直达到四方边境。

④敢问夫子恶乎长？（《孟子·公孙丑上》）

译：请问老师对什么最擅长？

二、连词

连词是连接词、词组或句子以帮助表示两项或几项之间的语法关系或逻辑关系的虚词。这种关系总的可分为联合和偏正两大类。就联合关系而言，可细分为并列、承接、递进、选择、转折等小类；就偏正关系而言，可细分为让步、假设、条件、因果等小类。

（一）而

“而”一般作连词。“而”作连词，连接词、词组或分句，一是表示并列关系，有时可译为“和”“而且”，有时可不译出。例如：

①蟹八跪而二螯。（《荀子·劝学》）

译：螃蟹有八条腿和两个螯。

②宰予之辞，雅而文也。（《韩非子·显学》）

译：宰予的言辞，既典雅又具有文采。

二是表示承接关系，可译为“就”“便”“于是”“因而”等。例如：

③闻鼓声而进，闻金声而退。（《荀子·议兵》）

译：听到鼓声就前进，听到锣声就后退。

④有圣人作，构木为巢以避群害，而民悦之。（《韩非子·五蠹》）

译：有位圣人出现，教人们在树上构筑住处来避免各种动物的伤害，因而人民爱戴他。

三是表示转折关系，可译为“但是”“却”等。例如：

⑤舟已行矣，而剑不行。（《吕氏春秋·察今》）

译：船已经走了，但是剑没有动。

⑥位尊而无功，奉厚而无劳。（《战国策·赵策四》）

译：地位高却没有一点功勋，待遇优厚却没有一点功劳。（按：奉，通“俸”。）

四是连接主语和谓语，表示假设。可译为“如果”“假若”等。例如：

⑦管氏而知礼，孰不知礼？（《论语·八佾》）

译：管仲如果懂得礼，谁还不懂得礼？

五是连接状语和谓语，不必译出。例如：

⑧河曲智叟笑而止之。（《列子·汤问》）

译：河曲智叟笑着制止愚公。

（二）则

“则”一般用作连词。一是连接分句，表示连贯关系，相当于现代汉语的“就”“便”“那么”等。例如：

①居庙堂之高，则忧其民；处江湖之远，则忧其君。（范仲淹《岳阳楼记》）

译：在朝廷里做大官，就为百姓担忧；处在偏远的江湖上，就为国君担忧。

②每闻琴瑟之声，则应节而舞。（《聊斋志异·促织》）

译：每当听到琴瑟的声音，便合着节拍起舞。

二是表示某种情况被发现时已经产生、出现，可译为“原来已经”“原来”等。例如：

③公使阳处父追之，及诸河，则在舟中矣。（《左传·僖公三十三年》）

译：晋襄公派阳处父去追他们，追到黄河边，他们原来已经在船上了。

三是连接分句，表示转折，可译为“反而”“可是”“但”“却”等。例如：

④欲速则不达。（《论语·子路》）

译：想快反而达不到目的。

⑤黔无驴，有好事者船载以入。至则无可用，放之山下。（柳宗元《黔之驴》）

译：黔地没有驴，有个好事的人用船运来一头。运到后却没有用处，就把它放在山脚下。

四是连接分句，表示让步或假设，可译为“倒是”“如果”“假如”。例如：

⑥善则善矣，未可以战。（《国语·吴语》）

译：好倒是好，但还不能够作战。

⑦谨守成皋，则汉欲挑战，慎勿与战，毋令得东而已。（《史记·项羽本纪》）

译：谨慎地防守成皋，假如汉军想挑战，一定不要同他们交战，只要不让他们东进就行了。

（三）与

“与”作连词时，一是连接词或词组，表示并列关系，译为“和”。例如：

①吾与汝毕力平险。（《列子·汤问》）

译：我和你们尽力消除险阻。

二是连接分句，表示选择，可译为“与其”。例如：

②与人刃我，宁自刃。（《史记·鲁仲连邹阳列传》）

译：与其让人家杀我，宁可自杀。

（四）以

“以”作连词，一是表示目的或结果，译为“以便”“来”等。例如：

①楚人伐宋以救郑。（《左传·僖公二十二年》）

译：楚人攻打宋国以便解救郑国。

二是表示递进关系，可译为“并且”“又”等。例如：

②其责己也重以周，其待人也轻以约。（韩愈《原毁》）

译：他们责备自己严格并且全面，他们对待别人宽容并且简单。

三是表示原因，可译为“因为”。例如：

③晋侯、秦伯围郑，以其无礼于晋，且贰于楚也。（《左传·僖公三十年》）

译：晋侯、秦伯围攻郑国，因为郑国对晋国没有礼貌，而且背叛晋国勾结楚国。

三、助词

古代汉语的助词是词类中比较特殊的一类。一般分为结构助词、语气助词、衬音助词。

（一）所

“所”可用作结构助词，一是与后面的动词结合，组成名词性词组，表示“……的人”“……的事物”“……的地方”“……的时候”等。例如：

①其北陵，文王之所辟风雨也。（《左传·僖公三十二年》）

译：那北陵，是文王曾避风雨的地方。

②三年不见生牛，所见皆死牛也。（《论衡·订鬼》）

译：三年里没有见过活牛，见到的牛都是死牛。

二是用在动词前，常与介词“为”构成“为……所”格式，表示被动。例如：

③夫直议者不为人所容。（《韩非子·外储说左下》）

译：那些说直话的人不被人们所容忍。

（二）者

“者”作结构助词时，附着在词、词组后面组成名词性词组，可译为“……的”“……的人”“……的东西”“……的事情”等。例如：

①不为者与不能者之形何以异？（《孟子·梁惠王上》）

译：不肯干的人和不能干的人在现象上有什么不同呢？

②马之千里者，一食或尽粟一石。（韩愈《马说》）

译：一天能跑千里的马，一顿有时能吃完一石（dàn）粟。

③天时、地利、人和，三者不得，虽胜有殃。（《孙膑兵法·月战》）

译：天时、地利、人和，这三个条件得不到，即便打了胜仗也会有灾祸。

（三）之

“之”一般用作结构助词或语气助词，还可以标志宾语前置。“之”作结构助词时，用在定语和中心词之间，可译为“的”。例如：

①燕雀安知鸿鹄之志哉！（《史记·陈涉世家》）

译：燕雀哪里知道鸿鹄的志向呢！

“之”标志宾语前置时，不必译出。例如：

②前世不同教，何古之法？帝王不相复，何礼之循？（《商君书·更法》）

译：前代推行教化各不相同，该效法哪个时代？帝王们遵循的礼制不会重复，该遵循哪个礼制？

“之”作语气助词时，也不必译出。例如：

③臣之壮也，犹不如人；今老矣，无能为也已。（《左传·僖公三十年》）

译：我壮年时，尚且不如别人；现在老了，更不能有所作为了。

“之”用在主语和谓语之间，取消句子的独立性，使其成为整个句子的成分或复句的分句，不必译出。例如：

④孤之有孔明，犹鱼之有水也。（《三国志·蜀书·诸葛亮传》）

译：我有了孔明，就如鱼儿有了水。

四、语气词

语气词一般用于句末，有时也用于句中，表示停顿、陈述语气、疑问语气、感叹语气和祈使语气。

（一）也

“也”作语气词，一是用在陈述句末，表示判断或肯定，一般不译出。例如：

①不患人之不己知，患其不能也。（《论语·宪问》）

译：不担心别人不认识自己，担心自己没有能力。

二是用在疑问句末，可译为“呢”“吗”等。例如：

②又安能发狼踪以指示夫子之鹰犬也？（马中锡《中山狼传》）

译：又怎么能发现狼的去向来指示您的鹰犬呢？

③礼岂为我辈设也？（《世说新语·任诞》）

译：礼难道是为我们设立的吗？

三是用在句中或分句句末，表示停顿，可不译出。例如：

④今也国无常道，官无常法，是以国家日缪。（《慎子·威德》）

译：现在国家没有固定的治国方法，官吏没有固定的法律制度，因此国家一天天混乱。（按：缪，通“谬”。）

⑤且而与其从辟人之士也，岂若从辟世之士哉？（《论语·微子》）

译：而且你与其跟随逃避坏人的人，哪里比得上跟随逃避社会的人呢？（按：辟，通“避”。）

四是用在感叹句末，加强感叹语气，可译为“啊”。例如：

⑥夫子曰：“小子识之，苛政猛于虎也！”（《礼记·檀弓下》）

译：孔子说：“年轻人要记住，苛政比老虎还凶恶啊！”

（二）矣

一般来说，“矣”都作语气词。一是用在陈述句末，可译为“了”或不译出。例如：

①其子趋而往视之，苗则槁矣。（《孟子·公孙丑上》）

译：他的儿子跑去看拔过的禾苗，禾苗已经枯萎了。

二是用在疑问句末，可译为“呢”“吗”“了”等。例如：

②何如斯可以从政矣？（《论语·尧曰》）

译：怎样才可以管理政事呢？

③年几何矣？（《战国策·赵策四》）

译：年龄多大了？

三是用在祈使句末，可译为“吧”“了”等。例如：

④已矣，勿言之矣！（《庄子·人间世》）

译：停止吧，不要说了。

四是用在感叹句末，可译为“啊”“了”等。例如：

⑤甚矣，汝之不惠！（《列子·汤问》）

译：你不聪明得很啊！（按：惠，通“慧”。）

⑥子固仁者，然愚亦甚矣！（马中锡《中山狼传》）

译：你固然是个仁慈的人，但愚蠢得也太过分了！

（三）焉

“焉”作语气词时，一是用在陈述句末，可不译出。例如：

①将有西师过轶我，击之，必大捷焉。（《左传·僖公三十二年》）

译：将有西边来的军队越过我国，袭击它，一定大获全胜。

二是用在疑问句末，可译为“呢”等。例如：

②王若隐其无罪而就死地，则牛羊何择焉？（《孟子·梁惠王上》）

译：大王如果可怜牛无辜而被宰杀，那么为什么还在杀牛杀羊之间作选择呢？

三是用在句中，表示停顿，可不译出。例如：

③南方有鸟焉，名曰蒙鸠。（《荀子·劝学》）

译：南方有种鸟，名叫蒙鸠。

④欲择才焉而立之。（《左传·襄公十年》）

译：想选择有才能的人，把他立为继承人。

（四）乎

“乎”作语气词时，一是用在疑问或反问句末，可译为“吗”“呢”等。例如：

①丈夫亦爱怜其幼子乎？（《战国策·赵策四》）

译：男人也疼爱自己的小儿子吗？

②吾师道也，夫庸知其年之先后生于吾乎？（韩愈《师说》）

译：我是学习他的道啊，哪里用得着知道他的生年是在我之前还是在我之后呢？

二是用在感叹句末，可译为“啊”“呀”等。例如：

③孰知赋敛之毒，有甚是蛇者乎！（柳宗元《捕蛇者说》）

译：谁知道赋敛的毒害，有比这毒蛇还厉害的啊！

三是用在祈使句末，可译为“吧”等。例如：

④愿君顾先王之宗庙，姑反国统万人乎！（《战国策·齐策四》）

译：希望您念及先王的宗庙，姑且返回齐国来统率万民吧！

（五）哉

一般来说，“哉”都作语气词。一是用于感叹句，可译为“啊”“呀”等。例如：

①朕独不得与此人同时哉！（《史记·司马相如列传》）

译：我偏偏不能与这个人生活在同一时代啊！

②野哉，由也！君子于其所不知，盖阙如也。（《论语·子路》）

译：仲由，你真粗鲁呀！君子对于他所不知道的，大概都是存而不论。

二是用于疑问句和反问句末，可译为“吗”“呢”等。例如：

③客何负于秦哉？（李斯《谏逐客书》）

译：客卿有什么对不起秦国的呢？

④天下岂有常法哉？（《淮南子·氾论训》）

译：天下难道有固定不变的法吗？

三是用于陈述句末，有时可译为“啊”，有时不必译出。例如：

⑤秦有安邑，则韩魏必无上党哉。（《战国策·秦策二》）

译：秦国占有安邑，那么韩国、魏国必定会失去上党。

⑥与君王哉！周不爱鼎，郑敢爱田？（《左传·昭公十二年》）

译：给君王啊！周天子不贪爱鼎，郑国哪敢贪爱田地呢？

四是用在祈使句末，可译为“啊”“吧”等。例如：

⑦君其勖哉！（《三国志·蜀书·诸葛亮传》）

译：您努力吧！

（六）为

“为”作语气词，用于句末，可译为“啊”“呢”。例如：

①予无所用天下为！（《庄子·逍遥游》）

译：天下对于我没有什么用处啊！

②天之亡我，我何渡为？（《史记·项羽本纪》）

译：天要亡我，我为什么还要渡江呢？

（七）与

“与”作语气助词时，用于句末，可译为“吗”“呢”。例如：

①是谁之过与？（《论语·季氏》）

译：这是谁的过错呢？

②人可铸与？（《扬子·法言》）

译：人能培养好吗？

（八）者

“者”作语气词时，用在句中或句尾，表示停顿，提起注意，可不译出。例如：

①君者，舟也；庶人者，水也。（《荀子·王制》）

译：国君好比是船，老百姓好比是水。

②北山愚公者，年且九十。（《列子·汤问》）

译：北山愚公年龄将近九十。

“者”作语气词时，还可用在疑问句末，可译为“呢”。例如：

③谁为大王为此计者？（《史记·项羽本纪》）

译：谁给大王献的这个计策呢？

第五节　句　　法

所谓句法，就是组词成句的规则。句法具有较强的稳定性，所以古代汉语与现代汉语在句法上有很多相同之处，但语言是发展的，古代汉语句法也有其特殊之处。这里简要地讲一讲古代汉语中的几种比较特殊的句法。

一、判断句

古汉语，特别是先秦时代的判断句式，不像现代汉语有明显的判断词“是”，而是用一些固定的句式来表明的。

古代汉语中典型的判断句式是“……者，……也”。“者”之前的语词为主语，“也”之前的语词作谓语。例如：

①吴广者，阳夏人也。（《史记·陈涉世家》）

译：吴广是阳夏人。

有时不用“者”字，成为“……，……也”的句式。例如：

②南阳刘子骥，高尚士也。（陶渊明《桃花源记》）

译：南阳人刘子骥是位高尚的名士。

如果主语是代词，中间一般没有停顿；有时也会省略主语，成为“……也”的句式。例如：

③我区氏儿也。（柳宗元《童区寄传》）

译：我是区家的孩子。

④虎视之，庞然大物也。（柳宗元《黔之驴》）

译：老虎看见驴，那驴是庞然大物。

有时只用“者”，不用“也”，成为“……者，……”的句式。例如：

⑤陈轸者，游说之士。（《史记·张仪列传》）

译：陈轸是位游说之士。

有时“者”“也”都不用。例如：

⑥荀卿，赵人。（《史记·孟轲荀卿列传》）

译：荀卿是赵国人。

在古代汉语中，有一些句子从句式上来看像判断句，但如果它们的主语和谓语不属于同类事物或者不具备同一性质，则不能硬译为判断句。例如：

⑦君者，舟也；庶人者，水也。（《荀子·王制》）

译：国君好比是船，老百姓好比是水。

必须注意的是，在先秦汉语中，“是”是作为指示代词，而不是作为判断词来使用的。例如：

⑧日月、星辰、瑞历，是禹桀之所同也。（《荀子·天论》）

译：日月、星辰、历象，这些在夏禹、夏桀时代都是相同的。

⑨是吾剑之所从坠。（《吕氏春秋·察今》）

译：这里是我的剑掉入水中的地方。

例⑧中的“是”是指“日月、星辰、历象”，例⑨中的“是”是指“刻记号的地方”。汉代以后，才出现以“是”为判断词的判断句。例如：

⑩此必是豫让也。（《史记·刺客列传》）

译：这一定是豫让。

⑪同行十二年，不知木兰是女郎。（《乐府诗集·木兰诗》）

译：共同征战了十二年，不知道木兰是女郎。

二、被动句

在动词作谓语的句子里，主语是动作的发出者（主动者），这类句子是主动句；主语是动作的承受者（被动者），这类句子是被动句。现代汉语的被动句是在动词前加介词“被”来表示，古代汉语的被动句式主要有以下几种形式。

一是在动词谓语后面用介词“于”引出动作、行为的发出者（主动者）。例如：

①故内惑于郑袖，外欺于张仪。（《史记·屈原贾生列传》）

译：所以楚怀王在国内被郑袖迷惑，在国外被张仪欺骗。（按：原文承上文省略了主语“楚怀王”。）

二是在谓语动词前加“见”字，表示被动。例如：

②年四十而见恶焉，其终也已。（《论语·阳货》）

译：到了四十岁还被厌恶，他一生就完了。

③举世皆浊我独清，众人皆醉我独醒，是以见放。（《楚辞·渔父》）

译：世上所有的人都是污浊的，唯独我清白；众人都已迷醉，唯独我清醒，所以被放逐。

如果需要把动词的主动者介绍出来，则在动词后面用介词“于”引出主动者。例如：

④有间，晏子见疑于景公。（《晏子春秋·杂上》）

译：不久，晏子就被景公猜忌。

⑤吾非至于子之门则殆矣，吾长见笑于大方之家。（《庄子·秋水》）

译：假如我没来到你身边那就很危险了，我将永远被明白大道理的人所嘲笑。

三是在谓语动词前加“为”字，表示被动。例如：

⑥厚者为戮，薄者见疑。（《韩非子·说难》）

译：重的被杀戮，轻的被怀疑。

⑦城小而固，胜之不武，弗胜为笑。（《左传·襄公十年》）

译：城小但很坚固，攻克了不算勇武，攻克不了会被耻笑。

四是在“为”之后引出主动者，或者在动词前加上“所”字，构成“为……所……”的句式。例如：

⑧贤能为之用。（《三国志·蜀书·诸葛亮传》）

译：贤能的人被他任用。

⑨武人夺而有之，嵩将诣州讼理，为所杀。（韩愈《张中丞传后叙》）

译：武人抢夺占有了它，于嵩准备到州里去诉讼，被武人杀害。

三、宾语前置

古汉语中常见的宾语前置主要有以下几种形式。

（一）疑问句宾语前置

在古代汉语的疑问句里，如果宾语是疑问代词，则常常放在动词或介词之前。例如：

①臣实不才，又谁敢怨？（《左传·成公元年》）

译：我确实没有才能，又敢怨谁？

②客何为者？（《史记·项羽本纪》）

译：这客人是干什么的？

“谁”“何”是疑问代词，作动词谓语的宾语，放在动词之前，但理解和翻译时就要放到动词之后了。

③由此观之，又何以知毫末之足以定至细之倪？又何以知

天地之足以穷至大之域？（《庄子·秋水》）

译：由此看来，又凭什么知道毫末能够定为最细小的极限？又凭什么知道天地能够穷尽最大的区域呢？

④微斯人，吾谁与归？（范仲淹《岳阳楼记》）

译：如果没有这个人，我同谁在一起呢？

“何”“谁”是疑问代词作介词的宾语，位于介词的前面。

（二）否定句宾语前置

在古代汉语的否定句里，如果宾语是代词，则常常放在动词之前。例如：

①行离理而不外危者，无之有也。（《荀子·正名》）

译：行动背离正理而不遭受外来威胁，还没有这样的事情。

②自古及今，未之尝闻。（贾谊《论积贮疏》）

译：从古到今，没有听说过这样的事。

③每自比于管仲、乐毅，时人莫之许也。（《三国志·蜀书·诸葛亮传》）

译：常常把自己比作管仲、乐毅，当时没有人赞同他。

④古之人不余欺也。（苏轼《石钟山记》）

译：古代的人没有欺骗我啊。

上述例证中“未”“不”“无”为否定副词，“莫”是否定代词。“之”“余”为代词作宾语。“无之有”就是“无有之”，“未之尝闻”即“未尝闻之”，“莫之许”即“莫许之”，“不余欺”即“不欺余”。

（三）表示强调的宾语前置

有时为了强调宾语，在名词宾语后加“是”“之”“之为”，并将它放在动词之前。例如：

①将虢是灭，何爱于虞？（《左传·僖公五年》）

译：晋国就要灭掉虢国了，对虞国又爱惜什么呢？

②姜氏何厌之有？（《左传·隐公元年》）

译：姜氏怎么会满足呢？

③故人苟生之为见，若者必死；苟利之为见，若者必害。（《荀子·礼论》）

译：所以一个人如果只重视生，这样的人一定会死；如果只重视利，这样的人一定会受害。

“虢是灭”“厌之有”“生之为见”“利之为见”即“灭虢”“有厌”“见生”“见利”。有时还在宾语的前面加副词“唯（惟）”，构成“唯（惟）……是……”“唯（惟）……之（之为）……”的句式。这种句式不仅强调了宾语，而且表示了它的单一性、排他性。例如：

④皇天无亲，惟德是辅。（《尚书·蔡仲之命》）

译：上天没有偏爱，只帮助有德行的人。

⑤君子养心莫善于诚，致诚则无它事矣。唯仁之为守，唯义之为行。（《荀子·不苟》）

译：君子养心的方法没有什么比诚更好，达到诚就无须其他养心方法。唯有守住仁，唯有实行义。

第六节　标点和翻译

要给古代的文言文断句和加标点符号，除了掌握基本规律和方法外，还必须熟读若干篇典范的古文，积累必要的知识和语感。能够准确流畅地翻译古文则是进一步的更高境界。

一、标点

古人写文章不使用标点符号。古代的文献典籍，也没有标点。因此古人读书时要自己断句，用“。”和“、”作为句子结束和句间停顿的标记，叫作“句读”。从宋代开始，才有部分刻本加上句读。一直到清末，绝大多数的著作仍然不加句读。所以古人很注重句读的训练，把明辨句读视为读懂古书的起点。能否正确地标点古书是体现读书人学识修养和水平的一个重要方面。鲁迅先生说：标点古文真是一种试金石，只消几点几圈，就把真颜色显出来了。

现代意义上的古文标点，就是根据文章的实际内容，用标点符号把原文的停顿、结构和语气等清晰而准确地表现出来。从总体要求及标点符号的使用规则来说，与现代汉语的标点使用是基本一致的。由于对古汉语的理解领会较之现代汉语容易发生偏差，所以古书标点也就容易产生错误。因此在断句的时候，应该注意以下两个方面：

1. 标点后的每个句子必须语义确切，字句通顺

①自汉以来畴人不知有黄极，西人入中国，始云赤道极之外，又有黄道极，是为七政。恒星右旋之枢，诧为《六经》所未有。（《清史列传·儒林传》）

“七政”指日、月与金、木、水、火、土五星，若按上例断句，则意为黄极为七政，谬矣。其本意谓黄极是七政恒星之枢，故“七政”后的句号应去掉。

②史可法，明臣也，其不屈正也。（梁绍壬《两般秋雨盦随笔·史阁部书》）

这一句中的“其不屈正也”令人费解，中间应点断，成为“其不屈，正也”，意思是他的英勇不屈是正义的。

③今往仆少小，所著辞赋一通，相与夫街谈巷说，必有可采，击辕之歌，有应风雅，匹夫之思，未易轻弃也。（曹植《与杨修书》）

文中的“今往仆少小”“相与夫街谈巷说”语义不通。“往”是“送往”的意思，“相与”是“送给对方”的意思。第一句意思是说：“现在送我少年时代所著的辞赋一篇给你。”“夫”在这里是引出议论的句首语气词。标点应为：

今往仆少小所著辞赋一通相与。夫街谈巷说，必有可采；击辕之歌，有应风雅；匹夫之思，未易轻弃也。

④八年，陈季扩复啸聚会，朝廷屡诏屡抚……（李诩《戒庵老人漫笔·安南邓尚书》）

这句中的“陈季扩”是人名，“啸聚”是互相招呼、聚集成群的意思，旧时多用以贬称“盗贼”结伙。标点者把“聚会”作为一个词，这就造成了说不通的“复啸聚会”。“会”在这里是副词，是“适逢”的意思。全句应标点为：

八年，陈季扩复啸聚，会朝廷屡诏屡抚……

以上四个例子，例①是不当断而断，例②是当断而未断，例③是当属上而误属下，例④是当属下而误属上。这四种错误断句，基本上包括了传统句读中所可能产生的错误类型。

2. 必须符合作者的原意和情理

有许多标点古文的错误，粗看起来每个句子都能成立，但联系上下文却有问题：或者有违事实，不符作者原意；或者不合事物情理，前后矛盾。这一类的标点错误往往不易发现，需要细心辨别。例如：

①（刘体乾）万历二年致仕，卒。赠太子少保。（《明史·刘体乾传》）

按现有标点，语意通顺，但给读者的信息是刘体乾万历二年退休，于当年去世，这与事实不合，不符合作者原意。据《明神宗实录》及《国榷》记载，刘体乾于万历四年五月去世。标点应为：

（刘体乾）万历二年致仕。卒，赠太子少保。

②太祖在江州，遣诸将陈德华、高费聚等分三路兵往援，皆不利。（《明通鉴》）

按以上标点，“陈德华”“高费聚”成了两个人，与下文所说“三路兵”相矛盾。而查《明史》，并无此二人，“陈德”“华高”“费聚”三人，为早年从朱元璋起兵的名将。所以此句应标点为：

太祖在江州，遣诸将陈德、华高、费聚等分三路兵往援，皆不利。

给古文加标点是有一定的规律和方法可循的。大体上应遵循这样几个步骤：通读全文，了解大意；分析句型，体会语感；仔细观察，抓住标志（对话标志、虚词标志、修辞标志等）；前后照应，落实标点。内容决定形式。只有对古文内容有了比较深刻透彻的理解，给古文加标点的工作才能顺利完成。

根据对话标志“曰”“云”等，可确定冒号和引号的位置。例如：

③于是王召见，问蔺相如曰：“秦王以十五城请易寡人之璧，可予不？”相如曰：“秦强而赵弱，不可不许。”（《史记·廉颇蔺相如列传》）

根据虚词标志（发语词或句末语气词），可确定句子的开头或结尾。例如：

④夫天者，人之始也；父母者，人之本也。（《史记·屈原贾生列传》）

根据句式（判断句、疑问句、固定句式等），可确定标点的位置。例如：

⑤其业有不精，德有不成者，非天质之卑，则心不若余之专耳，岂他人之过哉？（宋濂《送东阳马生序》）

⑥苟粟多而财有余，何为而不成？以攻则取，以守则固，以战则胜。（贾谊《论积贮疏》）

根据修辞方法、行文特点、专有名词等，可确定标点的位置。例如：

⑦鱼，我所欲也，熊掌，亦我所欲也，二者不可得兼，舍鱼而取熊掌者也。生，亦我所欲也，义，亦我所欲也，二者不可得兼，舍生而取义者也。（《孟子·告子上》）

⑧左尹项伯者，季父也，素善留侯张良。张良是时从沛公，项伯乃夜驰之沛公军。（《史记·项羽本纪》）

掌握了这些规律和方法，并不是说就能完全正确标点古文，有时候因为不明词义、不明语法等，还会导致标点的讹误。

不明词义而误。例如：

⑨收天下之兵，聚之咸阳，销锋镝铸，以为金人十二，以弱天下之民。（贾谊《过秦论》）

这里的“铸”是动词，应下读。

收天下之兵，聚之咸阳，销锋镝，铸以为金人十二，以弱天下之民。

不明古代文化常识而误。例如：

⑩令郡国举孝、廉各一人，从董仲舒之言也。（《资治通鉴·汉纪·汉武帝元光元年》）

古代“孝廉”为一科，不曾分科，故“孝廉”不宜断开。应下读。

令郡国举孝廉各一人，从董仲舒之言也。

不明语法而误。例如：

⑪问今是何世，乃不知有汉，无论魏晋。此人一一为具言，所闻皆叹惋。（陶渊明《桃花源记》）

这里的“所”指代“闻”的对象，不可能指代“闻”这一行为的主动者，故“所闻”当属上读。

问今是何世，乃不知有汉，无论魏晋。此人一一为具言所闻，皆叹惋。

二、翻译

对古文进行翻译，是提高阅读古书能力的一项综合训练，是对所学古汉语词汇、语法等各方面知识的综合运用。它可以帮助我们掌握古汉语的特点，透彻了解原文的思想内容，同时有助于提高运用现代汉语的能力。

关于翻译的原则，一般是讲求“信”“达”“雅”。所谓“信”，是指译文要忠实于原文；所谓“达”，是指译文要通畅明白；所谓“雅”，是指译文要典雅优美。虽然“信”“达”“雅”是近代著名翻译家严复对外文汉译提出的要求，但用来要求古文今译，也是适用的。总之，翻译古文要准确地理解原文，忠实原文，尽可能用规范的现代汉语对译，努力保持原文的语言风格。

翻译的方法，大致有这样几条，即留、补、删、换、调。

“留”就是保留。凡古今词义相同，以及地名、人名等专有名词，翻译时可保留不变。例如：

①王充者，会稽上虞人也，字仲任……建武三年，充生。（《论衡·自纪》）

译：王充，会稽郡上虞县人，字仲任……建武三年，王充出生。

②十六年春，陨石于宋五，陨星也。（《春秋左传·僖公十六年》）

译：十六年春，天上坠落五块石头在宋国，这是坠落的星。

“补”就是增补。古文言辞简略，有时不得不加些词句，补出省略句的省略成分。例如：

③郑穆公使视客馆，则束载厉兵秣马矣。（《左传·僖公三十三年》）

译：郑穆公派人查看（杞子等人的）驻地。（杞子等人）已经捆好行装，磨好刀枪，喂好战马（准备战斗）了。

④子曰：“默而识之，学而不厌，诲人不倦，何有于我

哉？”（《论语·述而》）

译：孔子说：“（把所见所闻）默默地记在心里，努力学习而不满足，教导别人从不疲倦，这些事情对我有什么难呢？”

“删”就是删除。将那些无须译出的文言虚词删去。例如：

⑤师者，所以传道、受业、解惑也。（韩愈《师说》）

译：老师是传授道理、教授学业、解答疑难的。

⑥子之燕居，申申如也，夭夭如也。（《论语·述而》）

译：孔子在家闲居，很整肃、安详，很和乐而舒展。

“换”就是替换。用现代词语替换古代词语，变单音词为相应的复音词。例如：

⑦子不语怪、力、乱、神。（《论语·述而》）

译：孔子不谈论怪异、勇力、动乱和鬼神。

⑧且夫不好问者，由心不能虚也；心之不虚，由好学之不诚也。（刘开《问说》）

译：再说不喜欢发问的人，是由于内心不谦虚；内心不谦虚，是由于不真诚好学。

“调”就是调整。把古汉语特有的倒装句等调整为现代汉语句式。例如：

⑨吾妻之美我者，私我也。（《战国策·齐策一》）

译：我的妻子认为我美，是因为偏爱我。

⑩老夫其国家不能恤，敢及王室？（《春秋左传·昭公二十四年》）

译：我老头子连自己的国家和家族都无法操心，岂敢担心到王室？

需要注意的是，一些常见词语有时有特定意义，不能望文生义。例如：

⑪王必无人，臣愿奉璧往使。（《史记·廉颇蔺相如列传》）

译：大王如果确实没人去，我愿意捧着璧玉前往出使。

“必”的常用义是“必须”“一定”“必定”，但按原文的意思就不能这样翻译了，因为不符合蔺相如人物性格，应译为“如果确实”。

一些修辞格，如比喻、借代、用典等，翻译时要恰当处理。例如：

⑫秦，虎狼之国也，不可信。（《史记·屈原贾生列传》）

译：秦国是像虎狼一样凶狠贪戾的国家，不可相信。

这一句就运用了比喻的修辞手法，因此不能译为“秦国是虎狼的国家”。

⑬虽才怀随和，行若由夷，终不可以为荣。（司马迁《报任安书》）

译：虽然有如随侯珠、和氏璧那样的宝贵才能，有如许由、伯夷那样的清高品行，但终究不能引以为荣耀。

这里的“随”指随侯之珠，“和”指和氏璧，代表最宝贵的东西，最好的才能；“由”指许由，“夷”指伯夷，代表最清高的人。了解了这些典故，就能透彻理解原文，从而做到准确翻译。

思考与练习

1. 什么是古代汉语？与现代汉语相比，它具有哪些特点？

2. 什么是通假字？如何辨识通假字？
3. 什么是古今字？汉字的孳乳分化大致有几种情况，试举例说明。
4. 什么是单音词、双音词？举例说明古代汉语中的单音词、双音词。
5. 什么是词的本义与引申义？
6. 举例说明汉语词汇的古义与今义的差别。
7. 古代汉语名词的活用有哪几种形式？
8. 什么是使动用法？哪几类词具有使动用法？试举例说明。
9. 什么是形容词的意动用法？试举例说明。
10. 指出下列句子中“以”“为”“于”的用法。
(1) 以子之矛陷子之盾，何如？
(2) 以相如功大，拜为上卿。
(3) 天行有常，不为尧存，不为桀亡。
(4) 兔不可复得，而身为宋国笑。
(5) 是仁义用于古而不用于今也。
(6) 故有备则制人，无备则制于人。
11. 指出下列句子中“而”“则”的用法。
(1) 蟹八跪而二螯。
(2) 位尊而无功，奉厚而无劳。
(3) 河曲智叟笑而止之。
(4) 管氏而知礼，孰不知礼？
(5) 居庙堂之高，则忧其民；处江湖之远，则忧其君。
(6) 欲速则不达。
12. 举例说明助词“所”“者”“之”的主要用法。

13. 举例说明语气词“也”“矣”“焉”“乎”“哉”“为”“与”“者”的主要用法。

14. 古代汉语的判断句有哪几种形式？

15. 举例说明古代汉语被动句的几种主要句式。

16. 古代汉语的宾语前置有哪几种形式？试举例加以说明。

17. 给下面的古文加上标点符号并翻译成白话文。

太史公曰唯唯否否不然余闻之先人曰伏羲至纯厚作易八卦尧舜之盛尚书载之礼乐作焉汤武之隆诗人歌之春秋采善贬恶推三代之德褒周室非独刺讥而已也汉兴以来至明天子获符瑞建封禅改正朔易服色受命于穆清泽流罔极海外殊俗重译款塞请来献见者不可胜道臣下百官力诵圣德犹不能宣尽其意且士贤能而不用有国者之耻主上明圣而德不布闻有司之过也且余尝掌其官废明圣盛德不载灭功臣世家贤大夫之业不述堕先人所言罪莫大焉余所谓述故事整齐其世传非所谓作也而君比之于春秋谬矣（司马迁《史记·太史公自序》）

18. 给下面的古文加上标点符号并翻译成白话文。

余幼时即嗜学家贫无从致书以观每假借于藏书之家手自笔录计日以还天大寒砚冰坚手指不可屈伸弗之怠录毕走送之不敢稍逾约以是人多以书假余余因得遍观群书既加冠益慕圣贤之道又患无硕师名人与游尝趋百里外从乡之先达执经叩问先达德隆望尊门人弟子填其室未尝稍降辞色余立侍左右援疑质理俯身倾耳以请或遇其叱咄色愈恭礼愈至不敢出一言以复俟其欣悦则又请焉故余虽愚卒获有所闻当余

之从师也负箧曳屣行深山巨谷中穷冬烈风大雪深数尺足肤皲裂而不知至舍四支僵劲不能动媵人持汤沃灌以衾拥覆久而乃和寓逆旅主人日再食无鲜肥滋味之享同舍生皆被绮绣戴朱缨宝饰之帽腰白玉之环左佩刀右备容臭烨然若神人余则缊袍敝衣处其间略无慕艳意以中有足乐者不知口体之奉不若人也盖余之勤且艰若此（宋濂《送东阳马生序》）

第八章

中国古文化常识

重点提示：中华文化的形成及特点。天文和历法，地理和政区。官制和科举。儒释道文化。姓名和称谓。藏书与版本知识。经史子集与四部分类。

中华民族有着悠久而灿烂的文化，今天的中国是昨天中国的继承和发展。作为出版工作者，了解一些古代文化常识，不仅能提高自身的文化素质，而且能提高审阅文稿的业务水平。

第一节　中华文化的形成及特点

中华文化，源远流长，博大精深，是世界上自成系统、独具特色的文化。有文字记载的中华文化，有悠悠五千年历史。中华文化从孕育发生到恢宏壮大，有一个漫长而曲折的发展历程。

原始时代是中华文化的初始阶段。远古中华有华夏、东夷、苗蛮三大部落联盟。华夏部落联盟发祥于黄土高原，主要活动于中部和北部的部分地区，相传有黄帝、炎帝和共工氏等。东夷部落联盟主要活动在今山东、河南东南和安徽中部一带，相传有蚩尤、后羿等。苗蛮部落联盟主要活动于今湖北、湖南、江西一带，相传有伏羲、女娲等。经过征战，华夏部落联盟确立了在中华大地的主导地位，这对后世文化发展的格局产生了深远影响。

夏、商、周时代，中华文化的发展迈出了重大一步。殷商时代甲骨文字、青铜器及其铭文的产生，标志着古代中国已跨入文明社会的门槛。商人的文化观念，集中体现在“尊神重巫”，表现出强烈的神本文化的特色。周人汲取殷商灭亡的教训，认识到“天命靡常，唯德是辅”，进行了一系列文化维新——确立宗法制，实行分封制，确立礼制。周人的改革完成了一次文化转型，使上古文化“从神本走向人本”。

春秋和战国是中国历史上一个动荡与变革的时期。战国诸子，出于“救时之弊”，纷纷提出自己的思想主张，形成“百家争鸣”的局面。诸子学说中重要的有儒、墨、道、名、法、阴阳、农、纵横、杂、小说十家。各家学说相互批判，相互融合，共同构建起中华思想文化的“轴心时代”。

秦汉时期是中华文化的定型期。汉武帝“罢黜百家，独尊儒术”，中华思想文化趋于一统，从此儒家思想成为汉代乃至汉以后各朝各代的统治思想。魏晋南北朝时期，多民族相融共存、共同发展，中华文化得到多维度的发展和深化，特别是玄学崛起，道教勃兴，佛教也得到快速发展，形成了生机勃勃的多元文化发展局面。

隋唐时代，统治者奉行“儒、释、道”三教并行的政策，并以博大的胸怀广为吸收域外文化，中华文化进入气度恢宏、史诗般壮丽的隆盛时代。

宋明时期，文化特有的风貌是理学及心学的建构与发展。北宋石介、胡瑗、孙复是理学的先驱，周敦颐是濂学奠基者，其他重要代表有象数学的邵雍，关学的张载，洛学的程颢和程颐。南宋闽学的朱熹是理学思想的集大成者。南宋陆九渊将理学向“心”的方面发展，形成理学中的心学一派。明代王守仁是心学的最重要代表人物。总的来说，这个时期，中华文化趋于成熟。

从清代至“五四”，是中华传统文化的转型期。清初三大家王夫之、黄宗羲、顾炎武等一大批有识之士大声疾呼“经世致用”，开辟出一条重考证、重实践的新学风。吴派、皖派、浙东学派、扬州学派等诸多考据学派竞起，形成清代以“考据”为特色的学术主流。中国传统文化在西学东渐的撞击下，开始了向近代转型的步伐。

中华文化在形成和发展的过程中，体现出鲜明的国度性和民族性。

首先，中华文化是中国多民族共同创造的，中华文化是中华民族共同的精神家园。

中国是一个历史悠久的、统一的多民族国家。从夏、商、周三代时期起，中华民族的先民就通过无数血缘部族的生长壮大、融汇聚合，逐渐形成了一个多民族的统一体。从民族发展的角度看，一部中国历史，就是一部多民族共同创造中华文明的历史。中国各民族的祖先在漫长的岁月中自强不息，交往联系，唇齿相依，共同捍卫了祖国的统一和民族团结，共同创造了辉煌的中华文化。

文化是一个民族生存和发展的灵魂和血脉，也是一个民族的精神记忆，体现了民族的认同感、归属感。在五千年漫长的历史长河中，中华儿女繁衍生息，以独特的智慧创造出亘古不绝、一脉相承的灿烂文化，凝聚了中华民族千百年来的民族精神、道德规范、审美趣味、创造才能、思维方式和理想追求。民族文化是长期积淀的结果，代表了一个民族的深厚底蕴，是一个民族区别于其他民族的文化特征。中华文化是中华民族共有的精神家园，是维系民族团结和国家统一的精神纽带。党的十八大报告明确提出“建设优秀传统文化传承体系，弘扬中华优秀传统文化”，对于增强中华民族的凝聚力，维护国家的团结统一，维护国家文化主权和文化安全，实现经济社会的全面、协调、可持续发展，均具有深远的战略意义。党的十九大报告进一步指出：“文化是一个国家、一个民族的灵魂。文化兴国运兴，文化强民族强。”没有文化的繁荣兴盛，就没有中华民族的伟大复兴。文化对于国家的兴旺、民族的发展具有重大的作用。

第二，中华文化在形成过程中广泛吸收了世界文化的营养，经历了不断创新、不断更新和发展的过程。

中华文化不仅在本国内部各民族文化的相互融汇、相互渗透中得到发展，而且在与外部世界的接触中，先后吸收了中亚游牧文化、波斯文化、印度佛教文化、阿拉伯文化、欧洲文化的营养，不断得到更新，保持了旺盛的生命力。从汉代开始，直至唐宋，中华文化便进入本土文化与外来文化的第一次大规模交汇期，西域（即中亚和西亚）文化、南亚次大陆文化输入中国，尤其是佛学的传入，对中国哲学乃至整个中国文化都起了巨大的启迪作用。16世纪末叶开始，随着欧洲耶稣会士来华，中国文化与外域文化形成了第二次大交汇。耶稣会士传入中国的西方文化，包括欧洲的古典哲学、逻辑学、美术、音乐与自然科学等。这些西洋学术，不仅给中国文化增添了新的学科，更给中华民族提供了新的思维方式，开阔了国人的视野。明清时期，开明人士对域外文化所采取的包容、接纳态度，也反映了中华民族所具有的广阔襟怀。当然，中国文化一方面吸收外来文化的精华以滋补本民族的文化血脉；另一方面，中国文化在接纳外域文化的过程中，又进行再创造，并反输出给其他文化系统，传递出独有的“智慧之光”，对人类文明的发展做出了自己的贡献。

第三，中华文化源远流长、历久不衰，表现出强大的生命力。

强大的生命力，是中华文化的一个重要特征。中华文化之所以能够延绵恒久，与中国传统经济以农业为根基有重要联系。中国传统文化从某种意义上说，是一种农业文化。中国历代统治者无不推行重农的基本国策，提倡以农为“本”、以工商为“末”。“农本商末”、重农抑商的观念，在中国式的农业社会可谓根深蒂固。而重实际、求稳定是农业文化的重要特征。

第四，中华文化体现出中华民族务实力行、自强不息的精神风貌。

由农耕经济的特殊性决定，几千年来，中国人的主体——农民，“日出而作，日落而息”，世世代代、年复一年地从事生产劳动，形成了一种务实力行的民族精神，正如《周易》所讲“天行健，君子以自强不息”。从战国到清代，历时两千年，《周易》关于刚健有为、自强不息的思想深入人心，为全社会所接受。可以说，“自强不息”，是中华民族积极的人生态度最集中的理论概括和价值提炼。

第五，中华文化体现出中华民族伦理本位的道德品格。

文化具有极强的国度性和民族性。中华文化国度性和民族性的一个显著特征就是伦理本位。伦理道德是中国传统文化的核心，也是中华文化对人类文明最突出的贡献之一。中华文化伦理本位的特征与农业立国的经济基础息息相关。农业文化始终以血缘关系为纽带来组织人际关系，而以血缘关系为基础的社会，最终则形成以家庭为本位的宗法制社会。宗法社会特别注重伦理，人与人之间因血缘的不同而有远近亲疏之别，每个人因伦理关系而各负有其义务。因此，中华文化特别重视伦理道德，在哲学、宗教、文学、艺术等各种文化表现形态中，伦理思想处于中心地位，起着支配作用。

中华民族伦理道德系统中，有许许多多的传统美德，诸如仁爱孝悌、谦和好礼、诚信知报、精忠爱国、克己奉公、修己慎独、见利思义、勤俭廉正、笃实宽厚、勇毅力行等，是中华道德文明的精华，它们对于人类社会道德品格的提升仍具有普遍意义和划时代意义。

第六，中华文化体现出中华民族崇尚“中庸”的思维模式。

“中庸”一词，出自孔子的“中庸之为德也，其至矣乎”。“中庸”的“中”，有中正、中和、不偏不倚的含义；“庸”是“用”的意思。“中庸”即“用中”之意。《礼记·中庸》：“执其两端，用其中于民。”可见中庸之道，就是一种不偏不倚，反对极端而“致中和”的境界。儒家非常重视中庸之道，作为儒家经典的《中庸》认为，“中也者，天下之大本也”。在这种“中庸”思想的影响下，中国人温文尔雅，宽容谦让，热爱和平，对不同的思想及主张采取的是一种“和而不同”的态度。

总之，中华文化以自身的和谐包容为特色，积极吸收世界先进文化，并保持自身文化发展的独立性和延续性。

第二节　天文和地理

天文、历法和地理知识是阅读古籍经常会遇到的文化常识。不了解这些知识，可能给我们阅读古书带来障碍；或者在编辑这方面的图书时，不能发现其中的错误。

一、天文、历法

我国古代"以农立国"，农业生产是先民最重要的活动之一。农业生产又跟自然天象关系密切，所以古人非常注重"观象授时"，积累了丰富的天文知识。

古人把日、月、星这三种常见的天体称为"三光"，把日、月和金、木、水、火、土五星合起来称为"七政"或"七曜"。金星古称"明星""太白""启明"（因其在黎明时见于东方）"长庚"（因其在黄昏时见于西方）。木星古称"岁星""岁"，古人认为木星十二年绕天一周，并据此纪年，所以有"岁在某某"的说法。水星又名"晨星"，火星古称"荧惑"，土星古称"镇星"。但古书中提到的"水""火"星名，并不是指现代天文学中的水星和火星，而是指恒星中的"定星"和"大火"。《诗经》中"七月流火"的"火"即指"大火"，而不是火星。这个称为"火"的星星，也就是"心宿"三星中最亮的一颗，又称"心宿二"。农历六月黄昏时候，这颗星出现在南方，方向最正，位置最高。到了七月，就偏西向下（流）了。农夫根据心宿在天空的位置，来确定季节，安排秋、冬的农事。

随着天文知识的丰富，人们把黄道和赤道附近的星空分为二十八个区域，称为“二十八宿”，并把二十八宿的东方七宿（角、亢、氐、房、心、尾、箕）想象成苍龙，西方七宿（奎、娄、胃、昴、毕、觜、参）为白虎，南方七宿（井、鬼、柳、星、张、翼、轸）为朱雀，北方七宿（斗、牛、女、虚、危、室、壁）为玄武，将这四种动物称为“四象”。这和外国古代把某些星座想象成某些动物的形象（如大熊、狮子等）很相似。杜甫有诗“人生不相见，动如参与商”，感叹人生的别离，其中的“参”是指西方的参宿，“商”指东方的心宿，为二十八宿中的两宿，因为参宿在西，商宿在东，不能同时出现于人们的视域，所以用来感叹人事隔绝，难以会面。我们拜访某人不遇，常留便条称“参商为憾”，也是因为不相见而感到遗憾的意思。古代典籍中的“斗”和“牛”也不是专指北斗星和牵牛星，有时候指的是二十八宿中的斗宿（南斗）和牛宿，“斗牛”连称时即指斗宿和牛宿。王勃《滕王阁序》：“物华天宝，龙光射牛斗之墟。”是说物产华美，有天然的珍宝，龙泉剑光直射斗宿、牛宿的星区。刘禹锡诗：“鼙鼓夜闻惊朔雁，旌旗晓动拂参星。”形容雄兵出师惊天动地的场面，参星即参宿。某出版社出版的《唐宋词一百首》，将文天祥《念奴娇·驿中言别友人》“堂堂剑气，斗牛空认奇杰”中的“斗牛”注解为“北斗星和牵牛星”，是不对的。

上古时期没有完善的历法和计时工具，人们只有根据对天象、物象和气象的变化进行观察，来决定农时，指导生产。这就是观象授时。难怪上古时，最普通的农夫村妇也懂得天文。正如明末清初大学者顾炎武所说：“三代以上，人人皆知天文。‘七月流火’，农夫之辞也。‘三星在户’，妇人之语也。‘月离于毕（毕宿）’，戍卒之作也。‘龙尾（尾宿）伏辰’，儿童之谣也。后世文人学士，有问之而茫然不知者矣。”（《日知录》卷三十）

春秋战国时代，人们把天上的星宿和地上的州域分别对应起来，这便是“分野”（分野的具体内容，可查《辞源》等工具书）。读到李白《蜀道难》中的“扪参历井仰胁息，以手抚膺坐长叹”，往往对“扪参历井”不甚理解，实际上这里的“参”“井”，指的是参宿和井宿，分别代指古代的益州和雍州，因为蜀道跨越二州，所以这样说。攀行在蜀道上，就像用手可以摸到天空中的星星，可见蜀道多么高峻奇险。又如王勃《滕王阁序》在介绍滕王阁所在地南昌的位置时，便说：“星分翼轸，地接衡庐。”这是说南昌位于楚地，因为翼轸是古代楚地的分野。

天文与历法是紧密联系在一起的，古人最容易观察到的天象，是太阳的出没和月亮的盈亏，所以以昼夜交替的周期为一“日”，以月相变化的周期为一“月”。暑往寒来，季节的变化也是有周期的，这种周期就称为“年”。以地球绕太阳一周期为单位制定的历法称为“阳历”，以月亮绕地球一周期制定的历法称“阴历”。一年分为春、夏、秋、冬四季，古代称为“四时”。又以孟、仲、季分别表示一个季节中的三个月，如孟春、仲春、季春。

农历是我国长期采用的一种传统历法，它以朔望的周期来定月，用置闰的办法使年平均长度接近太阳回归年，因这种历法安排了二十四节气以指导农业生产活动，故称农历，又叫中历、夏历，俗称阴历。古人写文章，凡用序数纪月的，大多以农历为据。农历按天时和气候的变化，将一年分为二十四个节气，它们是立春、雨水、惊蛰、春分、清明、谷雨、立夏、小满、芒种、夏至、小暑、大暑、立秋、处暑、白露、秋分、寒露、霜降、立冬、小雪、大雪、冬至、小寒、大寒。为了便于记忆，人们将二十四节气编成一首歌谣："春雨惊春清谷天，夏满芒夏暑相连，秋处露秋寒霜降，冬雪雪冬小大寒。每月两节均不变，最多相差一两天。上半年来六廿一，下半年是八廿三。"这里"每月两节"是就阳历而言的，具体到阴历中又有变化。某长篇小说中有"阴历七月，秋分那日……"的句子，这种说法有误，按二十四节气在阴历中的排列，秋分只能在阴历八月出现，不可能出现在阴历七月。

古时用于纪年的方法有很多，最常见的是干支纪年法和年号纪年法。这里只谈一下干支纪年法。干支纪年法，就是以十天干与十二地支两两相配，以纪年历，六十年一循环。天干与地支一个循环配成六十组，通称为"六十甲子"。十天干是甲、乙、丙、丁、戊、己、庚、辛、壬、癸。十二地支是子、丑、寅、卯、辰、巳、午、未、申、酉、戌、亥。这里，己巳、戊戌，字形相似，容易混淆，要注意识别。天干只能与地支相配，而且是天干的单数与地支的单数相配，天干的双数与地支的双数相配。只要掌握了这些规律，就不难发现诸如"巳酉""巳己""戌戊"这样的纪年错误。如某期刊载文称："（嬴政）直到九年后的四月巳酉，也就是二十二岁时，才'冠，带剑'，开始亲政。"这里的"巳酉"应为"己酉"，因为"巳"是地支，"己"是天干。

十二地支也用来表示一天中的十二个时辰，每一个时辰对应现在的两个小时。某长篇小说中有一处提到："现在是辰末，不到午初。"这里就是用地支表时间，但"辰"后是"巳"，"巳"后才是"午"，从"辰末"到"午初"，中间隔了一个时辰，用"辰末不到午初"表示"现在"这一时刻，显然不恰当，正确的表述应该是"现在是辰末，不到巳初"。

二、地理、政区

中国地域辽阔，山水秀丽，所以地名多与山水有关，这体现出中华民族对山水的热爱，"山河""河山""江山"成为领土与政权的代称。因光照不同，中国取名常将山南水北称为阳，山北水南称为阴。

在古代，河是黄河的专称，直接以"河"命名的地名有很多。省级的行政区划地名中因黄河而得名的有河南、河北两省。中国的第一部地理著作《尚书·禹贡》将中原地区分为了九州，豫州是"荆、河惟豫州"，即黄河以南、荆山以北的地方是豫州。今天河南省的辖境大部分位于黄河以南，简称"豫"即由此而来；与之相应，河北省简称冀，也是源自《禹贡》。

在地名学上，"河南"与"河北"都是自然区域名称，后来才逐渐转变为行政区名。古代依黄河的流向与相对位置，将中原地区大致分为三河地区：河南、河内与河东，均为中国文明的重要发源地，《史记》中记载："昔唐（夏）人都河东，殷人都河内，周人都河南。"这三个地区面积不大，但人口众多，位置重要，"在天下之中，若鼎足，王者所更居也"。其中河南、河内都在今河南境内，河东则指的是今山西南部地区。

更为重要的是，古今地名往往有很大的变化。有的古今同名，却并非同地，需要结合历史背景仔细地辨析。如历史上称为北京的地方，至少有十处之多，唐朝曾称太原府为北京，宋朝曾称大名府为北京，金曾称临潢府为北京，明朝曾称大梁为北京。再如今天的桂林，在秦代指今广西贵县南，在三国时指今梧州市，在西晋时指今柳州市东。有的古今同地，却并不同名。如今天的北京，在历史上曾称为燕、蓟、幽州、析津、中都、大都、北平等；今天的南京，在历史上曾称为金陵、建业、建康、江宁、应天、天京等。

有时形近地名容易误读误用。如广东的黄埔与上海的黄浦，四川的平昌与北京的昌平，广东的封开与河南的开封，河北的安新与河南的新安。有的地名还比较特别，不能望文生义。如某书中有一段文字：“齐湣王既取燕灭宋……望诸君以诸侯之师入齐。”编译者将后一句注释为：“眼看各国君王用诸侯的军队进攻齐国。”这里将“望诸君”注释为“眼看各国君王”就是望文生义，因为“望诸君”是燕国大将乐毅降赵后的封号，“望诸”是赵国的一个地名，“君”也不是君王，而只是战国时贵族的称号。

有时稍不留意，还会错把地名当人名。某报刊载一文在解释成语“邯郸学步”时说：“古时候有个名叫邯郸的人，为学别人走路而忘了自己该怎样走路。”我们知道，“邯郸学步”出自《庄子·秋水》，大意是：燕国有个人到赵国都城邯郸去，他见当地人走路姿势很美，就跟着学，结果不但没学好，反而忘了自己原来走路的方法，最后只好爬着返回故乡。该文作者显然是把地名错当人名了。如果编辑多一点历史地理知识，为作者把把关，就不会出现这样的错误。

凡是遇到古代地名，我们要留意它的历史变迁，勤查《辞源》《中国古今地名大辞典》等工具书，千万不要随意“张冠李戴”。

由于历史及习俗的原因，地名中的许多字还有其特定的读音。如：“龟兹”读 Qiūcí，“六安”读 Lù'ān，“乐亭”读 Làotíng，“东莞”读 Dōngguǎn；浙江“天台山”中的“台”读 tāi，而“台湾”的“台”读 tái。又如：河北的蔚（Yù）县；河南的浚（Xùn）县；安徽的歙（Shè）县，亳（Bó）州；湖南的耒（Lěi）阳，郴（Chēn）州；内蒙古的巴彦淖（nào）尔；山东的莘（Shēn）县，上海的莘（Xīn）庄。

政区，也就是行政区划，它是国家行政管理的区域性组织系统，将地理和人口结合起来划分区域以便管理。

划分政区，在中国有悠久的历史。

传说在上古时期，大禹便将天下分为“九州”。按照《尚书·禹贡》的说明，九州的名称分别是：冀、兖、青、徐、扬、荆、豫、梁、雍。显然，《尚书·禹贡》的“九州”，依据的是山川地势的自然分界，而并不是当时实际存在过的行政区划。按成书于战国时的《吕氏春秋》的说法：“河、汉之间为豫州，周也；两河之间为冀州，晋也；河、济之间为兖州，卫也；东方为青州，齐也；泗上为徐州，鲁也；东南为扬州，越也；南方为荆州，楚也；西方为雍州，秦也；北方为幽州，燕也。”这里，九州的自然区划已经与诸侯国的疆域形势结合起来，成为全国的政治形势图，为秦统一中国提供了地理资料。舜时曾分为十二州。到东汉又分为十三州。而唐代有三百多州。汉代至南北朝，州基本上是监察区，至唐，州就成为行政区划单位了。因此，像禹时的扬州与唐时的扬州，就不是同一地理概念了。需要注意的是，“州”与“洲”容易搞错，某地有一商店取名为“九洲商厦”，还有一家商店名为“九洲黄金总汇”，“九洲”一词实不存在，只有“五洲”之说。出版物中还有将“潮州”错为“潮洲”，“满洲”错为“满州”，“株洲”错为“株州”的情况。

从秦汉到隋代大体实行的是“郡县制”，即中央以下设郡和县两级。如秦始皇统一中国后，就将全国划分为三十六郡，郡下设县。

唐宋时期主要实行的是“道路制”。唐代根据山川自然形势把全国划分为若干“道”，宋代则改“道”为“路”。“道”和“路”相当于现在的省。

元明清三代基本是实行“行省制”，或简称“省”。从明代开始，“省”就成为地方行政区划的专用名称，而且许多“省”的名称基本上沿用到现在。

许多省、市名称及其简称都是有来由的。如北京简称“京”，古称“蓟”，西周初燕国建都于此，所以称“燕京”。公元 1403 年，明成祖迁都于此，改称“北京”。民国时期，北京曾改称北平（1928 年）。天津简称“津”，元代已成港口，名“海津镇”。据传，明初燕王朱棣起兵南下夺帝位，渡津于此，赐名“天津”。湖北位于洞庭湖之北，故称“湖北”；武昌古称“鄂州”（今另有鄂州市），故湖北简称为“鄂”。

历代王朝定都的城市主要有六个，即西安、洛阳、开封、北京、南京、杭州，常称为“六大古都”。

第三节　官制和科举

一、官制

我国古代的职官，历代建置不同，其间多有变化，情况非常复杂，这里只就中央官制发展的大致脉络以及官名问题略作介绍。

从夏代到清代，中央官制发展大致可以分为五个时期。

一是巫史制时期。包括夏商两个朝代。这一时期，国家的君主称“后”（沿用氏族首领的称号）、称“王”。在王的左右，权力最大的是一些称为“史”的官员，古书里也称作“巫”。巫史的职务一般是世袭的，他们在整个国家机构中居重要地位。

二是公卿制时期。包括西周、春秋两个历史时期。这个时期，最高统治者仍称“王”，又称“天子”“天王”。王位一般由嫡长子继承，预定王位继承人称为“太子”，也称“东宫”。王的正妻称“后”。在君王之下，太师、太傅、太保（合称“三公”）的地位最高、权力最大。在“三公”之下的是若干卿和士，他们是各政务部门的首领，有明确的执掌范围。如司徒掌管土地等，司马掌管军赋和军用车马，司空掌管筑城、修路等重要工程，太史掌管历法、起草政府重要文书等，御史掌管档案，太卜掌管占卜，宗伯掌管祭祀、礼仪等。

三是丞相制时期。包括战国、秦和西汉初期。国家的最高统治者从秦代开始称皇帝，逐步建立中央集权的统一官制。秦始皇设三公九卿，组成中枢机构。三公即丞相、太尉和御史大夫，是中央最高军政长官。丞相位最尊，是最高行政长官；太尉协助皇帝掌管全国军事，是最高军事长官；御史大夫是皇帝秘书长，负责监察，并为丞相之副，帮助丞相处理政务。汉代基本沿袭秦制，但汉武帝时废去太尉一职，改为大司马，由皇帝宠信的外戚近臣担任，逐渐成为事实上的执政，权势远在丞相之上。两汉末年又改称丞相为大司徒，改称御史大夫为大司空，与大司马仍合称“三公”。九卿则是秦汉时期中央行政机关的分管长官。

自秦始皇起，皇帝自称“朕”，臣民称皇帝为“陛下”，史官记事称“上”，皇帝的命令称“制”“诏”“敕”“谕旨”“圣旨”。皇帝的一切言行都是至高无上的。某电视剧中有一句武则天逼问唐高宗的话，“那你是休妻，还是弑子？”赫然出现在荧屏上。这里的“休妻”用错，“弑子”用得更错，古代称臣子杀死君主或子辈杀死父辈为“弑”，因为这是违反伦理的事情，含有谴责之意，皇帝要杀儿子，称“斩”就行，不应称“弑”。

四是尚书制时期。从汉武帝时开始直到明初。此期的政府权力执掌者逐步由“三公九卿”向“三省六部”过渡。汉武帝以后，丞相日渐没有实权，尚书台的长官尚书令地位提高，成了拥有实权的宰相。魏晋以后尚书台从内廷独立出来，成为中央执行政务的总机关。隋、唐两代均不设丞相、相国。隋及唐初，三省长官并为宰相。“三省”指的是尚书省、中书省和门下省，“省”是机构名称。中书省决策，门下省审议，尚书省执行。中书令、侍中、尚书令分别代表三省，共同协助皇帝处理政事。“三省”之下的政务部门是“六部”。六部即吏、户、礼、兵、刑、工。吏部掌管官吏的任免、铨叙、考绩、升降等；户部掌管户口、土地、赋税、财政等；礼部掌管礼仪、祭祀、科举、学校等；兵部掌管武官选用及军政；刑部掌管司法行政、狱讼等；工部掌管各项工程、营造、屯田、水利、交通等。

五是内阁制时期。包括明清两个朝代。明初废除中书省及丞相等官职，设立华盖殿、谨身殿、武英殿、文华殿、文渊阁、东阁等大学士，为皇帝顾问。此后，内阁权位渐高，入阁大学士成为实际上的宰相，号称“辅臣”。首席大学士称“元辅”或“首辅”，职位最重，主持内阁大政。清初仿照明制，改内三院（内国史院、内秘书院、内弘文院）为内阁。内阁大学士为文臣的最高职衔，但实权减轻。雍正以后的“军机大臣”是实际的宰相。清末改官制，成立责任内阁，所辖十部，即：外务部、民政部、度支部、学部、法部、陆军部、海军部、邮传部、农工商部、理藩部。各部长官称大臣，十部大臣皆为国务大臣。

清代的地方长官，总督和巡抚是重要的封疆大臣，合称“督抚”。清代设总督八人，总揽一省或数省的军民要政，比较偏重于军政，所以通称总督为“制军”“制台”。巡抚为一省之长，每省一人，比较偏重于民政，通称“抚台”，文人又喜用古代的“方伯”（古代一方诸侯的首领）称之。布政使则是他们的属员，掌管一省的民政、财政，通称“藩台”。主管一省司法的按察使也是督抚的属员，通称“臬台”。

在历朝职官制度中，值得我们注意的是官名变迁问题。

有的官名相同，但不同朝代其职掌或含义不同。如大夫，既是官名（秦汉唐宋均有御史大夫、谏议大夫等），又是职官等级名（夏商周，官分卿、大夫、士三等），还是医官名（宋代始设，后世医生称大夫，即本于此）。又如御史，秦代以前为史官，汉以后多指主管纠察的官吏。某期刊载文称：“唐玄宗当了扒灰，御史们就不敢直书一句。”这里显然是误把“御史”当作负责修史记事的史官了，而唐代的御史是主管监察的官。再如驸马，是皇帝女婿的专称，但早期的驸马却是一种官职，汉武帝时就设有驸马都尉，负责管理皇帝外出时的车马事宜，魏晋以后才成为皇帝女婿的代称，而不再是官职。

有的官吏职掌相同，但名称不同。如宰相，基本上是行政首脑的通称，历代有不同的名称，战国、秦、西汉称“相邦”或“相国”，隋唐以中书令、尚书令等三省长官为宰相，宋代以同平章事为宰相，明清两代以内阁大学士为宰相，清代设军机处后以军机大臣为宰相。

还有一些职官的含义要特别注意，不能望文生义。如“洗马”，本是官名，为太子太傅、少傅的属官，太子出行，则为前导，为侍从。古籍中常见的“为太子洗马”一句，意思是“担任太子洗马之职”，而有人将它解释为“替太子冲洗马匹”，实为大谬。凡是遇到自己不太明白的职官名称，一定要勤查职官制度方面的专书，以免出现常识性的错误。

除了职官的设置和选举外，古代职官体系中还包含相当丰富的内容，如职官的爵位、品阶、俸禄、考课、致仕等。

爵位，是表示社会地位和物质待遇的一种尊号，多根据血缘亲疏或功劳大小来授予。旧说周代封爵有公、侯、伯、子、男五等。战国时期各国爵称一般有君、侯、卿、大夫等。秦国还有专门奖励军功的二十等爵。汉代宗室分王、侯（县侯、乡侯、亭侯）二等，功臣的封爵沿用秦的二十等爵。魏晋以后，历代宗室和功臣的封爵大多以王、公、侯、伯、子、男为号。王有亲王、嗣王、郡王之分。

品阶，是表示官员的等级。汉代以禄秩的多少表示官的等级，有万石、中两千石、两千石、比两千石、千石、比千石、八百石、比八百石等，最低的为斗食。魏晋开始，官分九品，一品最高，依次递降。隋至元明清，品分正、从，共十八等。隋代自九品至一品官，称为流内，不入九品的称为流外。

俸禄，是给予官吏的物质待遇。秦汉以发给粮食计算，以石为单位。因为每一种官职都有固定的俸禄级别，所以有时以俸禄级别指官职，像郡守的俸禄是两千石，两千石就成为郡守的代称。

考课，即对官员定期进行考核，并依考核的结果进行奖惩。对官吏的提升称为“迁”，一般积功久任的为“平迁”，有特殊功绩和蒙受恩宠的拔擢，称“超迁”或“擢”。在考课中，成绩特别优异的被称为“最”。考课为“最”者，一般都“超迁”一等。在考核中，成绩较差的被称为“殿”。对那些被评定为“殿”者要追究其责任。但是也有将官职的升降变动（包括贬官）都称为“迁”。

致仕，即辞去官职的婉转说法，就是“把禄位还给国君”。某文中有一句：“大量中国古代知识分子一生最重要的现实遭遇和实践行为便是争取科举致仕……”揣摩作者原意，是说“争取通过科举考试获得一官半职”，而“致仕”在古代只有“辞去官职”一个意思，因此这里“致仕”的用法明显有误。

古代职官任免升降还有专门的术语：有关任职授官的，如任、授、除、拜、封、征、辟、荐、举等；有关提升职务的，如擢（zhuó）、加、超迁等；有关降级免职的，如罢、免、解、贬、谪、革、褫（chǐ）等；有关调动职务的，如移、调、徙、量移、补等；有关兼职的，如领、摄、权、行、署等。

二、科举

我国古代对官员的选拔，也形成了一系列的制度。

传说中的尧舜禹时代实行的是禅让制。据说，尧在位年久，向“四岳”咨询继任人选，“四岳”推举舜。舜的美德经受了种种考验，尧把“帝位”传给了他，这就是“禅让”。舜晚年同样选贤传位，被推举的是禹。

夏商两代，从最高统治者到各级奴隶主贵族，其权位是由自己的后代理所当然地世袭继承，他们世世代代把持着自己的政治职位和权力，世世代代享受着各种特权，这就是世卿世禄制，即“大人世及以为礼”（以子继父称为世，以弟继兄称为及）。

西周时代，实行的是“乡举里选”，即由地方选拔出能者贤士推荐给朝廷。春秋时期，“任人惟贤，因功受禄”。战国时期，实行军功爵制度。

汉代实行的是“察举”和“征辟”制。所谓“察举”，就是由中央及地方官员经过考察，把品行端正、才干出众的人推荐给朝廷，由朝廷授予他们官职。察举的科目有“秀才”和“孝廉”。秀才，即才能优秀的人。东汉时，为避光武帝刘秀讳，改称“茂才”。孝廉，即孝敬而廉洁的人。（科举制实行后，秀才的含义有变化。明清时期，习惯上把通过乡试的举人别称为孝廉。）所谓“征辟”，就是由皇帝和官府直接征召有名望的人做官。这种制度到东汉后期即已暴露出它的弊端，以至街头巷尾有这样的歌谣：“举秀才，不知书；察孝廉，父别居。”

魏晋南北朝时期，选官方法称为“九品中正制”，就是将被选者分为上上、上中、上下、中上、中中、中下、下上、下中、下下九等，由朝廷任命的中正官进行品评，然后按等录用。后来中正官完全由豪门贵族担任，并由他们操纵了对人物的品评，以至产生“上品无寒门，下品无世族”的现象，因而九品实际上依据门第高下来定。

到隋朝，九品中正制被废除，而采用考试的办法选拔官吏，这就是科举制的开始。

所谓科举制度，就是分设科目考取士人的选官制度。这种制度在唐宋时期进一步发展，到明清时期日趋完备，形成严格的四级考试形式，即院试、乡试、会试和殿试。院试，即各省童生参加由学政主持的考试，考取的称生员，俗称秀才（与汉代“秀才”的含义不同）。乡试，是生员参加三年一考的省级考试，考取的称举人，第一名称解（jiè）元。乡试因为都是在秋天举行，故称为“秋闱”（闱即试院、考场）。会试，是举人参加由礼部举行的考试，一般在乡试后的第二年春季举行，又称“春闱”，考取的称贡士，第一名称会元。殿试，是贡士参加由皇帝亲自主持的考试，考取的称进士。殿试分三甲录取，第一甲录取三名，第一名俗称状元，第二名称榜眼，第三名称探花，合称为三鼎甲。二甲若干人为“赐进士出身”，三甲若干人为“赐同进士出身”。由于殿试基本上是定名次的考试，不存在被黜落的问题，所以会试和殿试可合称为最高一级的考试。俗话说的“连中三元”，指的是乡试第一名“解元”、会试第一名“会元”和殿试第一名“状元”。不搞清科举考试的这些程序和名称术语，有些文章中的错误，就不容易被发现。如某报载文说：“范进没中举时，与常人无异。而一登第，考中进士，马上‘一举成名天下知’。”范进“中举”，只是考中了举人，而不是进士，“举人”和“进士”还相差两级。唐宋时期，朝廷大殿前还专门有一块雕刻着龙和龟（鳌）的大石板，新考中的状元在行礼时单独站在这块石板上，所以后来称获得第一名的人为“独占鳌头”。

明清时期，科举考试时所采用的专门文体叫八股文，也称制艺、时文、八比文等。因为它要求文章中应有四段对偶排比的文字，一共八部分，所以叫八股文。

第四节　儒释道文化

中华文化，源远流长，逐步形成了以儒家文化为主体的多元传统文化。

一、儒家文化

儒家文化历史悠久、积淀深厚，是中华文化的主体。孔子是儒家学派的创始人。在春秋时代，孔子以六艺教弟子。“六艺”指的是礼、乐、射、御、书、数，为当时的几种课程。相传孔子为了教学的需要，对古代典籍《诗》《书》《礼》《乐》《易》《春秋》进行过整理。孔子的思想核心是“仁”。孔子死后，儒家分成八个派别，其中最杰出的是孟子和荀子两派。孟子一派被视为儒家正宗。

汉代大儒董仲舒在先秦儒家的基础上吸收融合法、道、阴阳各家，对儒学进行了重大改造，建立了一套君权天授的儒学体系。在董仲舒的建议下，汉武帝“罢黜百家，独尊儒术”，从此，儒家思想成为封建社会的统治思想。

魏晋时期，传统儒学与道、名、法诸家学说会通，形成玄学。玄学之所以得名，是由于当时学人以号称“三玄”的《老子》《庄子》和《周易》这三部著作为经典而展开学术研究。玄学的基本特征是崇尚“玄远”，探讨“有无”“本末”“体用”等范畴。代表人物有何晏、王弼、向秀、郭象等。

隋唐时期，朝廷奉行以儒教为本的基本国策。在儒学的研究上，学者注重对儒家经典的阐释，形成注疏之学，颜师古、陆德明、孔颖达等是著名的注疏家。

儒学发展到宋代，演变为理学的新形态。理学家们援道入儒、援佛入儒，建构了一个充满思辨色彩、哲理化的理论框架。北宋是理学的形成和初步发展时期，重要的理学家有周敦颐、张载、程颢、程颐。南宋是理学的进一步发展期，朱熹是宋代理学的集大成者，代表作有《四书章句集注》等。

明代，理学开始向心学演变。明初，程朱理学仍居统治地位。明中期以后，理学开始向心学转化，王阳明是心学的集大成者。明末，心学因空谈心性而落入空疏，逐步走向衰落。

针对明末学术空疏的现象，清初学者提倡征实之学。顾炎武倡“舍经学无理学”之说，传统儒学走上朴学考据之路。考据学在乾隆嘉庆时期达到鼎盛，史称“乾嘉之学”。惠栋、戴震、王念孙、王引之、段玉裁等，均是清代著名的考据大师。

由于形势的变化及考据学本身的缺陷，乾嘉以后考据学衰落，取而代之的是道咸时期的今文经学。今文经学至康有为发展到顶峰，随之走向衰落，也预示着传统儒学走向终结。

二、佛教文化

佛教起源于古代印度地区，创始者为悉达多·乔达摩，释迦牟尼是佛教徒对他的尊称，意为释迦族的“圣人”。释迦牟尼的生活年代与孔子同时，他本为迦毗罗卫国净饭王的儿子，因感慨于人间苦难，世事无常，于29岁时出家修道，经过长时间的苦修，最终在菩提树下觉悟成佛。

佛教理论极其复杂，主要有四谛说、十二因缘说等。所谓“四谛”是指“苦谛、集谛、灭谛、道谛”。苦谛，指人间一切皆苦。集谛是痛苦产生的原因。灭谛是指对苦难的解脱。道谛是证得涅槃的道路。涅槃，指达到一种超脱轮回、无知无虑的境界，即圆寂。佛教认为人生一切皆苦，只有信仰佛教，“四大皆空”，才能达到“涅槃”的境界。佛经分为经、律、论三部分，合称“三藏”。经是佛的言教，律是佛为他的信徒制定的守则戒律，论是诸佛弟子的著述。通晓三藏的僧人被称为“三藏法师”。

佛教在东汉明帝时期传入中国，距今约有2000年。明帝永平十年，印度僧人摄摩腾和竺法兰在白马寺译出《四十二章经》，是中国最早流行的佛经。佛教在汉及三国时期发展缓慢，以翻译、解说、介绍佛经为主。魏晋南北朝时期，佛教在中国有了极为迅猛的发展，这时著名的大师有鸠摩罗什、道安、慧远等。这些高僧都译有大量佛经，而且质量很高。

唐代皇帝除唐武宗外，均信佛，佛教得以鼎盛。这个时期，佛教宗派林立，主要有天台宗、法相宗、华严宗、净土宗、禅宗等，尤以禅宗和净土宗最为兴盛。天台宗创始人是陈德安，以《妙法莲华经》为宗旨。法相宗又名唯识宗，创始人是玄奘，主要经典有《瑜伽师地论》等。华严宗因依《华严经》立宗而得名。净土宗因专修阿弥陀佛净土世界而得名，始祖为慧远。禅宗因主张修习禅定而得名，创始人为菩提达摩，以《金刚经》《六祖坛经》为经典。禅宗是流传时间最长、影响最大的宗派，是典型的中国化佛教。

宋、元、明、清是佛教逐渐衰落的时期。但在这个时期，佛教典籍得到很好地刊刻和流传。宋代开始刻印《大藏经》。禅宗史书《景德传灯录》和《五灯会元》，也在宋代编纂完成。元代刻印的大藏经有《元代官刻本大藏经》。明代编纂的禅宗著作有《禅林宝训》等。

三、道家文化

道家是春秋时期“百家争鸣”中与儒学并驾齐驱的一个大学派，代表人物是老子和庄子，代表作是《老子》和《庄子》。在道家看来，“道”是宇宙万物的根源，“道生一，一生二，二生三，三生万物”，万物都由“道”而派生出来。

中国传统文化在发展过程中，既表现出儒、道之争，有时又表现出儒、道的融合。儒家注重人事，道家尊崇“天道”；儒家讲求文饰，道家向往“自然”；儒家主张“有为”，道家倡导“无为”；儒家强调个人对家庭、国家的责任，道家醉心于个人对社会的超脱。传统儒家文化也注重吸纳道家的某些思想因子，许多重要的儒家士大夫也受到道家思想的影响。

道家学说在汉初受到帝王重视，形成黄老之学。黄老之学是从道家演变而来的，黄是指黄帝，老是指老子。集中体现黄学思想的著作是《黄帝四经》。汉初统治者遵黄老之学，行“无为而治”，政治上出现了“文景之治”的良好局面。

历朝历代，许多传统儒家士大夫也自觉不自觉地受到道家思想的影响，如陶渊明、李白、苏轼等。

与道家相关的一个概念是道教，二者既有联系又有区别。道教是中国一种土生土长的宗教，它形成于东汉，其内容吸收了民间的鬼神崇拜和神仙传说，以及老庄著作中关于修身的思想，形成了一套包括鬼神祭祀、占卜、炼丹、符箓在内的宗教体系。道家与道教又有联系，它们都尊奉老子为始祖，以老庄著作为经典，道教脱胎于道家。

唐宋时期，道教最为兴盛。唐代皇帝为了巩固皇权，借与老子（李耳）同姓依托附会，尊老子为“太上玄元皇帝”。至明清，道教渐趋式微。

道教的经典收集在《道藏》中，内容包括道家书、方书、道经和有关的传记。现存完整的道藏是明代的《正统道藏》和《续藏》。

第五节　姓名和称谓

姓名和称谓作为文化符号，反映了一定历史时期人的身份、地位和人际关系。从表面看，姓名和称谓是一个很简单的问题，实际上却有丰富的文化内涵。我们如果不了解这方面的知识，在编辑工作中也往往出错。如某电影写袁世凯呼其长子袁克定："芸台，叫你洪姨娘找二十服御制舒肝丸，请蔡太夫人先吃半年看。"芸台是袁克定的字，袁世凯应该直呼其名"克定"才对。再如，一般做官的人家，夫妻之间，以"老爷""夫人"（或"太太"）对称，并不呼名。某电视剧中林则徐夫人倚在林则徐的肩头，亲昵地喊着"则徐"，就显得太"现代化"了。

一、姓名

姓名是一个人在社会生活中用以区别于其他社会成员的识别符号。中华民族历来对名字相当看重，所谓"赐子千金，不如教子一艺；教子一艺，不如赐子好名"。

古时候姓和氏有所区别，后来姓氏逐渐合一了。姓氏的来源多种多样，主要有：以动物为姓，如马、牛、羊、龙等；以封国封地为姓，如韩、赵、魏、燕等；以官职为姓，如司徒、司马、司空、上官等；以居地特征为姓，如东郭、西门等。

姓氏中还有许多僻姓值得注意。如前、后、左、右、春、夏、秋、冬等，连姓名的“姓”本身也是一个姓。《汉书·货殖传》有“临淄姓伟，訾五千万”一句，其中的“姓伟”不是一个姓伟的人，而是一个姓“姓”名“伟”的人。

姓氏中除了常见的单姓、复姓外，还有三字以上的多字姓。如北周有“万纽于瑾”，姓万纽于，名瑾，不知道的人将其误解为“万纽、于瑾”二人；宋代有“俟莫陈利用”，姓俟莫陈，名利用，不知道的人则将其误解为“俟莫、陈利用”二人。

遇到不像姓的姓时，要勤查有关姓氏的专书，如《希姓录》《奇姓通》《通志·氏族略》《中国人名大辞典》等。

有些姓氏的读音比较特别，我们在处理文稿时要多加留意。如仇，作为姓氏读 Qiú，不读 Chóu；翟，作为姓氏读作 Zhái，而人名墨翟中的“翟”读 Dí；朴，作为姓氏读 Piáo，不读 Pǔ；万俟，读 Mòqí，不读 Wànsì；那英、任贤齐、臧天朔这些青年歌手的姓氏分别读 Nā、Rén、Zāng。

古人的名和字是分开的，一个人不仅有名，而且有字，即所谓的“幼名冠字”。“幼名冠字”，就是小孩一出生，要给取个名；男孩长到二十岁、女孩十五岁，就要取个字，表示已经成人。为表尊敬，在社交场合，就不能直呼其名。但尊长对子侄晚辈，照例称名不称字。

古人取名和字有很多讲究，“名”和“字”的意义有一定的关联：或相同，或相近，或相反。如，孔子的学生宰予字子我，予与我同义；诸葛亮字孔明，亮和明同义；屈原名平，原与平近义；许慎字叔重，慎和重近义；管同字异之，同与异反义；朱熹字元晦，熹与晦反义。

古人看重自己的“名”。名是父亲给取的，特别珍贵。

《仪礼·士冠礼》说："冠而字之，敬其名也。"称呼对方，只能称字，表示尊敬。古人相见称字、称号、称官职、称籍贯，绝对不直呼对方的名。不论是生活中，还是书面表达，直呼自己父亲之名，都是非常犯忌的。

古代的文人雅士往往还有自己的号，以表明自己的意向或特征等。如陆游号放翁，以表意趣；陶潜号五柳先生，苏轼号东坡居士，以表居地。名与号之间不一定存在意义上的联系。

有些人名读音比较特别，若不了解，同样会产生错误。如孔子的学生曾参，"参"音"Shēn"；商朝的傅说、唐朝的张说、明朝的董说，"说"均读"Yuè"；匈奴单于冒顿，"冒顿"读"Mòdú"；西汉大臣金日磾，"日磾"读"Mìdī"；南宋奸臣万俟卨，读"Mòqí Xiè"等。

二、称谓

在社会群体中，不同的人际关系有许许多多不同的称谓，像我们经常提到的"九族"，一般的人也弄不大清楚。某报曾在介绍美国前总统卡特的家族时用过"曾曾祖父"的称法，按中国的习惯，这种称谓是不对的。我国的家族承袭关系，一般认为，自高祖至玄孙为九族，《三字经》中就写道："高曾祖，父而身，身而子，子而孙，自子孙，至曾玄，乃九族。"亲属称谓，还有尊称、谦称，比较常见，这里就不作介绍了。下面主要谈谈官称、地望称、讳称、谥号、庙号、年号等。

有时对某人，既不称其名，也不称其字，而以所任或曾任官职称呼，这就是官称。如常称杜甫为杜工部、杜拾遗，称王维为王右丞。

有时以其出生地或族望地或为官地来称呼，统称为地望称。如，称柳宗元为柳河东或柳柳州，称王安石为王临川，称袁世凯为袁项城，称黎元洪为黎黄陂。了解这方面的知识，也能帮助我们发现和处理文稿中的错误。某书中收有一首《无题》诗，其中一句是："耗子忘形充老虎，国人怒目视奴才。希墨项城榜样在，下场鹰犬亦堪哀。"注云："希、墨，即德国、意大利独裁者希特勒、墨索里尼二人。项城，指春秋时终于灭亡的项国。"诗文本身没有错误，问题出在注释里，"项城"指的是仅当了83天皇帝就在全国人民唾骂声中忧惧而死的袁世凯，因为袁世凯是河南项城人，当年就有文人以"项城"称呼他。

古时候，为了尊重某人，不直接书写或称呼他的姓名，而采用一定的方式加以回避，这就是避讳。以避讳的方法称呼人，即讳称。避讳的方法主要有三种：一是改字法，即凡是遇到需要避讳的字，就以音义相同或相近的字来代替。如汉高祖名邦，凡遇到"邦"字要改称"国"，战国时的官名相邦，到汉代均改为相国。《捕蛇者说》中"故为之说，以俟夫观人风者得焉"的"人风"，就是为了避唐太宗李世民讳而改"民风"为"人风"的。二是空字、省字法，即在书写中遇到应避讳的字，或空一格，或画一方框，或干脆将此字省去，有时直接写一"讳"或"某"字。如隋代大将韩擒虎，在唐代为了避李渊祖父李虎之讳，而只写为"韩擒"。古籍中有些方框，就是因避讳而留下的。三是缺笔法，即在书写时，遇到应避讳的字，将该字少写一笔或几笔。如孔子名丘，典籍中为了避讳，常将"丘"字少写后一竖；康熙名玄烨，清人为了避讳，常将"玄"字少写最后一点。

古代帝王、诸侯、贵族、大臣等死后，朝廷根据他们的生平行为，给予一种用以褒贬善恶的称号，叫谥号。谥号分三类：一是表扬的，如文、武等；二是批评的，如厉、炀等；三是同情的，如哀、怀等。上古谥号多用一个字，也有用两三个字的。后世谥号除皇帝外，大多用两个字。如诸葛亮谥号为忠武，欧阳修为文忠，岳飞为武穆。

帝王还有一种称号叫庙号，它是帝王死后在太庙立室奉祀时的称号，像高祖、太祖、世祖、高宗、太宗、世宗等即是。因为谥号、庙号是人死后才有的一种称谓，所以它不可能出现于其人在世时。如有个剧本中一些细节失于考证，写纪晓岚家人向他禀报："老爷，翰林学士董文恪董老爷来访。"文恪为董邦达的谥号，他在世时不可能有这样的称呼。某电视剧中使者对文成公主说："你父亲唐太宗来信了！"某电视剧中多次直称赵匡胤为"太祖皇帝"。这些都是违背历史常识的。

年号在一定时期也可用于帝王的称谓。年号本来是用于纪年的名号，但在汉代就曾用于帝王称谓，后来由于一个帝王有多个年号，用年号称呼帝王就有不便之处，因而不被采用。明清时期，每个帝王基本上只有一个年号，所以对明清帝王的称呼主要用年号，如清入关后的帝王依次称为顺治、康熙、雍正、乾隆、嘉庆、道光、咸丰、同治、光绪、宣统，这些帝王的顺序不应搞错，否则也会闹出笑话。某报载文中有"画面上有几方印章：康熙秀才、乾隆举人、雍正进士"一句。郑板桥如果在雍正年间已考中进士，怎么以后在乾隆年间还去考举人呢？显然是作者把清代几个皇帝的年号弄颠倒了。

此外，在古汉语修辞中还有一种割裂式的代称，如王勃在《滕王阁序》中说："杨意不逢，抚凌云而自惜"，其中"杨意"指的是汉武帝时的杨得意。古书中称司马迁为马迁，割裂其姓司马为马，似乎变成了姓马名迁，也是这种情况。

总之，作者、编辑或其他出版人员，应本着对读者负责的态度，加强文化常识方面的修养，在出版物中尽量避免出现错误，为读者提供更好的精神食粮。

第六节　藏书与版本知识

作为一名出版工作者，应该了解一些藏书和版本的有关常识。

一、藏书

中国藏书的历史非常悠久，早在周代就出现了专门的藏书机构，具体藏书之所有宗庙、藏室、盟府等，还有专门的执掌官员，如天府、太史、柱下史等，老子就曾任柱下史之职。现在一般认为私人藏书大概是春秋时开始的，当时诸子都富有藏书。

秦统一天下后，中央专门藏书的地方有石室、金匮等。秦朝不许私人藏书。

汉初，政府把所得秦代的藏书藏于未央宫的石渠阁。汉代还有天禄阁、麒麟阁、观文殿等，都是当时的藏书之处。管理藏书的官员有校书郎、兰台令史，班固就曾担任兰台令史。

隋唐时期，国家藏书机构与职官的体制更为完备，由秘书省典司图籍，下设著作局和太史局，主官称为秘书监。隋代还对搜求到的图书补续残缺，重缮正副，藏于宫中，并把书分为三品，加以不同的装帧，如上品红琉璃轴，中品绀琉璃轴，下品漆轴。

宋代国家图籍多藏于崇文院、秘阁等处，并设专官管理。

宋内廷藏书最丰富的地方是崇文院三馆及中秘阁，收藏天下图籍。

明代帝王也非常重视藏书，明成祖永乐六年编成《永乐大典》，藏于文渊阁，后迁都北京，《永乐大典》贮于文楼。其他藏书之所还有南京的国子监和北京的翰林院。

清代官府藏书处有“北四阁”“南三阁”“天禄琳琅”，以及武英殿、国子监、翰林院等。“北四阁”指文源阁、文渊阁、文津阁、文溯阁，“南三阁”指文汇阁、文宗阁、文澜阁。此七阁均仿宁波范氏“天一阁”建造而成，藏《四库全书》和《古今图书集成》。天禄琳琅是内廷善本书库，武英殿是宫廷中专司图书刻印的机构。

明清时期地方上有很多著名的藏书家及藏书楼，如明代毛晋的汲古阁、范钦的天一阁、黄虞稷的千顷堂等，清代钱谦益的绛云楼、朱彝尊的曝书亭、黄丕烈的士礼居和百宋一廛、瞿绍基的铁琴铜剑楼、杨以增的海源阁、陆心源的皕宋楼、丁丙的八千卷楼等。清代藏书家中以瞿、杨、陆、丁四家最为有名，号称天下四大藏书家。

有些藏书家喜欢收藏“善本”书籍，如毛晋、范钦、钱曾、黄丕烈、陆心源等。黄丕烈好藏宋元旧刻，还自称为“佞宋主人”。丁丙也好藏善本书，为此撰有《善本书室藏书志》。

古人对“善本”的看法不尽相同。清人张之洞对善本的定义是“一曰‘足本’（无缺卷、未删削），二曰‘精本’（精校、精注），三曰‘旧本’（旧刻、旧抄）”。而丁丙的《善本书室藏书志》对“善本”规定了四点：“一曰旧刻”，“二曰精本”，“三曰旧抄”，“四曰旧校”。

由此，我们不难看出，“善本”必须具备两方面的价值，一是实用价值，一是文物价值。现在“善本”一般是指具有历史文物性、学术资料性、艺术代表性或具有某一方面特殊价值的珍贵难得的古籍刻本、写本。

二、版本知识

古籍版本，类型繁多，大致可分为两大类，即写本和刻本。写本又可分为手稿本、清稿本、抄本、影抄本四类。刻本大致又可分为官刻本、私刻本、坊刻本三类。手稿本是作者亲手所写，一般价值最高。清稿本不是作者亲手所写，但往往经过作者的校改，且多有作者的印鉴。抄本是一般的手写本，没有作者校改的笔迹。很多珍本赖抄本得以流传。影抄本是照底本影摹而成。

印刷术未普及之前，图书以手写本居多。即使是印刷术相当普及的明清两代，仍然有手写本的存在。

印刷术发明后，书多刻本。刻本类型要比手写本复杂得多。以时代分，有唐五代刻本、宋刻本、金刻本、元刻本、明刻本、清刻本等。以刊刻先后分，有初刻本、重刻本等。以刻书地域分，有蜀本、浙本、闽本等。以活字种类区分，有泥活字本、木活字本、铜活字本、锡活字本、铅活字本。活字本又名“聚珍版”。活字本以木活字和铜活字为主。木活字印本最著名的是清代的《武英殿聚珍版丛书》，共印书134种。铜活字印本最著名的是清代的《古今图书集成》10 000卷。

此外，还有百衲本、套印本、巾箱本等名称。百衲本因百衲衣而得名，是指用同一种书的不同残本拼凑配成的一部内容完整的书，如张元济主持印行的《百衲本二十四史》。套印本是指同一部书用多种不同颜色进行套印。普通的是红、黑二色套印。六色套印本如清人所刻《杜工部集》，用紫、蓝、朱、绿、黄、墨六色。巾箱本指开本很小的图书，意思是说可以放到巾箱中的本子。

以上这些刻本名目，我们可以用官刻本、私刻本、坊刻本三类概括。凡官方负责刊印的书称为官刻本。官刻又有中央刻本和地方刻本之别。中央刻本有监本、内府本、殿本。地方刻本有藩府本、局刻本等。监本是指国子监所刻的书籍。在官刻本中，监本历史最为悠久，也最有名。明代有南京、北京二监，故监本又有南监本和北监本。内府本是指明、清两宫廷内部刊印的书籍。殿本是指清武英殿刻本。藩府本是指明代地方藩王所刻的书籍。局刻本是指清同治光绪间在各省设置的官书局刻书，如江苏书局、金陵书局、崇文书局。凡私人出资在自己家中刊印的书称为私刻本。私刻本多由学者或藏书家所刻，目的主要是使自己所藏善本得以广泛流传，也有为了名誉而刻书。私家刻书不以盈利为目的，所以刻书质量较高。私刻本著名的有明毛晋的汲古阁本、范钦的天一阁本，清纳兰性德的通志堂本等。凡书坊刻的书都称为坊刻本。

第七节　经史子集与四部分类

一、古代图书分类

我国最早的图书目录分类法是“七分法”。它创始于《七略》。《七略》是我国第一部全国综合性目录书。《七略》包括辑略、六艺略、诸子略、诗赋略、兵书略、术数略、方技略七部分，其中“辑略”是综述学术源流的结论。所以《七略》虽以“七”为名，实际上只有“六类”。

此后，沿袭《七略》这种分类方法的有东汉班固的《汉书·艺文志》、魏晋南北朝时期齐王俭的《七志》、梁阮孝绪的《七录》等。

“四分法”指的是经、史、子、集四部分类方法。“四分法”起源于魏晋，定型于唐代。晋荀勖撰《中经新簿》，分书籍为甲、乙、丙、丁四部。但这个时候还没有用经、史、子、集的名称，直到唐初《隋书·经籍志》才正式确立经、史、子、集四部名称。从此，四部分类法便成了我国古典目录分类法的主流。不管是国家图书日录，还是史志目录、私家目录，都采用四部分类法。《四库全书总目》为四部分类法的集大成之作。

“四部分类法”确立后，也有不守四部成规的书目。比较著名的有南宋郑寅《郑氏书目》，分经录、史录、子录、文录、艺录、方技录、类录，共“七类”。北宋李淑的《邯郸书目》，分经志、史志、子志、集志、艺术志、道志、书志、画志，共“八类”。南宋郑樵的《通志》，分经类、礼类、乐类、小学类、史类、诸子类、天文类、五行类、艺术类、医方类、类书类、文类，共“十二类”。清代孙星衍《孙氏祠堂书目》，分经学、小学、诸子、天文、地理、医律、史学、金石、类书、词赋、书画、说部，共“十二类”。清张之洞的《书目答问》，分经部、史部、子部、集部、丛书部，共“五类”。

二、经史子集概说

（一）经

“经”一般指的是传统儒家具有权威性的经典著作。《诗》《书》《礼》《乐》《易》《春秋》是中国最早的一批书籍，秦代“焚书”以后，《乐》亡佚。汉武帝“罢黜百家，表彰六艺”，正式定儒家的五部书《诗》《书》《礼》《易》《春秋》为“经书”，统称“五经”。此后，由于历代统治阶级的需要，经部书籍不断增多，到了北宋中叶，形成“十三经”，即《诗经》《尚书》《周礼》《仪礼》《礼记》《周易》《春秋左氏传》《春秋穀梁传》《春秋公羊传》《论语》《孟子》《孝经》《尔雅》。

南宋时，朱熹将《礼记》中的《大学》《中庸》两篇抽出，与《论语》《孟子》合在一起，加以注释，题称《四书章句集注》，“四书”之名始立。

（二）史

中国素来重视历史及修史籍。夏、商直至秦代，有太史、小史、内史、外史、左史、右史等史官。汉代史官的名称有太史令、兰台令史等。魏、晋时有专门职掌修史的机构——中书省、秘书省等。唐代正式设立史馆。中唐至清乾嘉时期，史馆成为常设机构，形成固定的修史制度。

从西汉开始，直到清代，官、私所修的史书有二十四部，即〔西汉〕司马迁《史记》、〔东汉〕班固《汉书》、〔晋〕陈寿《三国志》、〔南朝宋〕范晔《后汉书》、〔南朝梁〕沈约《宋书》、〔南朝梁〕萧子显《南齐书》、〔北齐〕魏收《魏书》、〔唐〕姚思廉的《梁书》和《陈书》、〔唐〕李百药《北齐书》、〔唐〕令狐德棻等《周书》、〔唐〕魏征等《隋书》、〔唐〕房玄龄等《晋书》、〔唐〕李延寿的《南史》和《北史》、〔宋〕欧阳修等《新唐书》、〔后晋〕刘昫等《旧唐书》、〔宋〕欧阳修《新五代史》、〔宋〕薛居正等《旧五代史》、〔元〕脱脱等《辽史》、《金史》和《宋史》、〔明〕宋濂等《元史》、〔清〕张廷玉等《明史》。以上二十四部史书，加上民国柯劭忞主修的《新元史》，合称“二十五史”；再加上民国赵尔巽等主修的《清史稿》，合称“二十六史”。

以上正史都是纪传体。此外，史书重要的体裁还有编年体、纪事本末体、典制体。现存编年体史书以《春秋》为最早。“通鉴”类史籍是编年史中的重要组成部分，宋代司马光《资治通鉴》首开此体例。南宋袁枢的《通鉴纪事本末》首创“纪事本末”体，其后出现了一系列纪事本末体史籍。典制体史籍记载历代典章制度，以“三通”为代表，即唐代杜佑的《通典》、宋代郑樵的《通志》和元代马端临的《文献通考》。再加上清人编纂的《续通典》《续通志》《续文献通考》《清朝通典》《清朝通志》《清朝文献通考》《清朝续文献通考》，共“十通”。

（三）子

子书产生于春秋战国时期。春秋战国时期“百家争鸣”，产生了所谓“九流十家”。“九流十家”是指儒家、墨家、道家、名家、法家、阴阳家、纵横家、农家、杂家和小说家。古人认为小说家是“街谈巷语”，不能与其他九个学术思想流派等观，故有“九流十家”之说。子书就是以“九流十家”为主体发展起来的。

儒家尊孔子为宗师，称孔子为“圣人”，称孟子为“亚圣”，故儒学也被称之为“孔孟之道”。儒家崇尚“礼乐”“仁义”，提倡“忠恕”“中庸”之道，主张“德治”“仁政”，重视伦理关系。汉武帝“罢黜百家，独尊儒术”，儒家学说从此成为统治阶级的意识形态。

墨家由墨翟创建，在战国初与儒家并称显学。墨家的思想主要是所谓“十论”，即尚贤、尚同、兼爱、非攻、节用、节葬、天志、明鬼、非乐、非命。主要代表人物有墨翟、禽滑厘等。代表著作《墨子》，现存 53 篇。

道家又称“道德家”，由老子创立。道家崇尚自然，主张无为而治，强调人与自然之间、人与人之间的和谐。道家代表人物除老子外，还有庄子、列御寇、关尹、杨朱等，代表作有《老子》（又名《道德经》）、《庄子》、《列子》等。

法家以重“法”而著称。韩非子是法家的集大成者。代表人物除韩非子外，还有管仲、申不害、商鞅、李斯等。代表著作有《韩非子》《申子》《管子》等。

名家在战国时称“刑名家”或“辩者”，西汉始称“名家”。名家以善于辩论，善于语言分析而著称于世。代表人物有惠施、公孙龙等。现在流传下来的名家著作有《尹文子》《公孙龙子》等。

阴阳家，又称“阴阳五行家”或“五行家”，以阴阳五行学说为宗旨。此派学者大多由古代天文学家和占星家演变而来。主要代表人物有战国末齐国的邹衍等。

纵横家是战国时以从事政治外交活动为主的一派。苏秦和张仪为最著名的纵横家，其学说散见于史书之中。

农家重视农业生产，主张与民同耕。许行是先秦农家的代表人物。

杂家是兼采众家之长的学派，以吕不韦及其《吕氏春秋》为代表。

诸子百家之书大多散佚，后人对其辑佚钩沉，影响较大的有清代马国翰的《玉函山房辑佚书》、黄奭的《逸书考》等。

现在通行的阅读与查考诸子的书籍有中华书局标点本《新编诸子集成》等。

（四）集

“集部”主要是指历代作家的散文、骈文、诗、词、散曲集子和文学评论、戏曲著作等。四部书籍之中，集部书最多，分为楚辞、别集、总集、诗文评、词曲五类。由于篇幅有限，此处择其要者介绍如下。

《诗经》和《楚辞》合称为“风骚”，是中国古代诗歌的两大源头。《楚辞》是集部最早的一部书，有“集部之祖”之称。汉代以后，研究《楚辞》成为一门专学，这方面的著作汗牛充栋，如王逸的《楚辞章句》、洪兴祖的《楚辞补注》、朱熹的《楚辞集注》以及清人的众多论著。

别集是四部分类法中“集部”的主干。别集是指一个作家部分或全部作品的个人作品集，主要是个人的诗、文汇编。诗的数量惊人，历朝历代都有大量的诗篇。而诗的黄金时代是唐代。据统计，唐代有诗人3600多人，诗55000多首。唐诗有古体诗（又叫古风）和近体诗（又叫格律诗）两种。古体诗主要有五言古体和七言古体两种形式。近体诗可分为绝句和律诗。绝句主要有五言绝句和七言绝句两种形式，律诗主要有五言律诗和七言律诗两种形式。别集里的著作很大部分是非文学类作品，包括应用性的文章，如奏折、箴、诔、墓表等，以及学术性的文章，如论说、考辨、题跋等。

总集是汇集两人以上的作品的合集。现存最早的一部文学总集是梁萧统的《文选》。历代总集著名的有梁徐陵编的《玉台新咏》10卷，宋姚铉编的《唐文粹》100卷，清吕留良等编的《宋诗钞》106卷，清严可均辑的《全上古三代秦汉三国六朝文》746卷，清彭定求编的《全唐诗》900卷，清董诰等编的《全唐文》1000卷等。

词初名曲、曲子、曲子词，简称词。词萌芽于隋唐之际，兴于晚唐五代，而极盛于宋。词的分类有多种形式：按词牌字数可以分为小令（58字以内）、中调（59～90字）、长调（91字以上）；按风格可以分为婉约派和豪放派。

思考与练习

1. 中华文化有哪些主要特点？其形成的原因是什么？
2. 什么是天干、地支？古代的干支纪年法有什么特点？
3. 简述历代省级行政区划的沿革。

4. 简述历代中央职官设置的主要特点。
5. 简述中国古代选官及考试制度，并对科举制度作一简要介绍。
6. 儒、释、道文化的主要内容有哪些?
7. 古代人名称谓主要有哪些方式？请举例说明。
8. 什么是避讳？古代避讳的方法主要有哪些？
9. 什么是谥号？谥号主要有哪些种类？
10. 古代书籍的版本有哪些类型?
11. 什么是图书四部分类法? 四部各有哪些重要古籍?

参考文献

1. 边春光主编. 出版词典. 上海：上海辞书出版社，1992.

2. 巢峰. 出版论稿. 上海：上海人民出版社，上海辞书出版社，2001.

3. 陈波. 逻辑学导论（第2版）. 北京：人民大学出版社，2006.

4. 陈昕. WTO与中国出版. 桂林：广西师范大学出版社，2000.

5. 《出版词典》（修订本）编委会编. 出版词典（修订本）. 北京：中国书籍出版社，2014.

6. 《词语评改五百例》编辑组编. 北京：语文出版社，1984.

7. 高庆赐. 古代汉语知识六讲. 武汉：湖北教育出版社，1985.

8. 郭良夫. 词汇. 北京：商务印书馆，2012.

9. 胡康生主编. 中华人民共和国著作权法释义. 北京：法律出版社，2002.

10. 胡庆世，张品兴. 中国文化史. 北京：中国广播电视出版社，1991.

11. 华东师范大学哲学系逻辑学教研室. 形式逻辑. 上海：华东师范大学出版社，2009.

12. 黄伯荣，廖序东. 现代汉语（增订版）. 北京：高等教育出版社，1991.

13. 来新夏等. 中国古代图书事业史. 上海：上海人民出版社，1990.

14. 李济中，姚锡远主编. 现代汉语专题. 北京：中国社会出版社，1997.

15. 李量华，姚祝英，李杰. 病句评改. 福州：福建人民出版社，1982.

16. 李明德，许超. 著作权法. 北京：法律出版社，2003.

17. 李行健，费锦昌等. 语言文字规范使用指南. 上海：上海辞书出版社，2001.

18. 林穗芳. 标点符号学习与应用. 北京：人民出版社，2001.

19. 林穗芳. 中外编辑出版研究. 武汉：华中师范大学出版社，1998.

20. 刘杲. 浅议社会主义编辑职业道德建设. 出版科学，2003（1）.

21. 刘杲，石峰. 新中国出版五十年纪事. 北京：新华出版社，1999.

22. 刘均锡. 文言基础知识. 石家庄：河北人民出版社，1980.

23. 刘叶秋. 编辑的语文修养. 太原：书海出版社，1988.

24. 柳富全，孔泽平. 电子出版物基础知识. 北京：国防工业出版社，1998.

25. 陆本瑞. 世界出版概观. 北京：中国书籍出版社，1991.

26. 陆伯华. 世界出版业·美国卷. 北京：世界图书出版公司，1998.

27. 吕叔湘等. 文字编辑纵横谈. 北京：中国书籍出版社，1992.

28. 罗紫初. 出版学原理，武汉：武汉大学出版社，1999.

29. ［美］科恩等. 张建军译. 逻辑学导论（第11版）. 北京：人民大学出版社，2007.

30. 彭先初. 逻辑浅讲. 武汉：湖北人民出版社，1980.

31. 彭漪涟. 逻辑学基础教程. 上海：华东师范大学出版社，1999.

32. 乔永. 编辑的语文知识与应试中病句的修改. 科技与出

版，2014（8）

33．乔永．辞源史论．北京：商务印书馆国际有限公司，2016．

34．任彦，梅慎实，余国光．著作权与著作权法．上海：学林出版社，1992．

35．沈仁干，钟颖科．著作权法概论．沈阳：辽宁教育出版社，1995．

36．石宗源，柳斌杰．中国出版通史．北京：中国书籍出版社，2008．

37．苏培成．标点符号实用手册．北京：语文出版社，1999．

38．孙也平．简明实用语法．北京：光明日报出版社，1985．

39．唐兰．中国文字学．上海：上海古籍出版社，1979．

40．田胜立，陈少华，田晶．电子出版物概论．武汉：华中理工大学出版社，1998．

41．汪继祥． 科学出版社作者编辑手册． 北京：科学出版社，2017．

42．汪皎英等． 新编逻辑学教程． 长沙：中南大学出版社，2006．

43．王力等．中国古代文化史讲座．北京：中央广播电视大学出版社，1984．

44．王力．古代汉语．北京：中华书局，1982．

45．王力．古代汉语常识．北京：人民教育出版社，1982．

46．王力．谈谈学习古代汉语．济南：山东教育出版社，1984．

47．王宁主编．通用规范汉字表解读．北京：商务印书馆，2013．

48．王希杰．汉语修辞学（修订本）．北京：商务印书馆，2014．

49．王益．“出版”再探源．出版发行研究，1999（6）．

50．吴家国等．普通逻辑原理．北京：高等教育出版社，1989．

51. 向熹. 简明汉语史（修订本）. 北京：商务印书馆，2010.

52. 肖东发. 中国图书出版印刷史论. 北京：北京大学出版社，2001.

53. 邢福义. 现代汉语辅导. 北京：高等教育出版社，1993.

54. 徐锦中. 逻辑学. 天津：天津大学出版社，2001.

55. 阴法鲁，许树安. 中国古代文化史. 北京：北京大学出版社，1989.

56. 语法修辞表解及练习. 武汉：湖北教育出版社，1984.

57. 语言文字规范标准手册. 北京：商务印书馆，2015.

58. 袁亮. 出版学概论. 沈阳：辽宁教育出版社，1997.

59. 袁庭栋. 古人称谓漫谈. 北京：中华书局，1994.

60. 张岱年，方克立. 中国文化概论. 北京：北京师范大学出版社，2004.

61. 张秀平，王乃庄. 中国文化概览. 北京：东方出版社，1988.

62. 张志强. 20世纪上半叶的出版研究. 编辑学刊，2001（3）.

63. 赵克勤. 错别字例释. 北京：商务印书馆，2008.

64. 赵寿安，陈寿立. 语法修辞逻辑讲话. 南宁：广西人民出版社，1982.

65. 中共中央宣传部. 习近平新时代中国特色社会主义思想三十讲. 北京：学习出版社，2018.

66. 中共中央宣传部. 习近平新时代中国特色社会主义思想学习纲要. 北京：学习出版社、人民出版社，2019.

67. 中央宣传部出版产品质量监督检测中心. 图书编校质量差错案列. 北京：商务印书馆，2019.

68. 左言东. 中国古代官制. 杭州：浙江古籍出版社，1985.